面向21世纪法学专业课程规划教材

高等学校法学专业产学研合作育人规划教材

法律风险管理实务

FALÜ FENGXIAN GUANLI SHIWU

蒋云贵　陈宏义◎编著

中国政法大学出版社

2023·北京

图书在版编目（ＣＩＰ）数据

法律风险管理实务/蒋云贵，陈宏义编著. —北京：中国政法大学出版社，2023.3
ISBN 978-7-5764-0817-1

Ⅰ.①法…　Ⅱ.①蒋…　②陈…　Ⅲ.①法律—风险管理—研究—中国　Ⅳ.①D920.4

中国版本图书馆CIP数据核字(2023)第041352号

出　版　者　　中国政法大学出版社
地　　　址　　北京市海淀区西土城路 25 号
邮　　　箱　　fadapress@163.com
网　　　址　　http://www.cuplpress.com (网络实名：中国政法大学出版社)
电　　　话　　010-58908435(第一编辑部) 58908334(邮购部)
承　　　印　　北京鑫海金澳胶印有限公司
开　　　本　　720mm×960mm　1/16
印　　　张　　19.75
字　　　数　　376 千字
版　　　次　　2023 年 3 月第 1 版
印　　　次　　2023 年 3 月第 1 次印刷
定　　　价　　59.00 元

作者简介

　　蒋云贵　男，湖南湘阴人，博士，长沙学院法学院法学教授，校学术委员会委员。长期从事民商法和法律风险管理研究和教学工作。先后独著出版《企业法律风险管理论》《法律风险理论与法学、风险学范式及其实证研究》等两部专著，发表科研论文三十余篇，2017年获长沙市优秀社科人才荣誉称号。现兼任湖南省法学会法学专家，湖南省知识产权学会理事，长沙社科智库专家，长沙市法学会法律法学专家，长沙仲裁委员会仲裁员。

　　陈宏义　男，湖南衡阳人，法学硕士，湖南弘一律师事务所党委书记、董事会主席。主要研究领域为公司法、合同法。主编出版著作《完美的风险防范——企业常见法律风险识别与控制》，发表研究论文多篇。现兼任湖南省律师协会常务理事、副秘书长，长沙市律师协会党委委员、常务副会长，中南大学、湖南省委党校兼职教授、法律硕士生导师，湖南省民商法研究会常务理事、副秘书长，湖南省程序法研究会常务理事等。

前 | 言

随着市场经济的发展，人类社会正由身份社会向契约社会转变。市场经济的最大特征便是通过市场和契约分配资源和风险，因而，风险成为所有市场主体都面临的问题。随着法治时代的到来，作为风险子属的法律风险已成为各法律关系主体面临的严峻问题，是故，法律风险管理无疑成为各法律主体必须解决的重大课题之一。作者正是在这一背景下选择了法律风险管理实务作为研究方向。研究法律风险及其管理，既要有全面系统的法律知识，还必须具有管理学的风险评估技术、方法与管理知识，总之要交叉运用法学、管理学、经济学、数学等学科的相关知识。本教材的最大特点就是综合法学、管理学、经济学、数学的有关知识，集中研究法律风险管理实务问题。在研究内容上，本教材旨在通过对法律风险的深入研究，揭示法律风险的一般规律，为法律风险管理者提供决策参考。本教材全部内容分为上下两篇。上篇为总论部分，共分为六章。首先在结合风险理论和法学理论基础上构建法律风险基础理论及其研究范式。以此为基础，提出了法律风险辨识、估计、评价和预警流程，构建了包括法律风险辨识、估计、评价和预警系统的法律风险预警机制，并以网络化治理理论作为理论前提，实现法律风险预警的网络化。同时，概括了法律风险拒绝、接受和选择三种风险决策类型，以及法律风险决策方法。最后提出了由企业法律风险防控机构体系、制度体系以及企业法律风险防控理念和文化共同构成的企业法律风险防控机制。下篇为分论部分，主要论述法律关系主体经常遭遇的几种法律风险的管理实务和操作流程，包括第七章至第十章，主要介绍合同法律风险管理、劳动法律风险管理、知识产权法律风险管理和企业刑事法律风险管理。每章内容中均介绍了相应法律风险的识别和控制技术。为训练、巩固学生法律风险管理技能，每章后均设置了主观性较强的课后作业题。本教材是 2017 年教育部产学研合作协同育人项目"法治社会背景下法律风险管理教学内容和课程体系改革实践与研究"的最终研究成果，作为"高等学校法学专业产学研合作育人规划教材"和"面向 21 世纪法学专业课程规划教材"，本教材既可作为法学本科生教材使用，也可作为法学类专业研究生教材使用。本教材由长沙学院蒋云贵老师和湖南弘一律师事务所陈宏义律师合作编著，其中，蒋云贵老师负责撰写第一、二、三、四、五、六章，陈宏义律师负责撰写第七、八、九、十章。湖南弘一律师事务所梁琼律师为本教材的核对和校正做了大量工作。本教材能如期出版，感谢长沙学院优秀教材项目基金和湖南弘一律师事务所技术咨询项目基金资助。本教材撰写过程中，参照了大量的相关文献资料，在此向有关专家和学者致以深深的谢意。由于作者水平有限，教材中难免有挂一漏万之处，敬请各位读者批评指正。

作 者

2023 年 1 月于长沙

目 | 录

总论　法律风险及其管理流程

分论 几种常见的法律风险管理

总论　法律风险及其管理流程

第一章　法律风险的基本理论问题

第一节　风险与风险管理理论

一、风险理论

（一）赋予了社会属性的风险本质界定

风险概念起源于意大利，最初仅指自然风险，在意大利语中风险（risco）的意思是撕破（rips），与暗礁（reef）或礁石（rock）等相关，用以指海船触礁的危险[1]，时至今日，长期的发展已赋予了其社会文化和经济属性。[2] 概括而言，主要有如下几种观点：

1. 风险是利润的来源。古典经济学家奈特（Frank H. Knight）在研究企业利润形成的原因时，将利润的存在归结为对承担风险支付报酬的必要性。

2. 风险是损失的不确定性。早在 1895 年，美国学者海尼斯（Haynes）在其所著《风险———一项经济因素》中认为"风险一词在经济学家和其他学术领域中并无任何技术上的内容，它意味着损害的可能性。其中行为能否产生有害的后果应以其不确定性界定，如果某种行为具有不确定性时，其行为就反映了风险的负担"。我国学者多支持此观点。许谨良认为风险的基本含义是损失的不确定性；[3] 孟庆福认为，所谓风险（risk），是指未来结果的不确定性或波动性；[4] 邵

---

〔1〕　周战超："当代西方风险社会理论研究引论"，载薛晓源、周战超主编：《全球化与风险社会》，社会科学文献出版社 2005 年版，第 7 页。

〔2〕　与此相应，关于风险的观点和理论主要有风险的技术分析、风险的经济学观点、风险的心理学观点、风险的社会理论及风险的文化理论。

〔3〕　许谨良主编：《风险管理》，中国金融出版社 2006 年版，第 3 页。

〔4〕　孟庆福：《信用风险管理》，经济科学出版社 2006 年版，第 6 页。

宁认为，风险是未来的不确定性对企业实现其目标的影响；[1]杜胜利则指出，"损失发生的不确定性"是风险管理和保险界中普遍采用的风险定义[2]。另外，我国一些官方文件，如《中央企业全面风险管理指引》（国资发改革〔2006〕108号文）第3条也将风险定义为"未来的不确定性对企业实现其经营目标的影响"。

3. 风险是实际与预期结果的差异。美国学者小阿瑟·威廉姆斯（C. Arthur Williams）等人把风险定义为"在给定的情况下和特定的时间内，那些可能发生的结果间的差异"[3]。王海林则认为，风险是在一定条件下和一定时期内，实际出现的结果没有达到预期目标的可能性。[4]

4. 风险是负面影响的可能性。澳大利亚危机管理研究专家罗伯特·希斯（Robert Heath）认为，"风险"通过对以往数据的统计分析，或专家对某个真实事件的客观判断，通常可推断得出可能发生的失败或负面结果。这种可能的失败或负面结果就是该事件的风险。[5]郑子云、司徒永富则把风险定义为"结果的潜在变化"。对于商业机构而言，风险可以被广泛地定义为"因业务活动而衍生出难以预测的负面可能性，以及这些活动所带来的预期财务损失。"[6]美国"发起机构委员会"（The Committee of Sponsoring Organizations of the Treadway Commission，简称COSO）内部控制报告也称风险是任何可能影响目标实现的负面因素。[7]COSO全面风险管理框架则称风险是一个将会发生并给目标实现带来负面影响可能的事项。[8]

（二）基于风险要素的风险性质

不管怎样定义，所有风险概念都有一个共同的因素：区分现实和概率。[9]风险这一术语意味着现实中一个有害状态的概率（有害效果）可能作为自然事

---

〔1〕　邵宁："加强企业全面风险管理 促进国有资产保值增值"，北京：2007·大型企业风险管理高层论坛，2007年3月30日。

〔2〕　杜胜利：《CFO管理前言》，中信出版社2003年版，第21页。

〔3〕　C. Arthur Williams, Michael Smith, *Risk management and Insurance*, Columbus：McGraw Hill, 2004, p. 5.

〔4〕　王海林：《价值链内部控制》，经济科学出版社2007年版，第27页。

〔5〕　[澳]罗伯特·希斯：《危机管理》，王成、宋炳辉、金瑛译，中信出版社2001年版，第16页。

〔6〕　郑子云、司徒永富：《企业风险管理》，商务印书馆2002年版，第4页。

〔7〕　[美]COSO：《内部控制——整合框架》，方红星主译，东北财经大学出版社2008年版，第174页。

〔8〕　[美]COSO：《企业风险管理——整合框架》，方红星、王宏译，东北财经大学出版社2005年版，第9页。

〔9〕　Evers, A., and H. Nowotny, Überden Umgang mit Unsicherheit, *Die Entdeckung der Gestaltbarkeit von Gesellschaft*, Frankfurt am Main：Suhrkamp, 1987, p. 37.

件或人类活动的结果而发生。[1] 这一定义暗示人类可能并且的确会在行动（或事件）及它们的结果间建立因果联系，如果避免或更改因果事件或行动，有害结果可以被避免或减轻。因此，风险的定义应包括三个要素：有害结果、发生的概率和现实状态。[2] 这意味着风险具有损失性、不确定性、客观性。[3]

风险的损失性亦即风险的价值性，风险能用效用的方式来表达，能被合并入一个评估和比较成本和收益的决策过程。[4] 经济理论认为，风险分析是一个更大的成本——收益考虑中的一部分，在其中，风险是因某一事件或行动导致的预期效用损失，最终目标是按资源的社会效用最大化的原则来分配它们。[5]

风险的不确定性包含客观不确定性和主观不确定性。客观不确定性是指风险事件结果本身的不确定性，但结果的可能性是确定的，[6] 它使未来事件产生实际结果差异；而主观不确定性是人们对事件认识或估计上的不确定性，包括结果的可能性均为不能确定，[7] 它使人们对未来事件产生预期结果差异。客观不确定性和主观不确定性的结合导致预期结果和实际结果之间发生偏离，从而形成风险。因此，从风险形成机理来看，风险应为客观不确定性与主观不确定性的统一体。斯蒂芬·布雷耶（Stephen Breyer）形象地描述了风险的泛在性和不确定性：这个世界充满了风险……，我们中的任何人都可能被几乎任何东西伤害——这包括腐烂的苹果、凹凸不平的人行道、松开的鞋带、溅洒出来的柚汁、不诚实的律师。[8]

风险的客观性即指风险的客观实在性，风险和人类活动共生，只要有人类活

〔1〕 Fischhoff, B., S. Watson, and C. Hope, "Defining Risk", *Policy sciences*, Vol. 17, 1984, pp. 123~139. Also see Luhmann, N., "Technology, Environment, and social Risk: A Systems Perspective", *Industrial Crisis Quarterly*, Vol. 4, 1990, pp. 223~231.

〔2〕 [英] 谢尔顿·克里姆斯基、多米尼克·戈尔丁：《风险的社会理论学说》，徐元玲、孟毓焕、徐玲等译，北京出版社 2005 年版，第 63~64 页。

〔3〕 国内外学界一致认为不确定性是风险的本质属性，国内一些学者还对风险的客观性、相对性、可变性、可能性、波动性等进行了探讨。参见中天恒 3C 框架风险管理课题组编：《全面风险管理理论与实务》，中国时代经济出版社 2008 年版，第 33~40 页。

〔4〕 Kelman, S., "Cost-Benefit Analysis: An Ethical Critique", *Regulation*, 1981, 5 (1), pp. 33~40.

〔5〕 Smith, V. K., A., "Conceptual Overview of the Foundations of Benefit—Cost Analysis", In J. D. Bentkover, V. T. Covello, and J. Mumpower, eds, *Benefits Assessment: The State of the Art*, Dordrecht: Reidel, 1986, p. 247.

〔6〕 Machina, M. J., and D. Schmeidler., "A More Robust Definition of Subjective Probability", *Econometrica* 60, 1992, No. 4, pp. 745~780.

〔7〕 [美] C. 小阿瑟·威廉斯、迈克尔·L. 史密斯、彼得·C. 扬：《风险管理与保险》，马从辉、刘国翰译，经济科学出版社 2000 年版，第 11 页。

〔8〕 Stephen Breyer, *Breaking the Vicions Circle: Toward Effective Risk Regulation*, Cambridge: Harvard University Press, 1993, pp. 3~4.

动，就必有风险，一个活动的开始，就伴随着风险的开始；一个活动的结束，亦标志着风险的结束。任何风险均为不以人的意志为转移且独立于人的意识之外的客观存在，因此人们只能在有限的空间和时间内改变风险存在和发生的条件，降低其发生的频率和减少损失程度，而不能也不可能消除风险。

（三）作为理论研究基础的风险分类

当前，对风险的分类尚未形成统一认识，传统上较为经典的分类是纯粹风险和投机性风险之分。纯粹风险又叫静态风险，是指只有损失机会而无获利可能的纯损失风险，火灾、地震等自然灾害导致的风险多属于此类；投机性风险又称动态风险，指既有损失机会又有获利可能的风险，企业经营中的风险多属此类，它常与经济、政治、科技及社会的变动状况密切相关。[1]

除此之外，在理论上风险较为常见的分类还有：

1. 系统风险和非系统风险[2]。非系统风险由单个的特殊因素引起，发生于某一主体的不利因素可被其他主体的有利因素抵消，即该种风险损失可以通过联合协议或风险分担协议降低。而系统风险由共同因素引起，对于风险承受主体而言均为不利因素，不存在与有利因素抵消的问题，因而不能通过联合协议的方式降低联合的参与者面临的风险。

2. 可控风险和不可控风险。可控风险，又称可管理风险，是指人们可以预测和可以人为控制的风险，如车祸、火灾等。不可控风险，又称不可管理风险，指人们不易避免、较难控制的风险，如地震、海啸等。[3]

3. 财产风险、人身风险和责任风险。财产风险是指财产遭受损毁、灭失与贬值的风险；人身风险是指由于人的疾病、伤残、死亡及人身权受到侵害所产生的风险；责任风险是指造成他人人身或财产损害而承担法律责任的风险。[4]

风险管理理论则通常按风险的来源将风险分为自然风险、社会风险、经济风险、技术风险、政治风险，以便于采取相应的评估方法和对策对其进行预测和防范。自然风险是指由于自然原因（如地震、洪水、泥石流等）带来人身、财产方面损失的风险，这是人们认识和接受最早、最原始的一类风险；社会风险主要指由于社会不安定因素（如罢工、暴动等政治和治安因素）而导致的风险；经济风险是指在社会经济生活中由于管理或供求关系变化等原因造成的风险；技术风险指由于科技发展而带来的负面效应而导致的风险；政治风险指由于国家政局

---

〔1〕　许谨良主编：《风险管理》，中国金融出版社 2006 年版，第 9 页。

〔2〕　［美］C. 小阿瑟·威廉斯、迈克尔·L. 史密斯、彼得·C. 扬：《风险管理与保险》，马从辉、刘国翰译，经济科学出版社 2000 年版，第 9 页。

〔3〕　金晓彤主编：《经营理财与风险防范实务》，中国审计出版社 1999 年版，第 7 页。

〔4〕　李中斌：《风险管理解读》，石油工业出版社 2000 年版，第 12 页。

变化、战争等引起的风险。[1] 这种按风险来源对风险分类的方法对于风险研究而言非常重要，然而这种风险五分法有整合的必要。首先，社会风险和政治风险的导致因素实属同类，因此，该两种风险可整合为社会政治风险；其次，经济与技术的发展相伴相随，因此，经济风险和技术风险可整合为经济技术风险；最后，市场经济条件下，法律成为人们行为的主要准则，法律一方面给人们带来权利保障，但另一方面可能给人们带来风险损失，于是，对法律风险的研究已成为必要，法律风险应为与自然风险、社会政治风险、经济技术风险并行不悖的风险类型。

除此之外，风险按其产生的原因还可分为操作性风险和环境性风险。操作性风险是指人们在行为过程中由于操作不当且缺乏有效的风险防控体系而产生的风险，如由于税务筹划方案不合理而带来的风险即属此类；环境性法律风险，则指由于外部环境发生变化而带来的风险，如冰雹、洪水等自然灾害带来的风险均属此类。操作性风险通常属非系统风险，而环境性风险则属系统风险。

二、风险管理理论

风险管理的发展经历了一个由"内部控制→风险管理→全面风险管理"的过程，时至今日，风险管理已进入全面风险管理时代，全面风险管理意味着全员参与管理全部风险，以实现效益最大化。全面风险管理理论主要包括全面风险管理内容、流程和方法。

（一）全面风险管理内容

COSO《企业风险管理——整合框架》将企业风险事项归纳为外部因素导致的风险和内部因素导致的风险。外部因素导致的风险主要有经济风险、自然环境风险、政治风险、社会风险和技术风险；内部环境导致的风险则包括基础结构风险、人员风险、流程风险和技术风险。[2]《中央企业全面风险管理指引》第3条将企业风险概括为战略风险、财务风险、市场风险、运营风险和法律风险等。3C框架确定的企业全面风险管理内容为：管理风险管理，管理风险又可分为治理风险、战略风险、决策风险、道德风险和信息风险；经营风险管理，经营风险包括技术研发风险、生产控制风险、市场营销风险和健康安全风险；财务风险管理，财务风险主要有筹资风险、投资风险、运营风险和收益分配风险；法律风险管理，法律风险可分为诉讼风险、合同风险、合规风险和政策风险。[3]

---

〔1〕　金晓彤主编：《经营理财与风险防范实务》，中国审计出版社1999年版，第8~9页。

〔2〕　COSO：《企业风险管理——整合框架》，方红星、王宏译，东北财经大学出版社2005年版，第61页。

〔3〕　中天恒3C框架风险管理课题组编：《全面风险管理理论与实务》，中国时代经济出版社2008年版，第175~176页。

（二）全面风险管理流程

COSO《企业风险管理——整合框架》将企业全面风险管理流程设定为"风险事项识别→风险评估→风险应对→控制活动→信息与沟通→监控"。[1]《中央企业全面风险管理指引》第 5 条规定企业风险管理基本流程包括：收集风险管理初始信息→进行风险评估→制定风险管理策略→提出和实施风险管理解决方案→风险管理的监督和改进。华小宁、梁文昭、陈昊设置了企业全面风险管理体系实施路线图：业务分析→风险识别→风险评估和衡量→风险规划和应对→风险管理体系的全面实施。[2] 3C 框架认为企业全面风险管理流程应分两个层面考察，一为静态的部分，包括风险管理战略、风险管理组织职能、内部控制系统和风险管理信息系统；二为动态的部分，包括建立综合信息框架→风险评估→制定风险战略→制订风险管理解决方案→实施风险管理解决方案→监控改进风险管理过程→贯穿于整个风险管理过程中的信息沟通。[3]

（三）全面风险管理方法

COSO《企业风险管理——整合框架》将企业全面风险管理方法分类为：①事项识别技术，包括事项目录、内部分析、扩大或底限触发器、推进式研讨与访谈、过程流动分析、首要事项指标和损失事项数据方法等；②风险评估技术，包括定性和定量技术的结合，定量技术通常有对标、概率模型和非概率模型，非概率模型又有敏感性指标、压力测试和情景分析等；③风险应对方法，分为风险回避、风险降低、风险分担和风险承受；④风险控制方法，如高层审核、直接的职能或活动管理、信息处理、实物控制、业绩指标和职责分离。[4]《中央企业全面风险管理指引》第 21 条规定，进行风险辨识、分析、评价应将定性与定量方法相结合。定性方法可采用问卷调查、集体讨论、专家咨询、情景分析、政策分析、行业标杆比较、管理层访谈、由专人主持的工作访谈和调查研究等。定量方法可采用统计推论、计算机模拟、失效模式与影响分析、事件树分析等。第 27 条规定风险策略有风险承担、风险规避、风险转换和风险控制。3C 框架也认为企业全面风险管理要将定性和定量方法相结合，并列举了概率和统计方法、事故

---

〔1〕 COSO：《企业风险管理——整合框架》，方红星、王宏译，东北财经大学出版社 2005 年版，第 53~107 页。

〔2〕 华小宁、梁文昭、陈昊编著：《整合进行时——企业全面风险管理路线图》，复旦大学出版社 2007 年版，第 186~226 页。

〔3〕 中天恒 3C 框架风险管理课题组：《全面风险管理理论与实务》，中国时代经济出版社 2008 年版，第 184~185 页。

〔4〕 COSO：《企业风险管理——整合框架》，方红星、王宏译，东北财经大学出版社 2005 年版，第 53~83 页。

树法等常见的 45 种方法分别用于风险识别、评估、评价、分析、应对和控制阶段。[1]

第二节　法律风险的概念和特征

一、法律风险的概念

法律风险属于风险范畴，结合其基于一般风险特性及法律个性的种属划分，可将其定义为"法律关系主体因其不当行为或不利的法律环境而导致其行为目的不达、人身财产损失以及承担法律责任等不利法律后果的可能性"。

二、法律风险的特征

（一）法律风险的风险特征

法律风险归属于风险范畴，当然具备风险的基本属性。

1. 法律风险的价值性或损失性。法律风险一旦发生而变为现实，表现为法律关系主体行为目的不达、人身财产损害以及承担法律责任。行为目的不达不仅使法律行为主体预期利益不能得以实现，而且行为过程中投入的成本和费用不能回收。例如，在"中海油竞购优尼科案"中，针对中海油欲收购优尼科的情况，2005 年美国新修订的《能源法》增加了一项附加条款，规定美国能源部必须与国土安全部和国防部协调一致调查中国经济成长、军备扩充、能源需求以及在世界各地争取油源的行动，以此来决定中国围绕能源安全的活动是否对美国经济和国家安全造成了负面影响[2]。这一调查导致中海油失去了并购的最佳时机，使并购计划失败，并购过程中投入的成本费用化为乌有。

人身财产损害主要指在遭受他人违约或侵权而致人身财产损害，却因时效、证据、法官自由裁量权等原因导致败诉的风险损失。其表现为人身受到侵害不能得到赔偿、财产损害无法获得补偿等。虽然承担法律责任也会导致人身（如承担刑事责任）财产损失，但这种人身财产损失不在其列。

所承担的法律责任包含民事责任、行政责任和刑事责任。承担人身性质的行政责任和刑事责任会导致人身自由被剥夺或限制，甚至生命或法律主体资格被剥夺，自然无法通过从事营利行为等获得利润或报酬。同时，承担违约金、赔偿损失等民事责任，罚款、没收非法所得等行政责任，以及罚金、没收财产的刑事责

---

〔1〕　中天恒 3C 框架风险管理课题组编：《全面风险管理理论与实务》，中国时代经济出版社 2008 年版，第 213~214 页。

〔2〕　单宝："中海油竞购优尼科失败的原因及其教训"，载《国际贸易》2005 年第 10 期。

任均会导致行为人财产的减少，是为法律风险的价值性或曰损失性。

2. 法律风险的不确定性。不确定性为风险的本质，但对于法律风险是否具有不确定性却值得探讨。法律风险以法律为依据，因法律的规定或法律的执行而生。"法律是国家对人民的命令，用口头说明或用书面文字，或用其他方法所表示的规则和意志，用以辨别是非、指示从违""法是人们赖以导致某些行动和不作其他一些行动的行为准则或尺度"[1]"法是使人们的行为服从规则治理的事业"。因此，法律作为人们行为的基本准则，确定性应为其题中应有之义。确定性意味着法律是一种不可朝令夕改的规则体系，一旦法律设定了一种权利义务关系的方案，就应当尽可能避免对该方案进行不断修改和破坏，否则法律将丧失权威性和信用。[2]而依法而生的法律风险自然应因法律的确定性而具有确定性，是为可测、可识、可控的，如此，"法律风险"自然因欠缺风险的不确定性属性而难以被划入风险范畴。然而，事实并非如此。

一方面，法律本身于确定性之外，仍存在不确定性之余地。

第一，语言的不确定性决定了法律规范的不确定性。一词多义或多词一义的词义非对应性加之语言环境的复杂性和多变性成就了语言的不确定性。哈特（H. L. A. Hart）认为，法律规范的不确定性是由于语言的不确定性所决定的，形式主义或概念主义法律理论的缺陷主要在于将规则的含义凝固化，将法官的活动理解为是对法律规则的逐字解释，忽视了构成规则的语言本身的不确定性。因此，法律存在一个开放性结构，这是法官行使自由裁量权的客观依据。

第二，法律规范内容存在不确定性。中国多级并存、多类结合的立法权限划分体制[3]导致同位阶不同法律之间会存在冲突和立法空白。如民事责任中的精神损害赔偿问题，至今无明确的立法标准。同时，法律规范本身的抽象性、概括性和弹性条款最终决定了法律适用的不确定性。如我国刑法无论是对刑罚种类还是刑期的规定，均存在最轻刑罚和最重刑罚，或者最低刑期和最高刑期的浮动幅度。行政处罚则存在最轻处罚和最重处罚，或者最低罚款数额和最高罚款数额，以及其他形式的浮动幅度，这些不失为导致法律风险大小迥异的因素。

第三，法律变化的不确定性。法律虽非朝令夕改，但也会因时而变。前述中海油竞购优尼科时遭遇的风险即属此类。另外，如以注册离岸公司著称的马耳他政府，为使自己的税收政策向欧盟靠拢，以争取早日加入欧盟，不仅停止注册离岸公司，并且于2004年关闭所有已有的离岸公司，导致众多注册离岸公司以减

---

〔1〕 [意]阿奎那：《阿奎那政治著作选》，马清槐译，商务印书馆1963年版，第104页。

〔2〕 徐国栋：《民法基本原则解释——成文法局限性之克服》，中国政法大学出版社1992年版，第136页。

〔3〕 张文显主编：《法理学》，高等教育出版社2003年版，第244页。

轻税负的纳税人税务筹划方案失败，税法风险滋生。

另一方面，法律实践中存在更多不确定性。

以美国学者卢埃林为代表的现实主义法学理论认为书本上的法律在司法过程中的作用并不像人们所预期的那样大，"那个所谓的'规则审判案件'的理论，看来在整整一个世纪中，不但把学究给愚弄了，而且也把法官给愚弄了"。[1] 法律实践中的不确定性即为其根本原因。

第一，法律实践中的不确定性首先表现为诉讼中的不确定性。最高人民法院《人民法院民事诉讼风险提示书》将"诉讼风险"按原因归结为17类，但从不确定性角度考察，只有时效、证据和执行三类方属真正风险。时效导致的风险主要指当事人提出的时效中断、中止和延长的事由不能得到法庭认可，从而丧失胜诉权的风险。证据风险则包括证据不充分及证人不出庭作证的风险。执行中的风险主要指无财产或无足够财产可供执行的风险。

第二，自由裁量权具有不确定性。在司法实践中，法官如何依靠法律（或者在没有法律的情况下）获得个案裁判上的"正当性"，始终是一个中心问题。[2] 由于语言文字的局限性，法律规范虽有效却有限，不可能完全直接用于判断具体行为。那么法官又如何进行判断呢？他如何使自己的结论性意见具有正当性？马克斯·韦伯对合理性问题的论证已经说明，"科学"并不能为价值判断的正确性提供充分支持。那么在法律不完全确定的情况下，"法官是如何独立于法律之外来获取'正当'的裁判呢"？[3] 自由裁量权的行使便是解决这类问题的主要途径。法律推理和法律解释是法官行使自由裁量权时常用的两种方法。无论法律推理还是法律解释，均毫无疑问地揉合了法官的主观性因素，于是，此过程不可避免地存在大量的非理性的、偶然的、推测性的因素，这些均不失为自由裁量权行使过程中的不确定性导因。

法律推理的前提是"法院可以获得表现为某一规则或原则的前提，尽管该规则或原则的含义和适用范围并不是在所有情形下都是确定无疑的，而且调查事实的复杂过程也必须先于该规则的适用"。[4] "当冷静考察法律推理者使用的用于制定、批评或正当化法律决定的方法时，我们就看到这些方法并非总是为法律独

〔1〕 转引自［美］博登海默：《法理学：法律哲学与法律方法》，邓正来译，中国政法大学出版社1998年版，第162页。

〔2〕 ［德］卡尔·拉伦兹：《法学方法论》，陈爱娥译，台湾五南图书出版公司1996年版，第19页。

〔3〕 ［德］卡尔·拉伦兹：《法学方法论》，陈爱娥译，台湾五南图书出版公司1996年版，第5页。

〔4〕 ［美］博登海默：《法理学：法律哲学与法律方法》，邓正来译，中国政法大学出版社1998年版，第510~511页。

家所有，而且也不总是客观的，哪怕我们采取一个宽松的、实用主义进路的客观性"。[1] 可见，无论作为法律规则适用前提的复杂的事实调查过程，还是法律推理者采用的法律推理方法，均使法律推理过程在很大程度上具有不确定性。

法律解释虽是限于对现有法律的内容和含义所作的说明，然而，由于现行法律的相互冲突和立法空白的存在，法律解释在司法实践中起到了非常重要的作用，如我国各高级人民法院在遇到疑难案件时就经常向最高人民法院请示，进而由最高法院以个案批复的方式解决，这种个案解释对于诉讼当事人而言是无法预料的不确定性，因之而生诉讼风险。

执法实践中同样也存在执法人员的自由裁量权问题，如《税收征收管理法》[2] 第 36 条规定，企业或者外国企业在中国境内设立的从事生产、经营的机构、场所与其关联企业之间的业务往来，应当按照独立企业之间的业务往来收取或者支付价款、费用；不按照独立企业之间的业务往来收取或者支付价款、费用，而减少其应纳税的收入或者所得额的，税务机关有权进行合理调整。这就使以转让定价为基础的税务筹划方案面临目的不达之风险。另外，在行政责任立法中，我国对于行政处罚中的罚款等处罚形式均规定了一个浮动幅度范围，处罚的轻重有时与执法人员的主观意志不无关系。

第三，行为人的法律认识能力也不失为法律行为的不确定性导因。单就明确、肯定、通俗、简洁的法律语言而言，凡识字之人均能读懂，于是"一个门外汉会很容易认为，在书中的某个地方，每个法律问题都会有答案，并因此认为，一个（法律）人所需的一切就是知道到何处查找"。[3] 然而，"法律人具有的是技术理性，而普通人具有的是自然理性……对法律的这种认识有赖于在长年的研究和经验中才得以获得的技术"。[4] 众所周知，在美国，律师是一种高贵的职业，他们以极高的社会地位和收入而著称，这均是基于法律的专业技术性。对法律风险的认识、评价和防控取决于对法律的认知程度，而法律的专业技术性决定了普通大众对法律认知的局限性，这种局限性正是法律不确定性导因之所在。

除此之外，确定性的法律规范并不能排除法律风险存在的可能。

民法中的无过错责任原则不失为一典型实例。《民法典》规定环境污染、高

---

〔1〕［美］理查德·A. 波斯纳：《法理学问题》，苏力译，中国政法大学出版社 2002 年版，第 157 页。

〔2〕《税收征收管理法》即《中华人民共和国税收征收管理法》，为表达方便，本书中涉及我国法律，需直接使用简称时，省去"中华人民共和国"字样，后不赘述。

〔3〕［美］理查德·A. 波斯纳：《法理学问题》，苏力译，中国政法大学出版社 2002 年版，第 3~4 页。

〔4〕季卫东：《法治秩序的建构》，中国政法大学出版社 1999 年版，第 200 页。

度危险作业及饲养动物致人损害的，无论致害人一方是否有主观过失，均应承担赔偿责任，而这些致害因素均非致害人所能预料和控制的，亦即存在很大的不确定性，是法律风险存在的诱因。

3. 法律风险的客观性。风险的客观性意味着风险是人类活动的衍生物，有人类活动即有风险，而法律是人们的行为准则，是人类维护正常秩序的客观实在体。法律的客观实在性和人类活动风险的客观实在性共同造就了法律风险的客观性。这种客观实在性表现为法律关系主体因行为目的不达而尽失成本费用的客观存在，同时也表现为其人身财产损害及承担法律责任的客观实在性。毋庸置疑，法律风险是客观存在的且可以通过一定的方法进行估计的，如企业被宣告破产的风险。[1]

由此可知，法律风险当属风险之列，然而风险理论研究范式能否适用于法律风险理论研究，关键在于法律风险理论的问题假设、研究方法和理论体系与风险理论研究是否具有兼容性。

（二）法律风险的法律属性

法律风险符合风险的价值性、不确定性和客观性特征的同时，具有自身独有的特征。这些特征是主体在法律风险的辨识、估计、评价、预警和防控过程中必须考虑的因素。

1. 法律风险的社会建构性。对于风险的来源，有客观实在论和主观建构论两种理论。前者包括保险精算、流行病学、安全工程及经济与财务意义上的风险概念。保险精算、流行病学、安全工程的风险理论又被称为风险的技术视角，而经济与财务意义上的风险理论被称为风险的经济学理论。客观实在论暗示风险和它们的表现形式是真实的、可观察到的事件。理性行动者概念和新马克思主义及批判理论均属此类。理性行动者概念被广泛用于对社会行为的经济分析及各种社会科学应用之中；新马克思主义及批判理论与理性行动者方法一样具有客观成分，但却依赖结构分析来决定制度利益和社会团体行为。贝克的"风险社会"不失为典型的实在论，他将风险定义为"一种系统处理由现代化本身诱发和引入的危险和不安全的方式"[2]。作为一种对将来可能出现的负面事件进行考虑的思维模式，它要计算出这些负面事件出现的概率及其影响的严重程度（通常体现为经济成本）。事实上，也有人将风险定义为问题事件的概率与强度的乘积。

主观建构论则主要来自心理学者、社会学者、文化人类学者与哲学家的贡献。这些学者认为风险是"社会构建"的，任何对"风险"的规模甚至是否存

---

〔1〕 蒋云贵、柳思维："基于回归方程的流通企业破产风险模型"，载《系统工程》2010年第9期。

〔2〕 Beck, U., *Risk Society：Towards a New Modernity*, London：Sage, 1992, p. 21.

在的判断都是一种社会性的判断，而非外在于人们思想的东西。社会构建概念把风险当作是由社会结构力量所决定的概念。像威胁、不公正、公平、控制和其他一些问题不能由"客观的"科学分析来决定，只能从社会不同参与者的信念和理性中重新构建起来。道格拉斯（M. Douglas）和维达夫斯基（A. Wildavsky）当属主观建构论之典型代表，在他们看来，重要的不在于风险的现实，而在于风险是否由这样一群被环境保护运动所吸引的特殊的社会成员所建构，这群人来自社会的边缘，其原因在于现代社会的群体和网络的弱化导致社会的核心制度未能将他们整合进主流社会秩序。主观建构论依其理论基础大致可归为两类：风险的心理学观点和风险的文化理论。

然而近年来，主观建构论和客观实在论又出现了融合的趋势，系统理论即为这种趋势之产物，风险的系统分析认为，风险是一个较大社会或制度的要素，它侧重于结构因素，跨越了"真实的"和"建构的"现实。风险问题在进化过程中发展，在这个发展过程中群体和机构组织自己掌握了关于自然和社会环境的知识，并通过交流与其他社会系统分享知识。就连在《风险社会》中持客观实在论的贝克，后来也认为，风险同时既是"实在的"又是由社会感知和"建构起来的"。它们的实在性源于不断发展的工业和科学生产以及研究程序所带来的"影响"。相应的，有关风险的知识则与其历史及文化符号及知识的社会结构紧密相联。

除此之外，风险的社会学理论属于融合型的风险理论，社会科学自身的分裂，使其分类面临一个无法避免的问题，即风险的社会理论和社会学家一样多。加之它宣称与其他风险理论的排斥和不容，使得风险的社会学理论派系林立，这些派系中有主观建构论者，有客观实在论者，也有折中论者。

从主观建构论和客观实在论出现融合的趋势，以及风险社会学理论作为一种融合型风险理论出现，可以得到如下启示：主观建构论和客观实在论并非完全对立的理论，主观建构论并不能否定风险的客观实在性，无论自然风险还是社会政治风险、经济技术风险，均为客观存在的实在体。同时，主观建构论也并不能排斥客观实在说的存在，这种主客观合一的建构性可概称为社会建构性，由法律风险即可窥一斑。

第一，作为法律风险产生依据的法律是由社会构建的。马克思在论及《法国民法典》时指出，"法典并不起源于旧约全书，而是起源于伏尔泰、卢梭、孔多塞、米拉波、孟德斯鸠的思想，起源于法国革命"[1] 洛克认为，"人们参加社会的重大目的是和平地和安全地享受他们的各种财产，而达到这个目的的重大的

---

〔1〕《马克思恩格斯全集（第一卷）》，人民出版社 1956 年版，第 129 页。

工具和手段是那个社会所制定的法律"。由此可见，法律并非天生，而是产生于社会公序良俗构建的需要，源于社会精英人物的思想结晶，并由社会所选任的精英分子所组成的立法机构将其法典化而成。作为社会精英人物的思想结晶，法律自然具有主观建构性。但其作为法典形式出现时，却又不失为客观实在体。

第二，作为法律风险产生直接导因的法律行为无疑具有社会建构性。著名法学家弗里德里希·卡尔·冯·萨维尼（Friedrich Carl Von Savigny）在1840~1849年间出版的八卷本《当代罗马法体系》对法律行为理论作了系统论述，提出法律行为的"意思学说"，将"法律行为"与"意思表示"相提并论，意指法律行为系人们有意识实施的、能产生一定法律效果之行为。[1] 法律行为这种主观思辨性区别于法律事件，同时，也区别于虽与主体意识有关，却并非由主体意志所决定的事实行为，因此，法律行为的主观建构性于其主观思辨性中得到彰显。然而法律行为却必须具备表现于外的行为形式，是可观察到的客观实在体。

由此，既然法律风险产生的依据和直接导因均具有主、客观建构性，法律风险自然不失此本性。法律风险的主、客观建构性首先使其区别于自然风险，一般而言，自然风险的发生与人类的行为和意志没有直接关联。其次，法律风险的主、客观构建性也使其不同于社会政治风险和经济技术风险，因为社会政治风险和经济技术风险虽由人类社会的客观行为构建而成，但在很多情形下却与人类意志无关，也就是说社会政治风险和经济技术风险具有客观建构性，但不一定具有主观建构性。

2. 法律风险的可控性。当前世界是一个难以预测的神秘世界，这个世界充斥着各种风险和危机，无论自然灾害（风险）抑或社会政治风险和经济技术风险，均非人类智慧能轻易预测，更无从控制。贝克对此作了精辟的论断："风险社会不是一项可以在政治争论中选择或拒绝的选项。相反，它是发达工业化的一种无法逃避的结构情境，其中由之而生的危险已经侵蚀并破坏了当前由深谋远虑的国家建立起来的风险计算的安全系统。"因此，即使穷尽一生的时间和精力去研究这些造就风险的自然法则或社会经济规律，也不能赋予任何人违背这些法则和规律的能力，此即风险管理中的墨菲规则（Murphy's Law）。这一规则预言风险管理者经常遭受挫折和失败。

然而法律风险却具有可控性。法律风险因其行为及相关法律而生，因之，法律行为人于行为之前对规范其行为的法律作深入研究，不仅可预测其行为引发的法律风险的可能性，且可通过纠正其行为的非法性而规避、防控法律风险损失。此所谓法律风险的可习得性，即可以通过学习和研究以减少不确定风险。因此，

---

〔1〕　转引自徐国建：《德国民法总论》，经济科学出版社1993年版，第85~86页。

人类智慧在法律风险管理中有了用武之地，同时形成了新的智慧因素——风险智慧。风险智慧使人类有了有效权衡风险的能力，涉及风险的分类、本质、等级，快速地习得、储存和检索风险信息，利用相关风险信息行动、有效交流、对新环境进行适应性调整等。这种可习得性迥异于其他风险（如自然风险、经济技术风险）的随机性，随机性意味着风险处于无规则的混沌状态，难为人类所监测和控制。

3. 法律风险的规范性。有些风险如自然风险，不依任何规范而生，亦无需任何主体行为而致，独立于人们意志之外，不以人们意志为转移。其本质上可能遵循某种规律，但由于人类认识的局限性，导致对其主观认识上的无序性。

然而法律风险却恰好相反，其必由法律关系主体行为引致，依社会的法律规范而生，主体行为与法律规范的结合才导致法律风险。法律规范作为主体行为规范，稳定性和持久性应为其题中应有之义，因此，于法律之外，即使是立法者亦或最高权力机关也不能揽有权力，以临时的专断命令来进行统治，两者均与社会和政府的目的不相符合。因此，无论国家采取什么形式，统治者都应该以正式公布和被接受的法律，而非临时的命令和未定的决议来实施统治。[1] 此即法律风险的规范性所在。探究其中之义，法律风险的强制性似不可缺失，因为若无国家强制力为保障，使行为主体承担法律责任或对社会资源在行为主体之间进行强行分配，任何主体均不会遭受法律风险损失。损失是风险本性之所在，既然无损失，亦不可能有风险，于是，法律风险将化为乌有，整个社会亦将失去分配上的公平正义。风险社会成为无政府主义的乌托邦，社会形态复归以身份等级为特征的阶级社会。法律风险的规范性是法律行为主体通过合法化其法律行为以规避法律风险的依据。

4. 法律风险的可量化性。法律风险的可量化性取决于否定性法律后果的可量化性，否定性法律后果无论是法律责任，还是对主体不利的法律关系产生、变更和消灭，以及行为目的不达或人身财产损害，无论是风险损失还是风险概率，都是可以量化的。

第一，法律风险损失是可以量化的。承担法律责任的风险一旦发生，主体自然依法律明确规定的后果承担责任，如民事责任的损失赔偿责任、违约金责任形式均以货币形式表现。

第二，法律风险概率也是可以量化的。保险费率就是以大数法则为依据，根据某类风险发生的历史数据进行统计，测量出该类风险发生的概率，进而厘算出来的。因此，凡可投保的法律风险如产品责任险、第三者责任险等，均可以此法

---

〔1〕　John Locke, *The Second Treatise of Government*, New York：The Macmillan Co., 1956, pp.59~61.

将其量化。另外，风险 VaR 模型、人工神经网络模型、头脑风暴法、专家调查法等均可应用于法律风险量化过程，本书在后续实证研究中另有详述。

5. 法律风险主体的反社会性。社会性是生物作为集体活动中的个体或作为社会中的一员而活动时所表现出的有利于集体和社会发展的特性。人的社会性是人不能脱离社会而孤立生存的属性。人的社会性是人类智能的表现，它使社会内部人类个体的生存能力远远超过脱离社会的人类个体的生存能力。人的社会性主要包括这样一些特性，如利他性、协作性、依赖性以及更加高级的自觉性等。

人的社会性是人的本性之一，人的本性包括人的自然属性和人的社会属性两个方面。人的自然属性，也称为人的生物性，它是人类在生物进化中形成的特性，主要包括人的物质组织结构、生理结构和千万年来与自然界交往的过程中形成的基本特性，如食欲、性欲、自我保存的能力等。人的社会属性是人作为在集体活动中的个体，或作为社会的一员而活动时所表现出的特性。人的社会属性中有一部分是对人类整体发展有利的基本性质（社会性），也有一部分是对社会不利的性质（反社会性）。

生物的自然属性和社会属性之间存在相互作用。比如在孤独的环境里，蚂蚁根本就不能生存，所以蚂蚁对自己的社会的依赖是必然的。然而人只要有食物、能应对危险，即便远离社会独自一人生活，也能生存下去；人类的婴儿在自然界中无法完全靠自己生存下去，必须由其他人或者动物照顾才能长大，被什么样的社会抚养成人的，就会自然追随这个社会。人不会因为离开社会而死亡，所以人具备与社会缺陷斗争的能力，具有反社会性，具备改变社会的能力。

人的社会性的确比蚂蚁的社会性具有更强、更高级的在自然界继续生存的能力，因为人具有违背社会的能力——反社会性。当人的智能发展暂时不足、人的认识能力暂时有限、人与人之间的矛盾冲突暂时无法得到妥善解决的时候，就会出现人与人之间相互伤害的行为，亦即人的反社会性。反社会性是人自我保护、与社会缺陷对抗的行为，人的反社会性还会产生于人的自私自利的本性，在生产力水平无法满足人们对生活必需品的需要时，损人利己就成了人类的生存法则。

人的社会性必然要求人们遵从、适应社会，遵守社会规则，而作为社会活动规则的法律为人们的行为设定了维度，规定了相应的权利义务以及责任，人们一旦在反社会性驱使下违背法律规定，将遭受承担法律责任、行为目的不达、人身财产损失等后果，因而，具有反社会性的人自然成为法律风险主体。

第三节　法律风险的分类及成因分析

一、法律风险的一般分类

没有分类就不可能有理论或科学研究。[1]分类界定了对研究者试图研究的对象进行选择和处理的必要的概念性工作。风险分类不仅在讨论风险时有用，而且使得风险既可分解成可以管理的单元又能用于报告，并且这些单元能够组合起来用于风险敞口的计量。这不是一个一蹴而就的过程，它应该反复进行以反映营运动态和变化的本性。[2]因此，风险的分类并非一个文字游戏过程，而应属于风险及其管理的基本理论的一个重要内容。基于法律风险的风险性和法律性，可从不同的角度对其进行分类。[3]

1. 和风险分类一致，法律风险有环境性法律风险与操作性法律风险、系统法律风险与非系统法律风险、投机性法律风险与纯粹法律风险之分。

从法律风险产生的原因来看，风险可分为操作性法律风险和环境性法律风险。操作性法律风险是由于法律关系主体自身的操作风险防控机制滞后或无效，未能对其遭遇的法律问题及时作出有效反应而产生的风险，如企业与员工不当签订或不签订劳动合同而受到劳动监察部门处罚及对员工承担赔偿或补偿责任的风险，法律关系主体面临的绝大多数法律风险均属此类。环境性法律风险则指"法律本身导致意外的、不利后果的风险"，如1999年《合同法》第286条对作为在建工程抵押贷款人的银行带来的法律风险。环境性法律风险通常分为普通法律风险和特别法律风险，普通法律风险是指主体因受国家普遍适用的法律规制而带来的风险，如境外并购时受东道国公司法、证券法、反垄断法等法律规制产生的风险；特别法律风险是指主体受国家的特别法规制而引发的法律风险，如前述中海油竞购优尼科案中的法律风险即属此类。

环境性法律风险由国家法律变化这个共同因素所导致，且存在于所有主体中，因此属系统法律风险；操作性法律风险由各法律关系主体具体操作行为不当的单个特殊因素引发，属非系统法律风险。商事法律关系主体的营利性行为中的

---

〔1〕 Blumer, H., "Science Without Concept", *American Journal of Sociology*, No. 36. , 1931, pp. 515~533.

〔2〕 ［美］詹姆斯·林：《企业全面风险管理：从激励到控制》，黄长全译，中国金融出版社2006年，第16页。

〔3〕 法律风险的分类与风险分类存在较大差异，这正是法律风险区别于其他风险的表现，也是法律风险管理学学科研究新范式将取代旧的法律风险及其管理研究范式的重要原因。

法律风险属既有损失机会又有收益机会的法律风险，不失为投机性法律风险，而侵害他人物质性人格权行为所致的法律风险则为纯粹法律风险。

然而，法律风险却无可控法律风险和不可控法律风险之分，法律风险均可通过法律关系主体行为进行管理和控制。

2. 从风险隶属关系来看，主要有纵向法律风险、横向法律风险、内部法律风险等。纵向法律风险主要指主体在行为过程中违背了国家法律法规的规定带来的风险，如非法开发土地和矿产资源、违法排污、偷税漏税而带来的行政处罚风险；横向法律风险则指主体在与其他主体的经济交往活动中违约或侵害他人权利而应承担不利法律后果的风险；内部法律风险主要指主体在内部管理过程中因违法而承担法律责任的风险，如公司抽逃资金而受处罚的风险。

3. 从法律风险所属的法律部门来看，有民商法律风险，含违约风险、侵权风险和缔约过失风险；行政法律风险，如税法风险等；劳动与社会保障法律风险，如企业不依法执行劳动安全与保护制度、法定节假日休息制度、社会保险制度而受到劳动监察部门的处罚的风险；刑事法律风险，如企业走私、偷税漏税触犯国家刑法而被追究刑事责任的风险。

4. 从主体法律行为的地域范围来看，有国内行为中的法律风险和国际行为中的法律风险。国内行为中的法律风险主要指违反本国法律带来的风险；国际行为中的法律风险就非常复杂，涉及外国法律的适用以及本国与外国的司法协助等问题，具体如对外投资中的法律风险、境外并购中的法律风险、国际商事贸易中的法律风险等。

5. 从法律风险带来的实际后果来看，有目的不达风险，如前述中海油并购优尼科失败的风险；有直接损失风险，如长虹与 APEX 贸易纠纷一案中，长虹 40 多亿元巨额贷款不能收回的损失；有承担法律责任的风险，如在 2003 年华为与思科知识产权案中，华为在遭到思科指控后，停止在美国出售被思科系统指控的产品，将这部分产品资料从其美国网站上撤除，回收在美国售出的此类产品等。

6. 若从法律风险是否产生于诉讼或仲裁程序角度考察，有诉讼法律风险和非讼法律风险。前者是指在诉讼或仲裁中败诉而遭受损失或依法院裁判或仲裁裁决承担法律责任的风险；除此之外的行为目的不达、人身财产损失及承担法律责任的法律风险均属非讼法律风险。

二、企业法律风险分类及成因分析

（一）企业法律风险分类

1. 按行业不同可将企业法律风险分为农林牧渔企业法律风险、采矿企业法律风险、制造企业法律风险、建筑企业法律风险、流通企业法律风险、服务企业法律风险和 IT 企业法律风险。其中流通企业含批发零售企业、交通运输企业、仓储企业、邮电通讯企业、金融企业、保险企业、证券企业等。[1] 服务企业含住宿企业、餐饮企业、居民服务企业及其他服务企业。IT 企业则包括计算机服务企业、软件企业、电信传输和其他信息传输服务企业。

2. 按企业发展阶段可分为创业期企业法律风险、成长期企业法律风险、成熟期企业法律风险和持续发展期（或衰落期）企业法律风险。创业期企业一般组织和流程不够正规，但大家高度团结，创业的核心人物能够对每个人施加影响，因此效率很高，企业面对的主要问题是市场和产品的创新。成长期企业业务快速发展，由单一产品转向多个产品线；人员大量增加，跨部门的协调越来越多，并且越来越复杂和困难；企业面临的主要问题是组织均衡成长和跨部门协同。成熟期企业由于创新和创业精神渐渐淡薄，企业组织和流程的僵化日趋严重，流程运作困难，效率低下。大部分企业由此走向衰落，也有极少数企业经过剧烈的业务变革，进入持续发展期，实现永续经营的追求（如 IBM 和通用）。

3. 按企业经营行为可将企业法律风险分为合同法律风险、市场营销法律风险、知识产权法律风险、劳动法律风险、投资法律风险、企业并购法律风险、税收法律风险、破产法律风险等。合同法律风险是企业在合同订立、履行过程中因当事企业一方或双方的缔约过失行为、违约行为或不利法律环境而带来的法律风险；市场营销法律风险是指企业在销售产品或提供服务过程中因其不当或不合法行为，或者不利的法律环境遭致的法律风险；知识产权法律风险指企业在经营过程中因侵害他人知识产权或自身知识产权被他人侵害难以获得救济而带来的法律风险；劳动法律风险指企业在经营活动中聘用劳工履行劳动合同时的不合法行为或因劳动者侵权行为而无法获得救济的法律风险；投资法律风险指企业因其投资关系当事人任意一方的不合法行为或不利的外部法律环境而致本息损失的法律风险；企业并购法律风险指企业在对其他企业实施并购过程中因并购关系当事人行为不合法或不利的法律环境而致并购目的不达、成本费用增加的法律风险；税收法律风险指企业因自身税务筹划行为不当或不合法，或者因税务部门的征税筹划行为而致税务筹划目的不达或遭受高额税负的法律风险；破产法律风险是因企业资产负债率或到期债务率偏高而被申请宣告破产的法律风险。

4. 按企业法律风险产生的原因可分为环境性法律风险与操作性法律风险。操作性法律风险是由于企业自身的操作风险控制体系不充分或无效，未能对其面临的法律问题及时作出有效反应而产生的风险，如企业与员工不当签订或不签订劳动合同而受到劳动监察部门处罚及对员工承担赔偿或补偿责任的风险，主体面临的绝大多数法律风险属于此类；环境性法律风险则是指由国家法律的制定、修

---

[1] 蒋云贵、柳思维："基于回归方程的流通企业破产风险模型"，载《系统工程》2010 年第 9 期。

订等变化导致的法律风险。如 1999 年《合同法》第 286 条给作为在建工程抵押贷款人的银行带来的其抵押权劣后于在建工程承包人工程款的优先受偿权的法律风险；2006 年《企业破产法》修订而扩展破产能力范围给金融、保险企业带来的破产法律风险。环境性法律风险通常分为普通法律风险和特别法律风险，普通法律风险是指企业因受国家普遍适用的法律规制而带来的风险，如境外并购时受东道国公司法、证券法、反垄断法等法律规制产生的风险，特别法律风险是指企业受国家的特别法规制而引发的法律风险，如前述中海油竞购优尼科案中的法律风险即属此类。

5. 依企业法律风险的隶属关系可分为纵向法律风险、横向法律风险、内部法律风险。纵向法律风险主要指企业在行为过程中违背了国家法律法规的规定带来的风险，如非法开发土地和矿产资源、违法排污、偷税漏税而带来的行政处罚风险；横向法律风险则指主体在与其他主体的经济交往活动中因缔约过失、违约或侵害他人权利而应承担不利法律后果的风险；内部法律风险主要指主体在内部管理过程中因违法而承担法律责任的风险，如公司抽逃资金而受处罚的风险。

6. 按企业法律风险所涉法律部门可分为民商法律风险、行政法律风险、劳动与社会保障法律风险和刑事法律风险。民商法律风险含违约风险、侵权风险和缔约过失风险；行政法律风险指企业违反行政法或市场管理法律法规而承担法律责任的风险，如税务筹划风险等；劳动与社会保障法律风险，如企业不依法执行劳动安全与保护制度、法定节假日休息制度、社会保险制度而受到劳动监察部门的处罚的风险；刑事法律风险，如企业走私、偷税漏税触犯国家刑法而被追究刑事责任的风险。

7. 按企业法律行为所涉区域可分为国内经济活动中的法律风险和国际经济活动中的法律风险，国内经济活动中的法律风险主要指违反本国法律带来的风险；国际经济活动中的法律风险就非常复杂，涉及外国法律的适用以及本国与外国的司法协助等问题，具体如对外投资中的法律风险、境外并购中的法律风险、国际商事贸易中的法律风险等。

8. 从法律风险带来的实际后果看，有目的不达风险，如前述中海油并购优尼科失败的风险；有直接损失风险，如长虹与 APEX 贸易纠纷一案中，长虹 40 多亿元巨额货款不能收回的损失；有承担法律责任的风险，如在 2003 年华为与思科知识产权案中，华为在遭到思科指控后，停止在美国出售被思科系统指控的产品，将这部分产品资料从其美国网站上撤除，回收在美国售出的此类产品等。

9. 若从法律风险是否产生于诉讼或仲裁程序角度考察，有诉讼法律风险和非讼法律风险。前者是指在诉讼或仲裁中败诉而遭受损失或依法院裁判或仲裁裁决承担法律责任的风险；除此之外的行为目的不达、人身财产损失及承担法律责任的法律风险均属非讼法律风险。

(二)企业法律风险成因分析

1. 不同行业企业由于经营业务的差异,除了面临一般企业法律风险因素外,还具有一些特别的法律风险导因。相对而言,农林牧渔企业面临的自然风险较大,而法律风险较小;采矿企业因安全事故致人损害的侵权赔偿责任较大;制造企业法律风险主要因产品瑕疵和环境污染致人损害而生;建筑企业则因高空、高度危险作业和建设工程质量致人损害而承担赔偿责任的法律风险比较突出;流通企业因所涉业务范围较广,其面临的法律风险也较为复杂,其中因不正当竞争或垄断行为、产品质量责任、违约责任所致的法律风险较为突出;服务企业法律风险主要来自因服务瑕疵导致的侵权责任;IT 企业从事的技术密集型业务,因知识产权纠纷所致的法律风险较大。

2. 企业处于不同的发展阶段,由于其经营的业务、组织结构、风险管理机制的差异,法律风险产生的导因也会有所区别。创业期企业由于从事的业务较为单一,面临的法律风险也较为单一,且容易辨识和预测;但创业期企业由于风险管理机制尚未形成,抗风险能力弱,法律风险一旦发生,可能造成毁灭性的灾难。成长期企业业务快速发展,人员大量增加,此时,如未能建立相应的法律风险管理机制,与此相应的法律风险,如合同法律风险、产品质量法律风险、劳工法律风险等会急剧增加。成熟期和持续发展期(或衰落期)企业由于企业组织和流程的僵化日趋严重、流程运作困难、效率低下,容易出现财务危机,因此而滋生的破产法律风险较大。

3. 社会转型过程中,由自然经济和行政经济向市场经济的转轨使法律关系主体成为"经济人",在利益的驱使下,经济人的趋利性日益凸显,信用缺失、目无法纪的现象时有发生,加之,经济转轨使国家法律修订频率激增,于是,社会转型时期的企业均置身于高不确定性的法律风险之中。因此,社会转型时期企业法律风险产生原因表现出多样性。一方面,合同法律风险主要由当事人一方或双方违约产生,对于违约方而言面临承担违约责任的风险,而对于非违约方而言,则表现为因对方的违约行为遭受损失却因证据、时效、执行等原因而难以获得救济的法律风险;除此之外,缔约过失和合同生效要件欠缺等也是导致合同法律风险的重要原因。市场营销法律风险主要因企业产品质量瑕疵、虚假及不合法广告行为、不正当竞争行为、垄断行为等所致,2002 年的"梅花 K"案、2008年的三鹿奶粉案等均属因企业产品质量瑕疵所致法律风险的典型案例。知识产权法律风险主要由企业侵害他人著作权、商标权、专利权或非专利专有技术引致。另一方面,企业著作权、商标权、专利权或非专利专有技术被他人侵害而因证据、时效、执行等原因不能获得救济也是一个重要因素,华为与思科知识产权案、西门子抢注海信商标案、朗科与索尼知识产权案均为社会转型时期企业知识产权法律风险国际化的典型案例。劳动法律风险发生的主要原因是企业招聘劳工而不签合同、违反劳动合同、不为员工办理社会保险、发生工伤事故等而依法对劳动者进行补偿、赔偿。投资法律风险主要因投资关系当事人违约而致资本本息损失，或投资不符合国家产业政策而目的不达、成本费用增加所致。企业并购法律风险产生的主要原因是被并购方或被并购方东道国反并购法律行为，含具体法律行为和抽象法律行为，中海油并购优尼科失败即为企业并购法律风险的典型案例，该案例中中海油所承担的风险实因作为东道主的美国进行特别法规制的抽象法律行为所致。税收法律风险产生的原因有税收政策运用不当、违法操作、高额筹划成本或整体税负增加、税制变化、征税筹划以及税务机关及工作人员自由裁量权的行使。破产法律风险则主要因企业不能清偿到期债务或资不抵债引致。

4. 操作性法律风险和环境性法律风险。由于我国正处于由计划经济、行政经济向市场经济、法治经济的转轨时期，一方面，企业在多年来的计划经济、行政经济背景下形成的人治传统难以改变，加之中国当前司法环境不佳，司法腐败和司法效率低下，严重影响了国家法律的权威；企业管理过程中不依法办事的操作屡禁不止，企业在从事法律行为过程中行为违法或不合法现象非常普遍，导致企业操作性法律风险滋生。另一方面，由计划经济、行政经济向市场经济、法治经济的转轨首先要健全经济法制，于是，国家加紧制订经济法律法规的同时对现有法律法规的修订频率增加，以适应市场经济发展的需要，环境性法律风险就是因为国家制定新的法律或对原有法律进行修订，使企业法律行为受到新法的调整或其法律行为由适用旧法为合法而转变为适用新法为不合法引致。其中，普通法律风险产生于针对不特定主体的法律制定或修订；特别法律风险产生于国家法律上的"暂行特别措施"，专门针对法律行为人而为的法律制定或修订。

5. 纵向法律风险、横向法律风险和内部法律风险。如前所述，计划经济体制下形成的人治传统使企业法制观念淡漠，企业在作出法律行为过程中对国家刑法、行政法或市场管理法律法规等的违背是纵向法律风险产生的主要原因；经济转轨过程中法律的缺位及配套机制（如公信机制）落后，使企业与其他平等主体交易往来中的违约行为、侵权行为和缔约过失行为处于易发期，横向法律风险时有发生；内部法律风险主要产生于企业内部管理中的违法或不合法行为，企业内部管理事务国家一般不加干涉，但现代企业作为最大的危险源制造者，加之其处于优势的经济地位，各国企业法对企业内部管理行为中关系到社会经济秩序稳定的事项，均有相应的法律规制。

6. 民商法律风险、行政法律风险、刑事法律风险和劳动与社会保障法律风险。民商法律风险实为横向法律风险，行政法律风险和刑事法律风险则属纵向法律风险。刑事法律风险对于企业而言主要是被处罚金和没收财产的风险，但我国刑法采用了双罚制，即对企业处财产刑的同时，对企业负责人处以人身刑。劳动与社会保障法律风险既有横向法律风险，又有纵向法律风险，前者如企业对劳动者承担赔偿责任的风险，后者如企业不依法执行劳动安全与保护制度而受到劳动监察部门处罚的风险。在社会转型期其发生原因同纵向法律风险和横向法律风险。

7. 国内经济活动中的法律风险和国际经济活动中的法律风险。国内经济活动中的法律风险既可能产生于违反或不符合本国法律法规，又可能产生于经济活动中对其他主体违约、侵害其他主体权利或因缔约过失致其他主体损害，因此，它包罗了纵向、横向和内部管理中的法律风险。经济全球化使我国社会转型发生于全球社会转型的大环境下，我国企业经济活动国际化趋势加强，国际经济活动中的法律风险跟国内经济活动中的法律风险内容类同，但由于取证问题、管辖权问题、法律适用问题和司法协助问题，风险程度剧增。

8. 目的不达风险、直接损失风险和承担法律责任的风险。目的不达风险主要因为企业在行为之前，未能对其行为进行调整的法律法规或可能出现的不确定性法律环境，或者其法律关系相对人资信状况进行充分的调查、研究和可行性论证，而导致其行为自始或嗣后违法或不合法，或者相对人违约、违法，而难以达到预期目的。直接损失风险主要指企业因合同相对人违约、其他主体侵权或其他主体的缔约过失责任导致其遭受财产损失，却因取证困难、时效经过、法官或仲裁员自由裁量权、无财产执行以及国外诉讼中的管辖权问题、法律适用问题和司法协助问题导致其难以胜诉或虽胜诉却无法执行而致损失的风险。承担法律责任的风险主要因企业行为违法或不合法，或者因其违约、侵权及缔约过失行为，符合法律法规规定的责任构成要件，而应承担民事责任、行政责任和刑事责任的风险，这是企业法律风险的主要构成部分。

9. 诉讼法律风险和非讼法律风险。诉讼法律风险产生于取证困难、时效经过、法官或仲裁员自由裁量权、无财产执行以及国外诉讼中的管辖权问题、法律适用问题和司法协助问题导致其难以胜诉或虽胜诉却无法执行。而非讼法律风险的产生主要是因为企业违法、违约、缔约过失、侵权等原因被行政机关处罚或不经诉讼或仲裁程序而承担民事责任。

综而观之，我国社会转型期企业法律风险频发的主要原因在于：一方面，企业自身法制观念淡漠，企业管理不依法而行，违法甚至法人犯罪行为普遍存在；缺乏完善的法律风险预警和决策机制，法律风险发生时束手无策；另一方面，社会转型过程中，国家法律法规制定和修改频率增加，在行政腐败和行政效率低下、司法腐败和司法效率低下的环境下，企业无所适从，法律风险反应和应对能力相对落后，只能听任法律风险发生。

【课后作业】

1. 试述风险的本质。

2. 以放养宠物狗为例，试论述法律风险的不确定性。

3. 马克思在论及《法国民法典》时指出，"法典并不起源于旧约全书，而是起源于伏尔泰、卢梭、孔多塞、米拉波、孟德斯鸠的思想，起源于法国革命"。试分析这段话的深刻含义。

第二章　法律风险辨识

法律风险辨识是进行法律风险分析时要首先进行的重要工作，它主要解决两个问题：①有哪些法律风险应当考虑？②引起这些法律风险的主要因素是什么？法律风险的辨识方法主要有风险树模型、专家调查法、幕景分析法、流程图法、因素图表法等。

第一节　风险树模型

风险树模型法是指针对法律风险具体内容及引发因素进行分解，使复杂的风险系统简单化，在分解后对其进行合理预测，最后构造风险树（故障树）模型的方法。它通常分为三个步骤：分解——合理预测——构造风险树模型。如在2005年中海油并购优尼科案中，可以采取此方法先将中海油在并购中可能遭遇的法律风险进行分解：

1. 目标公司本身的法律风险；
2. 目标公司及其商业伙伴的反并购风险；
3. 目标公司所在国普通法律规制风险；
4. 目标公司所在国特别法律规制风险。

然后对上述各种法律风险再逐层进行分解：

1. 目标公司本身的法律风险，包括诉讼风险和资产负债风险（破产风险）；
2. 目标公司及其商业伙伴反并购风险又可分解为：①股份回购与死亡换股股份回购风险，②帕克曼（pac-man）防御风险，③毒丸计划（poison pill）风险，④焦土战术（scorched earth policy）风险，⑤驱鲨剂（shark repellents）风险，⑥牛卡计划（dual class recapitalization）风险，⑦相互持股风险等；
3. 目标公司所在国普通法律规制风险又分解为：①劳工法律风险，②环保法律风险，③证券法律风险，④知识产权法律风险，⑤反垄断法律风险等；
4. 目标公司所在国特别法律规制风险则包括已有特别法律规制风险和将启

用特别法律规制风险。

　　分解完成后，就要对各种风险及其子风险进行合理预测，排除不存在的风险，保留可能存在的风险，然后构建风险树模型，上例中经过合理预测之后，我们可以构造出如图 2-1 所示的风险树模型。

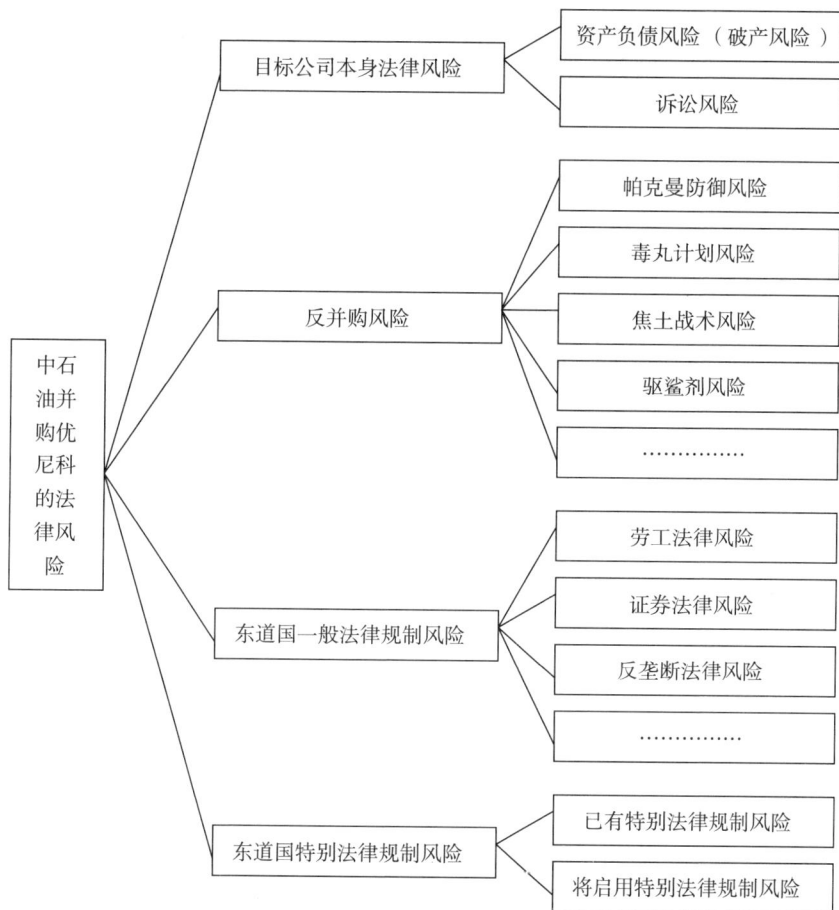

图 2-1　中海油并购优尼科法律风险树模型

　　图 2-1 只是一个简单例子，尚未列出所有存在的风险，实践中风险树有很多分枝，十分复杂。

第二节 专家调查法

专家调查法实质上是一种主观或直觉方法，由于对法律风险的辨识的主要任务是找出各种潜在的危险并对其因素进行定性推理，专家调查法就显得多有益处，专家调查法种类繁多，实践中用途最广的主要有头脑风暴法和德尔菲法，下面主要介绍德尔菲法及其在识别中海油并购优尼科案中的东道国特别法律规制风险中的应用：

德尔菲法（Delphi Method）是美国著名咨询机构兰德公司于 20 世纪 40 年代发明的，其特点是：参加者之间相互匿名，对各种反应进行统计处理以及带有反馈地重复进行意见测验。德尔菲法运用成功的关键是专家的选定，在识别中海油并购优尼科案中的东道国特别法律规制风险时，应选择法律、投资、国际关系、企业管理等领域的专家作为调查对象。其基本程序是：

1. 预先制定调查表，在中海油并购优尼科过程中，美国是否会启用新的法律阻碍并购，可设置这样的调查表形式。

请从下列答案中选择一个：

选择一：我认为美国可能会启用新法阻碍并购。　　　（　　　）

选择二：我认为美国不会启用新法阻碍并购。　　　（　　　）

如果您认为美国可能会启用新法阻碍并购，那么其可能性会是多大？

答：（　　　）%。

2. 问询分两轮或多轮进行。

3. 每一次反复都带有对每一条目的统计反馈，包括中位值及一些离散度的测量数值，有时要提供全部问答的概率分布。

4. 随着每次反复所获得的信息量愈来愈少，可由领导人决定在某一点停止反复，要追求意见的收敛，但并不强求。关于中海油并购优尼科案中美国启用新法加以规制的专家意见及收敛情况，详见表 2-1 和图 2-2：

表2-1　各轮预测可能性的中位数及上、下四分点

轮次	中位数（%）	下四分点（%）	上四分点（%）
1	50	20	100
2	60	30	95
3	70	50	85
4	80	70	90

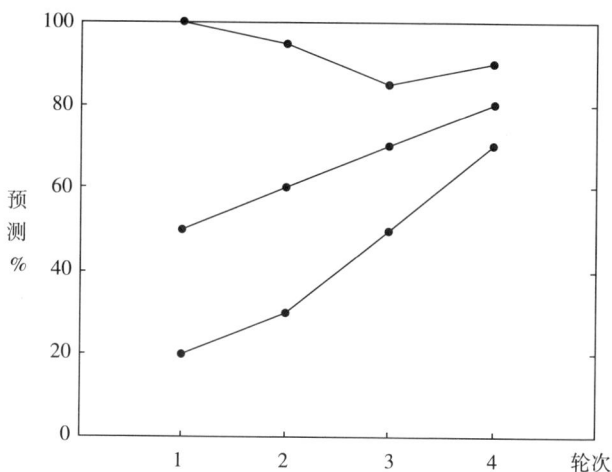

图2-2　德尔菲法意见收敛情况

　　德尔菲法实际是集中许多专家意见的一种法律风险辨识方法，比某一个人的意见接近客观实际的概率要大，但从理论上并不能证明这一意见能收敛于客观实际。德尔菲法存在一些不足之处：①受预测者本人主观因素的影响，可能使结果产生偏差；②有一个取得小组一致意见的趋势，但理论上无法证明该意见是正确的；③这种"多数决的方法"可能妨碍新思想的产生。

第三节　幕景分析法

　　幕景分析法（Scenarios Analysis）是一种辨识引起法律风险的关键因素的方法，一个幕景就是对一项事业或某个企业未来某种状态的描绘，幕景分析通常包括筛选、监测和诊断三个过程，诊断之后再用幕景分析图表示出来。下面以商业

银行房地产抵押贷款为例，介绍幕景分析法在法律风险辨识中的应用。

第一，筛选。筛选是将具有潜在风险的法律因素进行分类选择的法律风险辨识过程。在商业银行房地产抵押贷款中，经过筛选列出其三个主要因素：效力瑕疵、实现瑕疵和空头抵押。

第二，监测。通过监测，找出商业银行房地产抵押贷款中潜在法律风险状况。

第三，诊断。通过诊断，对商业银行房地产抵押贷款法律风险从总的方面作出评价和分析，使商业银行法律风险管理者能统观全局，防范法律风险。

经过筛选、监测和诊断后，可构造出商业银行房地产抵押贷款法律风险幕景分析图，如下图 2-3 所示：

幕景分析图可分为内、中、外三圈，内圈分为效力瑕疵、实现瑕疵和空头抵押三种风险。该三种风险向中圈辐射又可分解，其中效力瑕疵风险分为无效和低效风险，实现瑕疵风险分为不能执行和不能变价风险，空头抵押风险分为已设抵押和已过最高抵押额风险。中圈再向外圈辐射即为各种风险表现形式：无效风险——农村土地使用权抵押；低效风险——承包人工程款优先于商业银行的抵押权；不能执行风险——被执行人生活必需品；不能变价风险——未经抵押物共有人同意；已设抵押风险——已为他人设定了效力相同的抵押；已过最高抵押额风险——一定期限内抵押物抵押的最高额已满。

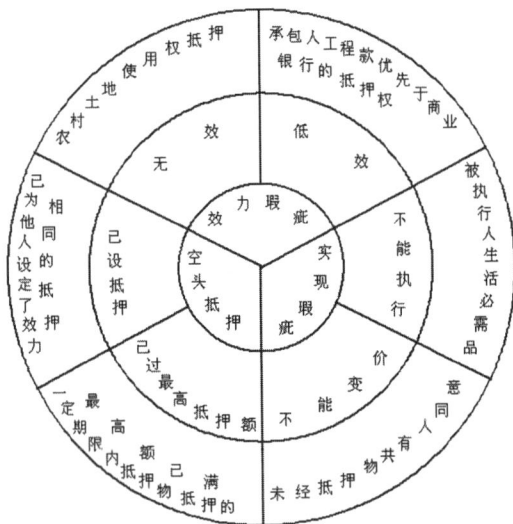

图 2-3　商业银行房地产抵押贷款法律风险幕景分析图

该方法在法律风险辨识过程中较为有效，但使用这些方法过程中应注意三个问题：

1. 可靠性问题，即是否有严重的法律风险未被发现？

2. 成本问题，即为法律风险辨识而进行的数据分析，调查研究或科学实验所能消耗的费用，这种费用有时非常巨大，应尽量发挥收集数据的作用。

3. 偏差问题，如在进行社会调查时，主持人意见可能会引起调查结果的偏差等。

第四节　法律行为流程图法

法律行为流程图法是指将企业法律行为过程中每个环节按先后次序排列，然后对每个环节的合法性进行分析，对每个环节的不合法之处可能导致的法律风险作出标注，从而可以以此识别整个法律行为过程中存在的法律风险。

例如，在识别合同法律风险时，将合同管理过程划分为订立前程序审查、主体资格审查、合同条款审查、合同签订、合同备案、合同履行六个环节，然后按先后次序依次鉴别：

1. 合同订立前本项目是否经过招投标、政府集中采购等强制性法律程序，未经这些程序会产生合同效力风险和受行政处罚的风险；

2. 订立合同时，是否已对合同相对人主体资格进行审查，合同相对人主体资格不合法会导致合同效力风险；

3. 合同文件记载的条款是否具备，合同必要条款欠缺导致效力风险，合同条款约定不明确导致纠纷发生风险，己方权利义务记载不明确会导致财产损失风险；

4. 合同签订格式不合法，也会导致合同效力风险；

5. 合同没有备案或存档会导致合同纠纷发生进入诉讼时取证困难的风险；

6. 合同履行过程中没有依约履行，一方面导致违约风险，另一方面导致直接损失风险。

通过以上分析后，可以绘制企业合同法律风险辨识流程图（如图2-4所示），使合同管理法律风险一目了然。

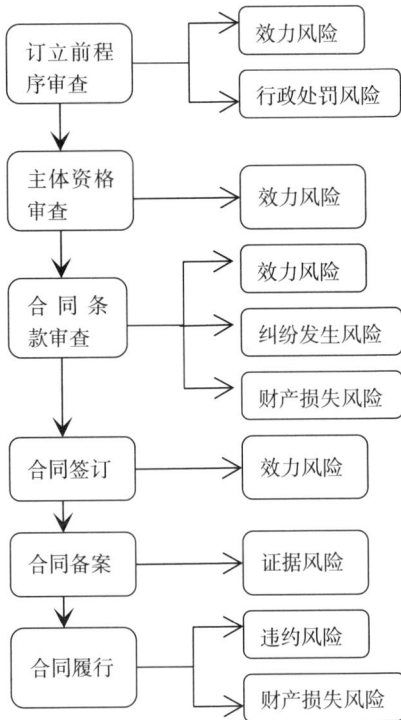

图2-4　企业合同法律风险辨识流程图

第五节　法律风险因素图表法

采用法律风险因素图表法的前提条件是先确定引致某种法律风险的因素，利用图表形式将导致某种法律风险的全部因素——列明，然后对应列出该因素的现实状态，由此可以直接辨别该种法律风险是否存在。

例如，要识别某有限责任公司登记是否存在目的不达的法律风险，先将其名称、股东、股本、章程、申请文件和行政审批文件作为公司登记目的不达法律风险的因素并列入表格中，然后在每个因素下面描述其现实状态（是否具备、是否合法、是否必需）。表2-2是某有限责任公司登记法律风险因素表：

表 2-2　某有限责任公司登记法律风险因素表

因素状态	名称	股东	股本	章程	申请文件	行政审批文件
是否具备	已通过名称预先核准登记	具备	具备	具备	具备	不具备
是否合法	合法	合法（3 人）	合法（50 万元）	合法（绝对必要事项齐全）	合法	/
是否必需	是	是	是	是	是	否

透过此表，可以发现，该有限责任公司登记中目的不达法律风险不存在或极小。

【课后作业】

1. 试采用合适的方法辨识建筑公司经营过程中的法律风险。
2. 运用法律风险因素图表法分析工商资本投资农产品加工的法律风险。
3. 试对政府抽象法律行为的法律风险因素进行辨识。

第三章　法律风险估计

第一节　法律风险估计指标体系

　　法律风险估计的指标主要指法律环境状况指标和内部实际运作状态的指标，这些指标的变动通常用来说明法律风险发生的可能性。但这些指标是一个有机整体，应用全面的、联系的、辩证的方法分析它们。指标体系是用以反映某一社会经济现象基本情况的一系列有着内在联系的指标组成的集合，他们共同构成一个信息系统，从多方面反映社会经济现象的数量表现和数量关系。因此，法律风险估计指标体系就是一系列最基本的法律环境状况指标和主体实际运作法律行为状态指标的集合，其主要功能是为对法律风险进行估计提供一个标准和尺度，其实质就是导致法律风险存在的因素总和。通过对主体运作的法律环境状况和主体实际运作法律行为状态采用科学的评价指标体系进行监测，以便及时、真实、有效地获得风险信号和信息，达到对主体法律风险进行准确估计的目的。法律风险估计指标体系发挥着法律风险的监测功能，因此，对法律风险估计必须建立相应的指标体系。

　　为保证法律风险估计指标体系科学、合理、有效，设计法律风险估计指标体系时应遵循下列原则：

　　1. 代表性原则。代表性原则包括两个含义：一方面，所选取的指标要具有明确的法律风险意义，能够准确地描述主体运作的法律环境状况和实际运作法律行为状态，确切地反映主体运作的法律环境周期变化规律以及实际运作法律行为的特征和变动规律；另一方面，形成法律风险的因素很多，但不宜将所有因素都设置为风险估计的指标，应在每个侧面选取最具代表性的典型因素。可以采取层次分析法、主成分分析法或因素分析法来剔除不具代表性的指标。

　　2. 全面性原则。法律风险估计指标体系应能全面、系统地评价整个法律风险状况，因此必须对形成法律风险的因素进行层层析取。例如，针对法律环境因素可采取立法环境指标、司法环境指标和执法环境指标；而针对主体内部法律行为因素可选取主体组织形式指标、业务范围指标和内部法律风险管理机制指标。

3. 可操作性原则。可操作性原则主要指指标的易懂性和有关数据的可行性。这是选取法律风险估计指标时必须考虑的一项重要原则，离开了可操作性，再科学、合理、系统、全面的法律风险估计指标体系也发挥不了作用。

在当前法律风险管理研究文献中，尚未见有关于法律风险估计指标体系的提法，但对导致主体一般性（整体）法律风险存在的因素已有初步研究。路伟国际律师事务所江山在 2005 年发布《中国 100 强企业法律风险报告》时，声言其以行业、组织形式、公司设立地点、知识产权、采购和销售行为（涉外）作为风险评估的考虑因素。[1]而向飞、陈友春列出的企业法律风险评估因素与其大同小异，主要包括法律环境、司法管辖区域、法律实体的组织形式、商业模式、行业、知识产权、经营行为发生地等七项因素。[2]

然而，不管怎样罗列，一般性法律风险估计指标不外乎两类，外部法律环境因素和内部运作法律行为因素。影响法律风险的外部法律环境因素主要有立法环境、司法环境和执法环境；内部运作法律行为因素则主要有主体组织形式、业务范围和法律风险管理机制。

立法环境对法律风险的影响主要在于两个方面，其一，法制越健全，法律风险越大，因为法律风险依法而生，无法律规制自然无所谓法律风险，法律越完善，法律风险发生的可能性越大；其二，立法步伐越快，法律修订频率越高，法律带来的不确定性程度就越高，法律风险发生概率自然就越大。因此，立法环境对法律风险的影响主要取决于一国社会转型的程度，因为，社会转型不仅要求从非市场经济转向市场经济，而且要求由人治转向法治，向市场经济和法治转变的过程中，新法制定和旧法修订日益频繁，从而法律的不确定性急剧上升，导致法律风险剧增。

司法环境对法律风险的影响首先表现在法官素质方面。语言文字的不确定性导致法律诸多的不确定性，解决这个问题的主要途径是法律解释和法律推理，这是法官行使自由裁量权的原因，法官行使自由裁量权进行裁判能否公正、合理，与法官素质密切相关。司法环境对法律风险的影响还表现在一国的司法体制方面，比如法庭审判方式，英美法系国家采陪审团制，陪审团进行事实认定，法官找法，以双方当事人控辩为主；大陆法系国家则属职权主义审判模式，法官在整个诉讼过程中处于指挥者的地位，双方当事人及其代理人在其中发挥的作用不大，此种情形下，法官素质对当事人法律风险影响较大。

[1]　江山："中国 100 强企业法律风险报告"，载《法人杂志》2005 年第 4 期。

[2]　向飞、陈友春：《企业法律风险评估》，法律出版社 2006 年版，第 72~75 页。

执法环境也是影响法律风险大小的一个重要因素，由于法律的不确定性，执法者在执法过程中自然存在行使自由裁量权的余地，因此执法者素质对当事人法律风险影响可窥一斑，此其一。其二，一国对行政机关的监督机制不失为影响法律风险的重要因素。例如，在我国立法权对行政权监督相较薄弱，司法权仅能对行政行为的合法性进行审查，行政机关的行政行为不合理给当事人造成损害的，难以获得法律救济，法律风险较之其他国家和地区自然更大。

主体组织形式是内部运作法律行为因素中对法律风险影响较为明显的一个原因。以企业为例，当前各国虽对企业采强制登记主义立法例，但在对不同组织形式企业的法律监控和规制方面却迥异。在中国，法律对个体工商户监控极少，而且很多地区还推出系列优惠政策，如免税免费等。但对于公司的监控，包括税收、经营范围、财务、劳动用工制度等都比较严格。尤其是上市公司，其所受的监控不仅来自交易所和证券监督管理部门严格的监督，而且其经营活动由封闭式转为开放式，一切经营活动尤其是财务会计全部置于社会公众和小股东的监管之下，加之严格的交易规则要求上市公司将大量的信息毫无保留地对外公布，这对上市公司经营活动的合法性提出了更高的要求。尤其是选择境外上市时，接受不同法域法律监管，法律风险处于高不确定性状态。

业务范围作为一个整体因素对法律风险影响较大，就企业而言，主要表现在三个方面：业务所属行业、业务技术含量和业务地域范围。

不同行业调整的法律依据不同，法律风险大小、类型和性质亦不相同。企业从事新闻出版业务，发生名誉侵权、著作权侵权纠纷的概率极高；从事食品、制药、生物技术业务，事关人命，受到国家法律的严格监管，承担侵权责任和行政责任甚至刑事责任的风险极高，而且，每次公共危机事件之后，国家将修订相应法律法规，对从事这些业务的企业进行更严格的监控，我国《食品安全法》的修改即为一典型案例；金融、保险业事关社会公众利益和国家金融秩序甚至经济安全，国家对其进行严格的法律规制，并设立专门的监督管理机构进行监管，属高风险行业；而零售业，传统制造业由于经营活动单一、行业监管少，属低风险行业。

现代企业利润多来自于技术密集型业务，然而，技术密集型业务属高风险业务，其一，业务经营所使用的技术存在知识产权瑕疵，被指控为侵权的可能性很大；其二，业务经营所使用的技术未能采取知识产权保护措施或未进行专有技术保护，导致技术流入公有领域，价值尽失。中国企业近年来涉及的知识产权侵权诉讼数量居高不下，且少有胜诉者。

业务地域范围对法律风险也有一定的影响，以企业为例，主要表现在涉外业务面临的法律风险偏高，境外采购原材料和零部件业务面临的法律风险主要有：

外国供货商破产、外国供货商违约、外国供货商违约导致额外费用等；境外销售业务面临的法律风险主要有：呆账、死账、主要客户破产清算、潜在的反倾销措施、产品责任诉讼、与经销商的纠纷等。

　　法律风险管理机制主要包括主体法律风险管理机构、管理制度、管理理念等。完备的法律风险管理机制应当具有：①独立的、专业的法律顾问部门或法律风险管理部门，实行总法律顾问制度。例如，企业应当具备一个由董事会、首席执行官、首席财务官、首席信息官、首席法律顾问及专职法律风险防控部门、监事会和内部审计部门共同组成的法律风险防控机构体系；②一套完善的法律风险管理制度，含责任分工、法律风险管理流程、法律风险管理范围、法律风险管理培训等方面的基本制度。就企业而言，主要有企业法律行为可行性论证制度、企业法律行为合法性审计制度、企业法律行为外部监督制度、信息管理制度、外部沟通制度；③树立法律风险观念，培养全体员工的法律风险价值观，培育管理好法律风险就是创造价值的理念。如企业上自董事长，下至公司员工都应该具备这种法律风险理念。具有完备的法律风险管理机制的主体不仅能大幅降低法律风险发生的可能性，而且在遭遇法律风险时能处变不惊，从容应对。

　　主体特定的法律风险由于其产生依据——法律不同，对其进行估计的指标也各不相同。如对企业税务筹划法律风险进行估计时，应选择税制变化、征税筹划、税务机关及工作人员自由裁量权行使、税收政策运用不当、违法操作、高额筹划成本或整体税负增加等六个因素作为估计的指标；而估计企业破产法律风险时却只有资产负债率和逾期债务率两个影响因子作为估计的指标；商业银行房地产抵押贷款法律风险的影响因子有无效、低效、不能执行、不能变价、已设抵押和已过最高抵押额六个，于是该六个指标共同构成了商业银行房地产抵押贷款法律风险估计的指标体系。因此，对企业特定的法律风险进行估计前，必须做好的一项工作是，根据该种法律风险的影响因素构建对其进行估计的指标体系。

　　为保证法律风险估计指标体系对法律风险估计的精确性，有必要对法律风险估计指标进行检验。指标检验包括信度检验和效度检验。

　　信度检验。信度（reliability）即可靠性，是指采用同一方法对同一对象进行调查时，调查结果的稳定性和一致性，即测量工具（问卷或量表）能否稳定地测量所测的事物或变量。法律风险估计指标信度检验指检验用于法律风险预测的指标能否稳定地预测主体法律风险的形成。采用法律风险估计指标体系对各种法律风险产生的可能性进行估计时，各底层指标之间可能存在一定的相关性，即部分指标在描述某种法律风险情形时可能存在相互重叠的现象，这样，在计算法律风险发生概率时，不仅会加大风险估计的工作量，同时会使风险估计过程中不同指标之间的相对权重难以被准确掌握，导致法律风险管理人员对某种法律风险进行估计时，权重设定错误，法律风险估计结果失误。因此，必须对法律风险估计指标进行相关性处理，处理的方法通常采用相关系数矩阵法、主成分分析法、因素分析法、层次分析法等。

效度检验。效度（validity）即有效性，它是指测量工具或手段能够准确测出所需测量的事物的程度。法律风险估计指标效度是指用于测量的指标能够准确测出法律风险发生概率的程度。因此，效度检验又叫风险估计指标的功效性检验，主要检验估计结果和实际结果之间的吻合程度。一般采取迭代方法，利用风险估计结果和实际结果、专家诊断相互比较，根据比较结果，不断地调整法律风险估计指标体系，促进其朝科学性、合理性方向发展。在具体操作过程中，如果某一指标发出风险产生的警示信号，而根据实际调查或专家诊断，实践中法律环境或主体实际运作法律行为也出现了相应的警情，则反映该指标确实能对某种法律风险产生情形进行正确的估计，该指标可以保留；若该指标发出的警示信号与实际警情难以吻合，说明该指标在估计法律风险时存在一定的问题，应对其做进一步的分析，包括检验指标权重和估计区间设置的正确性，以决定该指标的取舍。

第二节　法律风险估计方法体系

法律风险估计就是要对法律风险发生的可能性进行预测。法律风险辨识回答了主体遭遇的法律风险是什么，而法律风险估计则要回答某一法律风险发生的概率。通常对法律风险进行估计的方法主要有三种：客观估计、主观估计和合成估计。

一、客观估计

用客观概率对法律风险进行估计就是客观估计，客观估计又叫定量估计。通常理论上计算客观概率的方法有两种：一种是根据大量样本数据资料，利用统计方法进行计算；另一种是依据概率的经典定义，将事件集分解成基本事件，用分析方法进行计算。通过两种方法计算所得的结果都是客观实在的，不以计算者的意志为转移，故称为客观概率。计算客观概率的一个基本前提是，大样本数据资料的获得。

法律风险客观估计方法主要有时间序列预测模型和回归模型。

（一）时间序列预测模型

时间序列指在相似的时间间隔观测、记录一个变量或过程的值，并按时间先后顺序排列的数列：

$$X_1,\ X_2,\ X_3,\ \cdots,\ X_t,\ \cdots,\ X_n\ (t = 1,\ 2,\ \cdots,\ n)$$

其中的下标 t 代表与观测时间 t 对应的观测值。

法律风险估计中的时间序列反映法律风险随着时间的推移而呈现的变动。导致这种变动的因素很多，有外部法律环境因素，也有主体内部运作因素，这些因素所起的推动或制约作用也不同。在诸多影响因素中，有些因素对法律风险的发展变化起着长期的、决定性的作用，使序列变动呈现出一定的规律性；有些则对法律风险的发展变化起着短期的、非决定性的作用，致使序列变动呈现波动性、周期性和不规则性。所以，时间序列的各个观测值（X_t）所反映的变化正是多种影响因素共同作用结果的综合体现。但作为基本分析，通常把时间序列在形式上的变动归纳为四种因素所引起的变动，即长期趋势、季节变动、循环波动和不规则波动，有时也把它们称为构成时间序列变动的趋势分量、季节分量、循环分量和不规则分量，并分别用 T、S、C 和 I 来表示。

时间序列分析首先就是对这四种影响因素进行分析，了解量度不同因素对时间序列影响的大小和规律，进而了解一个时间序列是如何综合这些因素的变动而体现它本身的运动的。对企业法律风险估计的时间序列模型主要有两类：

（1）加法模型是指时间序列的观测值是趋势值、季节变动、循环波动和不规则波动的和。按加法模型，一定时期的时间序列观测值 Y 与同时期的四种分量的关系为：

$$Y = T + S + C + I \qquad (3-1)$$

加法模型假定，四种因素变动的原因各不相关，因而对 Y 的影响是相互独立的，且具有与 Y 同样的度量单位。

（2）乘法模型是把时间序列的观测值看作四种因素之乘积，其关系可表述为：

$$Y = T \bullet S \bullet C \bullet I \qquad (3-2)$$

其中，Y 代表所观测的时间序列，除趋势分量使用与原时间序列观测值 Y 相同的量度单位以外，其余各分量都用相对数或百分数表示。

乘法模型又称为经典时间序列模型，它是一种描述性的模型，并满足各分量对时间序列的影响是相互独立的这一假设。可以很方便地将影响时间序列的四种因素分离出来，再进一步研究时间序列各影响因素对时间序列的单独作用。

由前面的分析可知，时间数列是由长期趋势、循环变动、季节变动和不规则变动交织运动的综合结果，如要测定出法律风险长期趋势，就要将时间数列中的其他影响因素消除掉，以便使长期趋势分离出来。通常采取的方法有移动平均法和数学修匀法。

　　移动平均法是通过逐次移动的方法分别计算一系列序时平均数得到一个新的时间数列，实现对原数列的修匀。其基本思路是：不规则变动是由偶然的随机因素所引起的。若从一个较长时期看，则各种偶然因素所形成的偏差会相互抵消。对于季节变动与循环变动，若采用其相应的周期进行移动平均，则也可将它们剔除，使剩下的结果表现为长期趋势的影响。移动平均法基本算式如下：

　　设 x_i 为时间序列中时点 i 的观测值，其样本数为 N；每次移动地求算术平均值所用的观测值个数为 n；则在第 t 时点的移动平均值 M_t 为：

$$M_t = \frac{1}{n}(x_t + x_{t-1} + x_{t-2} + \cdots + x_{t-n+1}) = \frac{1}{n}\sum_{i=t-n+1}^{t} x_i \qquad (3-3)$$

其中 M_t 表示第 t 时点的移动平均值，也可当作第 $t+1$ 时点的预测值 y_{t+1}，那么：$y_{t+1} = M_t$，由（3-3）式可导出：

$$M_t = \frac{1}{n}(x_{t-1} + x_{t-2} + \cdots + x_{t-n+1} + x_{t-n}) + \frac{1}{n}(x_t - x_{t-n}),$$

可得：$M_t = M_{t-1} + \frac{1}{n}(x_t - x_{t-n})$ \qquad (3-4)

　　由（3-4）式可见，在计算各时点的移动平均值过程中，若已算得 M_{t-1}，则用（3-4）式较易迭代计算出 M_t。

　　一般而言，当 n 值越大，M_t 数列越显修匀，但 n 过大，丧失的信息会愈多，得出的移动平均数列太短，无法看出其长期发展趋势。要确认所取的 n 值是否合理，可采取均方差 MSE 检验。均方差 MSE 计算式如下：

$$MSE_{(n)} = \frac{1}{N-n}\sum_{t=n+1}^{N}(x_t - M_{t-1})^2 \qquad (3-5)$$

　　取若干 n 值分别计算出其 MSE 值，均方差 MSE 值最小时的 n 为最能反映长期趋势的移动平均。

　　对于存在季节变动与循环变动的时间数列，为了消除季节变动与循环变动的影响，应取相应的时间长度进行移动平均。如季节变动一般取 1 年为时间长度，即进行 12 项移动平均（或 4 项移动平均）。

　　表 3-1 是长沙达阳汽车音响有限公司（以下简称达阳公司）1998 年~2010 年法律风险概率及其移动平均计算数据，其中法律风险概率应为同一风险在多个企业中的发生率，但在同一企业的时间序列中无法表示出来，因此，只能以企业当年实际法律风险损失与当年企业全部法律风险预期损失的比值来表示。通过对达阳公司 1998 年~2010 年实际法律风险损失数据进行统计，各年法律风险概率如表 3-1 所示。

　　数学修匀法又称曲线配合法。它是根据时间数列的数据特点，拟合一条最佳的趋势线来描述时间数列的长期趋势。方法有二：一是根据散点图（即将时间数列的数据在直角坐标系中描绘所得出的图形）来判断，即根据散点的走向来确定。二是根据数据变化的特点来判断。

表 3-1　达阳公司法律风险概率及移动平均计算表

年序	处理后的 t 值	法律风险概率 p	五项移动平均	四项移动平均	平均数二项移动平均
1998	−6	0.23	/	/	/
1999	−5	0.33	/	/	/
2000	−4	0.4	0.378	0.353	/
2001	−3	0.45	0.434	0.415	0.384
2002	−2	0.48	0.518	0.485	0.45
2003	−1	0.51	0.534	0.523	0.504
2004	0	0.65	0.534	0.555	0.539
2005	1	0.58	0.524	0.548	0.552
2006	2	0.45	0.504	0.528	0.538
2007	3	0.43	0.464	0.5	0.514
2008	4	0.41	0.38	0.46	0.48
2009	5	0.35	/	0.363	0.412
2010	6	0.26	/	/	/

一般采用下列标准：其一，如果时间数列中的数据的一级增长量即逐期增长量大体一致，宜拟合直线。其二，如果时间数列的二级增长量即逐期增长量数列的逐期增长量大体一致，宜拟合抛物线方程。其三，如果时间数列的环比发展速度大体一致，宜拟合指数曲线。

1. 直线方程。

方程式为：$P_c = a + bt$，作最佳趋势线必须满足：

$$\begin{cases} \Sigma(p - p_c) = 0 & (3-6) \\ \Sigma(p - p_c)^2 = 最小值 & (3-7) \end{cases}$$

在上述两个条件中，关键是条件（3-7）。只要（3-7）满足，则（3-6）必然满足。利用最小二乘法，确定直线方程中的两个特定参数 a 与 b，将它们代入 (3-7) 得：

$$\sum (p - a - bt)^2 = 最小值 , 令 Q = \sum (p - a - bt)^2$$

要使 Q 为最小，根据极值原理，必须令它对 a 与 b 的偏导数为 0，于是：

$$\begin{cases} \dfrac{\partial Q}{\partial a} = 0 \\ \dfrac{\partial Q}{\partial b} = 0 \end{cases}, \qquad \begin{cases} \dfrac{\partial Q}{\partial a} = -2 \sum (p - a - bt) = 0 \\ \dfrac{\partial Q}{\partial b} = -2 \sum (p - a - bt)(-t) = 0 \end{cases}$$

将它整理可得下列标准方程：$\begin{cases} \sum p = na + b \sum t \\ \sum t - 1 = a \sum t + b \sum t^2 \end{cases}$，解之得：

$$\begin{cases} b = \dfrac{\sum tp - \dfrac{1}{n} \sum t \sum p}{\sum t^2 - \dfrac{1}{n}(\sum t)^2} , 其中：\bar{p} 为 p 的平均值，\bar{t} 为 t 的平均值 \\ a = \bar{p} - b\bar{t} \end{cases}$$

2. 抛物线方程（二次曲线）。

方程式为：$p_c = a + bt + ct^2$。与直线趋势方程的参数估计一样，从第二个基本条件出发，用最小二乘法，可得到以下标准方程：

$$\begin{cases} \sum p = na + b \sum t + c \sum t^2 \\ \sum tp = a \sum t + b \sum t^2 + c \sum t^3 \\ \sum t^2 p = a \sum t^2 + b \sum t^3 + c \sum t^4 \end{cases}$$

对于上述标准方程，如对 t 进行处理，使 $\sum t = 0$，则上述方程可简化为：

$$\begin{cases} \sum p = na + c \sum t^2 \\ \sum tp = b \sum t^2 \\ \sum t^2 p = a \sum t^2 + c \sum t^4 \end{cases}$$

3. 指数曲线方程。

方程式为：$p_c = ab^t$。

先将指数曲线化成直线形式，即将上式两边取对数，则：$\lg p = \lg a + t \lg b$，

设 $P' = \lg p$，$A = \lg a$，$B = \lg b$，于是有：$P' = A + Bt$。

对于转换后所得的直线方程，仍用前面介绍的最小二乘法求出待定参数 A、B，然后求反对数而得出 a、b 的值。

以上述表 3-1 中数据为依据，可以构建达阳公司法律风险预测的时间序列模型，先作出 1998 年~2010 年间达阳公司法律风险概率散点图，如图 3-1 所示：

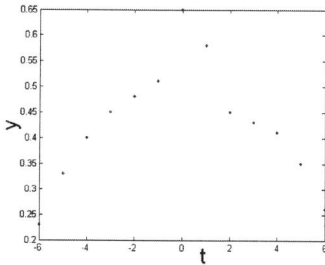

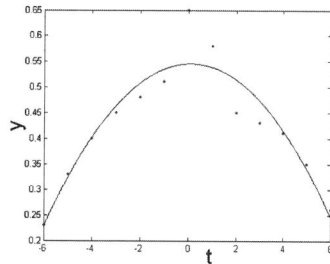

图 3-1 达阳公司法律风险概率散点图　　图 3-2 达阳公司法律风险概率拟合曲线

由图 3-1 可见 1998 年~2010 年间达阳公司法律风险概率散点图近似于一条抛物线，于是，达阳公司法律风险时间序列宜拟合抛物线方程：$y_c = a + bt + ct^2$，

将表 3-1 中数据代入方程组：
$$\begin{cases} \sum y = na + c\sum t^2 \\ \sum ty = b\sum t^2 \\ \sum t^y = a\sum t^2 + c\sum t^4 \end{cases}$$
，解得：$a = 0.5449$，$b = 0.0015$，$c = -0.0085$。于是，达阳公司法律风险概率时间序列预测模型为：$y_c = 0.5449 + 0.0015t - 0.0085t^2$，将此抛物线图形在同一坐标轴中作出，如图 3-2 所示，从图上可以看出，将它作为法律风险概率拟合曲线，拟合度较好。

由此可以预测 2011 年达阳公司法律风险概率为：

$$P = 0.5449 + 0.0015 \times 7 - 0.0085 \times 49 = 0.14 。$$

（二）回归模型

回归分析研究自变量的变动对因变量的变动的影响程度，其目的在于根据已知自变量的变化来估计或预测因变量的变化情况。回归的内容包括如何确定因变量与自变量之间的回归模型；如何根据样本观测数据估计并检验回归模型及未知参数；在众多的自变量中，判断哪些变量对因变量的影响是显著的，哪些变量的影响是不显著的；根据自变量的已知值或给定值来估计和预测因变量的平均值；等等。

回归分析应用到法律风险估计中，主要研究各法律风险因素的变动对法律风险的变动的影响程度，其目的在于根据已知风险因素的变化来估计或预测法律风险的变化情况。

线性回归分析是法律风险估计中最常用的一种回归方法，主要研究变量与变量之间的线性相关关系。从分析的内容上看，线性回归是建立变量间的拟合线性相关模型，主要用于估计和预测。线性回归模型有一元线性回归模型和多元线性回归模型。

一元线性回归模型数学表达式为：

$$y = \beta_0 + \beta_1 x + \varepsilon \qquad (3-8)$$

其中，y 为因变量，x 为自变量，β_0、β_1 为模型参数，β_0 为回归截距，β_1 为回归系数 σ^2，ε 为随机误差项，且 $\varepsilon \sim N(0, \sigma^2)$。

一元线性回归将影响因变量的自变量限制在一个，但在法律风险管理实践中，法律风险影响因素的复杂性决定了法律风险的变动往往受多种因素的影响。如一般性（整体）法律风险受立法环境、司法环境、执法环境、企业组织形式、企业经营业务范围和企业法律风险管理机制等因素影响，这就需要研究两个或两个以上自变量对因变量的影响。一个因变量与多个自变量之间的线性相关关系称为多元线性回归。多元线性回归模型的数学表达式为：

$$y = \beta_0 + \beta_1 x_1 + \beta_2 x_2 + \ldots + \beta_k x_k + \varepsilon \qquad (3-9)$$

其中，y 为因变量，$x_i\, i = 1, 2, \cdots, k$ 为自变量，$\beta_i\, i = 1, 2, \cdots, k$ 为回归参数，ε 为随机变量，且 $\varepsilon \sim N(0, \sigma^2)$。实践中，回归参数 $\beta_0, \beta_1, \cdots, \beta_k$ 通常是未知的，需要对其进行估计。

假定对于自变量 $x_1, \cdots, x_k$ 和因变量 y 已进行 n 次观测，第 i 次观测值为 $(x_{i1}, \ldots, x_{ik}, y_i)$，$i = 1, 2, \cdots, n$，于是有：

$$y_i = \beta_0 + \beta_1 x_{i1} + \beta_2 x_{i2} + \ldots + \beta_k x_{ik} + \varepsilon_i, \ i = 1, 2, \cdots, n$$

其中，ε_i 为相互独立的随机变量，且 $\varepsilon_i \sim N(0, \sigma^2)$。回归参数 $\beta_0, \beta_1, \cdots, \beta_k$ 常用最小二乘法来估计，记为：

$$Q(\beta_0, \beta_1, \cdots, \beta_k) = \sum_{i=1}^{n} (y_i - \beta_0 - \beta_1 x_{i1} - \cdots - \beta_k x_{ik})^2$$

求它的最小值点 $(\hat{\beta_0}, \hat{\beta_1}, \cdots, \hat{\beta_k})$，即：

$$Q(\hat{\beta_0}, \hat{\beta_1}, \cdots, \hat{\beta_k}) = \min_{\beta_0, \beta_1 \cdots \beta_k} Q(\beta_0, \beta_1, \cdots, \beta_k),$$

则 $\hat{\beta_0}, \hat{\beta_1}, \cdots, \hat{\beta_k}$ 就是 $\beta_0, \beta_1, \cdots, \beta_k$ 的最小二乘估计。

令 Q 对 $\beta_0, \beta_1, \cdots, \beta_k$ 的一阶偏导数为零，即可求出最小二乘估计。

$$\frac{\partial Q}{\partial \beta_0} = -2 \sum_{i=1}^{n} (y_i - \beta_0 - \beta_1 x_{i1} - \cdots - \beta_k x_{ik}) = 0,$$

$$\frac{\partial Q}{\partial \beta_j} = -2 \sum_{i=1}^{n} (y_i - \beta_0 - \beta_1 x_{i1} - \cdots - \beta_k x_{ik}) x_{ij} = 0, \quad j = 1, 2, \cdots, n,$$

将上述方程组整理可得到如下方程组（3-10），通常称之为"正规方程组"，记为：

$$Y = \begin{pmatrix} y_1 \\ y_2 \\ \cdots \\ y_n \end{pmatrix}, \quad X = \begin{pmatrix} 1 & x_{11} & \cdots & x_{1k} \\ 1 & x_{21} & \cdots & x_{2k} \\ \cdots & \cdots & \cdots & \cdots \\ 1 & x_{n1} & \cdots & x_{nk} \end{pmatrix}, \quad \beta = \begin{pmatrix} \beta_0 \\ \beta_1 \\ \cdots \\ \beta_k \end{pmatrix}, \quad \varepsilon = \begin{pmatrix} \varepsilon_1 \\ \varepsilon_2 \\ \cdots \\ \varepsilon_n \end{pmatrix} \quad (3-10)$$

则模型（3-9）可表示为：$Y = X\beta + \varepsilon$。

正规方程组（3-10）可表示为：$(X^T X) = X^T Y$。

当 $k+1$ 阶方阵 $X^T X$ 满秩时。（即等价于 $r(X) = k+1$），可解出 β 的唯一最小二乘估计 $\hat{\beta} = (X^T X)^{-1} X^T Y$，$\hat{y} = \hat{\beta}_0 + \hat{\beta}_1 x_1 + \ldots + \hat{\beta}_k x_k$。这样就得到了 y 的估计式。可以看出，最小二乘估计是 y 的观测值的线性函数，且是 β 的无偏估计。

多元线性回归模型的检验包括两个方面：对回归模型的拟合程度的评价和回归线性相关关系的检验。

回归模型的拟合程度检验通常利用可决系数 R_2 作为检验工具，R_2 代表变量 y 的各个观测点聚集在回归直线周围的紧密程度。$R_2 = \frac{SSR}{SST}$，R_2 称为"可决系数"，显然，$0 \leq R_2 \leq 1$。当 R_2 接近于 1 时，回归平方和 SSR 在总的平方和 SST 中所占的比重大，说明自变量对因变量的影响较大；反之，当 R_2 接近于 0 时，回归平方和 SSR 在总的平方和 SST 中所占的比重小，说明自变量对因变量的影响较小。综上所述，R_2 越接近于 1，说明模型越有效；R_2 越接近于 0，说明模型越接近于无效。应该注意的是，R_2 通常只用于对模型有效性的一个大致地判断。

回归系数显著性检验通常通过回归系数的 t 值检验。检验步骤如下：

统计假设：$H_0: = 0$

$\qquad\qquad H_1: \neq 0$

计算回归系数 β_i 的 t 值：

$$t = \frac{\hat{\beta}_i}{\hat{\sigma}} \sqrt{\sum (x_i - \bar{x})^2} \qquad\qquad 其中：\hat{\sigma} = \sqrt{\frac{\sum_{i=1}^{n} (y_i - \hat{y}_i)^2}{n-2}}$$

在原假设成立的条件下，t 服从自由度为 n-2 的 t 分布，即 t~t（n-2）。

若给定的显著性水平为 a（通常取 a = 0.05），查 t 分布表，得到临界值

$t_{\frac{a}{2}}(n-2)$，使 $P\{|t| > t_{\frac{a}{2}}(n-2)\} = a$，假设的检验决策规则是：

若 $|t| > t_{\frac{a}{2}}(n-2)$，则拒绝接受原假设 H_0；

若 $|t| < t_{\frac{a}{2}}(n-2)$，则接受原假设 H_0。

也就是说，$|t| > t_{\frac{a}{2}}(n-2)$ 时，说明变量 y 与 x 之间存在线性关系；$|t| < t_{\frac{a}{2}}(n-2)$ 时，意味着 y 不随 x 变动而变动。

回归方程线性关系的显著性检验以方差分析方法为基础，反映 y 与 x 之间是否存在线性相关关系的检验，也被称为回归方程的 F 检验。其检验步骤如下：

统计假设：$H_0: \beta_i = 0$ $H_1: \beta_i \neq 0$

计算回归方程的 F 统计量：$F = \dfrac{SSR}{SST} \cdot (n-2)$

可证明，在原假设 H_0 成立时，有 F~F (1，n-2)

根据给定的显著性水平 a，查 F 分布表，对于给定的显著性水平 a，假设检验决策的规则为：

若 $F > F_\alpha(1, n-2)$ 时，则拒绝接受原假设 H_0；

若 $F < F_\alpha(1, n-2)$ 时，则接受原假设 H_0。

也就是说，当 $F > F_\alpha(1, n-2)$ 时，回归方程的回归效果是显著的；当 $F < F_\alpha(1, n-2)$ 时，回归方程的回归效果是不显著的。

建立法律风险回归模型时，必须考虑并解决下列几个问题，否则会影响模型对法律风险的估计准确度。

第一，在建立一个法律风险回归模型时，要将所有可能对法律风险产生影响的风险因素考虑到模型中去，而通常在所有备选的风险因素中，只有一部分真正对法律风险值有影响，这样的风险因素称为有效变量，而其他因素则可能对法律风险值没有影响，这些因素则称为无效变量。因此需要将有效变量保留在模型中，并将无效变量从模型中去掉，这样就产生了自变量的筛选问题。

第二，多重共线性问题。在许多情形下，作为自变量的法律风险因素是随机的，在这种情况下，自变量之间就会有很强的统计相关性，即多重共线性。由于样本数据间存在着线性相关关系而产生的问题就称为多重共线性问题，在多重共线性现象中，一种极端情况是自变量间的相关系数为 1，这种情况称为完全的多重共线性现象。此时，某个自变量可表示为其他自变量的线性组合，则有 X 的秩小于 $k+1$，X^TX 的逆不存在。而在建立线性回归接近于零，这时虽然 X^TX 的逆存在且可求出回归参数的唯一的最小二乘估计量，但对应的估计量方差将会随着相关程度的不断增强而增大，回归参数的估计量的方差不断地增加，使得其置信区间不断增大，从而回归系数估计值的精度下降，便不能准确地分析有关风险因素对法律风险值的真正影响。另外，估计量的方差增大，也使在回归系数检验中容易得到不显著的结果。检验多重共线型问题是必要的。

第三，自相关问题。在研究线性模型 $y_i = \beta_0 + \beta_1 x_{i1} + \ldots + \beta_k x_{ik} + \varepsilon_i$，$i = 1$，2，$\cdots$，$n$ 时，其中假定了随机误差项之间是相互独立的：

$$\varepsilon \sim N(0, \sigma^2 I)，\qquad \varepsilon = \begin{pmatrix} \varepsilon_1 \\ \ldots \\ \varepsilon_n \end{pmatrix}$$

但在法律风险估计实践中，时间序列资料中顺序观测数据之间存在着相关现象，这种相关现象又将反映到 ε_i 中去，使得随机误差项 ε_i 之间存在着一定程度的相关关系。随机误差项 ε 的自相关现象将使得回归参数 β 不再是最小方差估计量，估计量的方差增大，估计精度将会下降；估计量 $\hat{\sigma}^2$ 不能准确地估计 $\hat{\sigma}_\varepsilon^2$，从而会引起与 $\hat{\sigma}^2$ 有关的结论产生错误。

法律风险的客观估计方法除了时间序列预测和回归模型之外，还有计量经济学模型、蒙特卡洛数值模拟、随机过程分析等方法，根据法律风险性质不同，可选取合适的方法进行估计。

（三）案例：流通企业破产法律风险估计模型及其优化

1. 变量的确定。破产风险估计模型的变量确定取决于影响破产风险大小的因素，以流通企业破产概率 P 作为其破产风险值，P 值的大小则取决于破产法对破产界限的规定。

破产界限即破产原因，它是认定债务人丧失债务清偿能力、法院据以启动破产程序、宣告债务人破产的法律标准。

国际上关于破产原因的立法例主要有两种：列举主义和概括主义。

列举主义以英美破产法为代表，如 1914 年《英国破产法令》第 1 条列举了债务人有将其与全体债权人利益相关的财产让与或委托于受托人，为逃避债权人的追索而出国或居家不出等八种行为之一的，法院可宣告破产。

概括主义则以德法日破产法为代表，如《德国破产法》第 102 条规定：①破产程序的宣告以债务人支付不能为前提；②如果已经停止支付，则应推定为支付不能。总的来说，概括主义立法例主要把破产界限概括为支付不能、停止支付、债务超过等三种情形，而大多数国家均将支付不能作为当然的破产原因，一些国家将债务超过和停止支付作为破产原因，但多数国家将停止支付作为推定支付不能的事由。

2006 年《企业破产法》实现了不同所有制各类企业法人破产标准的统一，即以"企业法人不能清偿到期债务，并且资产不足以清偿全部债务或者明显缺乏清偿能力"（第 2 条第 1 款）作为破产标准适用于所有企业法人，它实际上同时要求具备两个因素，即"支付不能"和"债务超过"或"资不抵债"，方能被宣告破产。

因此我们须确定两个自变量以代表"支付不能"和"债务超过"或"资不抵债"，其中 x_1 = 逾期债务额/总负债额（$0 \leq x_1 \leq 1$），代表"支付不能"，x_1 越大，表明流通企业逾期债务率越高，企业支付不能的程度就越高，其中逾期债务额包括逾期担保额。x_2 = 负债总额/资产总额，代表"债务超过"或"资不抵债"，x_2 越大，表明流通企业债务超过程度越高，其中 x_2 的取值须大于1，因为若 x_2 的取值小于1，表明资产大于负债，此时即使有债权人申请，法院亦不会宣告债务人破产，而是通过诉讼和执行程序解决债权人与债务人之间的纠纷，但此时并不能排除债务人为逃避债务而自行申请破产的"假破产，真逃债"情形。x_2 的取值大于1，表明流通企业资产小于负债，从经济学意义上看，企业已经破产，但从法律意义上来说，并不一定进入破产程序，因为企业通常不仅具有强大的融资能力，而且其信誉在偿债中亦可发挥巨大的作用。华夏证券股份有限公司不失为一典型案例，其早在 2004 年就被曝严重亏损，资产负债率接近200%，但直到2008 年才被宣告破产[1]。若其在 2004 年~2008 年间通过融资或以信誉担保，获得机会扭亏为盈，即可避免被宣告破产。

2. 模型的构造。

（1）破产风险函数表达式。

由上述可知，破产风险概率 P 可表示为：

$$P = f(x_1, x_2) \qquad (3-11)$$

其中 x_1 代表逾期债务率，x_2 代表流通企业资产负债率。

（2）样本及数据来源。本文选取 2005、2006、2007 年度财务会计报告中资产负债率大于1的流通类公司、非公司国有流通企业为研究对象，其中 2005 年 12 家，2006 年 19 家，2007 年 14 家，各年剔除一些资料不全样本后，实际有效样本数分别为 10 家、16 家、13 家。x_1、x_2 数据来源于本课题组成员深入到会计师事务所、法院、流通企业的调研结果，其中上市公司数据来源于其公布的年度报告，所选取的破产流通企业均在其年度财务报告公布后 1 年内被法院宣告破产。

问题在于破产风险概率 P 的数值无法通过调研取得，我们特做了变通处理：根据破产法中关于破产程序启动的原因及司法实践中的情形，破产程序多由债权人申请而启动（39 家样本企业中 23 家被宣告破产，其中 22 家由债权人提出申请，仅一家由其自己申请），因此，逾期未偿还债务率 x_1 值越高，破产的可能性

---

[1] 裴晓兰："华夏证券破产欠债约 66 亿元　盲目扩张被拖垮"，载 http://news.sohu.com/20081118/n260693577-1.shtml，最后访问时间：2022 年 4 月 19 日。

越大。将39个样本企业按 x_1 值由低到高排列，再分段求出其破产概率 P 的数值（将 x_1 值分5段，每20%为一段），如表3-2所示：

表3-2 39家样本流通企业财务数据

序号	x_1	x_2	P	序号	x_1	x_2	P	序号	x_1	x_2	P
1	0.09	1.42	0.167	14	0.43	1.87	0.50	27	0.79	2.59	0.75
2	0.10	1.45	0.167	15	0.44	2.15	0.50	28	0.83	2.54	0.917
3	0.10	1.30	0.167	16	0.44	2.10	0.50	29	0.85	2.48	0.917
4	0.13	1.55	0.167	17	0.50	2.05	0.50	30	0.85	2.70	0.917
5	0.15	1.29	0.167	18	0.55	1.95	0.50	31	0.87	2.68	0.917
6	0.19	1.35	0.167	19	0.58	2.27	0.50	32	0.89	2.65	0.917
7	0.23	1.67	0.286	20	0.61	2.28	0.75	33	0.91	2.82	0.917
8	0.27	1.48	0.286	21	0.64	2.62	0.75	34	0.92	2.89	0.917
9	0.30	1.57	0.286	22	0.65	2.48	0.75	35	0.94	2.93	0.917
10	0.31	1.21	0.286	23	0.69	2.55	0.75	36	0.95	2.76	0.917
11	0.34	1.69	0.286	24	0.71	2.37	0.75	37	0.98	2.68	0.917
12	0.35	1.83	0.286	25	0.74	2.45	0.75	38	0.98	2.92	0.917
13	0.37	1.75	0.286	26	0.75	2.57	0.75	39	0.99	2.90	0.917

（3）模型构造。表3-2中 P 和 x_1, x_2 到底是什么关系？先利用表中数据作出（x_1, x_2, P）的离散点图，如图3-3所示：

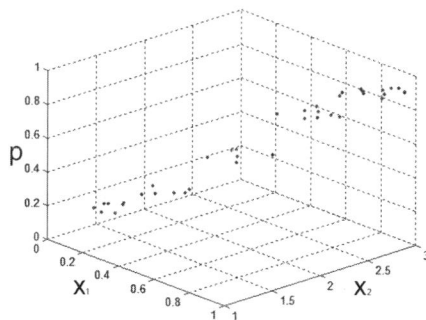

图 3-3　39 家样本企业财务数据在（x_1，x_2，P）空间的散点图

由图 3-3 可知，P 和 x_1，x_2 之间可能存在线性关系，P 随 x_1，x_2 的增加而有规律地增大，设 P 与 x_1，x_2 的函数表达式为：

$$P = \beta_0 + \beta_1 x_1 + \beta_2 x_2 + \varepsilon \qquad (3-12)$$

这是一个多元线性回归模型，其中 β_0，β_1，β_2 为回归参数，ε 为误差随机变量，且 $\varepsilon_i \sim N(0, \sigma^2)$。记：

$$P = \begin{bmatrix} p_1 \\ p_2 \\ \cdots \\ p_{39} \end{bmatrix}, X = \begin{bmatrix} 1 & x_{11} & x_{12} \\ 1 & x_{21} & x_{22} \\ \cdots & \cdots & \cdots \\ 1 & x_{39,1} & x_{39,2} \end{bmatrix}, \beta = \begin{bmatrix} \beta_0 \\ \beta_1 \\ \beta_2 \end{bmatrix}, \varepsilon = \begin{bmatrix} \varepsilon_1 \\ \varepsilon_2 \\ \cdots \\ \varepsilon_{39} \end{bmatrix}$$

于是（3-12）式可表示为 $P = X\beta + \varepsilon$ $\qquad (3-13)$

正规化后可得 $(X^T X)\beta = X^T P$ $\qquad (3-14)$

将表 3-2 中数据应用到方程（3-14）中，利用最小二乘法求得 $\beta_0 = -0.1452$，$\beta_1 = 0.6888$，$\beta_2 = 0.1561$，于是得出破产风险模型为：

$$P = -0.1452 + 0.6888 x_1 + 0.1561 x_2 \qquad (3-15)$$

（4）P 值的风险区间分析。由表 3-2 可知序号 1~6 的企业仅有 1 家被宣告破产，破产概率极低（$\hat{p}$ 值最高为 0.1964）；而序号 7~19 共 13 家企业中有 5 家企业破产，破产概率较高（$\hat{p}$ 值最高为 0.6087）；而序号为 20~39 共 20 家企业中有 17 家企业被宣告破产，破产概率很高。因此，可依次确定破产风险区间：当 $0 \le p \le 0.2$ 时为低风险区间，企业 1 年内一般不会破产；当 $0.2 < p \le 0.61$ 时为灰色区间，企业 1 年内破产风险较高；而当 $p > 0.61$ 时为高风险区间，企业 1 年内极有可能被宣告破产。

3. 模型的检验及其推广应用。

（1）模型拟合优度的检验。

由于 $\bar{P} = 0.5899$，$TSS = \sum (p_i - \bar{p})^2 = 3.2570$，$RSS = \sum (p_i - \hat{p}_i)^2 = 0.1096$，可得 $\bar{R}^2 = 1 - \dfrac{RSS/(n-k-1)}{TSS/(n-1)} = 0.9645$，$\bar{R}^2$ 接近于 1，说明模型的拟合优度较高，自变量对因变量影响较大，模型很有效。

（2）模型总体线性的显著性检验。上述拟合优度检验中，由于拟合优度较高，可以推测模型总体线性关系成立，但需要应用方程进行显著性检验以给出一个在统计上严格的结论，通常采用 F 检验方法，步骤如下：

①假设 $H_0: \beta_1 = 0$，$H_1: \beta_2 = 0$；β_1，β_2 不全为零。

②由于在原假设 H_0 成立的条件下，统计量 $F = \dfrac{ESS/k}{RSS/(n-k-1)} \sim F_\alpha(k,$ $n-k-1)$，若给定显著性水平 $\alpha = 0.05$，查表可得 $F_{0.05}(2, 36) = 3.26$，而 $F = \dfrac{ESS/k}{RSS/(n-k-1)} = 516.9088$（其中 $ESS = \sum(\hat{p}_i - \bar{p})^2 = 3.1474$），显然有 $F > F_{0.05}(2, 36)$，所以拒绝原假设，即可以判定模型的线性关系在95%的置信水平下显著成立。

③为了更形象地刻画出函数 P 与变量 x_1, x_2 的线性关系，运用 Matlab 程序作出（x_1, x_2, P）离散点和 $\hat{p} = -0.1452 + 0.6888x_1 + 0.1561x_2$ 平面如图3-4：

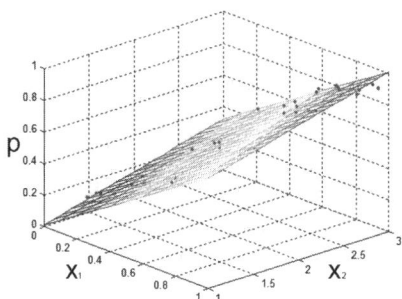

图3-4 $\hat{p}$ =0.0282+0.9383x₁+0.0139x₂ 平面和（x₁，x₂，P）空间的散点图

由图3-4可知，模型的线性关系显著成立，这与上述拟合优度和方程线性显著性检验结果一致。

（3）模型的推广应用。风险概率模型可以用来预测任一家流通企业的破产风险。下面以预测广东华龙公司1年内破产风险为例：

由广东华龙公司2007年年度报告[1]可求出其2007年末的逾期负债率 $x_1 = 0.6246$ 和资产负债率 $x_2 = 9.3171$，将其代入模型 $\hat{P} = -0.1452 + 0.6888x_1 + 0.1561x_2$，可得 $\hat{p} = 1.7394$，由此预测广东华龙公司在2008年度被宣告破产的概率为1.7394，处于高风险区间，即其在2008年被宣告破产的风险较大。这个结果与2008年3月11日广东阳江市中级人民法院关于广东华龙公司破产公告文书

---

〔1〕广东华龙董事会："广东华龙集团股份有限公司2007年年度报告摘要"，载http://q. stock. so-hu. com/cn/gg/111/739/11173977. shtml，最后访问时间：2012年3月5日。

中所载事实相映证，其被宣告破产的可能性很大[1]。

4. 模型相关问题及优化思路。

（1）样本容量问题。由于股份有限公司特别是上市公司的流通企业财务的公开性，其财务会计报告可以通过多种渠道获得，但有限责任公司及国有企业法人形式的流通企业财务的封闭性决定了其财务会计资料很难获取。样本容量偏小，导致模型参数估计的误差扩大，从而模型对破产风险的估计出现一定程度的偏差。

（2）样本的行业分类问题。不同行业的样本数据、模型参数估计不同，甚至存在很多的差异。生产企业与流通企业相比较，存在很大区别：首先，资产结构不同，生产企业固定资产比重较大，流动性资产比重小，流动性负债同样比重较小，而流通企业反之；其次，资产转化形式不同，生产企业为 $G-W\cdots P\cdots W'-G'$，而流通企业则为 $G-W-G'$；再次，资产循环周期不同，生产企业资产循环周期长，资产总额变动慢，而流通企业恰好相反；最后，两者对技术依赖程度不同，流通企业对技术依赖较少。这些区别可能会对自变量 x_1 和 x_2 产生较大的影响，从而使其与流通行业的破产风险模型参数估计产生差异。因此，将样本数据按行业分类并进行参数估计，能提高模型对不同行业企业破产风险预测的准确性。

（3）样本的所有制和组织形式分类问题。企业所有制和组织形式对企业法律风险影响颇大[2]，流通企业破产风险属于法律风险，同样受其影响。即使具有同样的资产负债率和逾期债务率，国有企业就可能难以被宣告破产。另外，有限责任公司和股份有限公司由于其财务的公开性和资本的开放程度不同，关涉社会公众利益和社会公众对其关注的程度也不相同，因此，被申请宣告破产的概率也会有较大的差异。因此，对模型参数进行估计时，亦可按组织形式对样本数据进行分类估计。

（4）样本数据中自变量不均衡的问题。

第一，自变量 x_2 偏大的问题。按理讲，x_2 数据越大，x_1 也应越大，或至少不会出现 x_2 数据很大而 x_1 数据极小的现象。但现实中这种现象的确存在，如少数融资能力强的企业采取借新债还旧债的方式，将 x_1 的数据控制在极小的范围内，甚至为 0。由于其逾期债务率极低，被申请宣告破产的概率也相应极小，甚至为 0。然而由于其 x_2 数据偏高，此时通过模型预测的风险概率仍很高，于是会出现

[1] 广东省阳江市中级人民法院："广东华龙集团股份有限公司破产文书"，载《人民法院报》2008年3月11日，第1、4版。
[2] 吕立山："法律风险加大：'国际化'硬币的另一面"，载《中国企业家》2005年第7期。

模型预测不准确的问题。

第二，自变量 x_2 负向接近 1 甚至小于 1，但 x_1 却正向接近 1 的问题。这种现象主要发生于企业虽只有少量到期债务，但却未能及时偿还的情形下，此时利用模型估计的风险概率 P 却有可能在 0.7 左右，属高风险区间，与现实中只有资不抵债才能被宣告破产的情况不相符合。

对于上述两类问题，需在大样本容量下经过多次统计，确定自变量 x_1 与 x_2 的合理配套取值范围以及 x_2 的最高取值范围，对模型进行改造，也可将其列入特殊样本对其进行主观估计。

（5）企业面临突发危机的破产问题。一个经营状况良好、资产负债率低的流通企业，有时会因一个"三鹿式"的突发事件[1][2]于短时间内变成一个破产企业。从 2008 年 3 月三鹿问题奶粉事件浮出水面到同年 10 月 31 日，短短几个月时间，三鹿资产负债率急剧上升至 170.7%，加之各债权人提前追索，终于 2009 年 2 月 12 日被河北省石家庄市中级人民法院裁定宣告破产。对此种类型的流通企业，如果利用其破产前 1 年财务会计数据预测其破产风险，风险概率很低，甚至为负数，从而使预测不准确。因此模型自然难以适用。

二、主观估计

法律风险估计实践中，有时难以获得充分的信息，加之风险事件发生的高不确定性，因而很难计算出客观概率，此种情况下，可由决策者或专家对事件的概率作出一个主观估计，这就是主观概率。它是根据对某事件是否会发生的个人观点，用一个从 0 到 1 之间的数来描述该事件发生的可能性，该数即主观概率。用主观概率对法律风险进行估计就是主观估计，主观估计并非不切实际的胡乱猜测，而是根据合理判断、已有信息及长期以来得出的经验综合进行的估计，估计值通常具有一定的合理性，至少可以被作为客观概率的近似值加以使用。

主观估计方法主要有问卷调查法、名义群体法、德尔菲法、直觉判断等。

（一）问卷调查法

问卷调查的关键是设计好问卷，要针对具体的法律风险筛选出影响法律风险的因素，再根据这些风险因素设计问题，问题应简洁，语言应通俗易懂，涵盖的风险信息应尽可能全面，可以要求被调查者直接填写其所发现、识别的法律风险并对这些法律风险的风险权重、发生概率、后果严重程度等打分，也可要求其对已识别的风险权重、发生概率、后果严重程度等打分。对问卷回收后的整理是一

---

〔1〕 马慧娟："三鹿事件回顾"，载 http://zpb.cyol.com/content/2009-01/01/content_2492356.htm，最后访问时间：2012 年 2 月 2 日。

〔2〕 朱峰、陈君："法院正式宣布深陷'问题奶粉'危机的三鹿集团破产"，载 http://news.xinhuanet.com/legal/2009-02/12/content_10806952.htm，最后访问时间：2011 年 1 月 13 日。

个非常重要的环节，要将没有任何相关性的答卷剔除出去，以提高法律风险估计的准确性。

（二）名义群体法

由与被估计的法律风险相关的人员（含法律风险管理部门全体成员）组成一个法律风险估计群体，对法律风险进行估计时群体成员全部到席，但他们独立思考，具体操作步骤如下：

①讨论之前，每个成员独立记下他对法律风险估计的看法。

②经过短时间沉默后，每个成员将自己的想法提交群体，继而依次公开自己的想法，直到每个人的想法都表述完并记录下来，此前不要进行任何讨论。

③群体现在开始讨论，以便明确每个想法，并作出评价。

④每个群体成员独立地把各种想法排出次序，最后的法律风险估计值以综合排序最高的想法为准。

名义群体法的主要优点在于，群体成员正式开会但不限制每个人的独立思考。

（三）德尔菲法

德尔菲法（Delphi Method）又名专家调查法，是由组织者就拟定的问题设定调查表，分别向选定的专家组成员征询意见，按照规定的程序，集中专家们的意见，最后获得具有统计意义的专家集体判断结果，经验表明，德尔菲法能够充分利用人类专家的知识、经验和智慧，成为解决非结构化问题的有效手段，不失为一种适合用于法律风险估计的定性估计方法。下列步骤体现了德尔菲法的特征：

①确定问题。通过一系列经过仔细设计的问卷，要求成员提供可能的企业法律风险估计结果。

②每个成员匿名地、独立地完成第一组问卷。

③第一组问卷的结果集中在一起编辑、誊写和复制。

④每个成员收到一本问卷结果的复制件。

⑤看过结果后，再次请成员对企业法律风险进行估计。第一轮的结果往往能激发新的估计结果的产生。

⑥重复上述第4、5步直到取得大体上一致的意见。

（四）直觉判断

在法律风险估计中，直觉判断应是一种受到重视的主观估计方法，表现为某些个人对法律风险的发生概率及后果作出迅速的判断。有时连估计者本人都很难解释为什么他会作出这一判断或为什么这一判断是正确的。Westcott 描述直觉判断是"根据比通常为得出某一结论所需要的显示信息（explicit information）要少的信息量作出结论的过程"[1]。在对法律风险进行直觉判断的过程中，判断者实际上在运用他长期积累的各方面有关法律风险的经验，虽然这些丰富的法律风险信息不能明确和显性地表达出来，但这并不妨碍他的估计的合理性。当然，直觉判断产生偏差的可能性也是很大的，应当结合其他方法如德尔菲法对其进行改进。

三、合成估计

关于法律风险发生的概率的客观估计和主观估计实际上是两种极端情形，实践中大量的法律风险估计是介于主观估计和客观估计之间的第三种估计，这种估计的概率不是直接由大量实验或分析得来的，也不是由个人主观确定的，而是两者的合成，这种概率通常被称为合成概率。模糊综合评价方法就是一种典型的主客观融合的估计方法。

（一）模糊综合评判数学模型

设有二个论域：$X = \{X_1, X_2, \cdots, X_n\}$ 表示综合评判多种因素的集合，

$Y = \{Y_1, Y_2, \cdots, Y_n\}$ 表示评语集合，

$R \in \Pi(X \times Y)$ ，是 X 到 Y 上的模糊关系矩阵；

A 是 X 上的模糊子集，即各评判因素的权重，则模糊变换 $A \circ R = B$ 称为综合评判数学模型。其中：B 是 Y 上的模糊子集，即评判结果。

（二）综合评判步骤

①确定 R ：对因素集 X 中各个因素，用各种可行方法分别作出对评语集 Y 中各个评语的单因素评判，进而得到一个实际上表示 X 和 Y 间模糊关系的模糊矩阵 R 。

②确定 A ：对因素集 X 中各个因素，确定其在被评判事物中的重要程度（权重），且权重之和为1。

③确定 B ：作模糊变换 $B = A \circ R$ ，则 B 正好表示被评判事物在评语集 Y 上的综合评判结果。

模糊综合评价方法作为一种典型的主客观融合的估计方法，主要表现在法律风险因素权重和评价集均依专家主观意见确定，但对其进行合成时采用数学模型进行计算，使法律风险概率的估计数值化。为提高评价结果的准确度，通常对其进行优化。如在本章中对企业税务筹划法律风险进行估计时就运用带确信度的德尔菲法确定权重集，以提高评价结果的信度；同时，考虑采用一级模糊综合评价方法，由于风险集中、风险因素较多，致每个因素的权值很小，可能会出现没有

[1] M. R. Westcott, *Toward a Contemporary Psychology of Intuition*, New York：Holt, Rinehart and Winston, 1968, pp. 237~243.

价值的结果，因此，宜采用两级模糊评价方法进行估计。

（三）案例：优化的企业税务筹划法律风险合成估计

1. 企业税务筹划风险研究现状。对企业风险的研究，已有 300 多年的历史。1654 年，法国著名数学家布雷斯·帕斯卡（Bleise Pascal）和皮埃尔·德费马（Pierre de Fermat）提出了风险的核心概念——概率论，这一创造性概念地提出极大地促进了保险事业的发展。1901 年，美国学者威利特（A. H. Willet）最早提出风险概念。1950 年，拉塞尔·加拉格尔（Russell Gallagher）提出风险管理概念。此后，企业集成风险管理模式应运而生。各种风险管理方面的论著如雨后春笋层出不穷。相对而言，对税务筹划的研究历史较短，税务筹划作为税务咨询的一项重要业务，与税务咨询的产生和发展密不可分。19 世纪中期，意大利和美国税务咨询业蓬勃发展，然而真正意义上的税务筹划理论研究则始于 20 世纪 60 年代初。1967 年法勒（Farrar. D）和塞尔温（L. Swlwyn）率先研究了税收与公司金融政策和股东分红的关系。斯里尼瓦斯（E. A. Srinvas）较早提出了税务筹划的概念。到 20 世纪 90 年代，北美地区出现多篇探讨税务筹划的博士论文，分别从企业筹资、地理位置选择、转让定价等方面对税务筹划进行了研究。直至 21 世纪初，各国学术界对税务筹划的理论研究如火如荼。可见，对于企业风险和企业税务筹划的理论研究已趋于成熟。然而，对企业税务筹划风险研究的文献却屈指可数。较早对其进行研究的当属杰夫·斯特纳德（Jeff Strnad），随后，迈伦·斯科尔斯（Myron S. Scholes）等人对其进行了进一步的研究。国内学者唐腾祥、唐向率先对税务筹划进行了研究，但未对企业税务筹划风险加以深入探讨。最早对税务筹划风险进行系统论述的是麻晓燕对税务筹划风险的规范性分析。随后，一些学者运用不同的研究方法从不同的角度对企业税务筹划风险进行了研究。然而，对企业税务筹划风险评价的研究尚处于起步阶段，何家明、胡国强对纳税筹划成本进行了研究，杨绮将"风险熵"运用于税务筹划风险评价中。另外，还有学者将概率论方法和 VaR 方法用于企业税务筹划风险评价。

2. 基于模糊综合评价的企业税务筹划法律风险合成估计及其优化。当前学者对税务筹划风险的定义多避而不谈，少数虽有定义却显粗浅，如有人认为"所谓税务筹划风险，通俗地讲就是税务筹划活动因各种原因失败而付出的代价"[1]。也有人认为"税收筹划风险是筹划结果的不确定性"[2]。还有人将其定义为纳税人在税务筹划过程中由于筹划方法的不当所造成的实际筹划结果与预

〔1〕 周宪昌："税收筹划及其风险"，载《税收科技》2003 年第 12 期。

〔2〕 李淑萍、孙莉："建立健全规避税务风险的管理体系"，载《税务研究》2005 年第 2 期。

测筹划目标的偏离[1]。由于税务筹划风险是一种法律风险，因此，笔者认为税务筹划风险是指税收关系主体因其不当税务筹划行为或不利的税收法律环境而导致其筹划行为目的不达，成本费用增加，人身财产损失以及承担法律责任的可能性。

税务筹划风险辨识是进行风险评价时首先要进行的重要工作，它主要解决两个问题：① 有哪些风险应当考虑？② 引起这些风险的主要因素是什么？税务筹划风险常用的辨识方法主要是风险树模型。

利用 AHP 法，可以勾勒出税务筹划风险层次结构：首先，确定应当考虑的风险：操作性风险和环境性风险；其次，找出引起这些风险的主要因素，并以此为依据，对其进行分解。

（1）操作性风险。操作性风险是由于税务筹划主体自身的操作风险控制体系不充分或无效，未能对其面临的税务筹划问题及时作出有效反应而产生的风险，可分为以下几种：

第一，税收政策运用不当的风险。主要有税法误认或了解不全面，滥用税收优惠政策的风险。如根据美国法律，股东从企业获得的分红若进行再投资，则可以降低个人所得税的征收比例，同时股东依据公司清算所获得的剩余资产可以免交个人所得税。为此，一位老太太为免自己从公司获得的分红缴纳税款，就利用分红投资设立了新公司，之后不久即将该公司清算。后税收征管机关诉至法院，法院判决该行为属于滥用税收优惠政策避税的行为。

第二，违法操作的风险。即使税务筹划方案合法，但由于操作过程违反了税法或相关法律的规定，最终导致税务筹划目的不达之风险。如某一废旧物资加工企业，根据我国《财政部、国家税务总局关于废旧物资回收经营业务有关增值税政策的通知》（财税〔2001〕78 号，已失效）制定筹划方案，就包括废旧物质回收经营在内的业务另外注册成立一家有限公司，以达到享受增值税优惠政策之目的。该方案是合法可行的，但由于核算时仍将作为子公司的该有限公司财务纳入母公司核算范围，导致无法享受优惠政策。

第三，高额筹划成本或整体税负增加的风险，最典型的莫过于财务决策陷阱引发的风险。我国税法规定企业债券利息和银行利息均在税前利润中支付，因此，企业为减少纳税，多采用银行贷款或发行债券以募集资金等方式达到减少税负的目的。然而此种税务筹划方法一方面导致利息成本过高，企业面临较高的财务风险甚至破产风险，另一方面，发行债券使企业受到证券监管部门的严格监控，整体法律风险上升。

（2）环境性风险。环境性风险来源于税收征纳地法律环境，含立法环境、

〔1〕 李红侠："如何控制税务筹划风险"，载《对外经贸财会》2005 年第 8 期。

执法环境和司法环境，主要有：

第一，税制变化的风险。任何国家的税收政策并不是一成不变的，在不同的经济发展时期，国家出于总体发展战略要求，会出台新的税收宏观调控措施。如我国加入 WTO 以后，外商企业的超国民待遇必然取消，而以此为基础的税务筹划行为将难以实现目的。再如，马耳他政府为使自己的税收政策向欧盟靠拢，以便早日加入欧盟，不仅停止注册离岸公司，并且于 2004 年关闭所有已有的离岸公司，导致基于注册离岸公司以减轻税负的筹划方案失败。

第二，征税筹划风险。征税人为增加税收收入，往往通过不断完善税法和加强税收征管，对纳税筹划进行制约和引导，以依法足额征缴。我国的税收法律法规中均有相应的筹划条款。如《消费税暂行条例》第 10 条规定："纳税人应税消费品的计税价格明显偏低并无正当理由的，由主管税务机关核定其计税价格。"因而，通过降低商品价格进行税务筹划存在较大的风险。

第三，税务机关及其工作人员自由裁量风险。任何一国的税收事项均留有一定的弹性空间，即在一定范围内，税务机关拥有自由裁量权。如《税收征收管理法》第 36 条规定，企业或者外国企业在中国境内设立的从事生产、经营的机构、场所与其关联企业之间的业务往来，应当按照独立企业之间的业务往来收取或者支付价款、费用；不按照独立企业之间的业务往来收取或者支付价款、费用，而减少其应纳税的收入或者所得额的，税务机关有权进行合理调整。这就使以转让定价为基础的税务筹划方案难以实现。

上述种种风险因素在任意一个税务筹划方案中都会存在，只是各种风险因素的重要性程度不同而已。

据此，我们可以构造出税务筹划风险树模型，如图 3-5 所示：

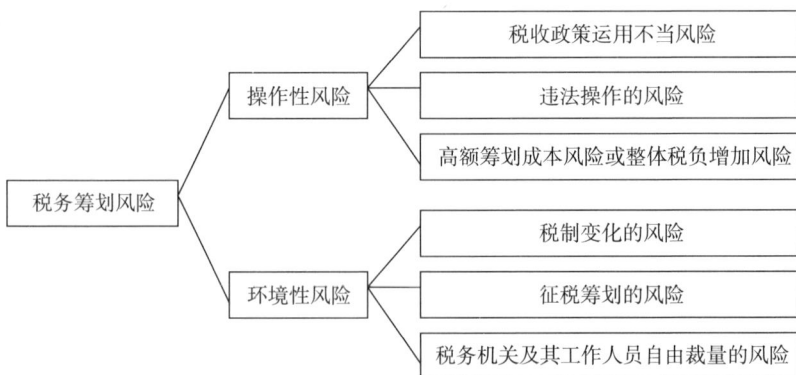

图 3-5　税务筹划风险树模型

基于此，我们可以建立风险集，它是一个普通的集合，用 U 表示：

$U = [U_1, U_2]$，$U_1 = [u_{11}, u_{12}, u_{13}]$，$U_2 = [u_{21}, u_{22}, u_{23}]$

其中 U_1 表示操作性风险，U_2 表示环境性风险，u_{11} 表示税收政策运用不当的风险，u_{12} 表示违法操作的风险，u_{13} 代表高额筹划成本或整体税负增加的风险，u_{21} 代表税制变化的风险，u_{22} 代表征税筹划的风险，u_{23} 代表税务机关及其工作人员自由裁量的风险。风险集 U 又可定义为 $U = [u_{11}, u_{12}, u_{13}, u_{21}, u_{22}, u_{23}]$。

定义了风险集后，再运用德尔菲法建立权重集和评价集，并进行单因素模糊评价，得出各种风险的模糊集合，最后进行模糊综合评价。

为使模糊综合评价结果更客观、准确，对评价过程进行如下优化：

（1）由于风险权重对风险评价结果影响很大，因此，运用带确信度的德尔菲法确定权重集，以提高评价结果的信度。

（2）若采一级模糊综合评价方法，则由于风险集中、风险因素较多，从而每个因素的权值很小，再经过算子综合，可能会出现没有价值的结果，因此，宜采用两级风险模糊评价方法。

3. 企业税务筹划法律风险合成估计及其优化实证分析。本次实证研究，是课题组接收岳阳天福餐饮管理有限公司（以下简称天福公司）委托，对其一项税务筹划方案进行风险评价。为确定权重集和评价集，聘请法律、财务、税务、会计、审计方面专家共 20 名，其中法律、财务和税务专家各 5 名，会计专家 3 名，审计专家 2 名，调查分多轮次进行。每轮次发放调查表 20 份，全部为有效调查表。

（1）运用带确信度的德尔菲法，建立权重集。

①基本定义和假设。

定义 1，专家集合：$E = [E_1, E_2, \cdots, E_n]$，$E_i(i = 1, 2, \cdots, n)$ 为第 i 个专家，E 为有限论域。

定义 2，权重集合：$A = [a_1, a_2, \cdots, a_n]$，为有限论域，且满足 $\sum\limits_{i=1}^{n} a_i = 1$。本次实证研究中，对应于风险集 $U = [U_1, U_2]$，$U_1 = [u_{11}, u_{12}, u_{13}]$，$U_2 = [u_{21}, u_{22}, u_{23}]$ 的三个权重集为 $A = [a_1, a_2]$，$A_1 = [a_{11}, a_{12}, a_{13}]$，$A_2 = [a_{21}, a_{22}, a_{23}]$。

定义 3，离差 $d = \dfrac{1}{n} \sum\limits_{i=1}^{n} (a_i - \bar{a})^2$，预先给定离差的标准值 ε（$0 < \varepsilon < 1$）。当离差 $d_k \leqslant \varepsilon$（其中 d_k 是第 k 次计算的离差）时，将所有平均值和离差再次交给各位专家，请他们给出权重 a 的最后估计值并标出各自所作估计值的"确信度"。

定义 4，各位专家对权重 a 的最后估计值给出各自的"确信度" e_i，得到集合：$[e_1, e_2, \cdots, e_i, \cdots, e_n]$，为有限论域，且满足 $0 < e_i \leq 1$。

定义 5，预先给定"确信度" e 的水平值 λ，且满足 $0 < \lambda < 1$。

②预先制定调查表。本次实证分析中，可设置这样的调查表方式：

问题一：您认为本企业税务筹划中操作性风险的三种风险因素重要程度应各为多少？（用百分比表示，三种风险的百分比之和为 100%）

a_{11} 税收政策运用不当的风险：（　　）%

a_{12} 违法操作的风险：（　　）%

a_{13} 高额的筹划成本风险或整体税负增加的风险：（　　）%

问题二：……

③第一次回收调查表后，首先利用专家对各分指标给出的估计值计算其平均值和离差。如第 i 位专家对 a_{11} 给出的估计值为 $a_{11i}(i = 1, 2, \cdots, n)$。对于 $(a_{111}, a_{112}, \cdots, a_{11n})$，计算其平均值 $\bar{a}_{11}$ 和离差 d_{11}：$\bar{a}_{11} = \dfrac{1}{n} \sum\limits_{i=1}^{n} a_{11i}$（$n = 20$），

$d_{11} = \dfrac{1}{n} \sum\limits_{i=1}^{n} (a_{11i} - \bar{a}_{11})^2$（以下每步均以对 a_{11} 的估计为例作出说明）。

④不记名的将全部数据［如对 a_{11} 估计时的全部数据为 $(a_{111}, a_{112}, \cdots, a_{11n}; \bar{a}_{11}, d_{11})$］连同调查表送交每一位专家，请每一位专家给出新的估计值。

⑤将上述步骤视需要重复若干次，直到离差小于或等于预先给定的标准 $\varepsilon = 0.05$。对 a_{11} 进行估计时，若第 k 步达到 $d_{11k} \leq \varepsilon$，可进行下一步，其中 d_{11k} 是第 k 次计算的离差。

⑥将所有平均值和离差再次交给各位专家，请他们作最后的判断。如对 a_{11} 进行估计时各位专家给出 a_{11} 的最后估计值为：$a_{111}, a_{112}, \cdots, a_{11i}, \cdots, a_{11n}$（其中 a_{11i} 是第 i 位专家对 a_{11} 的估计值，$n = 20$），并请每位专家标出各自所作估计值的"确信度"：$e_{111}, e_{112}, \cdots, e_{11i}, \cdots, e_{11n}$（其中 e_{11i} 是第 i 位专家对自己估计值的把握程度），确信度的取值范围为 $[0, 1]$，具体取值取决于专家对项目的熟悉程度。

⑦将专家的最后估计值（作第一行）和确信度（作第二行）列成矩阵并作最后处理。如对 a_{11} 估计时对矩阵 $\begin{bmatrix} a_{111} & \cdots & a_{11i} & \cdots & a_{11n} \\ e_{111} & \cdots & e_{11i} & \cdots & e_{11n} \end{bmatrix}$ 进行最后处理。设 $e_{11} = \lambda = 0.8$，令 $A_{11\lambda} = \{i \mid e_{11i} \geq 0.8, i = 1, 2, \cdots, n\}$，$\bar{a}_{11} = \dfrac{1}{|A_{11\lambda}|} \sum\limits_{i \in A_{11\lambda}} a_{11i} = 0.46$（此处 $|A_{11\lambda}|$ 表示集合 $A_{11\lambda}$ 的元素个数），计算结果为确信度在 0.8 水平以上的权重估计值。同理，可求出其余各个风险因素的权重值。由此可得，$A_1 = [0.46, 0.25, 0.29]$，$A_2 = [0.31, 0.24, 0.45]$，$A = [0.68, 0.32]$。其中 $A_1 =$

[0.46，0.25，0.29]为对应于操作性风险因素集 $U_1 = [u_{11}, u_{12}, u_{13}]$ 中各风险因素的权重；$A_2 = [0.31, 0.24, 0.45]$ 为对应于环境性风险因素集 $U_2 = [u_{21}, u_{22}, u_{23}]$ 中各风险因素的权重；$A = [0.68, 0.32]$ 为对应于税务筹划风险因素集 $U = [U_1, U_2]$ 中各风险因素的权重。

（2）建立评价集。评价集是评价者对评价对象可能作出的各种总的评价结果组成的集合，用 V 表示：$V = [v_1, v_2, \cdots, v_m]$，其中 v_j 代表第 j 个评价结果，m 为总的评价结果数。对税务筹划风险进行评价时，评价集可设为 $V = [$高，较高，中，较低，低$]$。

（3）进行单因素模糊评价。单因素模糊评价是指单独对某个因素进行评价，以确定评价对象对其评价集 V 的隶属程度。设取因素集 U 中的第 i 个因素进行评价，对评价集 V 中第 j 个元素 V_j 中的隶属度为 r_{ij}，则对 U_i 的单因素评价可得到模糊集 R_i：$R_i = [r_{i1}, r_{i2}, \cdots, r_{im}]$，对所有单因素分别进行评价后可得矩阵：

$$R = \begin{bmatrix} R_1 \\ R_2 \\ \vdots \\ R_l \end{bmatrix} = \begin{bmatrix} r_{11} & r_{12} & \cdots & r_{1m} \\ r_{21} & r_{22} & \cdots & r_{2m} \\ \cdots & \cdots & \cdots & \cdots \\ r_{l1} & r_{l2} & \cdots & r_{lm} \end{bmatrix}$$

（4）再次运用德尔菲法确定隶属度。本次实证分析中，对于税收政策运用不当的风险，有15%的人认为高，30%的人认为较高，25%的人认为中等，20%的人认为较低，10%的人认为低，于是对税收政策运用不当风险的评价可得一个模糊集 R_{11}：$R_{11} = [0.15, 0.3, 0.25, 0.2, 0.1]$。

同理可得：违法操作的风险 $R_{12} = [0.35, 0.3, 0.15, 0.1, 0.1]$，高额筹划成本风险或整体税负增加的风险 $R_{13} = [0.15, 0.2, 0.4, 0.2, 0.05]$，税制变化的风险 $R_{21} = [0.1, 0.15, 0.4, 0.25, 0.1]$，征税筹划的风险 $R_{22} = [0.15, 0.3, 0.4, 0.1, 0.05]$，税务机关及其工作人员自由裁量的风险 $R_{23} = [0.1, 0.25, 0.3, 0.25, 0.1]$。于是，可得模糊关系矩阵：

$$R_1 = \begin{bmatrix} 0.15 & 0.3 & 0.25 & 0.2 & 0.1 \\ 0.35 & 0.3 & 0.15 & 0.1 & 0.1 \\ 0.15 & 0.2 & 0.4 & 0.2 & 0.05 \end{bmatrix}, R_2 = \begin{bmatrix} 0.1 & 0.15 & 0.4 & 0.25 & 0.1 \\ 0.15 & 0.3 & 0.4 & 0.1 & 0.05 \\ 0.1 & 0.25 & 0.3 & 0.25 & 0.1 \end{bmatrix}$$

（5）进行二级模糊综合评价。模糊综合评价实质就是模糊关系的合成。合成模型表示为 $B = A \circ R$。本次实证分析中，由于 A 和 R 均属有限论域，因此模糊关系合成可用模糊矩阵的运算表示，运算公式为：

$$B = A \circ R = (b_{ik})_{p \times m} = \left[\bigvee_{j=1}^{m} (a_{ij} \wedge r_{jk}) \right]_{p \times m}$$

将 A_1 和 R_1 两个论域数字代入上式，得天福公司税务筹划方案的风险评价结果为 $B_1 = A_1 \circ R_1 = (0.25, 0.3, 0.29, 0.2, 0.1)$，对 B_1 进行归一化处理：

$0.25 + 0.3 + 0.29 + 0.2 + 0.1 = 1.14$，

$B_1' = (\dfrac{0.25}{1.14}, \dfrac{0.3}{1.14}, \dfrac{0.29}{1.14}, \dfrac{0.2}{1.14}, \dfrac{0.01}{1.14}) = (0.219, 0.263, 0.254, 0.175, 0.088)$。

同理求出 $B_2' = (0.142, 0.236, 0.292, 0.236, 0.094)$，于是有：

$R = \begin{bmatrix} B_1' \\ B_2' \end{bmatrix} = \begin{bmatrix} 0.219 & 0.263 & 0.254 & 0.175 & 0.088 \\ 0.142 & 0.236 & 0.292 & 0.236 & 0.094 \end{bmatrix}$，将 A 和 R 两个论域数字代入运算公式 $B = A \circ R = (b_{ik})_{\rho \times m} = [\bigvee\limits_{j=1}^{m} (a_{ij} \wedge r_{jk})]_{\rho \times m}$，得出：

$B = A \circ R = [0.219, 0.263, 0.292, 0.236, 0.094]$，

进行归一化处理后，$B' = (0.198, 0.238, 0.265, 0.214, 0.085)$。

各结果表明：本次实证分析中企业税务筹划风险高的占 19.8%，较高的占 23.8%，中等的占 26.5%，较低的占 21.4%，低的占 8.5%，依最大隶属度原则，该方案风险较高。因此税务筹划人要谨慎行事，决定是否采纳该方案。

企业税务筹划风险是一种典型的定性风险，对其估计难以量化。通常只能凭直觉判断的方式描述为"是否存在""有多严重"等，有时连估计者本人都很难解释为什么他会作出这一判断或为什么这一判断是正确的。因此，这种主观估计方法可能存在很大偏差。运用带确信度的德尔菲法和两级模糊综合评价方法集成对企业税务筹划风险进行评判，在主观估计与客观估计方法之间搭起了一座桥梁，实现了对企业税务筹划风险进行量化评价的目的，使企业税务筹划风险的估计更加准确，并且这种改良的集成评价方法较任何单一的评价方法（如单一的德尔菲法）和单一的模糊综合评价法等而言，均具有较高的信度。

【课后作业】

1. 专利侵权法律风险估计的变量有哪些？你认为哪些是主要变量？通过什么方法可以获得专利侵权法律风险样本的变量数据？试描述其过程。

2. 自行设定海外并购法律风险估计指标体系及数据，运用德尔菲法对其进行估计。

第四章　法律风险评价

风险辨识和风险估计解决了对法律风险是否存在以及存在的概率有多大的识别和预测问题，而风险评价则要对法律风险的价值性或损失性进行测定，风险辨识和风险估计是风险评价的前提，风险评价是法律风险预警机制的一个重要组成部分。因为法律风险预警机制不仅要解决法律风险是否存在以及存在的概率有多大的问题，而且要解决法律风险后果的严重程度问题，以便法律风险管理者进行风险决策。

第一节　法律风险评价指标选择

法律风险评价指标及其体系的概念、性质、功能、设定原则和检验等与法律风险估计指标及其体系大同小异，基本一致，此处不再赘述。但其构成却不尽相同，因为影响风险价值大小的因素与影响风险发生概率大小的因素完全不同。对于法律风险评价指标及其体系的构成，有不同的说法，有人认为应包含损失程度、风险性质、波动、损害、持续时间、发生频率、法律风险的解决成本七个方面。[1]也有人认为，法律风险评估指标应包括法律风险后果的严重程度、法律风险事件的发生概率、不利后果的影响程度三个基本维度和风险事件发生频度与风险行为频度、预计损失幅度和实际损失幅度、责任严厉程度与执法严格程度、主体受影响程度与风险控制能力等其他维度。[2]另有人将法律风险评估指标设定为三个维度：财产损失大小、非财产损失大小及其影响范围。[3]

上述对法律风险评价指标体系的设置，各有其合理之处，由于风险可表示为

〔1〕　向飞、陈友春：《企业法律风险评估》，法律出版社 2006 年版，第 76~79 页。

〔2〕　吴江水：《完美的防范——法律风险管理中的识别、评估与解决方案》，北京大学出版社 2010 年版，第 196~202 页。

〔3〕　陈丽洁主编：《企业法律风险管理的创新与实践——用管理的方式解决法律问题》，法律出版社 2009 年版，第 150 页。

事件发生的概率及其后果的函数:[1]

$$风险 R = f(P, C)$$

上式中，P 为风险事件发生的概率；C 为风险事件发生的后果。

因此，影响风险价值大小的因素主要有两个：风险概率和风险后果，于是一般情况下，评价风险价值就以这两个因素为评价指标。

风险概率。风险发生的概率（probability）在风险估计时通过主、客观估计可以预测出来，在法律风险统计预测估计中，有时以其发生频率来直接表示，但频率并非概率，频率（frequency）原为物理上的概念，指单位时间内完成振动的次数，是描述振动物体往复运动频繁程度的量。用于法律风险估计领域时，频率是指多次同类法律行为中相同法律风险发生的次数，频率是计算法律风险发生概率的一个重要的变量，频率与概率的关系通常表示为：

主体法律风险发生频率/主体同类法律行为总数 = 主体法律风险发生概率

概率代表法律风险发生的或然率、机会率或机率、可能性，是一个在 0 到 1之间的实数，是对法律风险事件发生的可能性的度量。频率与概率的主要区别在于，频率是对过去法律风险历史数据的统计结果，概率则是对法律风险将来发生可能性的预测。

风险后果（损失）。风险后果是指法律风险发生后实际给主体造成的损失，通常主要指经济损失。如前所述，法律风险作为一种风险，同样具有价值性，法律风险一旦发生，即表现为行为目的不达、财产损害以及承担法律责任。行为目的不达不仅使主体预期利益不能得以实现，而且行为过程中投入的成本和费用不能回收；财产损害无法获得补偿或赔偿；承担违约金、赔偿损失等民事责任，罚款、没收非法所得等行政责任，以及罚金、没收财产的刑事责任均会导致行为人经济损失增加。一般情况下，如果某项法律风险损害结果发生，主体遭受的经济损失越大，则该项法律风险程度就越高。

通常而言，法律风险损失主要包括财产损失和非财产损失。财产损失包括直接损失和间接损失，直接损失表现为主体财产的减少，间接损失表现为主体预期利益不能获得；非财产损失主要指主体商誉、主体形象和主体社会地位等方面的贬损。由于主体法律风险并非纯粹风险，主体的许多法律行为如投资行为、税务筹划行为等既属有损失可能又属有营利机会的法律行为，因此，在测评主体法律风险损失时，应考虑主体在承担法律风险的同时可能获得的经济利益含无形收益，在将主体法律风险损失后果作为主体法律风险评价指标时应扣除风险利益。

---

〔1〕 郭仲伟编著：《风险分析与决策》，机械工业出版社 1987 年版，第 3 页。

第二节　法律风险评价方法选择

由于法律风险评价以风险概率和风险后果（损失）确定为前提，而风险概率、风险后果特别是非财产损失的确定，须经过风险识别和风险估计阶段，因此，风险评价除了极少数只能采主观方法如德尔菲法进行评价的情形外，绝大部分法律风险评价是多种评估方法共同作用的结果。所以，本节所谓的法律风险评价方法体系是指在风险概率和风险后果（损失）被估测出来之后，对法律风险严重程度再行评价所采用的评价方法总和，主要有风险价值法、风险赋值法和风险价值计算法。

一、风险价值法（Value at Risk，VaR）

风险价值法最初是金融机构为了评估其在不同金融市场交易的资本风险和风险调整利率而发展起来的。VaR 实际上是要回答在概率给定情况下，银行投资组合价值在下一阶段最多可能损失多少。风险价值法具有如下特点：①可以用来简单明了地表示市场风险的大小，单位是美元或其他货币，没有任何技术色彩，没有任何专业背景的投资者和管理者都可以通过 VaR 值对金融风险进行评判；②可以事前计算风险，不像以往风险管理的方法都是在事后衡量风险大小；③不仅能计算单个金融工具的风险。还能计算由多个金融工具组成的投资组合风险，这是传统金融风险管理所不能做到的。

VaR 按字面的解释就是"处于风险状态的价值"，即在一定置信水平和一定持有期内，某一金融工具或其组合在未来资产价格波动下所面临的最大损失额。JP. Morgan 将其定义为在既定头寸被冲销（be neutraliged）或重估前可能发生的市场价值最大损失的估计值；[1] 而 Jorion 则把 VaR 定义为："给定置信区间的一个持有期内的最坏的预期损失"[2]。VaR 基本模型及其原理如下：

1. VaR 模型的假设条件：①市场有效性假设；②市场波动是随机的，不存在自相关。

2. 基本模型：$VaR = E(\omega) - \omega^*$　　　（4-1）

（4-1）式中 $E(\omega)$ 为资产组合的预期价值；ω 为资产组合的期末价值；ω^* 为置信水平 α 下投资组合的最低期末价值。又设 $\omega = \omega_0(1 + R)$　　　（4-2）

〔1〕　J. P. Morgan，Arthur Andersen，*Corporate Risk Management*，NY：The McGraw—Hill companies，Inc.，1997，p. 55.

〔2〕　Philippe Jorion，*Value at Risk：The New Benchmark for Controlling Derivatives Risk*，NY：The McGraw—Hill companies，Inc.，1997，p. 63.

（4-2）式中 ω_0 为持有期初资产组合价值，R 为设定持有期内（通常为 1 年）资产组合的收益率。$\omega^* = \omega_0(1 + R^*)$　　　（4-3）

（4-3）式中 R^* 为资产组合在置信水平 α 下的最低收益率。根据数学期望值的基本性质，将（4-2）、（4-3）式代入（4-1）式，可得：

$$VaR = E[\omega_0(1 + R)] - \omega_0(1 + R^*) = E\omega_0 + E(\omega_0 R) - \omega_0 - \omega_0 R^*$$

$$= \omega_0 + \omega_0 E(R) - \omega_0 - \omega_0 R^* = \omega_0 E(R) - \omega_0 R^* = \omega_0[E(R) - R^*]$$

所以 $VaR = \omega_0[E(R) - R^*]$　　　（4-4）

根据公式（4-4），如果能求出置信水平 α 下的 R^*，即可求出该资产组合的 VaR 值。

3. VaR 模型计算方法。

从前面（4-1）、（4-4）两式可看出，计算 VaR 相当于计算 $E(\omega)$ 和 ω^* 或者 $E(R)$ 和 R^* 的数值。从目前来看，主要采用如下三种方法计算 VaR 值：

（1）历史模拟法（historical simulation method）。"历史模拟法"是借助于计算过去一段时间内的资产组合风险收益的频度并得出其分布情况，通过找到历史上一段时间内的平均收益，以及在既定置信水平 α 下的最低收益率，计算资产组合的 VaR 值。

首先，计算平均每日收入 $E(\omega)$；其次，确定 ω^* 的大小，相当于图 4-1 左端每日收入为负数的区间内，给定置信水平 α，寻找和确定相应最低的每日收益值。

设置信水平为 α，由于观测日为 T，则意味差在图的左端让出 $t = T \times \alpha$，即可得到 α 概率水平下的最低值 ω^*。由此可得：$VaR = E(\omega) - \omega^*$。

（2）方差—协方差法。"方差—协方差法"也是运用历史资料计算资产组合的 VaR 值。其基本思路为：

第一，利用历史数据计算资产组合的收益的方差、标准差、协方差；

第二，假定资产组合收益是正态分布，可求出在一定置信水平下分布偏离均值程度的临界值；

第三，建立与风险损失的联系，推导 VaR 值。

设某一资产组合在单位时间内的均值为 μ，标准差为 σ，$R^* \sim \mu(\mu, \sigma)$，又设 R^* 为置信水平 α 下的临界值，根据正态分布的性质，可能发生的偏离均值的最大距离为 $\mu - \alpha\sigma$，即 $R^* = \mu - \alpha\sigma$。由于 $E(R) = \mu$，根据 $VaR = \omega_0[E(R) - R^*]$，有 $VaR = \omega_0[\mu - (\mu - \alpha\sigma)] = \omega_0\alpha\sigma$，假设持有期为 Δt，则均值和标准差分别为 $\mu\Delta t$ 和 $\sigma\Delta t$，这时上式则变为：$VaR = \omega_0\alpha\sigma\Delta t$。

（3）"蒙特卡罗模拟法"（Monte Carlo simulation）。该方法是基于历史数据和既定分布假定的参数特征，借助随机产生的方法模拟出大量的资产组合收益的数值，再计算 VaR 值。

4. 风险价值法在法律风险评价中的应用。由于风险价值法只能计算那些可以数量化的风险，同时，在使用风险价值法时，需要大量的历史数据，对于那些重复性较低的法律风险评价并不适用。而法律风险一方面数量化程度受到诸多限制，另一方面重复性高的法律风险极少，因而，其在法律风险评价中作用有限。风险价值法通常适用于重复性较高的投机性法律风险评估，如对同标的格式合同法律风险价值进行的评估，诸如贷款合同、同种类货物买卖合同等，可使用风险价值基本模型：$VaR = E(\omega) - \omega^*$，该式中 $E(\omega)$ 为合同履行的预期收益；ω 为合同履行的期末收益；ω^* 为置信水平 α 下合同履行的最低期末收益。再运用"历史模拟法"计算在既定置信水平 α 下合同履行的 VaR 值。表 4-1 是达阳公司过去 100 次同标的格式合同履行历史数据：

表 4-1 达阳公司 100 次合同履行历史收益从现收益额变化表

次数	备选收益额（万元）	从合同履行现收益（18 万元）的变化
−100	备选收益额 100 = 17.5 万元	−0.5 万元
−99	备选收益额 99 = 17.3 万元	−0.7 万元
−98	备选收益额 98 = 16.9 万元	−1.1 万元
…	…	…
−2	备选收益额 2 = 18.7 万元	+0.7 万元
−1	备选收益额 1 = 18.8 万元	+0.8 万元

由表 4-1 可得出第一个百分位数对应的数值为−0.7 万元，通过直接甄别合同履行收益变化情况对其加以确认。在频度分布图中横轴衡量达阳公司某次合同履行收益的大小，纵轴衡量特定次数合同履行出现相应收入组的次数，图 4-1 是对达阳公司 100 次合同履行进行数值模拟所得到的估计结果：

图 4-1 中，99% 置信水平下的 $VaR(1; 99)$ 表述的是和第一个百分位数均值（0.1 万元）的距离，即 $VaR(1; 99) = 0.8$ 万元；而绝对 VaR 就等于第一个抽样分位数的数值，即 $VaR'(1; 99) = 0.7$ 万元。

历史模拟法的主要优点在于它是完全非参数化的，不依赖于对法律风险因子分布的任何假定，同时也排除了估计波动性和相关性的必要；主要缺点在于完全依赖于特定的法律风险历史数据集合，进而依赖于这些数据集合的特定性质。

历史分布

损失大于–0.7的情
况出现的可能性不
超过 1%

历史期界包含的次数
越多，分布将越平滑

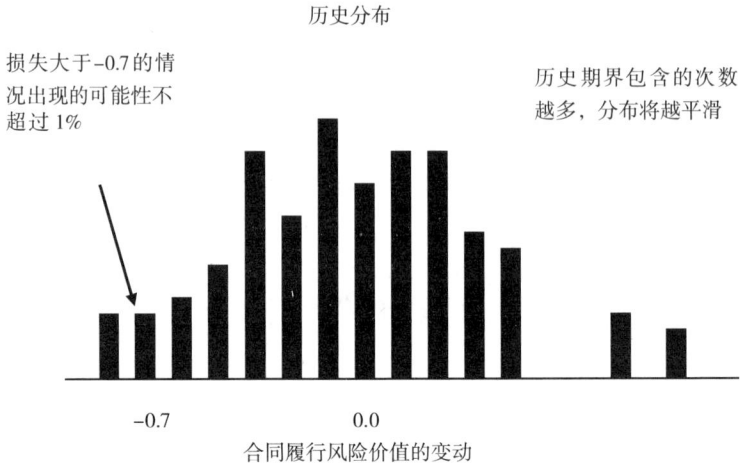

−0.7

0.0

合同履行风险价值的变动

图 4-1   达阳公司 100 次同标的合同履行历史收益模拟 VaR 值分布图

二、风险赋值法

风险赋值法是指通过预先设定的法律风险数值和通过法律风险辨识和估计所得出的法律风险概率，利用确定的法律风险计算方法计算出主体法律风险值。这是一种简便易行的法律风险评价方法，在当前对法律风险评价缺乏经典方法的情形下，它在法律风险管理领域得到普遍的应用。

表 4-2 是某食品公司产品质量法律风险赋值表，表中概率栏系根据历史数据资料进行统计后预测的五种法律风险发生概率，不属风险赋值范围。本次赋值的范围包括各种产品责任法律风险的财产损失及其权重，非财产损失及其权重、影响系数。财产损失赋值范围为 0~9，根据各种责任风险发生造成企业经济损失的历史数据来确定；非财产损失赋值范围也为 0~9，根据各种责任风险发生造成企业商誉、企业形象和企业社会地位等损失的历史数据并通过主观估计方法折合为经济损失来确定。财产损失与非财产损失的权重取值范围为 0~1，大多为小数，根据各种责任风险对该食品公司产品责任风险损失的贡献程度确定。非财产损失影响系数通常以一国范围为参照，根据其在国内影响区域范围确定，取值范围为0~9。

表4-2　某食品公司产品责任法律风险赋值表

产品责任法律风险类型	概率 p	财产损失 c_1	权重 a_1	非财产损失 c_2	权重 a_2	非财产损失影响系数 b	备注
质量瑕疵风险	0.25	7	0.5	6	0.4	6	
数量瑕疵风险	0.05	1	0.1	1	0.1	3	
标志说明瑕疵风险	0.15	2	0.1	4	0.1	2	／
包装瑕疵风险	0.15	4	0.2	3	0.1	2	
行政、刑事违法风险	0.2	6	0.2	8	0.3	8	

赋值完成以后，再根据事先确定的数学计算方法进行计算，计算公式为：

风险价值 $V = c_1 \times a_1 \times p + c_2 \times b \times a_2 \times p$

于是，可得出该食品公司产品责任法律风险值，具体如表4-3所示：

表4-3　某食品公司产品责任法律风险价值表

产品责任法律风险类型	概率 p	财产损失 c_1	权重 a_1	非财产损失 c_2	权重 a_2	非财产损失影响系数 b	风险值 V	排序
质量瑕疵风险	0.25	7	0.5	6	0.4	6	4.475	1
数量瑕疵风险	0.05	1	0.1	1	0.1	3	0.02	5
标志说明瑕疵风险	0.15	2	0.1	4	0.1	2	0.15	4
包装瑕疵风险	0.15	4	0.2	3	0.1	2	0.21	3
行政、刑事违法风险	0.2	6	0.2	8	0.3	8	4.08	2
产品责任法律风险（总计）	／	／	／	／	／	／	8.935	／

由表4-3可见，从该食品公司产品责任法律风险发生所造成损失的历史数据统计出发，对其产品责任法律风险进行赋值后所测得的法律风险值，其"主要贡献者"是质量瑕疵风险和承担行政责任、刑事责任风险；数量瑕疵风险由于发生概率低，且风险损失小，相应风险值也很小，几乎可以忽略不计；标志说明瑕疵风险和包装瑕疵风险发生概率、风险损失和权重均为中等偏小，风险值也相应较小，但仍不可忽视。从表4-3风险分布情况来看，可将所有风险划分为高、中、

低三个区间，0~0.1 为低风险区间，0.1~1 为中等风险区间，1~5 为高风险区间。

风险赋值法最大的缺点在于，对风险评价因素的赋值带有很大的主观性，作为法律风险评估者，律师看重的是法律风险给主体造成的财产损失，而主体管理者可能更看重法律风险造成的主体信誉、形象和社会地位等方面的非财产损失。正是因为这个弊端，在法律风险评价中不宜将风险赋值法作为单一的风险评价方法对法律风险进行评估，为确保法律风险评估结果的科学性和准确性，必须保证被评价的法律风险属同质法律风险，因此，风险赋值法通常只用于局部的、同质的风险比较和分级中，并应结合其他风险评价方法方能得出有效的评价结果。

三、风险价值计算法

这是一种更为直接、简单明了、易操作的风险评价方法，仍然以某食品公司为例，在风险概率已知的情况下，以过去该食品公司同种法律风险损失为依据，通过主观或客观估计方法确定该种法律风险损失的平均数，运用乘法算式计算出该种法律风险可能的损失。其算式为：

风险价值=平均财产损失×概率+平均非财产损失×非财产损失影响系数×概率

如在对某食品公司产品责任法律风险进行测评时，分别获得该公司每批产品责任法律风险中质量瑕疵风险、数量瑕疵风险、标志说明瑕疵风险、包装瑕疵风险和承担行政及刑事责任风险的历史数据（如表 4-4 所示），财产损失和非财产损失取平均值，均以万元为单位，非财产损失影响系数以一国范围为参照，设为1，根据其影响市场范围之大小取值在 0~1 之间，概率取值范围仍为 0~1。

表 4-4　某食品公司每批产品责任法律风险平均损失数据表

产品责任法律风险类型	概率 p	财产损失 c_1（万元）	非财产损失 c_2（万元）	非财产损失影响系数 b
质量瑕疵风险	0.25	8	25	0.4
数量瑕疵风险	0.05	0.5	1	0.1
标志说明瑕疵风险	0.15	2	4	0.2
包装瑕疵风险	0.15	2.5	5	0.1
行政、刑事违法风险	0.2	9	12	0.6

依风险价值的乘法计算式" $V = c_1 \times p + c_2 \times b \times p$ "可求出该公司每批产品责任法律风险度，如表 4-5 所示：

表 4-5　某食品公司每批产品责任法律风险度表

产品责任法律风险类型	概率 p	财产损失 c_1（万元）	非财产损失 c_2（万元）	非财产损失影响系数 b	风险价值 V（万元）
质量瑕疵风险	0.25	8	25	0.4	4.5
数量瑕疵风险	0.05	0.5	1	0.1	0.03
标志说明瑕疵风险	0.15	2	4	0.2	0.42
包装瑕疵风险	0.15	2.5	5	0.1	0.45
行政、刑事违法风险	0.2	9	12	0.6	3.24
产品责任法律风险（总计）	/	/	/	/	8.64

由表 4-5 可见，根据历史数据统计，某食品公司每批产品的产品责任法律风险的可能风险损失为 8.64 万元。其中质量瑕疵风险和承担行政、刑事责任风险损失最大，分别为 4.5 万元和 3.24 万元；其次是包装瑕疵风险和标志说明瑕疵风险，分别为 0.45 万元和 0.42 万元；损失最小的是数量瑕疵风险，仅为 0.03 万元。

风险价值计算法与风险赋值法大同小异，较风险赋值法而言，计算结果更为精确、直观，但由于未赋予各种子风险以权重，较难精确反映各种子风险在产品责任风险中所占的比重及其对产品责任法律风险的影响程度。

四、案例：基于 VaR 的贷款合同法律风险评价模型

（一）引论

贷款合同法律风险主要指贷款放出之后，因借款人违约或者信用下降导致借款人履约能力变化而引起贷款市场价值降低的风险，其中主要是借款人违约的风险。从贷款合同法律风险的性质看，属于难以量化的风险，然而以 J. P. Morgan 的信用矩阵模型（credit metrics model）为依据的 VaR 方法为贷款合同法律风险的量化开辟了一条新的路径。由于贷款信用品质的迁移可用信用评级转移概率矩阵来表示，于是，信用矩阵模型利用借款人的信用评级及在下一计算期内信用等级发生变化的概率即信用等级转移矩阵、贷款违约时的回收率、贷款市场上的风险利差和收益率等数据，通过计算下一计算期内贷款在各相应信用等级上的价值，从而得到贷款价值分布的均值和方差，最终计算出贷款合同法律风险的 VaR 值。

（二）模型建立

以某县农村信用合作社的贷款为例，对其信贷对象建立信用矩阵模型，并进行个别贷款合同法律风险的 VaR 值计算，得出 1 年期信用评级转移概率矩阵，如表 4-6 所示：

表 4-6　1 年期信用评级转移概率矩阵[1]

年初信用等级	1 年末信用评级转移概率（%）							
	AAA	AA	A	BBB	BB	B	CCC	违约
AAA	90.81	8.33	0.68	0.06	0.12	0	0	0
AA	0.70	90.65	7.79	0.64	0.06	0.14	0.12	0
A	0.09	2.27	91.05	5.52	0.74	0.26	0.01	0.06
BBB	0.02	0.33	5.95	86.93	5.30	1.17	0.12	0.18
BB	0.03	0.14	0.67	7.73	80.53	8.84	1.00	1.06
B	0	0.11	0.24	0.43	6.48	83.46	4.07	5.21
CCC	0.22	0	0.22	1.30	2.37	11.24	64.86	19.79

表 4-6 中的概率转移矩阵是建立在国外 20 余年来各行业信用等级变化历史数据上的，仅代表各行业的平均水平。对某县农村信用合作社贷款合同法律风险进行评价时，结合其自身信贷对象的实际情况进行调整，得出表 4-7：

表 4-7　某县农村信用社 1 年期信用评级转移概率矩阵

年初信用等级	1 年末信用评级转移概率（%）							
	AAA	AA	A	BBB	BB	B	CCC	违约
AAA	91.22	7.89	0.65	0.06	0.12	0.04	0.02	0
AA	0.75	90.85	7.61	0.56	0.04	0.12	0.07	0
A	0.08	2.57	91.15	5.34	0.52	0.27	0.01	0.06
BBB	0.01	0.33	6.01	87.95	4.58	0.92	0.07	0.13

---

[1]　J. P. Morgan, *Introduction to CreditMetrics*, New York: J. P. Morgan & Co. Incorporated, 1997, p. 20.

（续表）

年初信用等级	1 年末信用评级转移概率（%）							
	AAA	AA	A	BBB	BB	B	CCC	违约
BB	0.02	0.14	0.68	8.14	81.82	7.05	1.03	1.12
B	0.01	0.13	0.22	0.52	7.18	84.02	2.99	4.93
CCC	0.18	0.15	0.24	1.42	2.66	12.35	65.10	17.90

　　由于贷款价值估算所用的折现率应以相应期限的国债的远期零息票利率表示的远期无风险利率与相应期限的信用利差之和为依据，而信用利差则是与贷款评级相应的公司债券的远期零息票利率和相同期限的国债的远期零息票利率之差，因此，折现率实际上等于相应信用评级的公司债券的 1 年远期零息票利率，如表 4-8 所示。

表 4-8　不同信用等级的 1 年远期零息票利率（%）[1]

信用等级	第一年	第二年	第三年	第四年
AAA	3.36	4.17	4.73	5.12
AA	3.65	4.22	4.78	5.17
A	3.72	4.32	4.93	5.32
BBB	4.10	4.67	5.25	5.63
BB	5.55	6.02	6.78	7.27
B	6.05	7.02	8.03	8.52
CCC	15.05	15.02	14.03	13.52

　　结合表 4-7 和表 4-8，由期初信用等级可预测期末信用等级及相应等级转移概率，再由贷款到期以前的现金流，结合期末信用等级相应的 1 年期远期零息票利率，计算出该转移结果情况下的贷款价值 $V = A_1 + \sum [A_{t+1}/(1+i_t)^t]$，其中 A_1 是当期现金流，A_{t+1} 是第 t 年现金流，i_t 是第 t 年相应远期零息票利率。

---

　　[1]　J. P. Morgan, *Credit Metrics-Technical Document*, New York：Morgan Guaranty Trust Company, 1996, p. 27.

由前述 VaR 基本原理变换形式可得 $P(\Delta V > VaR) = 1 - \alpha$，此处 $1 - \alpha$ 取决于信用合作社对违约的容忍度，α 为相应置信度，ΔV 为贷款损失，即 $\Delta V = EV - V > 0$。贷款价值一般服从正态分布，即 $V \sim N(EV, DV)$，则 $(V - EV)/\sqrt{DV} \sim N(0, 1)$，于是有

$$P\left(\frac{V - EV}{\sqrt{DV}} < -\frac{VaR}{\sqrt{DV}}\right) = 1 - \alpha \quad \Rightarrow \quad \Phi\left(-\frac{VaR}{\sqrt{DV}}\right) = 1 - \Phi\left(\frac{VaR}{\sqrt{DV}}\right) = 1 - \alpha$$

最后得到 $VaR = \Phi^{-1}(\alpha) \times \sqrt{DV}$。

(三) 贷款合同法律风险评价比较优化实证分析

设某县农村信用合作社拟向某借款者发放 1 笔 5 年期无担保优先级贷款，年贷款利率为 4.8%，贷款总额为 200 万元，信用等级为 AA 级，违约容忍度为 2%，那么该笔贷款每年收回利息 9.6 万元，由表 4-6 和表 4-7 可算出，1 年后信用等级转为 AAA 级的贷款价值 $V = 9.6 + 9.6/(1 + 0.0336) + 9.6/(1 + 0.0417)^2 + 9.6/(1 + 0.0473)^3 + 209.6/(1 + 0.0512)^4 = 207.7443$ 万元；1 年后信用等级仍然维持 AA 级的贷款价值 $V = 9.6 + 9.6/(1 + 0.0365) + 9.6/(1 + 0.0422)^2 + 9.6/(1 + 0.0478)^3 + 209.6/(1 + 0.0517)^4 = 207.3716$ 万元。照此算法，1 年后信用等级转为 A 级、BBB 级、BB 级、B 级、CCC 级的贷款价值分别为 206.3388 万元、204.1795 万元、193.4199 万元、185.7792 万元、157.8876 万元，于是得到贷款价值的均值 $EV = 0.75\% \times 207.7443 + 90.85\% \times 207.3716 + 7.61\% \times 206.3388 + 0.56\% \times 204.1795 + 0.04\% \times 193.4199 + 0.12\% \times 185.7792 + 0.07\% \times 157.8876 = 207.212$ 万元；方差 $DV = 0.75\% \times (207.7443 - EV)^2 + 90.85\% \times (207.3716 - EV)^2 + 7.61\% \times (206.3388 - EV)^2 + 0.56\% \times (204.1795 - EV)^2 + 0.04\% \times (193.4199 - EV)^2 + 0.12\% \times (185.7792 - EV)^2 + 0.07\% \times (157.8876 - EV)^2 = 2.4651$ 万元；标准差为 $\sqrt{DV} = 1.5701$ 万元，则在 98% 的置信度下：

$$VaR = \Phi^{-1}(0.98) \times \sqrt{2.4651} = 2.055 \times 1.5701 = 3.2265 \text{ 万元}$$

即，该笔贷款在置信度为 98% 的水平下，1 年内最大可能损失为 3.2265 万元。

下面用线性插值方法来估算 VaR 值，并比较两种方法所得结果。

由如上概率统计计算结果结合表 4-6 中数据可知，当借款者信用等级为 AA 级时，在第 0.79（0.07% + 0.12% + 0.04% + 0.56% = 0.79%）个百分点的贷款价值为 206.3388 万元，在第 8.4（0.07% + 0.12% + 0.04% + 0.56% + 7.61% = 8.4%）个百分点的贷款价值为 207.3716 万元，设在第 4.8 个百分点的贷款价值为 V_0，可得下式：

$$\frac{207.3716 - V_0}{V_0 - 206.3388} = \frac{8.4\% - 4.8\%}{4.8\% - 0.79\%} = \frac{3.6}{4.01}$$

据此可求得 $V_0 = 206.8854$，这表明置信度为 98% 的 VaR 值在线性插值计算法下得值为：

$$VaR = EV - V_0 = 207.212 - 206.8854 = 0.3266（万元）。$$

上述计算是针对年初信用等级为 AA 级、贷款总额为 200 万元的情形，对年初信用等级为 AAA 级、A 级、BBB 级、BB 级、B 级、CCC 级，其余条件不变的情形也重复以上计算，可得表 4-9 中所示结果：

表 4-9　两种不同方法求出的 VaR 值比较表

年初信用等级	概率统计方法贷款价值（万元）				线性插值方法贷款价值（万元）	
	均值	方差	标准差	VaR 值	V_0	VaR 值
AAA	207.668	0.9619	0.9808	2.0155	206.85	0.3620
AA	207.212	2.4651	1.5701	3.2265	206.883	0.3266
A	206.0	2.4908	1.5782	3.2433	201.359	5.85337
BBB	203.36	9.9951	3.1615	6.4969	191.918	15.2935
BB	191.335	32.6296	5.7122	11.7386	168.372	38.8403
B	176.506	110.43	10.5086	21.5951	¤	¤
CCC	134.953	850.071	29.156	59.9155	¤	¤

其中，在线性插值方法中，当年初信用等级为 AAA 级、A 级、BBB 级、BB 级时，在第 4.8 个百分点的贷款价值为 V_0，计算公式分别为：

$$\frac{207.3716 - V_0}{V_0 - 206.3388} = \frac{8.79\% - 4.8\%}{4.8\% - 0.89\%} = \frac{3.99}{3.91}, \frac{204.1795 - V_0}{V_0 - 193.4199} = \frac{6.2\% - 4.8\%}{4.8\% - 0.86\%} =$$

$$\frac{1.4}{3.94}, \frac{193.4199 - V_0}{V_0 - 185.7792} = \frac{5.7\% - 4.8\%}{4.8\% - 1.12\%} = \frac{0.9}{3.68}, \frac{185.7792 - V_0}{V_0 - 157.8876} = \frac{9.2\% - 4.8\%}{4.8\% - 2.15\%} =$$

$$\frac{4.4}{2.65}。$$

当年初信用等级为 B 级和 CCC 级时，由于违约的概率已经超过了 4.8%，所以就不能再用线性插值方法来计算 VaR 值了。

　　贷款合同法律风险具有系统性、信息不对称性、累计性、内源性等特征，且其概率分布呈现偏态厚尾状，这个特征直接影响贷款合同法律风险的计量。当承受贷款合同法律风险的时候，预期收益和预期损失是不对称的，如图4-2所示：

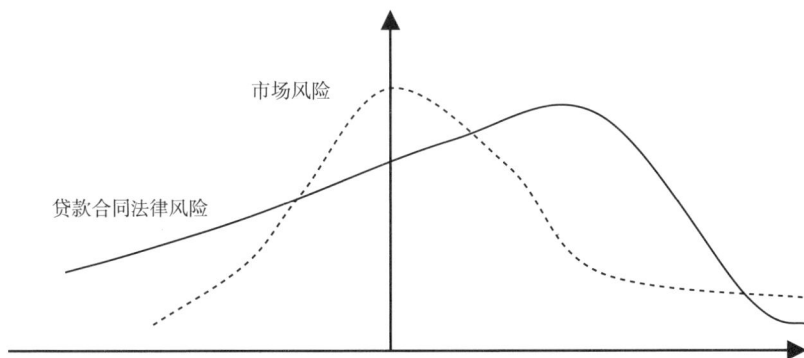

图 4-2　典型的市场风险和贷款合同法律风险曲线

　　从几何图形上看，贷款合同法律风险趋于有相对固定的上端的收益和长尾状的下端的风险，显示出强烈的负向偏斜，在某些情形下有峰态（厚尾性），造成如此分布特征的原因是信用社相对于借款者而言处于高度信息不对称状态，借款人正常履行义务时（通常可能性较大），信用社能获得以预先约定利息率计算所得利息；一旦借款人违约不履行义务（通常可能性较小），信用社无法收回或无法完全收回贷款，其损失相对于正常情况下所获收益数额大得多。收益和损失的不对称使贷款合同法律风险的概率分布峰度向右倾斜，并在左侧有较重的厚尾现象。

　　由于贷款合同法律风险具有上述特点，应用概率统计方法计算的 VaR 值较应用线性插值方法计算的 VaR 值而言更为科学。

【课后作业】

　　1. 2019 年 11 月 16 日，长沙市住建局发布了《关于湖南某混凝土有限公司混凝土质量问题涉事项目核查情况的通报》。结合上述事件，试列举湖南某混凝土有限公司因此次事件而可能遭受的法律风险损失。

　　2. 建筑公司安全责任法律风险有哪些？试对建筑公司每种安全责任法律风险赋予权重。

　　3. 调研一个政府部门强拆法律风险发生的历史资料，并运用合适的法律风险评价方法对其法律风险价值进行评价。

第五章　法律风险预警机制

当前中国正处于快速转型时期，以经济转轨为突出特征，相应地，作为市场经济调整依据的法律制定和修订频率急剧增高，导致依法而生的法律风险处于高不确定性状态且风险发生概率和风险损失程度日趋上升。在此背景下，以法律风险辨识、估计和评价结果为基础，构建高效的法律风险预警系统已成为法律风险管理的一项重要内容。

第一节　法律风险预警

一、法律风险预警

"预警"一词，最早见于军事用语，指通过预警来提前发现、分析和判断敌人的进攻信号，并把这种进攻信号的威胁程度报告给指挥部门，以提前采取应对措施。[1] 后来，预警主要用于风险预测和警示领域，最初是自然风险，随着风险逐渐被赋予社会经济意义，预警更多地用于经济技术风险和社会政治风险领域，并得到广泛的应用，出现了财政风险预警、金融风险预警、财务风险预警、社会风险预警、政治风险预警、企业风险预警、供应链风险预警等，风险预警几乎无处不在，深入到社会经济每个角落。随着当前社会进入快速转型期，法制成为社会经济的主要调整器，法律风险日益突出，法律风险预警自然是风险预警题中应有之义。

法律风险预警是指以外部法律环境和主体内部运营过程中的法律行为因素信息为依据，通过设置并观察一些敏感型预警指标的变化，度量主体法律行为状态偏离预警线的强弱程度，对主体可能或将要面临的各种风险所实施的实时监控和预先警报，以避免或尽可能地减轻可能发生的风险损失。法律风险预警要在收集大量相关信息的基础上，借助计算机技术、信息技术以及各种定性和定量方法、系统工程方法等设定风险预警指标及其预警警戒线，监控各种细微的风险迹象变

---

〔1〕　肖鹏军主编：《公共危机管理导论》，中国人民大学出版社 2006 年版，第 64 页。

动，对不同性质和程度的法律风险及时发出警报，提醒风险管理者及时进行风险决策。因此，法律风险预警具有监测功能、评估功能、诊断功能、警示功能。

1. 监测功能。对外部法律环境和主体内部运营过程中的法律行为合法性、合理性等进行信息收集、整理、描绘，将反映法律风险敏感性指标的实际值与主体计划、目标及其标准值进行比较分析，从中发现产生偏差的原因和存在的问题，确定法律风险因素，分析可能存在的法律风险，并对其进行归类整理。

2. 评估功能。根据引起法律风险的各种外部法律环境因素和主体内部运营中法律行为因素，确定法律风险发生可能性估计指标体系，并通过主客观估计方法对其进行预测；根据影响法律风险价值大小的因素，确定法律风险评价指标体系，并采取相应的风险价值评估方法对主体遭遇的法律风险进行价值评价。

3. 诊断功能。根据风险监测、风险估计、风险评价的结果进行综合分析，运用现代风险管理技术、风险诊断技术对法律风险水平和影响程度作出准确判断，分辨法律环境变动规律和内部运营过程中法律行为合理性、合法性状态，确定法律风险产生的根源。

4. 警示功能。根据对法律风险监测、评估和诊断结果设定法律风险预警指标体系和各指标的警戒线水平，全面、准确、及时地拟定法律风险预警报告，向主体法律风险管理者提交，以供法律风险管理者进行风险决策。

总之，法律风险预警有利于主体根据法律环境变化规律及时制定对策，适时调整运营中的法律行为，有利于对运营过程中的法律行为的合理性和合法性偏差及时进行纠正，使其符合国家现行法律法规要求，减少法律风险发生的可能性，避免主体遭受不必要的损失，使主体经营活动呈良性运行状态。

二、法律风险预警指标及其警戒线

当前风险管理理论中，由于经常将风险预警和风险辨识、风险估计、风险评价混淆，所以对风险预警与风险辨识、风险估计、风险评价的指标或指标体系亦未加区分。如中天恒 3C 框架风险管理课题组将风险预警指标分为定性指标和定量指标两大体系。定量指标又包括财务指标、杠杆系数指标、概率性指标、盈亏平衡指标、敏感性分析指标等。[1]哈斯其其格在研究转型期农村社会风险预警时，将农村社会风险源分为社会紧张、社会不安全、社会脆弱三个方面，相应按每个风险源设置城乡差距、贫富差距、群体事件发生率、基尼系数、物价上涨率等共计 14 个预警指标。[2]刘永胜则将供应链风险预警指标设置为外部环境风险

---

〔1〕 中天恒 3C 框架风险管理课题组编：《全面风险管理理论与实务》，中国时代经济出版社 2008 年版，第 328 页。

〔2〕 哈斯其其格：《中国转型期农村社会风险管理机制研究》，西南财经大学出版社 2010 年版，第 148 页。

和内部运作风险两大领域共计 26 个指标。[1]

　　法律风险预警主要是对那些法律风险发生可能性较大且风险后果较为严重的法律风险预先警示，因此构成风险预警的因素主要包括法律风险发生的可能性和风险可能损失大小，分别用风险概率 P 和风险价值 V 表示。风险概率 P 值通过风险估计获得，而风险价值 V 值则通过风险评价获得，风险预警就是在风险概率 P 和风险价值 V 的值已知的情况下，分别设定该两者的警戒线水平值，对于超过警戒线者及时发出警示信号，供主体法律风险管理者决策。

　　风险概率 P 值通常分为高风险区间、灰色区间和低风险区间。高风险区间是指风险发生概率估计结果很高，风险随时有可能发生，表现在法律风险领域，一方面，外部法律环境变动较快，法律制定和修订频率高，主体所为的法律行为处于高不确定性环境中，面临的法律风险相应激增；另一方面，主体运营过程中所为法律行为随意性强，与法律法规相悖，合法性和合理性程度低，容易引发法律风险。灰色区间是指法律风险发生概率估计结果较高，虽暂时不会发生风险事件，但若不及时采取调整、控制措施，风险概率极有可能上升至高风险领域，表现在法律风险领域，一方面，外部法律环境变动处于未知状态；另一方面，主体运营过程中所为法律行为未经充分论证，合理性和合法性程度中等，较易引发法律风险。低风险区间是指风险发生概率估计结果很低，一般情况下不会发生法律风险，表现在法律风险领域，一方面，外部法律环境变动慢，法律制定和修订频率低；另一方面，主体运营过程中所为法律行为事先经过充分论证，与法律法规相符，合法性和合理性程度高，一般不会引发法律风险。

　　风险价值 V 值通常分为低度风险区间、中度风险区间和高度风险区间。当风险价值处于低度风险区间时，表明法律风险可能性损失程度很小，不会对主体正常运营造成危害，通过日常程序加以管理即可，无需采取特别措施。风险价值处于中度风险区间时，表明法律风险可能性损失程度较大，如果风险发生，会对主体正常运营造成危害，因此，需采取特别措施，并向主体风险管理部门发出警示。一旦风险价值处于高度风险区间时，表明法律风险可能性损失程度很大，如果风险发生，会对主体正常运营造成极大的危害，甚至引发灾难性的后果，因此，需采取特别措施，并立即向主体法律风险管理部门发出警示，同时，主体高级管理层应认真对待，果断作出风险决策。

　　因此，在划定法律风险的风险概率和风险价值区间后，很容易厘定主体法律风险的警戒线水平：风险概率 P 或风险价值 V 的值处于中度风险区间及以上时，应发出法律风险预警信号，或者说只有在风险概率 P 和风险价值 V 的值都处于

---

〔1〕　刘永胜：《供应链风险预警机制》，中国物资出版社 2007 年版，第 145 页。

低度风险区间时，才无需进行风险预警。

三、法律风险预警流程

依据法律风险预警的功能和目标，一个完整的法律风险预警流程应该是"主体内外法律风险信息收集→法律风险辨识、分类及成因分析→法律风险估计→法律风险评价→法律风险警示→法律风险管理者进行风险决策"的过程，如图 5-1 所示：

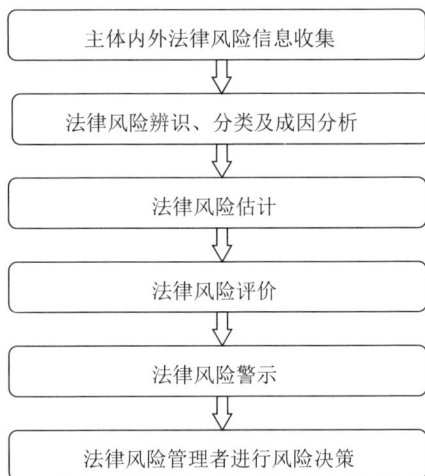

图 5-1 法律风险预警流程图

（一）法律风险信息收集

法律风险预警的关键在于通过监听、发掘以提早发现暗藏的法律风险因素，导致法律风险发生的因素主要有法律环境因素和主体运营过程中的法律行为操作不当的因素，当前社会正处于由工业社会向信息社会快速转型时期，各种信息铺天盖地，信息渠道五花八门，因此，收集主体内外法律风险因素信息时，必须对信息源进行耐心筛选，以保证获得的信息真实可信。对于主体外部法律环境因素，主要体现于国家法律法规制定和修改的信息，可通过法学学者的相关学术论文中的立法建议、每次两会期间政协委员和人大代表的动议、全国人大及其常委会的立法规划、国务院行政法规制定规划、省市人大及常委会的法规制定规划等各种官方、半官方的信息渠道获取，特别是对立法部门的法律法规草案进行分析，可发现其中隐藏的法律风险因素。而对于内部运营过程中法律行为操作不当的因素，要通过全方位的内部审计和内外监督及时发现，充分运用有效的沟通方式，全方位收集违背合法性要求的不当法律行为信息。

（二）法律风险辨识

通过收集到的外部法律环境信息和内部法律行为信息，运用相应的风险辨识方法从中识别出法律风险信息，并按照其性质和表现形式对其进行归类。根据发生原因将其区分为环境性法律风险或操作性法律风险；根据其所属法律部门将其分别划入民商法律风险、行政法律风险、劳动与社会保障法律风险或刑事法律风险范畴；根据法律行为区域将其分为国内经济活动中的法律风险和国际经济活动中的法律风险；根据发生后果将其分别归入目的不达风险、直接损失风险和承担法律责任的风险。科学合理的风险分类是风险成因分析的前提，是风险分析必不可少的步骤。

（三）法律风险估计

法律风险估计是法律风险预警机制中的一个重要组成部分，主要通过主客观估计方法对法律风险发生的可能性进行预测，估计结果通常是法律风险发生的概率值。法律风险发生的可能性估计是对法律风险发出警示信号的前提，法律风险概率值是风险预警的指标之一，也是确定法律风险预警警戒线的载体和依据。

（四）法律风险评价

法律风险评价是对法律风险可能导致的损失的计量，评价结果即为风险价值，风险价值的评价也是法律风险预警机制中的一个重要组成部分，风险价值和风险概率的值共同构成了法律风险预警的指标体系，如前所述，法律风险预警的警戒线在其基础之上进行确定。

（五）法律风险警示

在法律风险概率值或风险价值值达到中度及以上的风险水平时，必须向风险管理者或主体高层管理者发出警示，供其进行风险决策，警示的工具通常为法律风险报告，它是在风险估计和风险评价的基础之上，对主体面临的法律风险进行基于客观事实和科学推断的表述而形成的，其内容主要包括背景与工作情况描述、法律风险表现形式、法律风险评估结果说明、法律风险区间分析和法律风险对策建议五个部分。

1. 背景与工作情况描述。首先介绍对法律风险进行分析和预警的背景，包括外部的宏观环境和内部的微观环境，如主体概述、所处行业情况、所在司法管辖区域情况等，以及法律风险预警的现实意义。然后简要介绍在本次法律风险预警中主要开展了哪些工作和大致的工作过程。工作内容应重点描述本次工作所花费的时间、收集资料的数量、进行访谈的数量等，以表明通过这一系列的工作所得出的结论是客观的，严谨的，主观成分较少。

2. 法律风险表现形式。该部分主要将内外监测所得的法律风险因素信息进行整理、分析、综合之后，从中识别出法律风险信息，进而将其分别归入相应的法律风险类型，并深入分析其成因。该部分还应对主体法律风险发生史进行回顾，对历史法律风险表现形式进行描述，以作为参照，便于对现在的法律风险进行对比分析。

3. 法律风险评估结果说明。本部分分两点介绍，其一为法律风险概率估计情况说明，其二为法律风险价值评估情况说明。主要内容包括风险评估的目标、意义、原则，风险评估指标体系设定，风险评估方法采用，风险评估的结果。评估结果出来以后，应对其做一个总括性的情况介绍和说明。法律风险评估目的在于让主体的风险管理者了解其法律风险概况，为其风险决策提供前提条件。

4. 法律风险区间分析。首先以法律风险评估所得的数据为依据，结合法律风险对主体可能造成的危害或影响之程度，将风险概率值划分为高风险区间、灰色区间和低风险区间，将风险价值值划分为低度风险区间、中度风险区间和高度风险区间。然后对法律风险评估所得的风险概率值和风险价值值进行区间分析，并对法律风险将给主体造成的影响程度进行具体、详尽地说明。

5. 法律风险对策建议。该部分要针对法律风险的风险水平及法律风险的成因，向法律风险管理者提出合理、科学、操作性强的风险对策建议，以供法律风险管理者进行风险决策。

法律风险警示报告是法律风险管理者进行风险决策的重要依据，因此，法律风险警示报告的质量和完整性程度不仅关系到法律风险预警的准确程度，而且，也是法律风险管理者能否正确进行风险决策的关键。

第二节　法律风险预警系统构建

法律风险预警系统是法律风险预警机制信息化的产物，指以法律风险因素的敏感性指标为核心的法律风险信息反馈网络，以加强风险监督和控制，从而保证主体正常运行的运作体系，是主体法律风险管理体系的信息化平台。其主要功能在于实现法律风险预警及其流程的电子化和网络化，即通过法律风险预警系统完成法律风险辨识、法律风险估计与评价、法律风险警示等工作；通过该系统实现法律风险数据库的在线查询、检索和维护，为法律风险管理者提供法律风险预警咨询和讨论平台；实现主体与其他主体及政府主管部门关于法律风险管理工作的沟通与互动。

一、法律风险预警系统构建的基本原则

1. 系统性原则。法律风险预警系统是一个要解决法律风险辨识、估计、评价和警示的信息系统平台，其所要处理的法律风险信息环环相扣，并具有一定的

先后顺序，因此，无论是时间还是空间逻辑都是一个有机整体系统，构建时必须遵循系统性原则。

2. 动态性原则。当前社会处于快速转型期，引起法律风险发生的外部法律环境因素和主体运营过程中的内部法律行为因素都处于高度不确定性状态，系统监测的法律风险信息复杂多变，这要求系统对法律风险的辨识、估计、评价和警示均具有动态性和较强的适用性，对于复杂多变的法律风险信息进行灵活、机动地处理。因此，对于法律风险辨识、估计、评价的指标体系和方法体系，要进行实时调整和更新。

3. 灵敏性原则。一个微小的法律风险因素可能导致灾难性法律风险的发生，给主体造成无可挽救的损失，因此，法律风险预警系统作为一个信息管理系统，要求所采用的各种指标体系具有很高的灵敏度，能及时捕捉各种关键性的微小的法律风险因素变化。由此可见，及时性是灵敏性原则题中应有之义，因为，法律风险预警系统的作用在于，在法律风险发生之前发出警示信号，供法律风险管理者作出有效的风险决策。因此，法律风险预警系统必须及时、尽早发现并警示企业法律风险信息。

二、法律风险预警系统结构及运作流程

对于风险预警系统结构的认识，从不同的角度有不同的构思，其中大多从其内部运行程序角度进行分析。Jochen Zschau 等人认为预警系统主要由评价、警示及反应三个子系统构成。[1]朱德武提出风险预警系统由信息收集、信息加工、决策、警报等子系统组成。[2]张鸣等人认为预警系统主要包括以下几个组成部分：信息收集—传递机制、预警分析的组织机制、风险分析机制、风险处理机制。[3]赵瑞莹等人则将预警系统分为警情诊断、警源分析、警兆辨析、警度预报和排警调控五个子系统。[4]刘永胜认为预警系统应包括风险预警指标体系、数据库子系统、风险分析子系统、风险处理子系统以及风险预警软件子系统五个组成。[5]刘红霞等人认为风险预警系统一般由监测系统、识别系统、评价系统和诊疗系统四部分构成。[6]另外，还有一些学者从其他角度探讨了预警系统的结构，有分为定性和定量两类预警系统的；有分为总体预警系统和部门预警系统的；有分为短期

〔1〕 Jochen Zschau, Andreas N. Kuppers, *Early Warning system for National Disaster Reduction*, Berlin：Springer-Verlag, 2003, p. 19.
〔2〕 朱德武编著：《危机管理：面对突发事件的抉择》，广东经济出版社 2002 年版，第 197~203 页。
〔3〕 张鸣、张艳、程涛：《企业财务预警研究前沿》，中国财政经济出版社 2004 年版，第 241 页。
〔4〕 赵瑞莹、杨学成："农业预警系统研究"，载《生产力研究》2004 年第 1 期。
〔5〕 刘永胜：《供应链风险预警机制》，中国物资出版社 2007 年版，第 139 页。
〔6〕 刘红霞、孙宝文：《国有企业内部治理风险预警研究》，中国财政经济出版社 2007 年版，第297~300 页。

风险预警系统和长期风险预警系统的。[1]

　　由于法律风险预警系统的构建是为了实现其功能，因此，风险预警系统的构成应与其功能相适应，包括法律风险数据库子系统、风险分析子系统和风险警示子系统，其运作流程同法律风险预警流程一样。以企业法律风险预警系统为例，如图 5-2 所示。

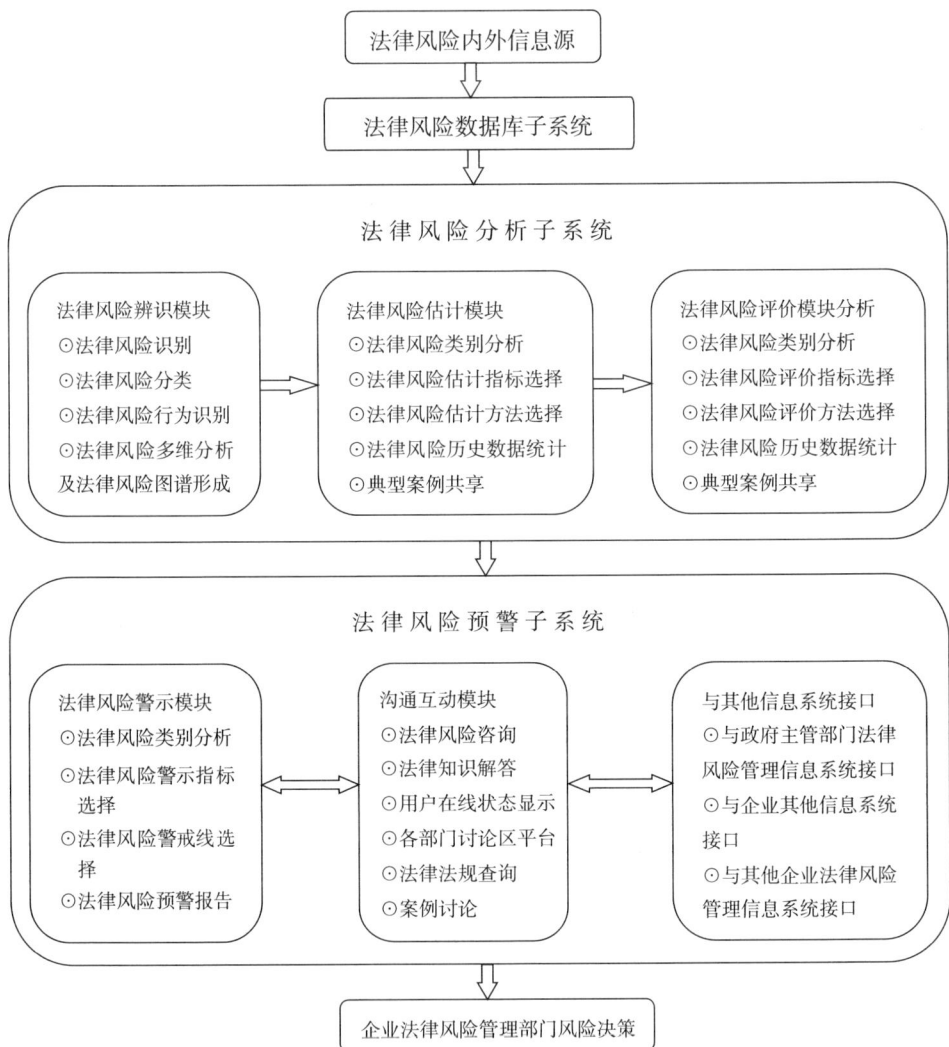

图 5-2　企业内部法律风险预警系统及其运作流程图

---

　　[1]　刘红霞、孙宝文：《国有企业内部治理风险预警研究》，中国财政经济出版社 2007 年版，第 297 页。

1. 法律风险数据库子系统。将信息监测所获得的外部法律环境风险因素和主体内部运营中的法律行为风险因素经过整理后，分门别类输入法律风险数据库子系统，供风险分析子系统进行法律风险辨识、估计和评价，并且要根据外部法律环境风险因素和主体内部运营中的法律行为风险因素的变化而不断更新，以保证法律风险因素信息敏感、及时、准确和高效。

2. 法律风险分析子系统。法律风险分析子系统分三个模块：法律风险辨识模块、法律风险估计模块、法律风险评价模块。法律风险辨识模块主要完成法律风险行为识别、法律风险识别、法律风险分类、法律风险多维分析及法律风险图谱的形成等工作。法律风险估计模块主要完成法律风险类别分析、法律风险估计指标选择、法律风险估计方法选择、法律风险历史数据统计及典型案例共享等工作。法律风险评价模块完成的工作与法律风险估计模块基本一致，包括法律风险类别分析、法律风险评价指标选择、法律风险评价方法选择、法律风险历史数据统计及典型案例共享等工作。三个模块的工作流程依次为法律风险辨识、法律风险估计、法律风险评价。

3. 法律风险预警子系统。法律风险预警子系统也设有三个模块：法律风险警示模块、沟通互动模块和与其他信息系统接口。法律风险警示模块主要提供法律风险类别分析、法律风险警示指标选择、法律风险警戒线选择和法律风险预警报告等服务。沟通互动模块主要提供法律风险咨询、法律知识解答、法律法规查询、案例讨论、用户在线状态显示等服务和各部门讨论区平台。与其他信息系统接口主要提供与政府主管部门法律风险管理信息系统、与其他企业法律风险管理信息系统和与企业其他信息系统链接服务。与法律风险分析系统不同的是，法律风险预警子系统三个模块没有时间上的先后逻辑要求，沟通互动模块和与其他信息系统接口都是为及时高效完成法律风险警示模块工作提供的配套服务，其目标是通过多方沟通获取更多信息以完成并提交一个准确、高效的法律风险预警报告。

三、法律风险预警系统信息沟通机制

法律风险预警系统必须以大量的信息为基础，要有强有力的信息管理系统提供全面、准确、及时的信息，这要求强化主体与其业务部门之间、主体与其他主体之间、主体与政府业务主管部门之间的信息共享与交流，用于交流和共享的信息主要有外部法律环境因素信息，主体运营中内部法律行为信息，法律风险表现形式信息，法律风险估计指标体系、方法体系和风险概率信息，法律风险评价指标体系、方法体系和风险价值信息，法律风险警示指标和警戒线信息，法律风险案例信息等。其中法律风险估计指标体系、方法体系，法律风险评价指标体系、方法体系以及法律风险警示指标和警戒线信息属于主体对业务部门、政府业务主

管部门对主体的控制流信息，其他则属用于交流和报告的数据流信息。如图 5-3
所示：

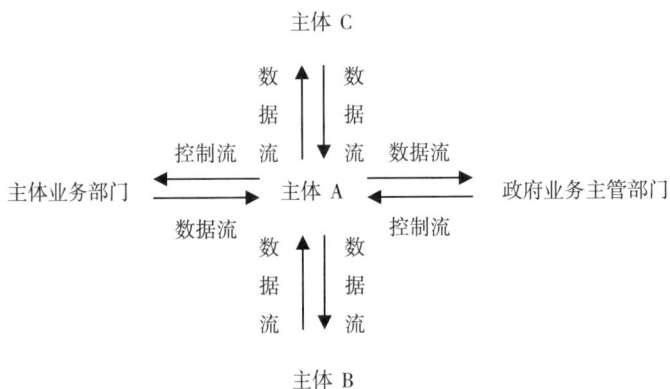

図 5-3　主体内部法律风险预警系统信息沟通机制

至此，由法律风险辨识、估计、评价体系和主体内部法律风险预警系统共同
构成的、完整的主体法律风险预警机制正式构建起来。

第三节　法律风险预警系统网络化

随着中国社会进入由身份社会到契约社会，由阶级社会到风险社会的快速转
型期，风险与资源一起成为社会分配公平正义的砝码，备受公共行政理论与实践
的关注。身份社会或阶级社会中传统的科层制公共行政模式下的风险和资源分配
方式已越来越落后于社会发展的需要，那种"财富在上层聚集，而风险在下层集
中"的官僚制的风险和资源分配方式由于遭到越来越严厉的抨击而逐渐被转型期
的社会所摒弃。同时，社会快速转型使成就官僚制风险和资源分配方式的科层制
公共行政模式变得极不安分，在不断的自反性变革中逐渐蜕变为网络化治理模
式。网络化治理要求公共行政不仅要解决风险和资源分配问题，更要解决风险防
控和化解问题，从而为风险管理机制网络化提供了理论前提。

一、网络化治理理论产生的背景和条件

自工业革命开始，人类进入由身份社会到契约社会，由阶级社会到风险社会
的快速转型期，尤其是 20 世纪 90 年代以来，全球化和分权化的社会趋势大大改
变了政府治理理论的生态环境，社会风险剧增，权力分散，组织界限变得越来越

不稳定，非营利组织和市民社会的日益强大，传统的科层制政府治理模式无法满足这一复杂而快速变革的时代需求。因此，政府应当变革自身的治理模式以实现有效治理的目的，同时，在向契约社会转型的过程中民主思想的深入人心和市民社会的快速发展，也成为政府行政范式转换的巨大推动力。在此背景下，政府治理模式的变革是多个因素共同作用的结果。首先，产生于美国的利益多元主义催生了多中心治理理论，利益多元主义认为社会利益团体是非特定数目的多元、自愿、竞争、非科层体系的以及自我认同的利益群体，而利益团体实现利益的途径是通过竞争影响社会公共政策，因此各利益主体既相互竞争，又共同合作，参与公共事务的管理。其实质是国家、社会、公民及其他社会利益主体的共同治理，他们共同合作，在相互依赖的环境中分享公共权力，共同管理公共事务。多中心治理理论为网络化治理行政范式的产生打好了理论基础。其次，社会网络理论的扩散为网络化治理理论的出现提供了方法论前提。20世纪50年代前后，"网络"一词被用于对社会过程的分析，至20世纪70年代发展成为社会网络理论，并在各社会科学领域迅速扩散，为公共行政和公共政策分析提供了范式转换方法论的借鉴。最后，公共政策和公共行政对多样化的依赖是网络化治理理论产生的直接原因。这不仅表现在公共政策的制定和执行日益依赖于各不同利益主体之间的沟通、协商及资源互补，还表现在公共行政日益依赖复杂多样的制度安排和工具组合。

二、网络化治理理论产生的标志

从多中心治理理论到网络化治理理论经历了一个较长的蜕变过程，首先是公共管理部门形态的转变。主要表现在：第三方政府的出现，利用私人部门、非营利组织等多元主体提供公共服务，实现政策目标；从横向和纵向两方面联合多个多级政府一起提供整体化服务；数字技术和信息技术使组织得以与外部组织进行充分的信息共享、交流和合作；公民要求在政府服务中拥有更多的选择权，要求提供多元化的公共产品，这些不断上升的需求正好与私人部门已经繁殖的个性化服务供应技术相吻合。[1]于是，此阶段治理被描述为"政府与社会力量通过面对面的合作方式组成的网状管理系统"。[2]"作为治理的公共管理，遇到的主要挑战是处理网络状，即相互依存的环境。公共管理因而是一种网络管理。"[3]其次

---

〔1〕 ［美］斯蒂芬·戈德史密斯、威廉·D. 埃洛斯：《网络化治理：公共部门的新形态》，孙迎春译，北京大学出版社2008年版，第8~9页。

〔2〕 D. Kettle. Sharing, *Power*：*Public Government and Private Markets*，Washington：Brook-Ings Institution，1993，p. 22.

〔3〕 Dr Walter J M Kickert, Erik-Hans Klijn, and Dr Joop F M Koppenjan, *Managing Complex Networks*：*Strategies for the Public Secter*, London：Sage Publications ltd, 1997, p. 3.

是政府治理工具的变化。在向网络化治理转变的过程中，公共目标的实现机制至少发生了五个方面的变化：从机构与项目转移到工具；从层级转移到网络；从公私对立转移到公私合作；从命令控制转移到谈判和劝服；从管理转移到赋能。[1]由此可见，在向网络治理模式转变过程中，政府已不再有必要成为核心角色，而仅仅是政策过程中的一个普通角色。因此传统的科层治理结构下的治理工具，包括组织和建立管制机构以及其他政治行政机构和企业、传统的利益诱导，以及由行政机构所使用的"命令—控制方法"等，已经无法适应公共管理的需要。政府逐渐转向使用控制制度或过程间接影响结果的工具，实际上就是网络工具。

治理工具转变的目的就在于政府对治理网络进行管理，通过这些管理手段，政府对那些进入到治理网络中的多元主体施加影响，增强其自身的合法性，提高公共政策决策和管理的能力。网络治理中工具选择的基础在于网络管理的任务，克里金（Klijin）和泰斯曼（Teisman）认为，网络管理的任务在于解决观念、行动参与者和制度及其相互间的关系。其中，围绕观念而进行的管理，其任务在于检查行动者价值、目标和观点，协调其不同之处，以促进行动者之间的合作行为；以行动参与者为中心的管理则试图影响网络中的博弈活动和整个网络的混合体；制度管理的目的在于寻求影响网络的规则和规范，以便网络中的博弈能以最优的方式进行，它对现在和未来的网络行动具有简洁的影响。[2]在实施网络化治理时，西方各国通常使用传统的市场化工具和工商管理技术，如在网络中建立激励机制、对网络绩效的测量与监控等；在政策制定、执行及公共产品提供上充分发挥多元组织在提供公共服务中的作用；强化信息沟通、交流机制和指导性行政手段的运用。

随着公共管理部门形态和政府治理工具的进化，网络化治理理论逐步形成，主要标志有三个：公共政策网络理论的产生、网络组织理论的初步形成和公共行政方式的网络化。

1. 公共政策网络理论的产生。公共政策网络理论主要包括如下两方面内容：

（1）政策决策中的网络理论。该理论认为政府政策的形成是政府与社会部门共同协商的结果。本特利（Bentley）将政府视为参与行为者间互动的网络。汉夫（Hanf）和斯查尔夫（Scharpf）认为政策是政府与社会部门间不同层级与功能领域的公私行为者间的互动结果，不同的网络形式，由于行为者间的差异，形

---

〔1〕［美］莱斯特·M. 萨拉蒙、李靖、孙迎春："新政府治理与公共行为的工具：对中国的启示"，载《中国行政管理》，2009 年第 11 期。

〔2〕See Dr Walter J M Kickert, Erik-Hans Klijn, and Dr Joop F M Koppenjan, *Managing Complex Networks: Strategies for the Public Secter*, London: Sage Publications ltd, 1997, pp. 98~118.

成的政策决定自会有所不同。汉克拉（Heclo）和威尔达夫斯基（Wildavsky）提出了政策社群（policy community）的概念，将英国政府部门视作一个具有互信、理性沟通与特殊善意风气的亲密型社群。之后，汉克拉的研究又进一步提出了议题网络（issue networks）的概念，主张政府的决策与行政责任逐渐分散于日益增多的政策中介组织。非正式的决策结构与沟通协调机制日益重要。佛雷德（Friend）、鲍威尔（Power）和尤赖特（Yewlett）指出网络是一种政策次级系统，是一种专门处理特定政策议题的组织与行为者间关系的安排；政策行为者间的关系不仅受制于正式层级体制的约束，也深深受到行为者间非正式沟通的影响；这种政策系统内行为者间非正式的沟通结构便形成了所谓决策网络（decision network）。

（2）政策执行中的网络理论。该理论认为公共政策的执行与公共物品和服务的提供日益依赖资源互补的多主体间的协作。本森（Benson）视政策网络为一个复杂但资源相互依赖的组织集群。罗兹（Rhodes）在对府际关系进行研究时，将本森的资源相互依赖的观点应用到英国中央与地方政府互动关系中，并将其划分为专业网络（professional network）、议题网络、府际关系（intergovernmental network）、政策/地域社群（policy / territorial community）以及生产者网络（producer network）五种形态。波泽尔（Brzel）认为：政策网络不仅仅是政策制定过程中的多元行动参与者间可能产生的互动关系形态，更是一种参与者间动态的相互依赖的结构关系。在这个结构关系中，政策行动允许多元参与主体通过资源与利益的相互依赖与交换来协调彼此的行动。科曼（Kooiman）研究形成政策网络及进行共同治理的原因时，认为基于当代社会的复杂性、动态性与多元性，政府已无法独立承担治理的任务，必须借助于次级系统的能力与资源。

2. 网络组织理论的初步形成。网络化公共行政区别于科层化公共行政的一个重要因素是，网络化公共行政是否具有区别于科层组织的一种组织作为网络化公共行政的载体和构成要素，以及在此基础之上形成的一种组织理论。网络组织（network organization）或网络式（型）组织（network form of organization）就是这样一种载体和构成要素。它具有一种既不同于科层组织也不同于市场组织的网络性。这种特殊性质成为人们界定网络组织的一个根本性标志。斯托克（Stoke）在研究治理的五种内涵时揭示了网络组织的基本特征：① 治理认定，办好事情的能力并不在于政府的权力，也不在于政府下命令或运用其权威，政府可以动用新的工具和技术来实施控制和指引，且政府的能力和责任均在于此；② 治理指出自政府、但又不限于政府的一套社会公共机构和行为者；③治理明确肯定涉及集体行为的各个社会公共机构之间存在的权力依赖；④治理指行为者网络的自主自治；⑤治理明确指出在为社会经济问题寻求解答的过程中存在的界线和责任方面的模糊点。[1]大陆学者俞可平认为，治理基于民主思想的发展和公民社会的兴起。治理的目标是"善治"，"善治"的基础是公众与政府的合作，它是一个寻求公共利益最大化的社会管理过程。民主思想的发展促进了中国公民意识的提升，越来越多的非政府组织和公民参与到社会管理的过程中来，治理主体的多元化能够分担治理的压力，并且有助于建构和谐社会。我国台湾地区学者对网络治理的研究比较注重理论与实践相结合，林玉华结合网络治理现状分析了网络治理的特性，包括：①具有多元行动者；②组织成员间的相互依赖性；③网络成员持续不断的互动；④竞赛般的互动，但基于互信；⑤行为者互为主体；⑥强调伙伴关系；⑦提升执行幅度；⑧重视社会资本。孙本初等将网络治理视为许多社会行动者共同参与治理的过程，这些行动者包括政府机构、企业、利益团体、社区和民间组织等，它们依据相应的运作机制，进行公私部门的协调以及政策的讨论、制定与资源的协调，强化公共政策制定和执行的效率。朱景鹏等人将公部门与私部门所组成的网络治理过程描绘为由利害关系人（如议会、企业、社区组织等）组成的网络中，各利害关系人各有禀赋、资源，也各有劣势，政府应透过社区治理、公共谘商、远景的策略规划等，建立信任与参与制度，整合各方利益并解决冲突的过程。

3. 公共行政方式的网络化。公共行政方式的网络化首先表现在治理工具的网络性日益凸显，传统的管制、利益诱导和命令等控制手段逐渐失去市场，取而代之的是信息、权威、资财和组织等程序性工具，如表5-1所示。政府的角色由管制者转变为指挥者和调控者。政府必须具备激发网络行为中行为主体主动参与解决公共问题积极性的能力；具备在网络的创建、运作和维持过程中的指挥能力；具备合理使用奖惩手段，以促进复杂的政策工具网络中互相依赖的行为主体之间的合作，而又不为其提供任何大举敛财的机会的调控能力。[2]相应地，网络化治理理论主要围绕网络化公共行政的协调、协作和整合能力以及协同网络社会能力等问题进行探讨。同时，要解决使命界定、资源配置、能力要求、权责一致以及责任追究等问题。斯莫茨（Smotus）在对公共行政方式的网络化进行探讨时发现：①治理不是一套规章条例，也不是一种活动，而是一个过程；②治理并不意味着一种正式制度，但确实有赖于持续的相互作用；③治理的建立不以支配为基础，而以调和为基础；④治理同时涉及公、私部门。[3]可见，公共行政网络化强调主体间建立在互信、沟通与协调的基础之上的合作治理，而非政府单方面政

---

[1] 转引自俞可平主编：《治理与善治》，社会科学文献出版社2000年版，第34页。

[2] ［美］莱斯特·M. 萨拉蒙、李婧、孙迎春："新政府治理与公共行为的工具：对中国的启示"，载《中国行政管理》2009年第11期。

[3] 转引自俞可平主编：《治理与善治》，社会科学文献出版社2000年版，第271页。

策决策和执行，因此，多元管理主体利用资财、权威、信息和组织等多种资源，组织人力物力，在进行平等协商并达成共识的基础上实现治理目标。

表5-1　程序性工具分类表

		信　息	权　威	资　财	组　织
		主要使用的治理工具			
工具使用目的	肯定	教育 信息提供	贴标签 交涉和政治协议 建立顾问团体	建立利益集团体， 介入和提供研究基金	制度改革 司法审查 会议
	否定	宣传 禁止信息公开	对民间协会不予法律 保护，阻止其进入	撤回基金	行政拖延或捣乱

三、网络化治理的现状与前景

从多元主义到多中心治理理论，再到网络治理理论的逐步形成，传统的治理模式不断进行调适，网络治理成为公共行政方式演进的趋势。在这种公共行政模式中，政府的核心职责不再集中于管理人员和项目，而在于统筹利用各种资源以创造公共价值；政府的角色不再是公共服务的直接供给者，而是公共价值的促动者，在由多元组织、多级政府和多种部门组成的公共管理关系网中发挥作用。在政治理论领域，其直接表征为对网络民主运行机制的重视、协商（对话）民主理论的出现、公民权理论的兴盛、对公民参与的强调和共同体主义的崛起等。在这些理论的指导下，治理理论发生了全方位的变革，产生了许多新的政府形态，例如电子政府（electronic government）、数字化政府（digital government）、连线政府（wired government）、虚拟国家（virtual state）等；公共行政领域的网络状治理（network governance）、多层治理（multi-level governance）等；国际关系领域的全球治理（global governance）、多边合作（multi-lateral cooperation）等；地方政府改革中出现的多中心治理（polycentric governance）、多级地方立法（multiple local jurisdiction）等。

公共行政多元化、电子化、信息化、系统化的趋势加强，特别是电子政务的推进，为公共行政的网络化治理提供了实践平台。治理与善治理念的导入，为旧的科层式管理向网络化治理的转变提供了可能。尽管"网络治理至少到现在为止，并没有政府的组织结构"[1]，但却被认为是"未来最有希望取代传统官僚制政府治理的一种形式"[2]。网络化治理是多元的公共和私人行为主体在信任互动的基础上通过公开的协商、沟通、协调等方式以实现资源的优化组合，最终达成善治目标的过程。网络化治理综合权衡了政府层面与非政府层面公共行政方式，因此，它对当前公共行政的发展方向和途径作出了明确的指示。总之，网络治理在新的社会历史条件下为多元的公共行政主体彼此合作、协商、沟通并共同参与公共事务管理提供了一种具有发散性的理论视野和一个更具实用性的实践框架。

四、网络化治理理论是企业法律风险预警机制网络化的理论基础

从网络化治理理论的内涵和特征来看，网络化治理理论至少在下列几个方面为企业法律风险预警机制网络化提供了理论前提：

1. 网络化治理理论中的公共行政主体多元化是企业法律风险预警网络机制中主体多元化的理论基础。企业法律风险是风险的一种，而且是社会转型期存在高不确定性的一种新型风险，自然也属于公共行政加以分配、防范、化解的对象，政府不能对其熟视无睹；企业及其他利益相关者是企业法律风险最可能的受害者，自然也不能旁观。因此，企业法律风险预警网络机制需要政府、企业及其他利益相关者的共同参与。

2. 网络化治理理论中的公共行政过程民主化是企业法律风险预警网络机制中多元主体协作的理论基础。企业法律风险预警网络机制不仅要求多方主体参与，而且要求各主体之间相互交流、沟通、平等协商、民主决策。尤其是对企业外部法律环境因素和企业内部法律行为因素进行监测时，更需要多方的合作，才能获得全面、及时、有效的风险因素信息，实现高效预警的目的。

3. 网络化治理理论中的公共行政方式多样化是企业法律风险预警网络机制中预警方法多样化的理论基础。企业法律风险预警过程是一个从"风险辨别→风险估计→风险评价→风险警示"的系统过程，其中每个环节所采用的指标或指标体系以及方法或方法体系均不相同，尤其是风险警示环节，风险区间设置和风险警戒线设置因不同企业规模、经济实力状况而异。

五、法律风险预警系统网络化

（一）法律风险预警系统优化的必要性

法律风险预警信息化直接表现为主体内部法律风险预警系统的构建，主体内

---

〔1〕　〔美〕斯蒂芬·戈德史密斯、威廉·D. 艾格斯：《网络化治理：公共部门的新形态》，孙迎春译，北京大学出版社2008年版，第22页。

〔2〕　竺乾威："官僚化、去官僚化及其平衡：对西方公共行政改革的一种解读"，载《中国行政管理》2010年第4期。

部法律风险预警系统以信息管理系统的方式实现了主体各部门在法律风险辨识、评估和预警方面的交流、沟通与合作，但随着社会进入转型的加速期，法律制定和修订的速度加快，法律调整的社会关系日趋复杂，使得外部法律环境风险因素变化莫测，法律风险更加表现出高不确定性、复杂性和隐蔽性，单个主体应对法律风险的能力较其所面临的法律风险而言相形见绌。为实现主体与主体之间、主体与政府之间、主体与其他利益相关者之间在法律风险信息监测、风险辨识、风险评估和风险警示等方面的交流、沟通、协商与合作，积极有效地对法律风险进行预警，借助因特网这个载体构建一个区域性乃至全国性的法律风险网络化预警系统已成当务之急。

构建法律风险网络化预警机制，必须以各主体已构建完善的法律风险预警系统为基础，通过连线政府法律风险预警系统和各主体内部法律风险预警系统及利益相关者终端，以政府法律风险预警系统为中心服务系统，汇集各企业及其利益相关者所监测的外部法律风险环境因素信息和各主体运营中法律行为信息，提炼其中最一般的规律作为法律风险辨识的直接依据；汇集各主体为其面临的法律风险设置的估计、评价指标体系和方法体系，为不同类型法律风险设置最优的估计、评价指标和方法，提高法律风险估计、评价结果的准确性；汇集各主体对不同法律风险的风险区间划分标准和警戒线设置标准，进行优化设计，为各主体提供最优预警标准。总之，以政府法律风险预警系统为中心服务系统的区域性或全国性网络化法律风险预警系统是对单个主体法律风险预警机制的改良和优化，并通过该网络机制将政府通过其优势地位获得的法律环境风险因素信息及时传达企业，提高主体对法律风险因素信息监测的准确度。通过主体法律风险网络化预警系统，还可以激发主体主动参与法律风险的预警与防控；增强网络化治理背景下政府在网络的创建、运作和维持过程中的指挥能力；增强政府协调、协作和整合能力以及协同网络社会能力。

（二）法律风险预警系统的网络化

法律风险网络化预警机制主要由政府法律风险预警中心系统和主体法律风险预警系统及其他利益相关者终端连线而成，其中政府法律风险预警中心服务系统发挥主导作用，基于风险社会中政府在全面风险管理中的主导地位，现阶段该系统应由政府相关管理部门建立。它由中心系统入口（门户）、数据库子系统、风险分析子系统、风险警示子系统四部分构成。系统入口（门户）主要执行与各主体法律风险预警系统及其他利益相关者终端链接功能、法律风险数据预处理（含数据预存和数据预取）功能，用户指令接收和传送功能。数据库子系统直接与门户相连，执行法律风险数据存取功能、用户指令接收和传送功能。风险分析子系统主要通过汇集多个主体法律风险辨识、估计、评价的指标体系、方法体系及相关历史数据资料，分析综合后分别对其进行优化，同时提供法律风险案例共享。风险警示子系统则主要执行法律风险警示指标优化、法律风险区间优化、法律风险警戒线优化、法律风险预警报告优化和法律风险案例共享等功能，当然，这些都建立在对各主体法律风险警示历史数据统计、汇总、分析综合的基础之上。

法律风险网络化预警系统运作流程是，各主体和各利益相关者分别将法律风险预警历史资料和监测到的内外法律风险因素信息通过政府法律风险预警中心系统门户传递给中心系统数据库子系统，再输入风险分析子系统和风险警示子系统进行优化后输出至数据库子系统存储，以供各主体和各利益相关者索取。除了优化功能外，政府法律风险预警中心系统还执行法律风险预警中的指挥、协调和调控功能，在信息传输机制中，表现为"政府→主体"的控制流。如图 5-4 所示：

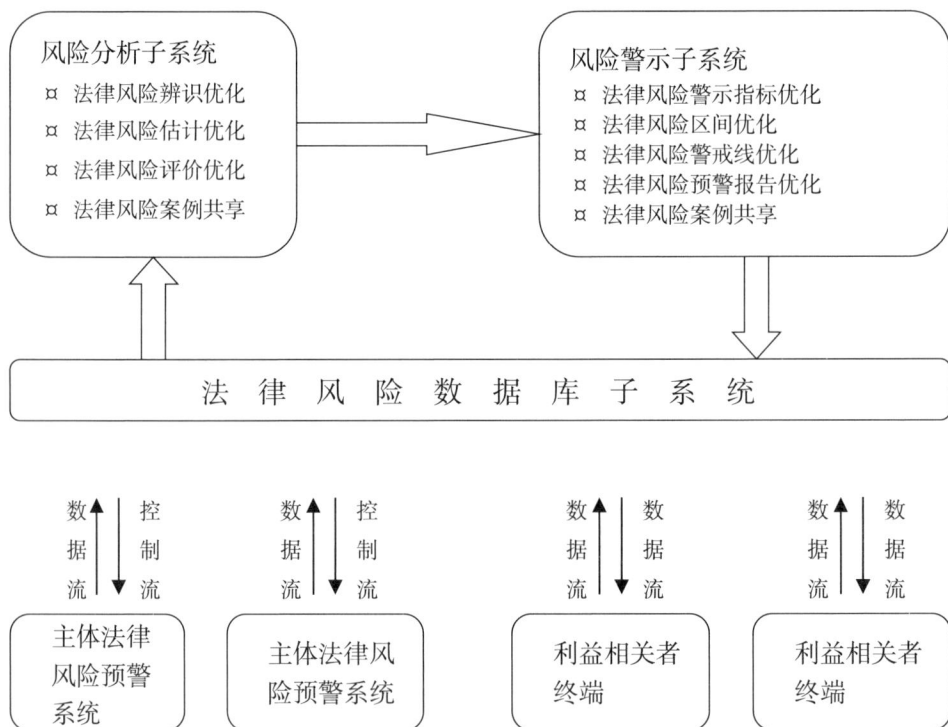

图 5-4　法律风险预警系统网络化

第四节 其他法律风险预警系统

其他法律风险预警系统主要有"互联网+"预警系统、物联网预警系统和区块链预警系统。

一、法律风险"互联网+"预警系统

"互联网+"法律风险信息管理系统主要由法律风险 APP、互联网媒介、法律风险信息数据库模块、法律风险分析模块和法律风险处理模块组成。如图 5-5 所示：

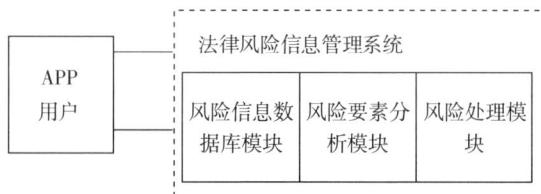

图 5-5 "互联网+"法律风险信息管理系统

法律风险 APP 实际是一个数据信息捕捉软件，负责主体法律风险信息捕捉，由主体法务部门负责开发，作为一个开源软件，供本主体员工安装注册使用，一旦发现某类法律风险，即可通过智能手机终端登录法律风险 APP，从法律风险操作界面选择其面临的法律风险类型并点开该键，显示该种法律风险的因素信息操作界面，从中选择相应风险的因素信息键并点击确认，此时主体员工发现的法律风险及其因素信息即通过互联网传输至"互联网+"法律风险信息管理系统数据库模块储存。例如，某主体员工张三发现合同效力存在风险，于是登录法律风险 APP 后从操作界面选择"合同风险"键点开，如图 5-6 所示：

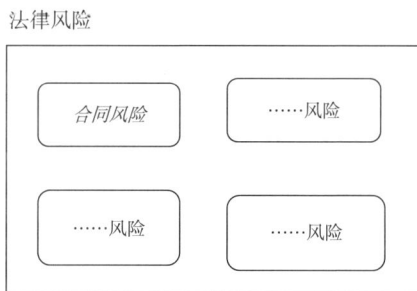

图 5-6 企业法律风险 APP 操作界面

再进入合同风险操作界面，点击"合同无效"键并确认，如图 5-7 所示：

合同风险

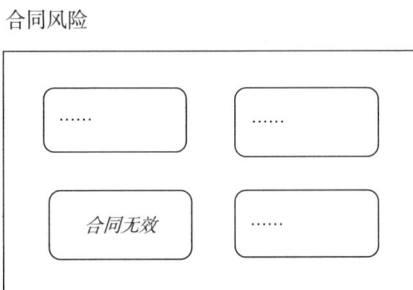

图 5-7　合同风险因素操作界面

此时该风险及其因素信息，即被传入"互联网+"法律风险信息管理系统数据库模块储存。"互联网+"法律风险信息管理系统数据库不仅执行数据信息储存功能，同时还执行去重复和去噪音功能，对于主体员工、法务部门和其他部门重复输入的同一风险信息进行删除，对于伪风险和伪风险因素信息进行筛选、甄别，去伪存真，以保证风险分析结果的准确性。

风险及其因素信息在数据库模块去重复去噪音后随即传输至法律风险分析模块。风险分析模块主要执行风险评估和风险区间划分功能。风险评估功能主要在于以统计方法评估风险发生概率；风险区间划分功能主要根据主体法律风险的历史数据，采取定性和定量相结合的方法，将风险划分为低度风险区间、灰色区间和高度风险区间。

风险处理模块主要根据风险分析模块的分析结果和防控对策建议执行风险决策和处理功能，风险决策功能主要在于根据风险评估结果及其区间划分进行决策和处理。对处于低度风险区间的风险建议采用个体处理方法即可；而对于灰色区间及高度风险区间的风险，须向主体管理高层或主体风险管理机构发出风险警示报告，并提出风险应对对策。

二、法律风险物联网预警系统

物联网[1]（the Internet of things）是指通过射频识别（RFID）、红外感应器、全球定位系统、激光扫描器等信息传感设备，按约定的协议，把任何物品与互联网连接起来，进行信息交换和通讯，以实现智能化识别、定位、跟踪、监控和管理的一种网络。物联网的概念是在 1999 年提出的。物联网就是"物物相连

---

〔1〕 "百度百科：物联网"，载 https：//baike. baidu. com/item/物联网/7306589？ fr=aladdin，最后访问时间：2022 年 7 月 18 日。

的互联网"。这包含两层意思：其一，物联网的核心和基础仍然是互联网，是在互联网基础上延伸和扩展的网络；其二，其用户端延伸和扩展到了任何物品与物品之间，进行信息交换和通讯。在这个整合的网络当中，存在能力超级强大的中心计算机群，能够对整合网络内的人员、机器、设备和基础设施实施实时管理和控制，在此基础上，人类可以以更加精细和动态的方式管理生产和生活，达到"智慧"状态，提高资源利用率和生产力水平，改善人与自然间的关系。

以专利侵权风险为例，专利侵权的识别需要对目标产品的结构、功能、成分、形状等进行识别，以判断目标产品是否与现有专利产品高度相似，而只有物联网才能满足这些功能需要，因此，专利侵权风险物联网预警需要构建物联网风险预警系统。专利侵权风险物联网预警系统主要由感知层、网络层和应用层构成。

1. 感知层。感知层由各种传感器以及传感器网关构成，包括二氧化碳浓度传感器、温度传感器、湿度传感器、二维码标签、RFID 标签和读写器、摄像头、GPS 等感知终端。其主要功能是识别用户目标产品，采集目标产品技术要素和参数信息。感知层的核心技术是高度智能化的射频识别技术（RFID）、传感器技术、纳米技术和智能嵌入技术等。将这些技术应用到专利侵权风险预警领域，有助于快速、易得、自动、高精度地识别目标产品的技术要素和参数。

2. 网络层。网络层由互联网（或其他通讯网）、专利侵权风险信息管理系统和云计算平台组成，云计算平台主要根据风险概率函数式对专利侵权风险信息管理系统输入的存在侵权风险的用户产品以及与其最相类似的专利产品组合的技术要素和参数进行计算，得出专利侵权风险概率；根据风险价值函数式对专利侵权风险价值进行计算。

云计算是网络层的关键功能，通过这种方式，共享的目标产品软硬件资源和信息可以按需求提供给计算机和其他设备。云计算描述了一种基于互联网的新的IT 服务新增、使用和交付模式，通常涉及通过互联网来提供动态、易扩展而且经常是虚拟化的资源，提供可用的、便捷的、按需的网络访问，进入可配置的计算资源共享池（资源包括网络、服务器、存储、应用软件、服务），这些资源是可以动态升级和被虚拟化的资源，能够被快速提供给所有云计算的用户共享，用户无需掌握云计算的技术，只需要按照个人或者团体的需要租赁云计算的资源。它具有多方面的优势：

（1）敏捷。使用户得以快速地，且以较低价格获得技术架构资源。云计算系统核心技术是并行计算，并行计算是同时使用多种计算资源解决计算问题的过程，是提高计算机系统计算速度和处理能力的一种有效手段。它的基本思路是用多个处理器来协同求解同一问题，即将被求解的问题分解成若干个部分，各部分均由一个独立的处理机来并行计算。

（2）方便。通常设施是在非本地的（多是由第三方提供的），并且通过因特网获取，用户可以从任何地方来连接，随时随地用任何网络设备进行访问。

（3）高度自动化、虚拟化、智能化。降低了用户对于 IT 专业知识的依赖，用户不再需要了解"云"中基础设施的细节，不必具有相应的专业知识，也无需直接进行控制。

（4）成本降低。一种称为多租户的软件架构技术允许在多用户池下共享资源与消耗，体系结构的中央化使得本地的耗用更少（例如不动产、电力等）。

（5）资源扩展。经由在合理粒度上按需的服务开通资源，接近实时的自服务，无需用户对峰值负载进行工程构造。

3. 应用层。应用层是物联网和用户的接口，它与行业需求相结合，实现物联网的智能应用。物联网的行业特性主要体现在其应用领域内，目前绿色农业、工业监控、公共安全、城市管理、远程医疗、智能家居、智能交通和环境监测等各个行业均有物联网应用的尝试，某些行业已经积累了一些成功的案例。该技术应用于专利侵权风险预警方面，主要体现为用户反馈从云计算平台回馈的风险概率和风险价值计算结果和从专利侵权风险信息管理系统发出的风险概率和风险价值区间划分及风险警示报告。

应用层的优势在于方便易得，用户可以从任何地方来连接，随时随地用任何网络设备接受信息。

专利侵权风险物联网预警系统设计具体如图 5-8 所示：

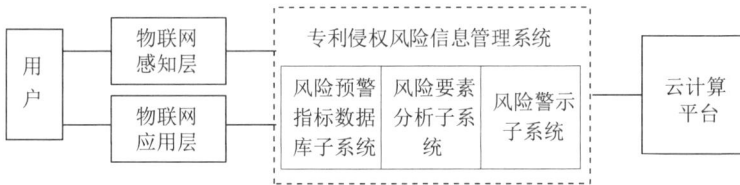

图 5-8　专利侵权风险物联网预警系统

在当前法律法规对专利产品的区别特征未作明确界定的背景下，判断专利侵权成立与否的界限难以确定，从而导致专利侵权纠纷剧增，诉讼成本随之上升。专利侵权风险物联网预警系统的构建对于化解此类问题，具有一定的现实意义。

第一，通过大样本数据调研，构建了专利侵权风险预警指标体系，使专利侵权与否的判定标准具备定性和定量两方面的依据。

第二，物联网感知层的高度自动化、虚拟化、智能化使对目标产品技术要素和参数的采集方便易得、精确、客观，使目标产品与现有专利产品相似度的计算更加准确。

第三，专利侵权风险信息管理系统的构建使专利侵权风险信息实现集中管理，不仅保障数据资料管理规范化，而且保障数据资料安全，并能使专利侵权风险要素得到科学的智能化处理。

第四，将云计算平台引入专利侵权风险物联网预警系统，不仅可以降低专利侵权风险管理成本，还可以充分利用云环境下的大数据资料对专利侵权风险概率和风险价值进行更加精确的计算，使专利侵权风险预警更加准确。

三、法律风险区块链预警系统

区块链是分布式数据存储、点对点传输、共识机制、加密算法等计算机技术的新型应用模式。区块链（blockchain）是比特币的一个重要概念，它本质上是一个去中心化的数据库，同时作为比特币的底层技术，是一串使用密码学方法相关联产生的数据块，每一个数据块中包含了一批次比特币网络交易的信息，用于验证其信息的有效性（防伪）和生成下一个区块。

比特币白皮书英文原版其实并未出现 blockchain 一词，而是使用了 chain of blocks。最早的比特币白皮书中文译本中，将 chain of blocks 翻译成了区块链。自此，"区块链"这一中文词方出现。

国家互联网信息办公室于 2019 年 1 月 10 日发布《区块链信息服务管理规定》，该规定自 2019 年 2 月 15 日起施行。

法律风险区块链预警系统结构如下：

1. 数据层包含法律风险数据区块和相关的非对称加密及时间戳等技术，主要用于法律风险数据的去中心分布式储存、校验区块数据的存在性和完整性、保证数据的可追溯性以及不可篡改性，确保主体法律风险信息及时、真实。

2. 网络层则包括分布式组网机制、法律风险数据传播机制和验证机制，网络层构建了网络环境、搭建了交易通道、制定了法律风险数据节点奖励规则，确保风险信息真实、及时和全面。

3. 共识层包括网络节点的各类共识算法，主要有法律风险预警上链工作量证明机制、权益证明机制、风险评估机制等，能够在决策权高度分散的去中心化系统中使得各风险数据节点高效地针对区块数据的有效性达成共识，确保法律风险评估结果最优。

4. 激励层将法律风险辨识和评估数据集成到区块链技术体系中来，主要包括风险上链激励绩效积分的发行机制和分配机制，激励参与者上传优质风险信息，并不断提供算力来获得奖励，确保风险信息真实、及时和全面，确保风险辨识、评估结果最优。

5. 合约层主要包括各类脚本、算法和智能合约，是建立在区块链虚拟机之上的法律风险评估指标和评估共识算法，是实现区块链系统灵活编程和操作数据的基础，确保评估结果最优。

6. 应用层则是区块链的风险应用场景和案例，主要指可编程法律风险协同预警指标和协同预警报告，包括基于时间戳的链式区块结构、分布式节点的共识机制、基于共识算力的经济激励和灵活可编程的智能合约区块链技术，确保法律风险得到准确、及时预警。

【课后作业】

1. 调研一家食品企业的法律风险现状，利用调研所得数据资料撰写一份法律风险警示报告。

2. 试设计一个虚拟货币交易法律风险预警系统建设方案，并画出设计图。

第六章　法律风险决策及防控机制

第一节　法律风险决策

　　法律风险决策是指在对主体法律风险进行辨识、估计、评价、预警的基础上，根据法律风险所处的区间及其对企业的影响程度，从而作出拒绝、接受或选择决定的决策过程。法律风险决策过程既是风险辨识、估计、评价、预警的结果，又是风险防控的前提，法律风险防控机制的构建必须与法律风险决策相适应。

一、法律风险决策类型

　　法律风险决策主要有拒绝、接受和选择三种。风险拒绝又称风险回避，是一种最简单易行的方法，也是最消极的风险应对方法。风险接受并非对风险的全盘接受，面对风险时通常要采取相应有效的措施进行防控，因此，根据所采取措施的不同，又可将法律风险接受的决策分为风险分散、风险转移、风险降低和风险承担。风险选择实际是在实施同一法律行为过程中存在多个行为方案，且每个行为方案面临的法律风险存在差异，而选择其中面临的法律风险最小的行为方案的决策方式。选择了风险最小的法律行为方案就等于选择了最小的风险，因此，通常称之为风险选择。

（一）法律风险回避

　　法律风险回避是指考虑到影响主体预定目标达成的外部法律环境风险因素和内部运营过程中的法律行为风险因素，结合主体自身的风险偏好性和风险承受能力，从而做出的中止、放弃某种法律行为或调整、改变某种法律行为以回避风险的风险决策方式。风险回避的前提在于主体能够准确对外部法律环境风险因素和主体运营过程中的法律行为风险因素以及法律风险发生的可能性和风险价值大小有准确的认识、估计和评价。相对于其他风险决策方式而言，风险回避的优点体现在如下两个方面：其一，在法律风险产生之前将其消灭于萌芽状态，有效避免了可能遭受的风险损失；其二，节省了主体的资源，减少了不必要的浪费，使得主体得以集中人力、物力、财力，在市场竞争中立于不败之地。然而，任何事物都是一柄双刃剑，风险回避也存在一定的缺陷：首先，主体运营活动中所为的法律行为往往是一种投机性行为，行为的结果是风险与收益常常相伴而生，法律行为引致的风险实属投机性法律风险，回避风险就意味着放弃机会；其次，绝对的风险回避不大可能实现，因为有些法律风险是因他人法律行为造成的，非风险主体所能控制，如诉讼法律风险；最后，风险回避必须建立在准确的风险预警基础上，又因为主体对法律风险预警能力的局限性，对风险的预警往往存在偏差，因此风险回避并非总是有效的。

根据对风险认知的能动性不同，可将风险回避分为积极的风险回避和消极的风险回避。二者大同小异。其相同之处在于两者都认为主体自身的实力不足以承受可能遭受的风险损失，希望在风险发生之前将其消灭于萌芽状态。因此，积极的风险回避和消极的风险回避同属于风险厌恶性决策。但两者对于风险认知的能动性是不同的：消极的风险回避者更惧怕风险，经常不加选择地回避风险，很少能主动应对风险，接受挑战；而积极的风险回避者通常会对面临的法律风险进行全面地识别和评估，以选择是否回避风险，不轻易放弃获得风险收益的机会。

（二）法律风险接受

法律风险接受并非对法律风险的不加处理地接受，面对风险时通常要采取相应有效的措施进行防控，通常采用的防控方法主要有法律风险分散、转移、降低和承担。

1. 法律风险分散。法律风险分散（diversification）是指将法律风险分散至多个主体或多个法律行为承受，也就是说，将特定的法律风险在更大的样本时空中进行分散，以此减轻单个风险主体的可能风险损失。分散风险原为经济技术风险管理上的概念，多用于投资领域，法律风险分散在投资领域也占有一席之地，合资是一种最典型的分散法律风险的方式，它通过将法律风险分散到众多的风险主体，从而使特定的单个风险主体遭受的风险损失减轻。合同履行方面也不乏法律风险分散的做法，如合同履行中的保证、抵押、质押等。除了将特定的法律风险在更大的样本空间中进行分散外，还有将特定的法律风险在更大的样本时间中进行分散的做法，如分期付款、分期发货的分期买卖行为、所有权保留特约、预付款、定金担保等即属此类。

2. 法律风险转移。法律风险转移是指主体将自己面临的可能的法律风险损失通过合法方式全部或部分转移给其他法律关系主体承担的风险决策方式。转移法律风险的方式多种多样，一般而言，常见的有如下几种：

（1）直接约定。直接约定是指在同一法律关系中，主体通过与法律关系相对人约定将可能的法律风险损失转移给相对人承担的方式。如总承包人在建设工程施工合同中约定项目建设过程中的工程事故赔偿责任由分包人承担；在产品零部件采购合同中约定因零部件质量原因引起的产品责任由零部件供应商承担；房屋租赁合同中约定因房屋及其附属设施致人损害的赔偿责任由承租人承担；酒店在住宿合同中约定顾客随身携带的贵重物品遗失的，酒店免责，但根据《民法典》的规定，对于造成对方人身伤害和因故意或者重大过失造成对方财产损失的免责条款无效。

（2）保险和再保险。保险是指主体就其所面临的法律风险可能导致的直接损失和民事赔偿责任向保险公司投保，一旦直接损失和民事赔偿责任发生，由保险公司向其赔偿或代其进行赔偿的风险转移方式。一般而言，可以投保的法律风险损失主要有主体可能遭受的直接损失和主体致人损害时可能承担的民事赔偿责任，前者如出口信用保险、保证保险等，后者如产品责任保险、场所责任保险、机动车第三者责任险等。对于间接损失，由于无法准确计量，通常被保险公司列为除外责任。而主体因违反行政法和刑法导致的行政责任和刑事责任也不属可以投保的范畴，可以投保的法律责任仅限于民事责任中的赔偿责任，对于其他民事责任形式，如赔礼道歉、消除影响、恢复原状、返还原物等，因其具有严格的人身性质，也不允许通过保险方式转移。再保险是保险公司转嫁自身赔偿责任风险的一种方式，指保险公司从自身承保的保险费中拿出一部分向再保险公司投保，在自身赔偿义务过重时由再保险公司分担部分赔偿义务的法律风险转移方式。值得注意的是，此处的保险和再保险均指作为经济补偿制度的商业保险。有时作为社会保障制度的社会保险也可成为主体转移法律风险的一种有效方式，如工伤保险，当职工发生工伤事故时，如果主体办理了工伤保险，自然由社会保障机构承担一部分对职工的经济补偿责任。

（3）证券化。证券化又叫资产证券化，是美国在 20 世纪 80 年代金融创新过程中普遍使用的方式。指将缺乏流动性但未来有着稳定净现金流的资产，通过真实销售、破产隔离、信用增级和有限追索等机制，在资本市场上发行资产支持债券的金融行为。长期以来，资产证券化作为一种转移资产风险的金融创新机制而备受推崇。其基本运作要素如下：其一是净现金流量。发起人（通常为金融机构）拟用于证券化的信贷资产必须在未来一段确定的时间内有着稳定的现金流量净额，即债务人每年偿付的信贷本息在减去相关运转成本后，现金流量净额为正。其二是真实销售。发起人将拟用于证券化的信贷资产从总资产中剥离出来，真实地出售给一个为进行证券化而专门设立的具有信托人性质的机构 SPV。其三是破产隔离。发起人一旦将资产销售给了 SPV，就不再对这一资产价值的风险损失承担责任。也就是说，如果 SPV 中的资产价值严重损失导致 SPV 破产，也不会引发发起人的资产风险，同样，如果发起人陷入破产境地，也不会导致 SPV

的资产损失。其四是信用增级。如果发起人出售的资产价值质量较低，可能引致对应债券的风险较高，它可以通过信用增级的方式提高其质量以保障债券的销售和交易价格。其五是有限追索。证券化债券的持有人实际上持有的是 SPV 发行的债券，他们只是 SPV 的债权人，因此，其只能追索到 SPV，不能追索到作为发起人的金融机构。其六是转移风险。通过前列安排和界定，在 SPV 销售了资产证券化债券、原先发放信贷的金融机构收到了由 SPV 划入的对应资金后，对应信贷资产遭受违约的风险就完全转移给了资产证券化债券的持有人。由此可见，资产证券化跟一般商品销售的基本原理一致，即一旦商品售出，除非商品存在质量瑕疵，商店不再对商品的价值变化承担任何责任，同时，购买者和商店各自的财务危机都不会对对方造成影响。证券化通常被用来转移因资产信用程度不够或债务人违约可能性高而遭受直接损失的法律风险。2008 年美国金融危机爆发之前的次级贷款证券化就是一个典型例证。

（4）委托或外包。主体将一些非核心流程或业务委托或外包给其他主体，从而将这些非核心流程或业务中蕴含的法律风险一并转移给其他风险主体。如企业将自身物业管理业务外包给物业公司，同时也将物业可能致人损害的赔偿责任风险转移给了物业公司。再如，为避免遭受劳动法律风险，企业将员工委托给劳务派遣公司管理，再由劳务派遣公司派回企业工作，相应地，企业可能遭受的劳动法律风险转移到劳务派遣公司。

（三）法律风险降低

主体可以通过采取合法的措施和方法降低法律风险发生的可能性或影响程度，或者同时降低两者，这是主体法律风险决策最常见的一种方式。降低法律风险的关键在于降低法律风险发生的可能性，法律风险的发生不外乎两个因素：主体运营过程中的内部法律行为因素和外部法律环境因素，改变这两个因素无疑可以降低法律风险发生的可能性。然而外部法律环境因素属系统风险因素，主体可以回避却无法改变，因此，主体降低法律风险发生可能性的最佳选择是改变自身运营过程中的法律行为因素，有时一个细微的改变就可以达到很好的效果，如一个加拿大的加工制造商发现厂区有两个离地 2.5 英尺的台阶，尽管有充分的室外照明和护栏，但晚上还是看不很清楚，存在安全隐患，为降低因安全事故致人损害而承担民事赔偿责任的风险发生的可能性，该制造商对台阶做了一个小小的改良：用一罐 0.49 美元的发光涂料涂抹了那些台阶，大大降低了致人损害赔偿责任风险发生的概率。

对于因违法而承担行政责任和刑事责任的法律风险，改变其法律行为因素的最好办法是使法律行为合法化。法律行为合法化首先要求主体在作出法律行为之前，对相关法律进行研究，制定法律行为合法性要求规则，并将之作为法律行为规范遵守。同时，法律行为合法化还要求在行为过程中随时监控、发现和纠正合法性偏差，使法律行为始终符合法律要求。

法律行为合法化不仅适用于行政法律风险和刑事法律风险领域，有时也适用于民事法律风险降低等领域，凡因违反强制性法律规定而导致的法律风险均有适用的余地。法律行为合法化不仅包括行为主体资格的合法化，还包括行为内容的合法化。没有代理权、超越代理权或者代理权终止后以被代理人名义订立的合同，经被代理人追认后，合同有效；无处分权的人处分他人财产，经权利人追认或者无处分权的人订立合同后取得处分权的，该合同有效。这两种情形即为法律行为主体资格合法化的典型例证。法律行为内容合法化在司法实践中也普遍存在，如某食品公司与另一企业签订租赁合同，承租该企业生产设施和营业执照从事营利性生产活动，该合同因内容不合法即营业执照不能成为租赁标的物而无效，但若签订承包经营合同从事经营即为合法。将划拨土地使用权出租并收取租金不符合法律规定，但若以划拨土地使用权为条件与他人签订合作经营合同，按固定比率分享红利即符合法律规定。通常情况下，法律行为合法化可达到将企业法律风险降低至零的效果，但不能完全排斥风险发生的可能性。

（四）法律风险承担

对于有些法律风险，主体无法回避，也无法通过风险分散、降低、转移等决策方式加以防控，或者虽可通过其他风险决策方式进行防控，但成本太高，主体不采取任何措施去干预法律风险发生的可能性及其影响，而由主体自行承担。这类法律风险通常是因为外部法律环境突然发生变化而引起的，所以，一般情形下主体难以预料、不可避免、无法防控，主体只能通过增强自身风险承受能力来化解其对自身造成的不利影响。常用的方法是按照稳健性原则，平时在主体内部逐步建立法律风险基金，一旦法律风险发生并给主体造成损失时，即可用法律风险基金予以补偿。

（五）法律风险选择

法律风险产生于主体法律行为，主体法律行为的多样性决定了法律风险的多样性，同样，主体法律行为方案的多样性导致不同方案的同一法律行为面临的法律风险之间存在较大的差异，法律风险选择作为主体的一种风险决策方式，目的在于从多种法律行为方案中选择可能面临最小风险的那种行为方案，因此，主体法律风险选择实质上是主体法律行为方案的选择。企业税务筹划法律风险选择就是一个典型实例，企业作出税务筹划法律行为，目的在于减免税额。而税务筹划行为方案又有多种，利用税收优惠政策法、纳税期递延法、转让定价筹划法、税法漏洞筹划法、会计处理筹划法等是常见的税务筹划方法。各种筹划方案面临的法律风险差异较大，如转让定价筹划法和利用税法漏洞筹划法通常难以得到征税人员的认同，甚至极易引起他们的反感，因而，目的不达的风险较大；税收优惠政策法和纳税期递延法容易得到征税人员的认同，但筹划收益较小。由此可见，企业法律风险选择也是一种技术含量较高的决策方式。

二、法律风险决策方法

法律风险决策方法主要用来对主体面临的法律风险进行比较研究、全面衡量，以供主体选择相应的回避、接受或选择法律风险决策方式。常用的主体法律风险决策方法主要有成本—效益分析方法、风险—效益分析方法、贝叶斯决策方法和人工神经网络方法。

（一）成本—效益分析（cost benefit analysis，CBA）

成本—效益分析方法又叫成本收益法，作为一种经济决策方法，是通过比较项目的全部成本和效益来评估项目价值的一种方法，成本—效益分析方法的概念首次出现在 19 世纪法国经济学家朱乐斯·帕帕特（Jules Pupuit）的著作中，被定义为"社会的改良"。后来，意大利经济学家帕累托（Vilfredo Pareto）对这一概念重新进行界定。到 1940 年，美国经济学家尼古拉斯·卡尔德（Nicolas Kaldor）和约翰·希克斯（John Richard Hicks）在前人的理论基础上进行概括、凝炼，形成了作为"成本—效益"分析方法理论基础的卡尔德—希克斯准则。与此同时，"成本—效益"分析方法开始进入政府预算活动中，以寻求在投资决策上如何以最小的成本获得最大的效益，该方法多用于评估需要量化社会效益的公共事业项目的价值。1939 年美国的洪水控制法案和田纳西州泰里克大坝的预算就采用了成本—效益分析方法。随后，成本—效益分析方法在美国联邦行政部门预算支出决策中得到普遍的应用，历经里根、尼克松、福特、卡特、布什、克林顿几任总统执政时期，不断发展，以至于兴起成为一种行政预算支出决策的最佳方法，[1]并逐渐被世界各国政府预算支出广泛采用。

成本—效益分析法的基本原理是针对某个项目的支出目标，提出多项实现该目标的方案，再运用一定的技术方法，如统计方法、数学分析方法等计算出每种方案的成本和收益，通过比较分析，并依据一定的原则，选择出最优的决策方案。成本—效益分析法通常包含如下步骤：①确定购买新产品或一个商业机会的成本；②确定额外收入的效益；③确定可节省的费用；④制定预期成本和预期收入的时间表；⑤评估难以量化的效益和成本。

随着风险社会到来，全面风险管理成为当前社会的主要课题，成本收益法被风险管理者大量应用于风险决策过程中。在西方国家有人利用保险金、医药费、

〔1〕 Cass R. Sunstein, *Risk and Reason*：*Safety*，*Law*，*and the Environment*，Cambridge：The Press Syndicate of The University of Cambridge，2002，pp. 19~21.

生产力损失、精神上的痛苦和对非衰老死亡等方面的估计数据对生命的效益进行了估计；在发展中国家，也有人对防止不同年龄段死亡的经济代价作出了估计。Sinclair 于 1972 年利用国家统计数据研究了英国三个不同工业部门为防止工人发生人身安全事故而花费的成本，其目的在于提高一定成本所取得的效益。从这个成本效益分析中他得出了生命的内涵估值，即为防止一次死亡所花费的代价。如表 6-1 所示：[1]

表 6-1　英国三种行业中用于生命安全支出及生命内含估值比较表

行业	年平均风险每 1000 名工人			平均支出（镑/工人）	生命估值（镑）
	轻伤	重伤	死亡		
农业	25.7	4.44	0.197	3（1966-1968 年）	15 000
钢铁业	72.7	9.92	0.216	50（1969 年）	230 000
制造业	25.0	0.42	0.020	210（1968 年）	10 500 000

成本收益法在企业法律风险决策中不乏适用的余地，如税务筹划法律风险决策中应对筹划成本（组织费用、资料费、咨询费、可行性研究费、人员报酬等）和筹划收益（可能减免的税额）进行权衡比较研究：如收益大于成本，可选择采用税务筹划方案；反之，应放弃税务筹划方案以回避税务筹划法律风险。成本—效益分析方法不仅用于主体对法律风险选择回避或接受的决策过程中，更是对主体法律风险转移、分散和降低决策方式进行选择的一种优良的决策方法。

（二）风险—效益分析方法（earnings at risk，EAR）

风险—效益分析方法简称为风险收益法，风险收益法与成本收益法很相似，风险从实质上来看属于成本的范畴，是成本的一种特殊表现形式。其基本原理是针对某个项目的实施目的，提出多项方案，再运用一定的技术方法，如统计方法、数学分析方法等计算出每种方案的收益，同时，通过科学的风险评估方法对各方案的风险价值进行评估，然后，通过比较分析，并依据一定的原则，选择出最优的决策方案。

早期的风险—效益分析方法主要用于自然风险、社会政治风险和经济技术风险决策中。20 世纪 70 年代，Starr 对风险与效益的关系进行了分析，他从对乘火车、打猎、吸烟、滑雪、乘飞机、骑摩托车及自然灾害的评价中，发现风险与效

---

〔1〕　转引自郭仲伟编著：《风险分析与决策》，机械工业出版社 1987 年版，第 78 页。

益的立方成正比，即 $R \sim B^3$（R 表示风险，B 表示效益）。[1]后来 Burton 等人考虑工资、心理等多种因素的影响，对此作了优化，将风险分为自愿承担的风险（如打猎、滑雪等）和非自愿承担的风险（如触电、商业飞行等）两种，认为对于自愿承担的风险，风险与效益的关系为 $R \sim B^{1.8}$；而对于非自愿承担的风险，风险与效益的关系为 $R \sim B^{6.3}$。由此可见，只有在效益极大增加时，风险主体才会倾向于选择承担相应较大的风险。[2]

由于主体运营过程中作出的法律行为往往是投机性法律行为，相应而生的法律风险自然是投机性法律风险，这种既有损失可能又有获利机会的法律风险对主体的影响直接表现为主体效益的波动性，通过对这种波动之间关联的研究，可以发现主体法律风险和效益之间的内在联系，这是进行风险决策的一个重要前提，尤其是对于法律风险管理者而言，可依此确定风险收益，确定主体收益的波动性，这些关联性数据可以增强风险决策建议的说服力。[3]

主体法律风险决策中，风险—效益分析方法的适用建立在对主体法律风险价值进行评价和对主体相应法律行为的效益进行估计的基础之上。若法律风险价值明显大于法律行为效益，则应选择取消该项行为计划以回避法律风险（主体无法回避的除外）；若该法律行为效益明显大于法律风险价值，则可考虑实施该项法律行为并接受因其引致的法律风险，然后做出法律风险分散、转移或降低的风险决策。由此，风险—效益分析方法在法律风险决策中主要是用于做出风险回避抑或风险接受的初步决策，而成本—效益分析方法既可适用于做出风险回避抑或风险接受的初步决策，又可适用于风险接受决策后对风险分散、风险转移或风险降低等决策方式的选择。

（三）成本+风险—效益分析方法

在主体对法律风险回避或接受决策中，成本—效益分析方法未考虑风险价值，如法律行为目的不达、直接损失、法律责任等因素与效益的平衡，而风险—效益分析方法同样未考虑主体法律行为所耗费成本费用，如组织费用、资料费、咨询费、可行性研究费用等与效益的平衡，以任何一种单一的分析方法得出的结果为依据作出的法律风险回避或接受决策可能会出现偏差，甚至给主体带来灾难性的损害。因此，主体做出法律风险回避或接受决策时，应将主体法律行为的成本费用和风险价值列为共同因素与主体法律行为效益作权衡考虑，当二者之和大于法律行为效益时，应选择放弃法律行为方案以规避法律风险（主体无法回避的

〔1〕 C. Starr, "Benefit-Cost studies in Sociotechnical Systems", in *Perspectives on Benefit-Risk Decision Making*, Washington: National Academy of Engineering, 1972, pp. 17~42.

〔2〕 转引自郭仲伟编著：《风险分析与决策》，机械工业出版社 1987 年版，第 79 页。

〔3〕 Davis S., and C. Meyer, *Future Wealth*, Boston: Harvard Business School Press, 2000, p. 132.

除外）；当二者之和小于主体法律行为效益时，可选择实施该项法律行为方案并接受因其导致的法律风险，再利用成本—效益分析方法作出风险降低、风险分散抑或风险转移的决策。

（四）不确定型决策方法

前述三种法律风险决策方法均为在风险概率和风险价值已被评估出来的情形下适用的风险决策方法，而在法律风险的概率未知、风险价值难以评价，且各种自然状态出现的概率也难以估测的情形下，这些决策方法自然难以适用，此时不确定型决策方法便有了用武之地。不确定型决策常用方法有大中取大法或乐观法、坏中取好法或保守法、等概率法和最小后悔值法等。

企业税务筹划法律风险决策不妨采用这些方法，如天福公司为减免税收支出，制定了三个税务筹划方案，分别为 d_1、d_2、d_3，为了进行风险决策，必须做好以下两项工作：首先，进行市场调研，税务筹划行为被税务部门认同的程度如何？对此问题，公司管理者通过调研认为，只有两种认同状态，称为风险决策者无法控制的自然状态：S_1——高的认同程度，对税务筹划行为基本认同；S_2——低的认同程度，对税务筹划行为很难认同。其次，要根据先决条件计算出不同方案，得出不同自然状态时的损益表。对该问题，经计算得到表 6-2 所示的损益表。其中，i 表示方案，j 表示状态。比如，$V_{11} = 80$ 万元，d_1 表示该方案在高的认同程度 S_1 时，很易得到税务部门的认可，估计可能带来收益 80 万元；$V_{32} = -90$ 万元，d_3 表示该方案在低的认同程度 S_2 时，难以得到税务部门的认可，估计可能带来损失 90 万元。

表 6-2　天福公司税务筹划法律风险决策的损益表

备选方案	自　然　状　态	
	高的认同程度 S_1	低的认同程度 S_2
d_1	70 万元	60 万元
d_2	120 万元	40 万元
d_3	170 万元	-50 万元

1. 大中取大法或乐观法。对各方案先从不同状态的 V_{ij} 中取一最大值者，再从不同方案的最大值中取一最大值，其所对应的方案即为决策的最佳方案。其数学表达式为：

$$W_i = \max \max \{V_{ij}\},$$

式中 W_i 表示对应于最优决策的损益值；max $\{V_{ij}\}$ 表示对应于某种行动方案 d_i，找出各自然状态所对应的损益值中的最大者。在天福公司税务筹划决策中有：

d_1: max $\{V_{1j}\}$ = max $\{70, 60\}$ = 70

d_2: max $\{V_{2j}\}$ = max $\{120, 40\}$ = 120

d_3: max $\{V_{3j}\}$ = max $\{170, -50\}$ = 170

于是有，W_i = max $\{70, 120, 170\}$ = 170。最优值 170 对应的税务筹划方案是 d_3，所以 d_3 即为最佳决策方案。

2. 坏中取好法或保守法（wald 准则）。该方法是先选出每个方案的最坏结果，再从中选择一个最好的方案，即最小最大费用，或最大最小收益准则。其数学表达式为：

W_i = max min $\{V_{ij}\}$，

式中 W_i 表示对应于最优决策的损益值；max $\{V_{ij}\}$ 表示对应于某种行动方案 d_i，找出各自然状态所对应的损益值中的最大者。在天福公司税务筹划决策中有：

d_1: min $\{V_{1j}\}$ = min $\{70, 60\}$ = 60

d_2: min $\{V_{2j}\}$ = min $\{120, 40\}$ = 40

d_3: min $\{V_{3j}\}$ = min $\{170, -50\}$ = -50

于是有，W_i = max $\{60, 40, -50\}$ = 60。最优值 60 对应的税务筹划方案是 d_1，所以 d_1 即为最佳决策方案。

3. 等概率法（laplace 准则）。该方法认为，不同自然状态出现的概率彼此相等。在等概率原则下，则可分别先将各不同方案的所有自然状态的损益值求和，再从各方案的和值中取一最大值，所对应方案即为最佳方案。在天福公司税务筹划决策中有：

M d_1 = 1/2（70+60）= 65 万元

M d_2 = 1/2（120+40）= 80 万元

M d_3 = 1/2（170-50）= 60 万元

由此可见，d_2 是最佳决策方案。

4. 最小后悔值原则的方法（savage 准则）该方法类似于保守方法，持悲观态度。首先从损益矩阵中求出后悔值，即机会损失值 R_{ij}：

$R_{ij} = V_j^* - V_{ij}$，（$j = 1, 2, \cdots, n$），（$i = 1, 2, \cdots, m$）

式中 V_j^* 为对状态 S_j 而言的最佳决策的损益值；V_{ij} 为状态 S_j 方案 d_i 相应的损益值。

由此，天福公司税务筹划方案中，可得后悔值矩阵 R_{ij}，如表 6-3 所示：

表 6-3　天福公司税务筹划方案后悔值矩阵

自然状态 备选方案	高的认同度 S_1	低的认同度 S_2
d_1	170−70 = 100	60−60 = 0
d_2	170−120 = 50	60−40 = 20
d_3	170−170 = 0	60−（−50）= 110

再分别对各方案，从不同自然状态的后悔值中取一最大者，然后从各方案的最大后悔值中选取一最小者，则它对应的方案 d_2 为最佳决策方案。

可见，采用上述决策方法，方法不同则结果不同。选择 d_2 方案的有两种方法，而选择 d_1 或 d_3 方案的各有一种方法。这时，按简单多数原则，最终决策或许选 d_2 方案为最优。

（五）确定型决策方法

在法律行为的方案有多种选择，虽然各方案的法律风险概率和风险价值未知，但各自然状态出现的概率可以通过调研获得的情形下，确定型决策方法是一种相较于不确定型决策方法更为精确的决策方法。

1. 最大期望损益值法。

令 n 表示自然状态数目，有：$P(S_j) \geq 0$，(j = 1, 2, …, n)

$$\sum_{j=1}^{n} P(S_j) = P(S_1) + P(S_2) + \cdots + P(S_n) = 1$$

各方案 d_j 的期望损益值为：$EV(d_i) = \sum_{j=1}^{n} P(S_j) \cdot V_{ij}$

期望值为最大者对应的方案，可选为最佳方案。对前述天福公司税务筹划方案而言，若已知自然状态：$P(S_1) = 0.8$，$P(S_2) = 0.2$，则可计算各税务筹划方案的期望损益值为：

$EV(d_1) = 0.8 \times 70 + 0.2 \times 60 = 68$ 万元

$EV(d_2) = 0.8 \times 120 + 0.2 \times 40 = 104$ 万元

$EV(d_3) = 0.8 \times 170 + 0.2 \times (−50) = 126$ 万元

可见，方案 d_3 为最佳方案。

为了较形象直观地作出风险决策，也可应用风险决策树方式进行分析，风险决策树由结点和树枝构成：决策结点用"□"表示，由它生出方案枝，各方案枝又分别生出状态结点，用"○"表示，由状态结点引出各种状态分枝，在分枝末梢绘上相应的损益值。对本问题，有如图 6-1 所示决策树。

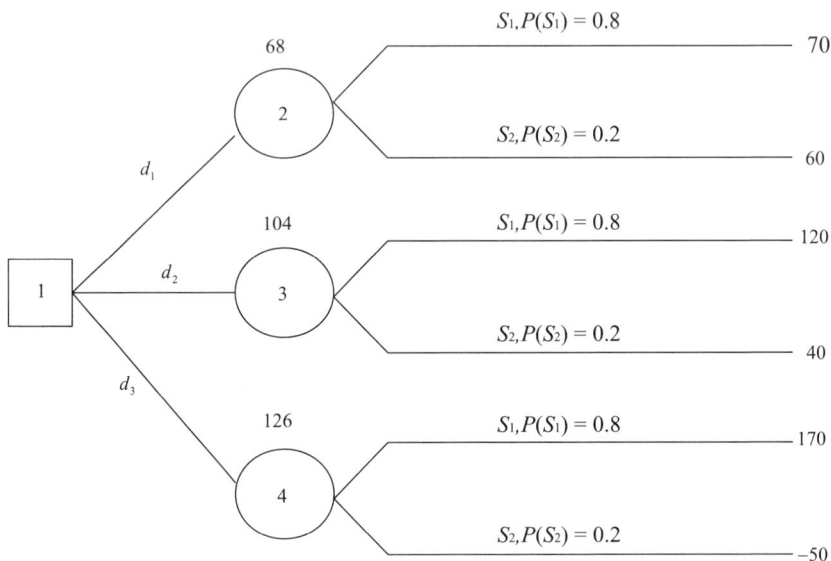

图 6-1　最大期望损益值决策树

先计算出各个风险状态结点的期望值，从中选取一个最大期望值，与其相对应的方案即为最佳方案，如图 6-1 所示，结合④的值最大，选 d_3 方案为最佳方案。决策树这一决策手段，应用较为广泛。可用于多阶段决策。多阶段决策的决策树因问题较复杂，要进行一系列决策。

采用最大期望损益值法进行风险决策有必要进行灵敏度分析，灵敏度分析是将自然状态出现的概率加以改变，来考察这一改变对决策方案选取将带来什么样的影响。比如，前述天福公司税务筹划法律行为中，高的认同程度 S_1 的概率降到 0.2，低的认同程度 S_2 的概率升为 0.8，即：$p(S_1) = 0.2$，$p(S_2) = 0.8$，则有：

$$EV(d_1) = 0.2 \times 70 + 0.8 \times 60 = 62 \text{ 万元}$$
$$EV(d_2) = 0.2 \times 120 + 0.8 \times 40 = 56 \text{ 万元}$$
$$EV(d_3) = 0.2 \times 170 + 0.8 \times (-50) = -6 \text{ 万元}$$

可见，稳健型方案 d_1 为最佳方案，风险型方案 d_3 为最差方案，方案 d_2 虽然期望损益值发生变化，但在三种方案中仍属中等效益方案。由此，当税务筹划方案认可程度概率发生变化时，对稳健型方案和风险型方案损益程度影响较大。

如果问题只涉及两种自然状态，则可以按以下方式求出各方案的临界的自然状态概率：设自然状态 S_1 的概率 $P(S_1) = P$，则自然状态 S_2 的概率 $P(S_2) = 1 - P$。按天福公司税务筹划的损益矩阵，可算得：

$$EV(d_1) = P \times 70 + (1 - P) \times 60 = 10P + 60$$

$$EV(d_2) = 120P + (1 - P) \times 40 = 80P + 40$$

$$EV(d_3) = 220P - 50$$

（1）当 $EV(d_1) = EV(d_2)$ 时，即 $10P + 60 = 80P + 40$，可解得：$P = 20/70 \approx 0.29$。

（2）当 $EV(d_2) = EV(d_3)$ 时，即 $80P + 40 = 220P - 50$，可解得：$P = 0.64$

当高的认同程度的概率 p<0.29 时，方案 d_1 最佳；当 $0.29 \leq P \leq 0.64$ 时，方案 d_2 最佳；当 p>0.64 时，方案 d_3 最佳。

2. 贝叶斯决策方法。法律风险决策过程中自然状态出现的概率只是一种初步调研而获得的自然状态的概率分布，即先验概率。如果能够再深入调研进而获得一些新信息，用以修正先验概率，最终获得后验概率，再将之用以决策，则决策的效果更好、更科学。贝叶斯决策方法就是一种利用后验概率进行风险决策的方法。例如，在企业税务筹划行为中，在自然状态已知的前提下，可以通过深入调研，调查有多大比例的征税人员认同税务筹划行为，记为 I_1，有多大比例的征税人员不认同税务筹划行为，记为 I_2，则可以获得四个条件概率，记为：$P(I_1 \mid S_1)$，$P(I_2 \mid S_1)$，$P(I_1 \mid S_2)$，$P(I_2 \mid S_2)$。它们也称为似然函数，如表6-4所示：

表6-4 税务筹划条件概率分布表

自然状态	认同税务筹划行为 I_1	不认同税务筹划行为 I_2
高认同 S_1，$P(S_1) = 0.8$	$P(I_1 \mid S_1) = 0.90$	$P(I_2 \mid S_1) = 0.10$
低认同 S_2，$P(S_2) = 0.2$	$P(I_1 \mid S_2) = 0.25$	$P(I_2 \mid S_2) = 0.75$

表6-4表明：在真正高认同程度的状态下核查为认同税务筹划行为的概率为 0.9，而不认同的为 0.1；在真正低认同程度的状态下，核查为不认同税务筹划行为的概率为 0.75，而认同的为 0.25。这些补充信息是在明确了高、低认同程度的条件下，根据进一步调查核实的信息而统计出的条件概率。有了先验概率和似然函数，可以运用贝叶斯全概率公式，计算出后验概率 $P(S \mid I)$：

$$P(S_i \mid I_k) = \frac{P(S_i)P(I_k \mid S_i)}{\displaystyle\sum_{i-1}^{n} P(S_i)P(I_k \mid S_i)} \quad i = 1, 2, \cdots, n; \; k = 1, 2, \cdots, m$$

依据以上数据，可算得其后验概率，如表 6-5 所示：

表 6-5　税务筹划行为认同程度后验概率计算表

自然状态 S_i	先验概率 $P(S_i)$	条件概率 $P(I_1 \mid S_i)$	联合概率 $P(I_1 \cap S_i)$	后验概率 $P(S_i \mid I_1)$
S_1	0.8	0.90	0.72 ⎱ $p(I_1) = 0.77$	0.935
S_2	0.2	0.25	0.05 ⎰	0.065

自然状态 S_i	先验概率 $P(S_i)$	条件概率 $P(I_2 \mid S_i)$	联合概率 $P(I_2 \cap S_i)$	后验概率 $P(S_i \mid I_2)$
S_1	0.8	0.10	0.08 ⎱ $p(I_2) = 0.23$	0.348
S_2	0.2	0.75	0.15 ⎰	0.652

再根据上列概率计算表，可以画出如下决策树，以形象表达税务筹划方案决策过程。如图 6-2 所示：

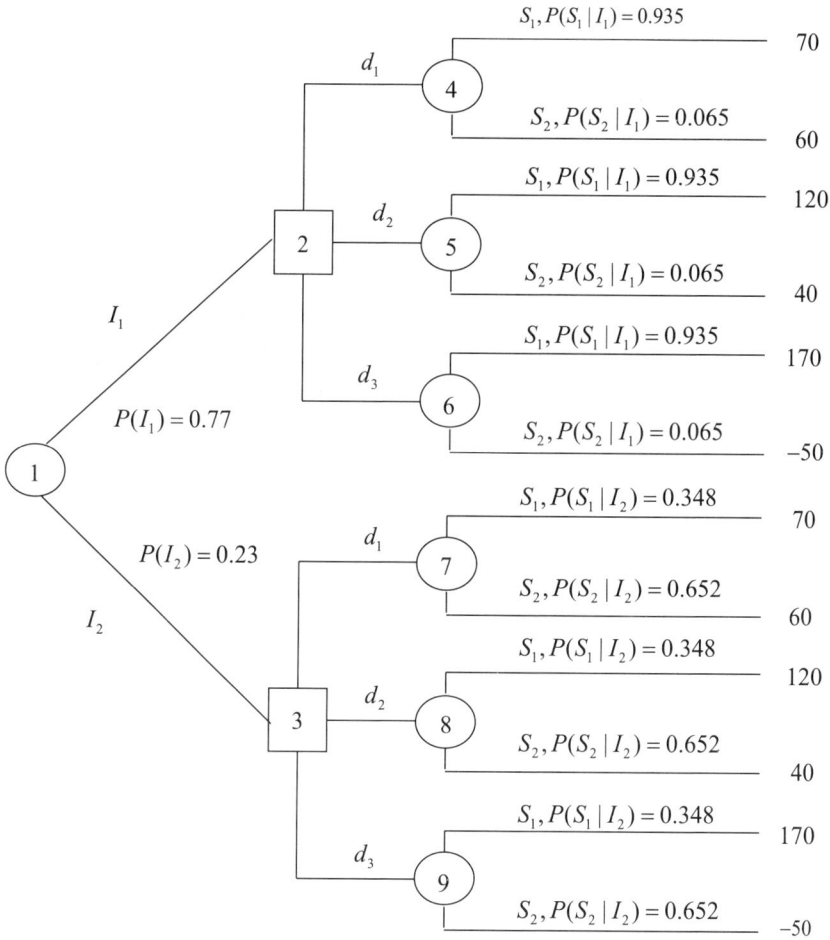

图 6-2　贝叶斯风险决策树

据此，可以算出：

状态结点④：$EV = 0.935 \times 70 + 0.065 \times 60 = 69.35$

状态结点⑤：$EV = 114.8$

状态结点⑥：$EV = 155.7\cdots\cdots d_3$ 方案被选

状态结点⑦：$EV = 0.348 \times 70 + 0.652 \times 60 = 63.48$

状态结点⑧：$EV = 67.84\cdots\cdots d_2$ 方案被选

状态结点⑨：$EV = 26.56$

故在决策结点②上，应选 d_3 方案；在决策结点③上，应选 d_2 方案。

与成本—效益分析方法和风险—效益分析方法的适用范围不同的是，贝叶斯决策方法较多适用于主体法律风险选择的决策，值得注意的是，有时一项风险决策靠单一的决策方法往往难以取得最优决策效果，需要多种决策方法综合使用，总之，主体法律风险决策的作出取决于决策者的风险价值取向。

（六）人工神经网络方法——多目标决策

人工神经网络的研究开始于 20 世纪 40 年代。1943 年，心理学家卡洛克（M. Mc Culloch）和数学家皮茨（W. H. Pitts）首先提出 M. P 模型。1949 年，心理学家赫布（D. O. Hebb）提出 Hebb 学习规则。1958 年，罗森布拉特（F. Rosenbllatt）提出感知机模拟网络，构建了第一个智能型人工网络系统。1960 年，威德罗（B. Widrow）和霍夫（M. Hoff）提出了自适应线性神经元模型以及 Widrow—Hoff 学习规则。1982 年，霍普菲尔德（Hopfield）提出了 Hopfield 神经网络，开辟了将神经网络应用于联想记忆和优化计算的新途径。至 1988 年，PDP 研究小组出版《并行分布处理》一书，全面介绍了 PDP 理论，归纳出神经网络模型的三个基本属性：结构、神经节点传递函数和学习算法，并发展了适用于多层网络学习的误差逆传播算法即 BP 算法。简单的 BP 人工神经网络通常为三层，如图 6-3 所示：

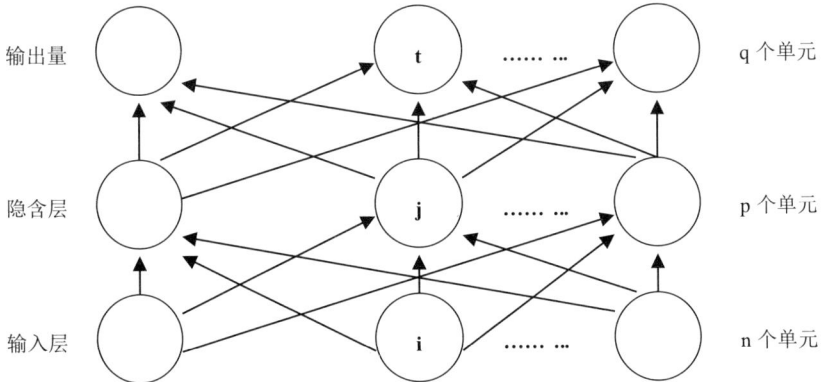

图 6-3   三层 BP 网络图

输入层有 n 个神经元，输出层有 q 个神经元，中间层称为隐含层，因为它与输出、输入端没有直接联系。各层间神经元形成全互连接，各层内神经元无连接。

BP 人工神经网络的变量设置如下：

输入模式变量：$X_k = [x_1^k, x_2^k, \cdots, x_n^k]$；

期望输出向量：$Y_k = [y_1^k, y_2^k, \cdots, y_q^k]$；

中间层输入激活值向量：$S_k = [s_1^k, s_2^k, \cdots, s_p^k]$；

中间层输出向量：$Z_k = [z_1^k, z_2^k, \cdots, z_p^k]$；

输出层输入激活值向量：$L_k = [l_1^k, l_2^k, \cdots, l_q^k]$，

实际输出向量：$C_k = [c_1^k, c_2^k, \cdots, c_q^k]$，

输入层至中间层的连接权 W_{ij}，中间层至输出层的连接权 V_{jt}；

中间层阈值 θ_j，输出层阈值 γ_t。

其中，$i = 1, 2, \cdots, n$；$j = 1, 2, \cdots, p$；$t = 1, 2, \cdots, q$；$k = 1, 2, \cdots,$ m。k 为学习输入模式组数。

激活函数采 sigmoid 型函数：$f(u) = \dfrac{1}{1 + e^{-u}}$

激活函数的导数为：$f'(u) = f(u) \cdot [1 - f(u)]$

学习规则采 delta 规则，利用误差的负梯度调整连接权，使其输出误差单调减少。

设第 k 个学习输入，网络期望输出值与实际输出值的偏差为：

$\delta_t^k = (y_t^k - c_t^k)$，$t = 1, 2, \cdots, q$

平方和误差计算式为：

$$E_k = \sum_{t=1}^{q} \frac{(y_t^k - c_t^k)^2}{2} = \sum_{t=1}^{q} \frac{(\delta_t^k)^2}{2}$$

上式计算的误差仅为某一组学习输入的误差，对于全部输入的全局误差为：

$$E_k = \sum_{k=1}^{m} E_K = \sum_{k=1}^{m} \sum_{t=1}^{q} \frac{(y_t^k - c_t^k)^2}{2}$$

各个连接权的调整量是分别与各个学习输入输出对应的误差函数 E_k 成正比例变化的，因此，这种方法称为标准误差逆传播算法。而对于全局误差函数 E 的连接权的调整，要在 m 个学习模式全部提供给网络之后，这种算法又称为累积误差逆传播算法。这种学习算法由四部分构成：

第一部分，输入模式顺传播，即输入模式由输入层经中间层向输出层传播计算。

第二部分，输出误差逆传播，即输出的误差由输出层经中间层传向输入层。

第三部分，循环记忆训练，即反复重复输入模式顺传播和输出误差逆传播的过程。

第四部分，学习结果的判别，目的在于检查输出误差是否已经小到容许的水平。如达到容许的水平，则可结束整个学习过程。

具体而言，BP 网络算法的学习程序如下：连接权及阈值初始化→给定期望输出值→学习模式输入网络→计算中间层各单元的输入输出→计算输出层各单元

的输入输出→计算输出层各单元的校正误差→计算中间层各单元的校正误差→调整中间层至输出层之间的连接权及输出层各单元的输出阈值→调整输入层至中间层之间的连接权及中间层各单元的输出阈值→选择下一个学习模式→全部学习模式训练完成→随机选取一模式检验直至误差 $< \varepsilon$ 或学习次数 $> N$ →全部学习结束。

BP 人工神经网络在企业法律风险决策中应用较广，既可用于从若干个法律行为方案中选择最优方案，也可用于对含有多个风险因素的多个主体法律风险进行评级排序，因此，BP 人工神经网络在法律风险决策中堪称多目标风险决策方法。

三、案例：基于人工神经网络的企业法律风险评级

（一）建立企业法律风险评级指标体系

企业法律风险评价指标不外乎两类，企业外部法律环境因素和企业内部运作法律行为因素。影响企业法律风险的外部法律环境因素主要有立法环境、司法环境和执法环境；企业内部运作法律行为因素则主要有企业组织形式、经营业务范围和法律风险管理机制。如图 6-4 所示：

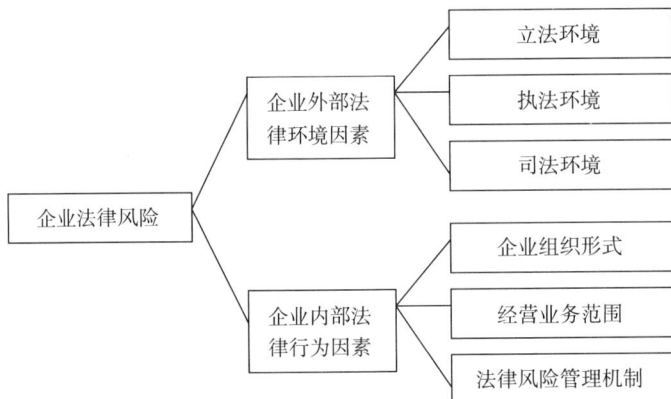

图 6-4　企业法律风险因素树图

由于企业法律风险指标难以直接以数量表示，可以采专家打分法将其定量化。具体步骤是：先给出各输入因素的等级划分标准。

企业组织形式 =（高级，中等，简单）=（5，3，1）

经营业务范围 =（复杂，中等，简单）=（5，3，1）

法律风险管理机制 =（不健全，中等，健全）=（5，3，1）

立法环境 =（不稳定，中等，稳定）=（5，3，1）

执法环境 =（严格，中等，宽松）=（5，3，1）

司法环境 =（差，中，好）=（5，3，1）

然后，交由多名专家打分后，以各专家打分的平均值确定因素分值。20 家目标企业的法律风险因素值如表 6-6 所示：

表 6-6　20 家目标企业的法律风险因素值

企业序号	企业组织形式	经营业务范围	法律风险管理机制	立法环境	执法环境	司法环境
企业 1	4.1	4.5	2.8	4.3	3.2	4.8
企业 2	4.5	2.8	2.5	2.8	4.1	4.2
企业 3	4.0	4.8	4.6	3.5	4.2	3.6
企业 4	5.0	2.9	3.2	2.6	2.7	4.1
企业 5	2.2	3.7	1.8	2.9	3.9	3.9
企业 6	5.0	4.0	4.1	4.8	4.7	2.7
企业 7	5.0	5.0	3.8	3.9	4.3	4.5
企业 8	4.2	4.8	3.7	4.7	4.0	4.2
企业 9	4.3	2.5	4.5	3.1	4.7	1.8
企业 10	4.1	1.7	4.6	2.7	3.9	2.7
企业 11	3.5	3.9	4.0	1.7	2.4	4.6
企业 12	2.2	4.5	3.5	5.0	4.5	3.1
企业 13	1.8	1.4	3.0	2.6	3.6	2.7
企业 14	4.8	4.2	4.7	4.6	3.8	4.9
企业 15	2.5	3.2	2.6	4.2	3.4	3.0
企业 16	3.8	3.5	4.1	4.1	1.6	5.0
企业 17	4.6	2.9	4.3	4.0	4.7	4.7
企业 18	3.8	4.5	3.8	4.8	4.1	2.8
企业 19	1.8	4.0	4.3	4.7	4.3	3.4
企业 20	2.9	3.8	3.9	3.3	3.6	2.6

（二）企业法律风险评级因素值的标准化

企业法律风险评级因素值的标准化是指采用线性比例变换法，将各分值除以最高分值5，使评价矩阵 $X = (x_{ij})_{20 \times 6}$ 标准化，得表6-7中所示数据：

表6-7   20家目标企业法律风险标准化因素值

企业序号	企业组织形式	经营业务范围	法律风险管理机制	立法环境	执法环境	司法环境
企业1	0.82	0.90	0.56	0.86	0.64	0.96
企业2	0.90	0.56	0.50	0.56	0.82	0.84
企业3	0.80	0.96	0.92	0.70	0.84	0.72
企业4	1.00	0.58	0.64	0.52	0.54	0.82
企业5	0.44	0.74	0.36	0.58	0.78	0.78
企业6	1.00	0.80	0.82	0.96	0.94	0.54
企业7	1.00	1.00	0.76	0.78	0.86	0.90
企业8	0.84	0.96	0.74	0.94	0.80	0.84
企业9	0.86	0.50	0.90	0.62	0.94	0.36
企业10	0.82	0.34	0.92	0.54	0.78	0.54
企业11	0.70	0.78	0.80	0.34	0.48	0.92
企业12	0.44	0.90	0.70	1.00	0.90	0.62
企业13	0.36	0.28	0.60	0.52	0.72	0.54
企业14	0.96	0.84	0.94	0.92	0.76	0.98
企业15	0.50	0.64	0.52	0.84	0.68	0.60
企业16	0.76	0.70	0.82	0.82	0.32	1.00
企业17	0.92	0.58	0.86	0.80	0.94	0.94
企业18	0.76	0.90	0.76	0.96	0.82	0.56
企业19	0.36	0.80	0.86	0.94	0.86	0.68
企业20	0.58	0.76	0.78	0.66	0.72	0.52

（三）法律风险评级的人工神经网络模型的构建

由于企业法律风险评价指标为 6 项，因此 BP 神经网络输入层单元数设定为 6，即表 6-6 中 6 类标准化数据为输入层的单元数。输出神经元数显然为一项，即企业法律风险等级评价值。至于隐含层数不宜多选，宜选一层，因为隐含层越多，误差逆向传播的过程就越复杂，大大增加训练时间，而且隐含层增加后，局部最小误差也会增加。另外，隐含层单元数的选取也是一个技术问题，选取太多，会使训练时间增加，且使网络具有过多的信息处理能力，导致对一些无意义的信息进行处理；选取太少，会降低网络的容错能力，对于较为复杂的问题，难以得出理想的结果。在企业法律风险评级问题中，拟选取为 5。最后，选取初始值对于学习收敛效果意义重大，要求初始权值输入累加时能使每个神经元的状态值接近于零，权值一般取 [-1, 1] 之间的随机数。学习因子取 $a = 0.1$。于是，可以构建企业法律风险评级的 BP 人工神经网络如图 6-5 所示：

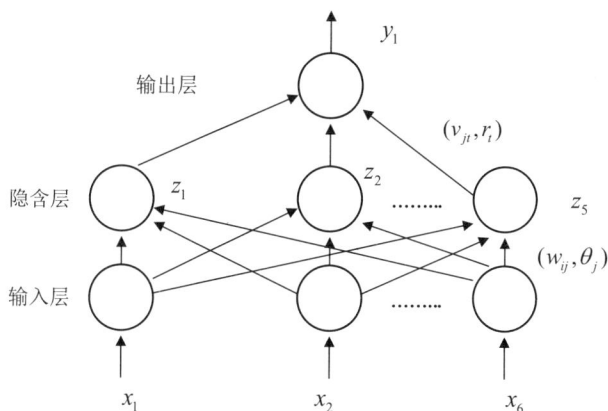

图 6-5　企业法律风险评级的 BP 网络模型

上述 BP 人工神经网络中，各层神经元的输出满足：

$$Z_j = f(\sum_{i=1}^{6} W_{ij}X_i - \theta_j) , \qquad Y_t = f(\sum_{j=1}^{5} V_{jt}Z_j - \gamma_t)$$

函数 $f(^*)$ 取：$f(u) = \dfrac{1}{1 + e^{-u}}$。该函数图形如图 6-6 所示：

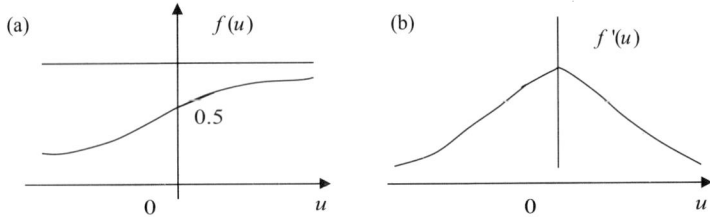

图 6-6 S 型作用函数及其导数曲线

（四）网络模型的训练及企业法律风险评级

借助计算机实验，对第 1~10 个企业的法律风险评级进行训练，得到训练评价结果如表 6-8 所示。

由表 6-8 中的神经网络训练结果数据可见，训练值接近于专家评价期望值，训练可以结束。结合训练获得的权值和阈值，再利用 BP 人工神经网络模型对第11~20 个企业的法律风险进行评级，结果如表 6-9 所示。

通过 BP 人工神经网络模型对企业法律风险进行评级，为企业法律风险管理者进行回避、接受或选择决策提供了前提，也为企业法律风险管理者建立企业法律风险防控机制提供了有力的依据。

表 6-8 企业法律风险评级神经网络训练结果

神经网络训练结果			专家评价期望值		
企业序号	训练结果	排名	企业序号	训练结果	排名
企业 1	0.7825	3	企业 1	0.73	5
企业 2	0.7159	7	企业 2	0.69	7
企业 3	0.8920	1	企业 3	0.81	1
企业 4	0.7342	6	企业 4	0.67	8
企业 5	0.7016	8	企业 5	0.62	10
企业 6	0.7722	4	企业 6	0.75	4
企业 7	0.7653	5	企业 7	0.79	2
企业 8	0.8010	2	企业 8	0.77	3
企业 9	0.6583	10	企业 9	0.70	6
企业 10	0.6800	9	企业 10	0.65	9

表6-9　企业法律风险评级结果

企业序号	评价结果	级别	企业序号	评价结果	级别
企业 11	0.7258	7	企业 16	0.8342	4
企业 12	0.8134	5	企业 17	0.8520	3
企业 13	0.4720	10	企业 18	0.8723	1
企业 14	0.8656	2	企业 19	0.7452	6
企业 15	0.7005	9	企业 20	0.7254	8

当前，由于中国社会处于急剧转型过程中，法律风险具有高不确定性、多样性、复杂性、广泛性、损失严重性、投机性以及国际化、全球化等特征，在其他多目标决策方法难以适用于主体法律风险决策的情况下，人工神经网络方法却在法律风险决策过程中发挥越来越重要的作用。究其原因，主要包括：

第一，法律风险因素难以用准确的数据表示，只能通过专家打分法等主观估计方法赋予大致的分值，因此带有浓厚的主观色彩。而 BP 人工神经网络方法，可以通过专家赋予的估计值进行学习和训练，通过学习和训练过程中的自适应功能，弱化数据的主观因素，以求取问题的最优解。

第二，法律风险往往表现出非线性关系，难以通过线性方法对其进行决策，BP 人工神经网络为处理法律风险决策中的非线性关系提供了有效的方法和途径。

第三，BP 人工神经网络的容错和纠错自适应功能，能针对处于高不确定性环境下的法律风险的混沌状态进行识别、纠偏，找出法律风险发展的规律，以供主体风险管理者正确决策。

第四，BP 人工神经网络作为一种多目标法律风险决策方法，既可用于对多个主体法律风险进行评级，也可用于对多个主体法律行为方案进行选择，还可用于对多个主体法律风险因素进行分析、研究，其能适应多样性、复杂性法律风险决策的需要。

第二节　法律风险防控机制

法律风险防控机制主要由法律风险防控机构、法律风险防控制度和法律风险防控理念及文化构成。

一、法律风险防控机构

(一) 风险防控机构的理论和实践

随着人类社会转入风险社会，全面风险管理已成趋势，全面风险管理意味着全员参与。以企业为例，从企业风险管理角度考察，上自股东会、董事会，下到企业员工均应承担起风险管理的职责。

1. 国外关于企业风险防控机构的理论与实践。英国卡德伯利委员会于1992年12月提出的《卡德伯利报告》建议企业从董事会、非执行独立董事、执行董事和企业内部审计委员会四个层面改进企业风险管理。[1]董事会通过会议形式表决诸如并购、处置、资本项目、资金司库和风险管理政策等重大事项决议流程；非执行独立董事在董事会层面承担与执行董事不同的监管责任；执行董事的薪酬、业绩和职位要与股东利益挂钩，执行董事雇佣期满后，须征得股东们的书面同意方能续雇；企业内部审计委员会对董事会提出的企业内部控制申明进行复核。

美国COSO于2004年9月发布的《企业风险管理——整合框架》认为企业董事会、管理层、风险官员、财务官员、内部审计师乃至每一个企业员工都能为企业风险管理做出贡献。董事会主要在制定风险战略、规划高层次的风险目标及广义的风险与资源配置等方面发挥作用；管理层直接对企业风险管理活动负责；每位企业管理人员应该就他职责内的企业风险管理事务对上一个层级负责，而最终由CEO向董事会负责；风险官员作为企业风险管理的专职人员，责任自然重大，包括建立企业风险管理政策、确定各业务单元对于企业风险管理的权利和义务、提高整个企业的风险管理能力、指导企业风险管理与其他经营计划和管理活动的整合、建立通用的风险管理语言、帮助管理人员制定报告规程、向CEO报告进展和暴露的问题并提出建议；财务执行官及其下属员工在制定风险目标、确定风险战略、分析风险、风险决策中扮演着关键的角色；内部审计师则在评价企业风险管理的有效性以及提出改进建议方面起着关键作用；企业每个员工可能会生成在识别和评估风险中所利用的信息，或者采取其他实现企业风险管理所需的行动，从而影响企业风险管理的有效性。[2]

约翰·C.肖 (John C Shaw) 在其于2003年出版的《公司治理与风险：一种系统方法》一书中认为企业风险管理一切开始于董事会，董事会不仅是风险战略和风险目标的决策者，同时也是企业风险管理的启动者。他在将企业比作船的同

〔1〕华小宁、梁文昭、陈昊编著：《整合进行时——企业全面风险管理路线图》，复旦大学出版社2007年版，第33页。

〔2〕COSO, *Enterprise Risk Management—Intergrated Framework*, Committee of Sponsoring Organizations of the Three—way Commission, 2004, pp. 52~55.

时，将首席执行官（CEO）比作船长，将首席运营官（COO）比作大副或者副船长，将首席财务官（CFO）比作领航员，将首席信息官（CIO）比作系统和数据管理员，将首席风险官（CRO）比作战术家，他们共同为企业风险管理做出贡献。[1]

2. 国内关于企业风险防控机构的理论与实践。国务院国资委于 2006 年 6 月制定发布的《中央企业全面风险管理指引》第七章规定了企业风险管理机构及其职责。董事会就全面风险管理工作的有效性对股东（大）会负责，享有企业风险战略和风险目标的决策权，督导企业风险管理文化的培育；企业风险管理委员会根据董事会的授权享有企业风险战略和风险目标的决策权；企业总经理就全面风险管理工作的有效性向董事会负责，总经理或其委托的高级管理人员负责主持全面风险管理的日常工作，负责组织拟订企业风险管理组织机构设置及其职责方案；企业风险管理部门对总经理或其委托的高级管理人员负责，负责组织和实施企业法律风险的具体管理工作；企业内部审计部门对审计委员会负责，负责研究提出全面风险管理监督评价体系，制定监督评价相关制度，开展监督与评价，出具监督评价审计报告；企业其他职能部门及各业务单位接受企业风险管理职能部门和内部审计部门的组织、协调、指导和监督，研究、实施、执行本部门或单位的风险管理工作。除此之外，企业母公司应指导、监督子公司建立有效的风险管理组织体系。[2]

香港会计师公会《内部监控和风险管理的基本架构》规定：董事会的职责是确保企业内部监控及风险管理的有效性；企业审核委员会检讨企业风险管理制度，与管理层协商建立有效的企业风险监管系统；行政管理层直接负责执行董事会制定整体策略及政策并负责企业的一切活动；行政总监就企业董事会的风险及监控政策的执行向董事会负责；企业财务总监参与确定企业风险战略和风险目标，分析风险及就如何管理影响公司的风险作出决定；企业若设监察总监，其职责在于确保董事会完全知悉其采用的风险运作框架，确保董事会依照既定的风险管理程序进行，并向董事会提出相关建议；部门经理等企业其他运作人员直接参与涉及本部门风险事项的管理。[3]

华小宁、梁文昭、陈昊在其于 2007 年出版的《整合进行时——企业全面风

---

〔1〕　［美］约翰·C. 肖：《公司治理与风险：一种系统方法》，张先治主译，东北财经大学出版社 2009 年版，第 156~163 页。

〔2〕　参见《中央企业全面风险管理指引》第 45 条至第 52 条。

〔3〕　参见《内部监控和风险管理的基本架构》C 部分：内部监控及风险管理的职责以及检讨的程序，第 1.0~5.10 条款。

险管理路线图》一书中构建了企业风险管理整体监督框架:[1]董事会批准书面风险政策、评估企业法律风险管理的有效性;首席执行官定义风险的优先性,解决冲突,协调企业风险、风险策略和政策,监控全面风险管理体系的执行;企业风险管理执行委员会、首席运营官、首席财务官、首席风险官、首席信息官协调风险决策,分配资源,管理风险,评估风险管理体系基础设施,委派风险负责人,划分职责,评估测量方法,协调流程,确认奖励措施;企业风险管理委员会进行风险信息的收集、分析、整合及报告,建立风险管理整体框架,执行风险政策,评估执行情况并报告结果;各个职能部门测量风险,确认追溯风险,避免、保留、降低、转移及利用风险,持续改进风险流程;内部审计部门进行合规审计,独立确认风险管理流程和执行的合规性。

孙班军、郝建新在其于 2006 年出版的《风险管理案例分析与公司治理》一书中,将企业从事风险管理的主要人员分为:首席执行官、财务总监、资本运作经理、风险经理和首席风险官。[2]其中首席执行官是企业最终的风险管理者,他通过采取充分的风险管理措施来降低重大灾难发生的概率并及早发现所有阻碍公司发展的潜在障碍物;财务执行官管理企业的财务风险,包括投资、筹资过程中的风险;资本运作经理负责对企业面临的各种风险——不管是通过投资效益分析、信用道德分析,还是通过制定发行债券或股票进行筹资的战略对风险进行管理;风险经理和首席风险官则具体负责风险决策和风险管理。

刘红霞、孙宝文在研究国有企业内部治理风险预警时,将国有企业内部治理风险分为股东治理风险、董事会治理风险、经理层治理风险和监事会治理风险,并分别由股东会、董事会、经理层和监事会各司其职,进行风险管理。[3] 李中斌则将企业风险管理部门按企业规模大小分为直线型风险管理机构、职能型风险管理机构和直线—职能型风险管理机构,并认为直线—职能型风险管理机构相对而言是一种较为科学的风险管理机构,同时应发挥企业外部组织（如风险管理咨询机构、保险部门及与企业风险管理有关的政府职能部门或技术部门）的作用。[4]

由此可见,在风险社会时代,企业风险防控已不再是企业中某个人或某个部

---

〔1〕 华小宁、梁文昭、陈昊编著:《整合进行时——企业全面风险管理路线图》,复旦大学出版社2007 年版,第 182~183 页。

〔2〕 孙班军、郝建新:《风险管理案例分析与公司治理》,中国财政经济出版社 2006 年版,第 339~346 页。

〔3〕 刘红霞、孙宝文:《国有企业内部治理风险预警研究》,中国财政经济出版社 2007 年版,第 25~37 页。

〔4〕 李中斌:《风险管理解读》,石油工业出版社 2000 年版,第 63~69 页。

门的事情，在进行正常运营的同时，企业每个成员都应当承担起各自的风险防控责任。然而，有几个人或部门在企业风险防控中起着至关重要的作用，包括董事会、首席执行官、首席财务官、首席信息官、首席风险官及专职风险防控部门、监事会和内部审计部门。董事会是企业风险战略和风险目标的决策者，同时也是形成企业风险文化和风险理念的核心；首席执行官不仅是风险战略和风险目标的执行者，也是企业风险政策的决策者，首席执行官对风险防控的重视程度与企业风险文化和风险理念的培育关系重大；首席财务官不仅是企业财务风险的直接管理者，同时也是企业风险政策制定的重要参与者和企业风险信息的重要监听者；首席信息官是专职的企业风险信息监听者，是企业风险管理流程顺畅运行的关键，风险信息监听的完整、全面程度关系着企业风险防控的有效性；首席风险官及专职风险防控部门是企业风险防控的直接执行者，也是风险政策和风险管理流程的拟定者，其风险管理能力和勤勉程度关系着企业风险防控的成败；监事会和内部审计部门是企业运营行为尤其是董事会和经理层行为合规性和合法性的监察者，对于纠正企业行为偏差、预防风险发生发挥重要作用。

（二）法律风险防控机构的理论和实践

对法律风险的认识，开始于21世纪初，无论在实践中还是理论上，对法律风险防控机构及其职责都难以形成统一的观点，实践中看法较为偏颇。以企业为例，多认为企业法律风险防控是公司法务部门和法务人员或法律顾问的责任，与企业其他部门和人员关系不大，因此，近年来企业法律风险防控效果不佳。

法律风险具有建构性、可控性和规范性等法律属性的同时，还具有不确定性、价值性和客观性等风险的本质属性，因此法律风险不失为风险，而作为风险的一种，法律风险自然是全面风险管理所涉范畴，同样需要全员参与，前述关于风险防控机构及其职责的理论和实践可为法律风险防控机构的设置提供借鉴。

从现有主体法律风险防控实践看，企业在法律风险防控机构建设方面较为成熟。如2004年5月，国务院国资委发布《国有企业法律顾问管理办法》，第一次正式提出法律风险的概念，同时，规定国有企业要按照规定设置总法律顾问，并明确了企业法律事务机构的十项职责，特别要求国有企业建立健全国有企业法律风险防范机制。[1] 随后，国务院国资委于2006年6月制定发布的《中央企业全面风险管理指引》将企业法律风险纳入企业风险范畴。[2] 相应地，明确规定建立健全以总法律顾问制度为核心的企业法律顾问制度。大力加强企业法律风险防范机制建设，形成由企业决策层主导、企业总法律顾问牵头、企业法律顾问提供业

---

〔1〕 参见《国有企业法律顾问管理办法》第1条、第24条、第29条。

〔2〕 参见《中央企业全面风险管理指引》第3条。

务保障、全体员工共同参与的法律风险责任体系。[1]

除此之外，吴江水在其于 2010 年出版的《完美的防范——法律风险管理中的识别、评估和解决方案》一书中对企业法律风险防控机构有所述及，认为企业实施法律风险管理时，最为基本的参与方是决策层、外部律师、法务人员和非法务企业人员。[2]企业决策层包括股东会或股东大会、董事会和总经理，其在企业法律风险管理中的职责是，确定工作方向和重点，确认法律风险评价结论，在可供选择的实施方案中进行决策，带头遵守相应的管理制度或流程，但一般不参与具体的实施工作；外部律师一般以企业常年法律顾问身份出现，在企业法律风险管理中主要为企业法律风险的识别、估计、评价、预警提供法律咨询，特别是为企业防控法律风险提供全面的解决方案；企业法务人员是企业处理法律事务的专职人员，一般隶属于法律事务部或法律顾问室等部门，他们的职责主要在于为企业提供法律风险信息和法律风险因素信息，弥补外部律师在企业管理方面及企业内部风险信息监听方面的不足，同时他们是法律风险管理方案质量的判断者和执行者，其勤勉程度关系着企业法律风险管理质量；其他企业人员也是企业法律风险管理中最为基础的参与者，在法律风险管理中，他们的主要职能是安排、联络工作，提供基础信息和确认结论与方案。

（三）法律风险防控机构设置及其职责

法律风险虽为风险的一种——在风险社会时代，法律风险管理属于全面风险管理的一项内容，同样需要全员参与；但其建构性、可控性和规范性特征决定了对其防范措施的特殊性。自然，除了一般风险管理机构外，专职法律部门和法务人员也是法律风险防控机构中不可或缺的主体。

以企业为例，借鉴国内外关于企业风险和企业法律风险防控机构的理论和实践，企业法律风险防控至少需要如下部门或人员参与：

1. 董事会。董事会是企业法律风险管理的主导，也是企业法律风险战略和法律风险目标的决策者，同时也是形成企业法律风险文化和法律风险理念的核心，首席执行官和首席法律顾问就企业法律风险防控工作对其负责并报告工作。

2. 首席执行官。首席执行官（CEO）不仅是法律风险战略和法律风险目标的执行者，也是企业法律风险政策的决策者，同时还是法律风险防控方案的审核者，首席执行官对风险防控的重视程度与企业法律风险文化和法律风险理念的培育关系重大。

---

〔1〕 参见《中央企业全面风险管理指引》第 34 条第 8 项。

〔2〕 吴江水：《完美的防范——法律风险管理中的识别、评估与解决方案》，北京大学出版社 2010 年版，第 103~106 页。

3. 首席财务官（CFO）不仅是企业与财务相关的法律风险，诸如企业破产法律风险、税务筹划法律风险的直接管理者，同时也是企业法律风险政策制定的重要参与者、企业法律风险信息和企业内部法律风险因素的重要监听者。

4. 首席信息官（CIO）是专职的企业法律风险信息监听者，其对企业外部法律环境信息和企业内部运营中法律行为信息监听的完整性是企业风险管理流程顺畅运行的关键，同时，法律风险信息和法律风险因素信息监听的完整、全面程度关系企业风险预警与防控的有效性。

5. 首席法律顾问（CLO）及专职法律风险防控部门是企业法律风险防控的直接执行者，也是法律风险政策和法律风险管理流程的拟定者，其风险管理能力和勤勉程度关系企业法律风险防控的成败。

6. 监事会和内部审计部门是企业运营过程中法律行为（尤其是董事会和经理层法律行为）合规性和合法性的监察者，对于纠正企业法律行为偏差、预防法律风险发生发挥重要作用。

此外，企业法律风险的防控不能忽视一些外部组织的作用。首先是政府部门，政府部门作为执法机关是企业法律行为合法性的界定者，也是企业外部法律环境及其变化信息的重要来源，行政法规和规章修订、执法宽严程度等信息均可直接或间接通过政府部门获取，政府统计部门还可为企业法律风险的评价和预警提供大量的历史数据。其次是司法部门，司法部门不仅是企业法律行为是否违法及是否承担法律责任的最后裁判者，同时，由于其司法解释在司法实践中是一种主要的法律依据，其修订变化同样是企业外部法律环境变化的一个重要组成部分。再次是立法部门，立法部门是企业外部法律环境变化信息的主要来源，法律法规的制定、修订，立法解释的发布等法律环境因素信息均可通过与其沟通获得。最后是保险部门，保险部门是承担法律责任风险的历史数据的提供者，而企业法律风险中绝大部分法律风险均属承担法律责任的风险，保险部门提供的历史数据对于企业法律风险的评价和预警作用不可忽视。因此，加强与这些企业外部组织的沟通，对于企业法律风险的防控而言，功莫大焉。

二、法律风险防控制度

（一）风险防控制度

风险防控制度是主体不可缺少的基本制度之一，近年来，企业在风险防控方面均高度重视，因而在制度建设方面发展较好，可以说，在所有的主体之中，企业风险防控制度建设稳居首位，下文将以企业风险防控制度建设为例进行了解。

1. 国外企业风险防控制度。1992 年 12 月，英国卡德伯利委员会提出了《卡德伯利报告》，开创了英国公司治理的先河，建立了独立董事制度和监控制度。[1]首先，该报告创造性地提出了非执行独立董事的作用，并建议他们在董事会层面承担与执行董事不同的监管责任。其次，该报告提出，健全的内部控制是公司有效管理的一个重要方面，由此，建议董事会发表一个声明，对企业内部控制的有效性进行详细描述。同时，外部审计师应对这份声明进行复核和报告，并且，在董事会认可声明之前，企业审计委员会必须对企业内部控制声明进行复核。

2004 年 6 月，十国集团通过《统一资本计量和资本标准的国际协议：修订框架》（以下简称《新资本协议》），针对银行的信用风险、市场风险和操作风险，相应确定了最低资本要求、监管当局的监督检查和市场纪律三项风险防控基本制度。[2]最低资本要求的核心就是资本充足率。对银行资本充足率的考察，实际上就是考察银行信贷资产的风险状况，并通过确定信用风险加权资产总额以及与市场风险和操作风险相适应的资本持有量来计算银行的资本充足率。《新资本协议》规定，银行资本金由核心资本和附属资本两部分构成，资本对风险加权资产比例的最低目标为 8%，其中核心资本成分至少为 4%，而附属资本总额不得超过核心资本总额的 100%，次级长期债务不得超过核心资本的 50%，坏账准备金最多不超过风险资产的 1.25%。计算公式为：

资本充足率＝资本净额/总风险加权资产；

核心资本充足率＝核心资本/总风险加权资产；

附属资本充足率＝附属资本/总风险加权资产。

资本充足率要求无疑是《新资本协议》为成员国银行防范信用风险而设置的一个标准，是银行内部运营行为合规的依据。

监管当局的监督检查制度的主要内容涉及压力测试，信用风险 IRB 法要求银行资本要足以抵御恶劣及不确定的经济环境。银行应对其体系进行足够保守的压力测试，目的在于估测在恶劣环境出现时银行需进一步增加多少资本。银行和监管当局要将测试结果作为确保银行持有一定量超额资本的一项手段。监管当局的监督检查制度的其他内容突出反映在风险集中和对使用抵押、担保和信用衍生品而带来的剩余风险处理上。《新资本协议》监督检查制度的目的在于，不仅要保证银行有充足的资本来应对业务中的所有风险，而且还鼓励银行开发并使用更好的风险管理技术来检测和管理风险。监管过程中，应遵守下列原则：

---

〔1〕 华小宁、梁文昭、陈昊编著：《整合进行时——企业全面风险管理路线图》，复旦大学出版社 2007 年版，第 33~34 页。

〔2〕 高寒松、韩复龄主编：《全面风险管理规范解析及案例分析》，中国时代经济出版社 2008 年版，第 8~16 页。

第一，银行应具备一整套程序，用于评估与其风险相适应的总体资本水平，并制定保持资本水平的战略。

第二，监管当局应检查和评价银行资本充足率的评估情况及其战略，监测并确保银行监管资本比率的能力。

第三，监管当局应鼓励银行资本水平高于监管资本比率。

第四，监管当局应及早干预，从而避免银行的资本低于抵御风险所需的最低水平。

市场纪律作为《新资本协议》的第三项基本制度，主要从公众公司角度出发，强调以市场力量来约束银行，认为市场是一股强大的推动银行合理、有效配置资源并全面控制经营风险的外在力量。从市场约束机制的内容来看，信息披露是其核心内容，信息披露包括核心信息披露和附加信息披露。对于大型银行，每季度要进行一次信息披露；而对于一般银行，信息披露频率降低为每半年一次。但市场风险的披露不受时间限制，只要发生影响银行经营市场风险的事件，银行就必须进行相关的信息披露。

美国 COSO 于 2004 年 9 月发布的《企业风险管理——整合框架》主要确定了风险管理的两项制度：内部监控制度和信息管理制度。[1]该框架认为，内部控制是企业风险管理不可分割的一部分，内部控制的内容主要有高层复核、直接的职能或活动管理、信息处理、实物控制、业绩指标和职责分离。内部控制要求管理当局通过持续的监控活动或个别评价或者两者的结合来确定企业风险管理机制的运行是否继续有效。持续的监控活动应在主体的正常的、反复的经营活动中，在正常的业务经营过程中加以执行。个别评价则直接关注企业风险管理的有效性，并提供了一个考察持续监控活动的持续有效性的好机会。另外，对于从内外来源所报告的缺陷，要仔细考虑它们对企业风险管理的影响，并采取恰当的矫正措施。

该框架还非常重视企业风险管理过程中的信息管理，认为每个企业都要识别和获取与管理该主体相关的涉及外部和内部事项和活动的广泛信息。这些信息以保证员工能履行他们的企业风险管理和其他职责的形式和时机传递给员工。信息有许多来源，可能来自内部，也可能来自外部。通过与客户、供应商、监管者和主体员工之间的交谈，常能获得识别风险和机会所需的重要信息；出席专业性或行业性的研讨会，以及在行会或其他协会中的会员资格，也能提供有价值的信息。为加强信息获取过程和所获信息的管理，企业应当建立信息管理系统。信息

---

〔1〕　COSO, *Enterprise Risk Management—Intergrated Framework*, Committee of Sponsoring Organizations of the Three—way Commission, 2004, pp. 43～49.

系统可以是正式的，也可以是非正式的，应根据需要而变化，以便支持新的目标。

2. 国内企业风险防控制度。2006 年 6 月国务院国资委制定发布的《中央企业全面风险管理指引》分别规定了信息管理制度（第二、八章）、风险管理内控制度（第五章）、风险管理监督制度（第六章）。第二章明确企业实行全面风险管理，企业应广泛、持续不断地收集与本企业风险和风险管理相关的内部、外部初始信息，包括历史数据和未来预测，并分别列举了战略风险、财务风险、市场风险、运营风险和法律风险等方面的信息；第八章对风险管理信息系统进行了规定，明确了信息系统的功能：信息采集、存储、加工、分析、测试、传递、报告、披露等；信息系统的质量要求：一致性、准确性、及时性、可用性和完整性；风险信息系统的沟通：实现在企业各职能部门、业务单位之间的集成和共享；风险管理信息系统的构建、改进、完善和更新；[1]第五章规定了企业制定风险防控方案，应满足合规的要求，坚持经营战略与风险策略一致、风险控制与运营效率及效果相平衡的原则。一般而言，内控制度至少包括下列内容：内控岗位授权制度、内控报告制度、内控批准制度、内控责任制度、内控审计检查制度、内控考核评价制度、重大风险预警制度，建立健全以总法律顾问制度为核心的企业法律顾问制度，建立重要岗位权力制衡制度，明确规定不相容职责的分离。[2]第六章规定了全方位的风险管理监督制度，包括企业各有关部门和业务单位定期对风险管理工作的自查和检验，企业风险管理职能部门负责定期对各有关部门和业务单位风险管理实施情况和有效性的检查和检验，企业内部审计部门每年对包括风险管理职能部门在内的各有关部门和业务单位能否按有关规定开展风险管理工作及其工作效果开展一次监督评价，同时还规定，企业可聘请有资质、信誉好、风险管理专业能力强的中介机构对企业全面风险管理工作进行评价，出具风险管理评估和建议的专项报告。[3]

2007 年 4 月，由中天恒管理咨询公司和中天恒会计师事务所正式推出的《3C 框架：中国式全面风险管理标准》针对企业风险管理实践，在借鉴国内外有关企业风险管理最新成果的基础之上，建立了风险控制制度、风险审计制度和风险信息管理制度。[4]3C 框架认为，风险控制制度是企业根据风险应对策略确保全面风险管理目标得以实现所采取的，针对企业在实现其既定目标过程中可能遭

〔1〕　参见《中央企业全面风险管理指引》第 11~16 条、第 53~58 条。

〔2〕　参见《中央企业全面风险管理指引》第 33~34 条。

〔3〕　参见《中央企业全面风险管理指引》第 38~41 条。

〔4〕　中天恒 3C 框架风险管理课题组编：《全面风险管理理论与实务》，中国时代经济出版社 2008 年版，第 319~393 页。

遇到的风险所制定和实施的，帮助保证风险应对方案或风险管理策略得以正确执行的制度。风险控制所采取的措施包括但不限于内部控制措施。并将企业风险控制的步骤分为建立风险控制文档，建立关键控制，制定控制程序文件及根据变化的内外环境调整控制措施。常用的风险控制方法主要有岗位授权、审批制度、绩效考核、敏感性职责分离和权力制衡等。

　　风险审计制度则指审计机构采用一种系统化、规范化的方法进行以测试风险管理信息系统、各业务循环以及相关部门的风险识别、分析、评价、管理及处理等为基础的一系列审核机制，目的在于对企业的风险管理、控制及监督过程进行评价进而提高过程效率，帮助企业实现目标。企业风险审计内容涉及面很广，按照不同的标准可作不同的分类，如按审计主体的不同，可分为政府风险审计、独立风险审计和内部风险审计；按所属风险领域的不同可分为管理风险审计、经营风险审计、财务风险审计和法律风险审计等；按风险管理流程可分为风险识别审计、风险评估审计、风险应对审计和风险控制审计等。风险审计流程和其他审计流程基本一致，主要包括风险审计准备、风险审计实施和风险审计报告三个阶段。审计的方法多种多样，3C框架认为风险审计方法要突出下列方法：询问被审计单位管理层和内部其他相关人员、分析程序、观察和检查、项目组内部的讨论等。

　　风险信息管理制度中所指信息是非常广泛的，从全面风险管理角度来看，企业信息是指来源于企业内外，与企业经营相关的财务和非财务信息，包括从外部获取的行业、经济、监管信息及内部产生的经营管理、财务等方面的信息。沟通在企业信息传递方面作用巨大，能及时把信息完整提供给企业相关部门和人员。企业信息关键控制点包括信息收集、信息传递、信息报告等方面，沟通的方式可采用政策手册、备忘录、布告通知、录音录像带的形式等。信息有多种分类，按其来源可简单分为内部信息和外部信息，内部信息通过经营管理资料、财务会计资料、调查研究报告、会议记录纪要、专项信息反馈、群众来信来访、员工直接反馈、内部报刊网络等渠道获得；外部信息则主要来自于国家部委和外部监管方的文件、行业协会组织、社会中介机构、业务往来单位、市场调查研究、采购及销售部门收集的市场和价格信息、驻外办事处提供的信息、外部来信来访、参加行业会议、座谈交流、互联网、新闻传播媒体等。

　　由此可见，企业风险管理中通常建立的基本制度主要为企业内部控制制度、外部监督制度和风险信息管理制度。企业内部控制制度要求企业建立内部控制的标准、方案、流程等，通过自律使企业行为标准化、合规化、合法化，通过内部复核和审计纠正企业行为偏差以控制风险的发生。外部控制制度主要发挥市场纪律和监管当局的约束作用以纠正企业行为偏差，使企业行为达到合规性和合法性要求，以规避风险。信息管理制度主要通过建立风险信息系统，监听企业内部运营中的风险因素信息和外部环境风险因素信息，为企业风险识别、评价、预警和决策提供前提条件。企业风险管理的三项基础制度贯穿企业风险管理的始终，是企业风险管理有效性的制度保障。同时也可为企业法律风险管理制度体系的建构提供借鉴。

（二）法律风险防控制度构建

从当前法律风险防控的理论和实践看，由于法律风险防控尚处于起步时期，尚未形成制度体系，但在企业领域，《新资本协议》对银行面临的法律风险进行了尝试性的界定，并将法律风险纳入商业银行风险管理的范畴。因此，《新资本协议》针对银行的信用风险、市场风险和操作风险相应确定的最低资本要求、监管当局的监督检查和市场纪律三项风险防控基本制度同样可以适用于银行法律风险的防控领域。同样，于2006年6月由国务院国资委制定发布的《中央企业全面风险管理指引》明确了法律风险属于中央企业风险的一种，并将其纳入企业全面风险管理框架，故《中央企业全面风险管理指引》中规定的信息管理制度、风险管理内控制度、风险管理监督制度均可适用于企业法律风险管理。

于是，我们以企业为例，借鉴前述国内外企业风险管理制度的理论和实践，同时考虑法律风险建构性、可控性和规范性特征，以构建科学的企业法律风险防控制度体系，并推广至所有其他主体的法律风险防控制度体系构建。

1. 法律行为可行性论证制度。依据法律风险的建构性原理，企业法律风险必由企业法律行为所生，因此企业在为法律行为之前，应对法律行为的可行性进行论证。由于企业法律风险主要是承担法律责任的风险，因之，企业法律行为可行性论证主要在于论证其行为的合法性。但对于诉讼法律行为则主要在于论证时效问题、证据问题和执行的可能性问题。而对于导致直接损失和目的不达风险的法律行为，则不仅要论证其合法性，还要从多方面特别是其经济效益方面进行论证。

2. 法律行为合法性审计制度。由于企业法律行为合法性对于企业法律风险而言关系重大，因此，对企业法律行为的合法性审计是贯穿于企业法律风险管理始终的一项制度，由于企业法律行为的合法性、审计事务专业性太强，单独的企业审计部门无法完成，因此，企业法律行为的合法性审计应由企业审计部门和企业法律风险管理职能部门共同完成。审计的程序与一般审计程序相同。

3. 法律行为外部监督制度。企业法律行为外部监督主要有政府监管部门监督和市场监督，政府监管部门监督主要对企业法律行为的合法性进行监督，旨在及时、准确纠正企业非法行为，降低企业法律风险发生概率。市场监督的核心要求是企业信息披露，通过披露企业内部行为信息，接受市场约束，市场监督不仅对企业法律行为的合法性进行监控，同时，还涉及企业法律行为的合理性、社会责任和社会效益等方面，市场监督是一种成本最低却效率很高的外部监督方式。

4. 信息管理制度。企业法律风险防控中的信息管理制度包括企业内外法律风险因素信息和法律风险信息。企业内部法律风险因素信息主要指企业内部运营中法律行为引发法律风险的可能性信息，企业外部法律风险因素信息则主要指与企业相关的国家法律法规制定、修改而导致法律环境的变化，这种变化通常会引致法律风险的发生或增加。企业内外法律风险因素信息是企业法律风险辨识的主要依据，同时也是企业法律风险评价和预警的重要数据资料来源。企业内外法律风险信息是指本企业及其他法律行为主体法律风险发生的历史数据资料及典型风险案例等，是运用统计方法进行风险评价和预警的重要基础资料。

5. 外部沟通制度。国家立法机关、执法机关和司法机关掌握国家法律法规修订权和法律解释权，是企业外部法律环境风险因素信息的主要来源，同时执法机关和司法机关还是企业法律行为合法性的界定者，企业无论在作出法律行为之前还是行为过程中加强与其沟通对于法律风险防控颇有意义。行为之前的沟通可为行为的可行性论证获取大量及时、准确的信息。行为过程中的沟通可及时为企业找出法律行为偏差以便加以纠正，避免法律风险的发生。

三、法律风险防控理念与文化培育

在所有的组织体法律风险防控理念与文化中，企业法律风险防控理念与文化发展较快也较为成熟，可以以企业法律风险防控理念与文化培育为基础，培育成熟的法律风险防控理念与文化，并推而广之。

（一）国内外企业风险防控理念与文化培育实践

COSO《企业风险管理——整合框架》在其关键原则摘要部分首先强调了企业风险管理理念是企业风险管理内部环境中的首要因素，认为企业内部的风险管理理念代表着决定企业如何考虑所有活动中的风险的共同信念和态度；风险管理理念反映了企业的价值观，并影响其文化和经营风格；它还影响着如何应用企业风险管理的构成要素，包括如何识别与风险有关的事项、所承受的风险类型，以及如何对其进行管理；它能被很好地确立和理解，并为员工所信奉；它体现在政策描述、口头和书面沟通及决策之中；管理层通过语言和日常行动来强化这种理念；它同时还反映在企业的风险容量之中。[1]

3C框架认为企业风险管理理念是企业中一整套共同的信念和态度，它决定企业从战略制定和执行到日常的活动如何考虑风险。风险管理理念反映了企业的价值观，并影响其文化和经营风格，并且决定如何应用企业风险管理的构成要

---

[1] See COSO, *Enterprise Risk Management—Intergrated Framework*, Committee of Sponsoring Organizations of the Three—way Commission, 2004, pp. 95~99.

素，包括如何识别风险、承担哪些风险和如何管理这些风险。当风险管理理念被很好地确立和理解并为员工所信奉时，企业就能有效地识别和管理风险。当风险管理理念上升至企业总体战略层面时，全面风险管理理念成为风险管理中总体层面的内容，需要企业最高管理层高度关注。管理当局不仅要通过政策表述、口头和书面沟通及决策培育全面风险管理理念，而且还要通过日常的行动来强化这种理念。全面风险管理理念突出风险的选择和利用，也就是在传统风险管理基础上，树立一种选择风险和利用风险的现代观念，来促进企业发展、促进管理创新。

在论及企业风险管理理念时，3C框架结合了企业风险管理文化的内容，认为营造企业风险管理文化氛围时要注意传统风险管理与现代风险管理的区别。传统风险管理以防人、防事为主体，现代风险管理则是系统的、统一的，以规范制度、规范流程、规范责任为特征的完整的企业内控机制。风险管理文化是企业文化的重要组成部分，应融入企业文化建设全过程。大力培育和塑造良好的风险管理文化，树立正确的风险管理理念，增强员工风险管理意识，将风险管理意识转化为员工的共同认识和自觉行动，保障企业风险管理目标的实现。而增强员工风险管理意识，主要通过培训和教育来实现。要结合企业实际，采取多种途径和方式，不断灌输风险管理理念、知识、流程、管理机制和内容，抓紧培养风险管理的专门人才。[1]

孙班军、郝建新对风险文化进行了界定，认为风险文化指企业以人为本，以保护国家、股东和其他利益相关者的财产为目标，通过在员工中培育、灌输风险意识和在风险管理活动中提炼，形成广大员工一致认同的风险理念、风险价值观、风险防范的行为规范和风险防范设施为一体的人文文化，是由知识、制度和精神三个层面所构成的整体性风险管理模式。知识层面指企业在风险管理过程中形成的技术和艺术；制度层面是企业对经营活动中可能出现的各种风险进行预防和控制的一整套制度安排，包括内控机制和激励机制；精神层面是企业在长期发展过程中形成的全体成员于风险管理方向上统一的某种思想观念、价值标准、道德规范和行为方式等精神因素。[2]

《中央企业全面风险管理指引》第九章对企业风险管理文化的目标和培育途径作了明确规定，企业风险管理文化的目标是促进企业风险管理水平、员工风险管理素质的提升，保障企业风险管理目标的实现。企业风险管理文化的培育要通过融入企业文化建设全过程，在企业内部各个层面营造风险管理文化氛围，加强

---

〔1〕 中天恒3C框风险管理架课题组编：《全面风险管理理论与实务》，中国时代经济出版社2008年版，第79~86页。

〔2〕 孙班军、郝建新：《风险管理案例分析与公司治理》，中国财政经济出版社2006年版，第49~56页。

员工法律素质教育，传播企业风险管理文化，与薪酬制度和人事制度相结合及建立风险管理培训制度等途径来实现。[1]

综而观之，企业风险管理理念和文化被视为企业及其员工在应对风险过程中形成的一整套有关风险管理的知识、动机、态度和信念的总称。企业风险管理知识主要包括风险的本质属性，如价值性、不确定性、客观性，企业风险的分类，企业风险管理流程，企业风险管理目标等。企业风险管理动机是指推动企业进行风险管理以实现企业战略目标的内在动力，它由需要激发、由情境和个性所决定，企业风险管理动机产生于企业风险的价值性，防控风险等于创造价值。同时，在风险社会中，人类进入全面风险管理时代，这种情境及企业自身的风险偏好个性决定其风险管理动机。企业风险管理态度则是在企业风险管理动机基础之上形成的一种心理的准备状态，它由经验予以体制化并对企业整体心理的所有反应过程起指示性或动力性的影响作用。企业风险管理信念是认知、情感和意志的有机统一体，是人们在对企业风险管理进行认识并形成动机和态度基础上确立的对企业风险管理坚信不疑并身体力行的心理态度和精神状态。

企业风险管理理念和文化主要包括下列内容：

1. 企业风险是价值风险，企业风险发生会导致企业直接或间接损失，因此，防控风险等于为企业创造价值。

2. 企业风险是可管理的，大部分企业风险是可控的，通过相应的风险辨识、评价和预警，进行有效的风险决策：或分散，或转移，或降低，或选择，对于不可控风险，则可选择回避的风险决策以避免企业遭受风险损失。

3. 绝大部分企业风险属于既有获利机会又有损失可能性的投机性风险，接受和利用这种风险可以改善企业管理，提高企业风险敏感度和风险承受能力。

4. 风险社会中，企业应培育全面风险管理理念，即企业全体员工全程参与管理全部企业风险。

5. 正确看待风险与收益的关系，不要厌恶风险，相信有风险就会有收益，高风险带来高收益，收益是承受风险的报酬。

（二）企业法律风险理念和文化培育

关于企业法律风险理念和文化，目前国内外相关文献很少，仅有吴江水所著《完美的防范——法律风险管理中的识别、评估和解决方案》一书中论及法律风险管理方案的宣贯和培训的意义、方法和效果。[2] 另有黄正的博士学位论文对企

---

〔1〕　参见《中央企业全面风险管理指引》第59~65条。

〔2〕　吴江水：《完美的防范——法律风险管理中的识别、评估与解决方案》，北京大学出版社2010年版，第333~343页。

业法律风险认识误区和现代企业的法律风险理念进行了初步探讨，认为当前企业法律风险认识误区主要有违法冒险投机论、法有明文易控论、守法遵章无险论和面对危机应诉论；而培养现代企业法律风险理念主要要把握有险与无险、可控与不可控、风险与回报的关系。[1]

企业法律风险管理理念和文化作为企业及其员工在应对企业法律风险过程中形成的一整套有关法律风险管理的知识、动机、态度和信念的体系，主要由下述内容构成：

1. 企业法律风险理念和文化培养的前提和关键是企业法制观念的培养，企业及其员工法制观念的成熟度直接决定企业法律风险理念和文化的水平。因此，培育企业法律风险理念和文化首先要培育企业全体员工的法律意识和法制观念。

2. 企业法律风险和企业风险一样具有价值性，也属价值风险，企业法律风险的发生同样会导致企业承受直接损失、行为目的不达和承担法律责任，因此，防控企业法律风险等于为企业创造价值。

3. 企业法律风险由法律行为引致，由于法律行为的可控性，企业法律风险也是可控的，通过相应的企业法律风险辨识、估计、评价和预警，进行有效的法律风险决策：或选择，或回避，或接受并相应采取分散、转移、降低的方法进行防控等法律风险决策以降低企业遭受法律风险损失的可能性，乃至避免法律风险。

4. 绝大部分企业法律风险属于既有获利机会又有损失可能性的投机性法律风险，接受和利用这种法律风险可以改善企业管理，提高企业法律风险敏感度和法律风险承受能力。

5. 在风险社会中，企业应将法律风险纳入企业风险管理体系，培育全面风险管理理念，即企业"全体"员工"全程"参与管理"全部"企业法律风险。

6. 正确看待法律风险与收益的关系，不要厌恶法律风险，相信有风险就会有收益，高风险带来高收益，收益是承受风险的报酬。

培育企业法律风险管理理念和文化，需要通过下列途径或获得如下支持：

第一，要树立以人为本的现代管理理念，企业法律风险管理需要培育全员法律意识和法制观念，以人为本不仅可以调动企业员工参与法律风险管理的积极性，同时可以减少企业与员工的纠纷，降低劳动法律风险。

第二，要打破企业非理性的情缘、血缘文化理念，培育现代企业的业缘、事缘理念，重构企业理性文化和法律文化，树立依法治企的观念，杜绝因血缘、情缘带来的风险因素。

---

〔1〕　黄正："基于价值链理论的企业法律风险管理体系研究"，南京理工大学 2007 年博士学位论文。

第三，打破注重形式主义的风险理念，将企业法律风险防控效益与员工的薪酬制度、福利制度相结合，激发员工参与企业法律风险管理动机的产生。

第四，通过设计、建构、实践、完善企业法律风险文化意义符号管理制度、沟通网络管理制度、法律风险文化训练管理制度和企业法律风险文化遗传继承管理制度，培育企业全体员工的法律风险制度文化理念。

第五，充分发挥企业家法律风险文化理念的主导作用，这不仅是因为企业家在决定体现企业文化的发展战略和经营方针的过程中居于举足轻重的地位，同时也是因为企业家在形成反映企业家本身价值观的特有经营风范、管理风格和鼓舞士气等方面的决定性作用。而且，企业家将利用其在企业中的权限和权威对他厌恶的价值观予以摒弃和压制直至企业的法律风险文化理念与其法律风险价值观实现最大程度的吻合。

第六，通过普法教育、培训，法律咨询，法制宣传、企业法律风险管理相关知识的传播及法律风险管理方面的仪式和企业内部活动，逐渐形成企业法律风险管理的企业风险文化，进而上升为企业法律风险管理理念。

【课后作业】

1. 甲公司为拓展业务，在 A 市选择了 3 个投资项目作为备选投资项目，公司管理者通过调研，认为投资环境只有两种状态，即投资者无法控制的自然状态：S_1——投资环境好；S_2——投资环境差。不同投资环境下损益状况如下表：

表 6-10　不同投资环境下损益表

备选项目	自 然 状 态	
	高的认同程度 S_1	低的认同程度 S_2
P_1	80 万元	70 万元
P_2	130 万元	50 万元
P_3	180 万元	−40 万元

请根据以上数据资料为甲公司的投资决策撰写一份法律意见书。

2. 试述证券化分散不良资产信用风险的实现机制。

3. 结合你所就读的学校实际情况，谈谈高等学校法律风险理念和文化的培育路径。

```
┌──────────────────────────────────┐
   分论　几种常见的法律风险管理
└──────────────────────────────────┘
```

第七章　合同法律风险管理

第一节　合同订立的法律风险

合同的订立是合同双方动态行为和静态协议的统一，它既包括缔约各方当事人在达成协议之前洽谈的整个动态的过程，也包括双方达成的合意、确定的合同的主要条款以及达成的最终协议。从缔约相对人的选择到合同签订过程中潜藏了众多的法律风险，其中既包括选择相对人不当、资信审查不到位的法律风险，合同条款约定不当和约定不明的法律风险，也包括缔约过失以及合同效力瑕疵的法律风险等。合同订立阶段的风险防范对合同风险管理具有重要的作用，不仅能使合同的履行更加顺利，同时也能减少当事人对条款的争议以及法律纠纷的发生。本节将从以下几方面论述合同订立的法律风险防范。

一、合同主体资格、履约能力审查

（一）风险识别

合同签订前对合同相对方主体资格与履约能力的审查，是合同订立风险控制的第一步，合同主体资格和履约能力是合同签订前隐蔽的风险。与主体资格不适格的当事人或代理人签订合同，可能使企业面临合同无效或效力待定的法律风险；与履约能力不足的当事人或代理人签订合同，可能导致合同不能履行，合同目的无法实现，最终由企业承担因该合同未履行产生的经济损失。不同的合同相对方，其涉及的法律风险不尽相同，从实践经验总结来看，合同签订前企业在主体资格和履约能力方面的风险主要包括以下几个方面：

1. 合同相对方为自然人时的法律风险。

（1）合同相对方不具备完全民事行为能力。订立合同的自然人须具有相应的民事行为能力，由于民事行为能力的限制，企业与未满 18 周岁的未成年人（16 周岁以上不满 18 周岁，以自己的劳动收入为主要生活来源的公民除外）以及不能辨认自己行为的精神病人订立合同，企业很可能面临合同无效或合同效力待定的法律风险。

（2）代理人不具备代理权限或超越代理权。由民法相关理论可知，代理人应当在被代理人授予的代理权限内，以被代理人的名义进行民事活动，并由被代理人直接承担代理人行为所产生的法律后果。但是，根据《民法典》第503、504条规定可知，企业与代理人签订合同，若忽视对代理人代理权限的审查，将产生合同不被追认的法律风险。

2. 合同相对方为法人主体时的法律风险。

（1）合同相对人无主体资格。企业法人作为《民法典》规定的合同主体，根据《市场主体登记管理条例》第21条规定，申请人申请市场主体设立登记，登记机关依法予以登记的，签发营业执照。故在签订合同时，若只是简单依赖对方提供的资料而不重视对企业相关证照的核实，很可能使企业面临合同无效的风险。

（2）合同相对人无独立主体资格。若签约主体是分支机构，虽然其不具备法人资格，不能独立承担民事责任，但这不影响其作为签约主体的资格，如果企业法人的分支机构已经申请并获得营业执照（非法人营业执照）就具备合同主体的资格。但值得注意的是，《最高人民法院关于适用〈中华人民共和国民法典〉担保部分的解释（征求意见稿）》第12条规定，公司的分支机构未经公司决议程序以自己的名义对外提供担保，相对人请求公司或者其分支机构承担担保责任的，人民法院不予支持，但是相对人善意的除外。当签约主体是企业的职能部门时，因企业的职能部门作为一个非独立的实体，并不具备签约主体资格，故未经依法登记并领取营业执照的法人内部职能部门，则其所签订的合同无效。

（3）法人超越经营范围及其法定代表人或负责人超越权限订立合同。法人超越经营范围订立的合同，并不当然无效，但属于国家限制经营、特许经营以及法律、行政法规禁止经营规定范围的合同无效。合同相对人为法人的法定代表人或负责人，违反或擅自超越公司章程规定的权限对外代表公司签约时，合同并非一律无效，但明知法人或其他组织的法定代表人、负责人超越权限订立的合同，合同面临无效的风险。

（4）合同相对方履约能力不足。忽视对合同相对方履约能力的审查，与根本不具备履约能力，或者限于经济困难无力履行债务，或者已经进入破产清算程序的相对方签订合同，企业很可能在履行完相应义务后面临无法获得相应对价的风险。

（二）风险控制

1. 企业与自然人签订合同，可以从以下几个角度进行审核：

（1）与完全民事行为能力人签订合同。与自然人签订合同不仅需要核实其基本的信息，如该自然人的住所地以及身份，而且需掌握该自然人的财产状况，要求对方提供相关的财产证明，确保相对方对此次交易的资金准备充足。同时，对于合同的履行有特殊的技术要求的，还需核实相对方是否具有履行本次合同所需的技术和设备条件。除此之外，在与自然人的代理人签订合同时，应对该代理人的代理权限进行审核，在签订合同时还应当要求代理人出具授权委托书，并审查其授权权限及真实性，以确定代理人有权代理。

（2）与限制民事行为能力人签订合同。与限制民事行为能力人签订合同的，需保证合同内容与其年龄、智力、精神状况相适应，或者该合同签订由其法定代理人代理或征得法定代理人的同意。

（3）与无民事行为能力人签订合同。由于其智力、精神状况的特殊性，确需与无民事行为能力人签订合同的，应当由其法定代理人代为签订。

2. 企业与法人签订合同，可以从以下几个角度进行风险防范：

（1）企业主体资格审查。一般企业主体资格的确认，以营业执照为准。在审核企业主体资格时，可以要求对方提供其企业法人营业执照以及年检报告，为了保证信息的真实性，最好获得其在工商行政管理部门登记的基本信息，获取信息后，可到企业经营地实地考察，或者打电话咨询。

（2）企业的法定代表人或代理人资格审查。与企业的代理人签订合同时，应审慎审查具体签约人的代理资格、代理权限，授权委托书或者证明信等身份证明，授权委托书要作为合同的附件予以保留，以防有人利用合同予以诈骗，可到登记备案机关或者所在企业进行核实。如果签约人是法定代表人，企业应要求其出示法定代表人证明书、法定代表人身份证明以及对方企业的企业法人营业执照，在合同主体不配合的情况下，该法定代表人所在公司的章程可能对法定代表人的职权范围做了明确规定，企业可以到工商注册机关调取公司章程。如果签约人为员工代表时，应要求员工提供公司的授权书，以及员工个人的身份证明，同时要仔细审查其授权范围及代理期限等。

（3）企业的履约能力审查。为防范合同相对方履约能力不足的法律风险，建议在合同签订前对相对方履约能力进行调查，调查包括一般资信调查和合同履行能力调查。一般资信调查包括该企业的行业地位、商业信誉、企业的履约记录、财务报表上体现的盈利能力等，合同履行能力审查包括合同相对方是否具有履行合同义务的资质和条件等。

二、合同主体名称不准确、简称使用混乱

合同主体名称不准确。A 公司通过网络订单的方式委托 B 公司加工一批货物，B 公司按 A 公司的要求完成加工并安排工厂的专车将委托加工的货物送至了 A 公司所在地，货款总计 50 万元。双方达成书面还款协议，协议由当时 A 公司法定代表人签字（出现纠纷时 A 公司法定代表人已更换），但合同首部和尾部 A 公司的名称均出现了错误，将名称中的"情"写成了"青"，并且未盖公章，后在纠纷中 A 公司以未收到货物为由，拒绝承担还款义务。从上述纠纷所反映出的问题来看，合同主体名称是确定合同权利义务双方最直接、有效的证明。在合同主体名称错误的情形下，一方能否依合同要求另一方履行相关义务？实践中企业又该如何来规避类似风险？

（一）风险识别

1. 我国《企业名称登记管理实施办法》《市场主体登记管理条例》以及其他相关法规都对企业的名称做出了规定，企业应当依法选择自己的名称，该名称具有唯一性，并应申请登记注册，名称表述不规范的，工商管理机关将拒绝企业注册申请。在合同签署过程中，如果未对主体名称进行审查导致名称表述错误的情形出现，公司错误名称很可能在现实中根本不存在，或者是指合同以外的其他不相关主体，被错误表述的企业必然无法享有合同上的权利，更无须承担合同上的义务。以前述案例为例，由于还款协议出现的企业名称与 B 公司实际主张还款的公司名称不一致，在没有其他证据予以佐证的情形下，B 公司面临无法要求 A 公司承担还款义务的风险。

2.《企业法人登记管理条例》规定，企业法人改变名称的，应向登记主管机关申请办理变更登记。虽然名称的变更并不影响其权利义务的承担，但是也不能保证企业将不会因此带来任何风险。

（二）风险控制

1. 为了避免因合同主体名称错误而使企业面临义务主体难以确定的风险，在签订合同时应首先审查合同中各方主体的名称表述是否完整准确，以及该名称是否与在工商行政管理部门登记的一致，并应在合同尾部加盖企业的公章，以增强证明力。同时，为了防止因对方名称变化给合同履行带来麻烦，可以在合同条款中约定，在合同签订、履行过程中，任何一方出现主体名称的变化，应当及时书面通知对方提供相关证明，相应办理变更手续。

2. 在合同签订后发现合同主体名称与企业实际名称不一致的情形，应及时与对方协商变更原合同，或得到对方的书面确认。

合同主体简称使用混乱。合同作为对措辞严谨度要求较高的法律文本，合同主体前后指代应保持高度的一致性。实务中当事人简称使用混乱的现象并不少见。方便起见，在签订合同时我们习惯采用"甲方""乙方"来指代合同双方，但若是在合同内容中将本应由甲方承担的义务误写为乙方，或是将本应由甲方享有的权利赋予乙方，一旦发生争议，将加重当事人的举证困难，以及增加承担责任的风险。

（一）风险识别

《民法典》规定当事人对合同条款的理解有争议的，应当结合合同文义、条款、目的、交易习惯以及诚实信用原则，确定该条款的真实意思。在合同主体指代错误的情形中，除非明显误用，否则法院判决很难通过其他资料证明合同原本签订意图。特别是在法律要求了一方某种义务又允许合同双方对该义务做出另行约定的情形下，法院只能根据文义解释的原则，按合同文本做出判决。

（二）风险控制

1. 严格审核合同文本。实务中，最为有效地避免合同主体适用混乱的途径为严格审核合同文本，特别是不得疏忽对最终签字文本的审查，并且在审查时着重审查对方更改过的部分；在审查合同文本时尽量有法律专业人员的参与，这样能最大程度避免当事人简称使用混乱的风险。

2. 针对简称误用纠纷举证的困难，可以适当保留合同谈判和签订过程中的重要文件材料，方便证明合同双方签订时的真实目的。

三、合同标的物条款不完备

由于有些词语自身指代的非唯一确定性，以及合同双方对标的物描述不清，实践中常出现对合同标的物约定不明的情形，甚至此情形被对方所利用，导致争议的发生。合同标的作为合同法律关系的客体，是合同当事人权利义务共同指向的对象，同时也是合同成立的必要因素。实践中，因当事人的疏忽经常会出现合同未约定标的、标的不合法或标的约定不明的现象，这些都将可能使企业面临不同程度的风险，包括合同不成立、合同无效或合同不适当履行，等等。

（一）风险识别

1. 合同标的不合法。标的合法是《民法典》规定的基本要求，只有法律允许流转的东西才能成为合同标的，并为法律所保护。如果标的物不合法或者是法律所禁止流转的，即使签订了合同也面临合同无效的风险。更甚者，还可能触犯刑法的相关规定。以划拨土地使用权转让为例，国有划拨土地在未办理土地出让手续补交出让金的情况下，不得再次转让。土地使用权人未经有批准权的人民政府批准，与受让方订立合同转让划拨土地使用权的，应当认定合同无效。

2. 合同标的不确定。合同标的不确定主要指合同条款中所指代标的物不具有唯一性。实践中不少纠纷均是因合同标的条款未将标的物的名称、品牌、规格、型号、等级、生产厂家、包装方式等描述清楚，导致实际交付的标的与合同约定的标的不符。一旦发生争议，双方很难通过协商解决，而诉诸法院也将徒增交易成本。我国有关司法解释更是将合同标的确定作为合同成立的条件，也就是说，在合同订立过程中，合同双方未就标的条款约定明确，企业将面临合同无效带来的法律风险。

3. 标的物处分人权利瑕疵。我国《民法典》第 597 条规定因出卖人未取得处分权致使标的物所有权不能转移的，买受人可以解除合同并请求出卖人承担违约责任。这就要求标的物的处分人要合法持有相应处分权，企业和无处分权人签订合同，很可能由于对方当事人权利瑕疵导致标的物所有权不能转移，即使转移，在真正权利人行使追回权时，己方需承担相应的举证责任，才能主张善意取得。

（二）风险控制

1. 合同标的物的合法性审查。企业在签订合同过程中应审查合同标的是否合法，是否为法律、行政法规禁止或限制转让的标的物，或者该标的的流转是否需要履行相关的手续。

2. 审查标的物的权属。为了防止因标的物权属不清导致合同履行不能，企业在签订合同的过程中，如果涉及标的物的给付，应对标的物的权属进行审核。标的物为不动产的可以通过查询相关登记记录核实，核查该标的物权属是否明晰，标的物上是否存在抵押、质押等负担；标的物为动产的可以要求对方提供相应的购买凭证以证明其为所有权人，并且己方应将这些权属证明文件以档案形式保存，以作为争议发生时的有利证据。

3. 使用恰当的标的物名称。为了保证合同中标的物的唯一性，标的物的名称应使用正式名称，特别是在合同中首次提到时要使用全称。同时，标的物尽量使用符合国际标准、国际行业习惯或国家标准、行业标准的商品名称。对标的物的名称、品牌、规格、型号、等级、生产厂家、包装方式等的描述也应尽可能清晰、明确，有配套件的，还应把配套件的相关要求予以明确约定。同时，还必须注意同名异物和同物异名的情况，必要时可配合必要的图片和文字说明。

四、合同质量标准条款争议

A 公司与 B 公司签订了某机器零配件买卖合同，由 A 公司按"国家标准、行业标准及 B 公司不时制定的企业标准"向 B 公司提供机器零配件，在 A 公司按 B 公司提供的企业标准研发出样品并准备批量生产时，B 公司提出该企业标准已不能很好地满足市场需求，要求 A 公司按最新的企业标准进行生产，但是 A 公司发现，按 B 公司的最新企业标准进行生产将使企业生产成本大幅度提升，故希望与 B 公司协商提高合同价款，但 B 公司以合同中约定"按企业不时制定的企业标准"提供为由，拒绝提高合同价款价格。在该案例中，因质量条款的约定不当，使 A 公司自行承担生产成本增加的风险。质量条款作为合同中的重要条款，既是保障合同目的实现的基础又是标的物质量验收的依据，合同中质量标准及其质量验收相关事项的约定不明，很可能导致双方在合同履行过程中发生争议。

（一）风险识别

1. 质量标准约定不明。合同当事人对合同质量标准条款的约定不明，很容易导致产品供需方对产品质量标准认识不一，使企业面临违约或成本增加的风险。我国《民法典》第510、511条规定，合同生效后，当事人就质量没有约定或者约定不明确的，可以协议补充；不能达成补充协议的，按照合同有关条款或者交易习惯确定。当事人就有关合同内容约定不明确，依照第510条规定仍不能确定的，质量要求不明确的，按照强制性国家标准履行；没有强制性国家标准的，按照推荐性国家标准履行；没有推荐性国家标准的，按照行业标准履行；没有国家标准、行业标准的，按照通常标准或者符合合同目的的特定标准履行。由此可见，在质量条款约定不明的情形下，通常按一般质量标准认定合同的质量标准，若己方作为需方，并对产品质量有一定要求时，很明显按一般质量标准将对己方产生不利风险。除此之外，实务中在约定国家标准、行业标准以及企业标准时，其效力顺序为国标（GB）级别最高，国家推荐标准（GB/T）次之，接下来依次是行业标准、地方标准、企业标准。如果行业标准和国家标准相冲突，则须以国家标准为准。同样，地方标准不得与行业标准和国家标准相冲突。企业标准不得与地方标准、行业标准和国家标准相冲突。

2. 质量验收事项约定不明。质量验收事项约定不明的法律风险主要表现在①验收地点没有明确约定是在供方所在地还是需方所在地，企业将面临验收成本增加以及风险转移时间后延的风险；②验收的时间未约定或约定不明的，在需方故意拖延验收的情形下，可能使企业增加产品保管费用以及增加产品毁损灭失的风险；③合同中未对验收不合格的后果、质量认定的最终途径予以明确约定，不仅会影响合同的履行，同时双方也可能对产品不合格造成损害的责任承担产生纠纷；④合同中对验收费用的承担以及验收方式的约定不明也将不同程度地增加企业面临纠纷的风险。

（二）风险控制

1. 质量标准明确。双方就合同质量条款的约定，应当明确产品或服务所需达到的客观标准。若在合同中约定了几个标准，并且各标准之间要求不一致时，应对各种标准的效力顺序做出明确约定。如果没有具体的质量标准的，也应在双方协商一致的情形下对标的的质量进行具体详细的约定，但应保证该约定足够明晰并不会产生任何歧义。另外，在合同中应避免使用如"不时制定的企业标准"等类似的不明确标准。

2. 验收事项义务主体确定。为了避免因验收事项约定不明导致纠纷的发生，企业在订立合同时，应对验收时间、验收地点、验收方式、验收费用的承担以及验收不合格的后果、质量认定的最终途径等予以明确约定。例如受委托完成一项作品，应对作品的内容、作品应达到的要求、作品须符合的特定用途、版式要求等做出明确约定。

3. 约定合同质保期。企业为了保证一定期限内产品的质量与安全，往往会在合同中约定质保期。但是合同中产品的质保期应有所限制，特别是在己方作为供方时，应在合同中对质保期的期间和条件予以明确约定，只有在一定的期间内提出并且符合相关条件的，供方才承担相应的责任，并且质保期的计算，一般应从产品交付之日起计算，不能以接受方销售或安装之日起算，避免因接受方原因造成的产品问题，仍需由供应方承担责任。

五、合同价款条款约定不当

合同中，价款、报酬、其他费用及其支付方式条款非常重要，它直接关系到合同目的能否达到。合同条款中对价款、报酬及其支付方式上约定的细微差别，都可能使企业面临的风险各异，而企业在签订合同时，往往对此条款的表述比较简单。合同价款条款作为一个常常发生纠纷的条款，在拟定或审核相关内容时，一定要在双方协商一致的基础上，对合同中价款、报酬及其支付方式的约定十分确定和准确，避免因约定不明产生分歧，引起争议或者诉讼。

（一）风险识别

1. 合同价款约定不明。价款数额一般由单价和总价构成，企业在订立合同时若只约定了合同总价，在合同标的较为复杂情形下，特别是在标的物是多类商品的购销合同中，很难根据合同总价确定各类商品的价格，一旦出现合同部分履行的情形，双方难以就未履行部分所占合同总价的比例达成一致意见。虽然我国《民法典》规定，价款或报酬不明确的按照订立合同时履行地的市场价履行，然而在市场价与合同价款不一致情形下，企业难免会面临成本增高或价款减少的风险。此外，执行政府定价或者政府指导价的商品，需遵守国家的物价法规，在交付期限内遇到政府价格调整的，按交付时的价格计价；政府价格上涨时企业逾期交付标的物的，只能按原来较低价格执行，价格下降时，按新价格执行，否则，将面临合同无效的风险。这里我们还需注意，合同中约定的履行期限、履行地点等条款，在合同的价款或报酬未做约定或约定不明的情况下，对价款或者报酬的确定也具有重要的意义。

2. 未约定明确的支付期限。在价款支付期限上，若双方约定的是确定的具体日期，一般不会产生纠纷。但实践中不少企业在签订合同时将支付的期限约定为"验收合格后多少日内"的形式，如果将支付的期限约定为某种行为完成或某种事实发生后，又未在合同中对行为完成或事实发生做出明确的界定，这样的约定会使企业增加对方迟延履行或者是恶意违约的风险。

3. 付款支付方式约定不当。付款条款中己方先付款对方后发货，以及己方先发货对方后付款的约定都是存在较大风险的，在己方履行付款或发货义务后，我们很难保证对方有足够的履行力。在服务型合同里，由于提供服务一方的合同义务具有不确定性，如果合同中对价款支付方式的约定过于简单，如采用固定的时间支付固定金额的方式，则很可能难以在对方没有履行合同义务时进行有效抗辩。

（二）风险控制

1. 为了避免因合同中只约定标的总价，导致双方关于未履行部分所占总合同总价的比例难以达成一致意见的情形出现，企业在签订合同时，应根据每种标的的具体型号等详细列明每项商品的单价。此处还应注意的是，合同中除了应约定产品本身的价格外，还应对各种费用如包装费、维修费、保管费等其他相关费用的承担予以明确约定。

2. 在约定合同价款的付款方式时，己方尽量要求对方先付款，这样能避免己方发货后合同价款无法收回的风险。如果采用前述付款方式确有难度，在己方履行合同之前可以要求对方支付一定额度的定金，并且在合同中约定交付定金之日起合同生效，生效后己方始有供货的义务。即使己方无法避免采用先发货后付款的方式，企业在签订合同前也应谨慎审查对方的运营状况，保证对方在己方履行合同后有相应的履行能力。

3. 在支付的期限问题上，一般情况下，以约定具体的日期为宜，比如某年某月某日或某年某月某日之前。但实践中很多合同将支付期限约定为某种行为完成或某种事实发生后，特别是在建筑施工合同中，习惯根据工程的进度分期完成付款，或者常常约定货物验收合格后多少日内付清货款，在此类情形下要特别注意对付款的条件做出明确的界定，否则付款条件将是形同虚设，导致支付期限模糊不清不便执行。

六、履行期限、履行地点、履行方式的约定不明

履行期限、履行地点、履行方式是否符合要求是确认合同当事人是否依约履行的重要认定标准。准确的时间约定或有效的时间计算方法不仅对敦促双方积极履行合同义务具有重要的意义，同时也是判断是否构成迟延履行的重要依据。忽视上述重要条款的明确约定，容易导致履行结果与合同当事人预期效果不符，进而引发履行纠纷，届时双方当事人都将面临承担经济损失或违约责任的法律风险。

（一）风险识别

1. 履行期限约定不明确。我国《民法典》第 511 条第 4 项规定，履行期限不明确的，债务人可以随时履行，债权人也可以随时要求履行，但是应当给对方必要的准备时间。实践中确实有不少经营者只考虑签约当时的顺利交易，而忽视对合同履行期限的约定。从上述法条可知，在履行期限约定不明确的情形下，不管己方是作为债权人亦或债务人一方，都将使企业面临违约或因对方履约不及时造成经济损失的法律风险。同时，合同履行期限直接影响到诉讼时效的起算，若企业不知诉讼时效仅从请求之日起算，可能会导致债权行使不及时或者超过诉讼时效的法律风险。最后需要注意的是，有些企业在签订合同时为了将合同签订成为无限制的长期合同，故意在合同中不设定履行期限，但在此情形下，一旦合同履行的外部环境发生变化，将给企业带来巨大的法律风险。

2. 履约地点约定不明。根据我国《民法典》第 511 条第 3 项规定，履行地点不明确，给付货币的，在接受货币一方所在地履行；交付不动产的，在不动产所在地履行；其他标的，在履行义务一方所在地履行。实务中，在合同履行过程中因合同双方对履行地点约定不明，导致合同双方对合同是否履行以及合同履行是否存在瑕疵发生争议的并不在少数。除此之外，根据我国《民法典》第 607 条第 2 款的规定，当事人没有约定交付地点或者约定不明确，标的物需要运输的，出卖人将标的物交付给第一承运人后，标的物毁损、灭失的风险由买受人承担。故当事人履约地点的约定不明，还将影响买受人对标的物损毁、灭失的风险承担。

3. 履行方式约定不明。我国《民法典》第 511 条第 5 项规定对履行方式约定不明确的，按照有利于合同目的的方式履行。该法律规定较为含糊，故实践中的当事人因履行方式约定不明而产生纠纷时，难以依据该规定达成一致。实务中容易产生此类纠纷的风险点主要有：对合同履行的具体方式包括运输方式、包装方式、保管方式等的参照标准和费用负担没有约定或约定不明的法律风险，以及对代为履行没有约定或约定不明的法律风险。其中，代为履行的禁止条款，比较容易被忽视，特别是在代为履行缺乏相应限制时，则可能给企业带来意想不到的法律风险。特别是在委托、加工承揽等对当事人能力有特殊需要的合同中，缺乏代为履行禁止条款都属于企业合同签订时的重要法律风险。

(二) 风险控制

1. 企业在签订合同时可以根据合同的履行方式分别确定合同的履行时间和期限。例如在买卖合同中，价款的支付通常会约定在几日内完成，并且支付日期以确定的某日为宜。一些以特定行为的完成为有效条件的合同，直接规定合同有效期确实不便，但也应当综合考虑产品的生产周期、所选运输方式等确定一个比较合适的履行期限。而对于确实无法确定有效期的合同，应对合同解除的条件予以详细约定，以避免因此产生的法律风险。

2. 当事人签订合同时，对合同履行地点的约定应明确、具体。根据《民法典》第 510 条的规定，企业在签订合同后发现履行地点约定不明的，应对履行地点及时补充，避免风险发生。若在合同履行过程中，通过协商仍不能解决的，根据《民法典》的相关规定确定合同履行地点。

3. 履行方式作为合同履行的重要条款，企业在签订合同时应对履行方式做出明确的约定。不同合同标的涉及的履行方式要求不同，当事人在约定合同履行方式时，应当结合具体的交易要求，对运输方式、包装方式、保管方式等的参照标准和费用负担予以确定。而关于代为履行，特别是在须对方亲自履行方能保证合同目的实现的情形中，应在合同中对代为履行做出限制或禁止，以免因更换合同履行主体发生纠纷。

七、风险转移条款的具体约定

王某在 A 公司购买一台电冰箱，付款后，A 公司业务人员说可以免费代客人送货。当天下午 A 公司将货交由与其有运输合同关系的 B 运输公司送货。送货途中，遇到突发交通事故，电冰箱被毁。王某要求 A 公司赔偿货物损失，A 公司则要求 B 运输公司赔偿损失。经协商，A 公司另付一台同型号冰箱给王某，B 运输公司赔偿 A 公司损失 1500 元。风险转移是货物买卖合同中最实际的一个问题，直接关系到当事人的利益平衡。法律中规定的风险转移通常采用一些比较抽象的概念，然而这些概念在具体交易中如何界定并不简单，若双方对此没有一致的认识，争议可能性就客观存在。另外，法定的风险转移具体细节也有赖于双方合同的明确约定，实践中应当对这些约定不明的法律风险进行认真考量。

（一）风险识别

1. 风险转移的具体约定不明。我国《民法典》第 604 条规定，标的物毁损、灭失的风险，在标的物交付之前由出卖人承担，交付之后由买受人承担，但法律另有规定或者当事人另有约定的除外。从该条文可以看出，我国《民法典》关于风险负担转移采用交付主义为一般原则。然而合同中的风险负担并不能一概而论，当事人可以在合同中另行约定风险转移的时间。以上述案例为例，由于王某和 A 公司在合同中未对风险转移做出约定，并且 A 公司向王某承诺可以免费代客人送货，因此未在当场完成交付，故根据《民法典》相关规定，A 公司需承担电冰箱在运输途中损毁、灭失的风险。

2. 标的物存在质量瑕疵的风险转移。在合同履行过程中，难免会出现标的物质量瑕疵的情形，在此情形下，标的物风险转移与交付一般原则有细微的区别。我国《民法典》第 610 条规定，因标的物不符合质量要求，致使不能实现合同目的的，买受人可以拒绝接受标的物或者解除合同。故企业在履行合同过程中，若相对人提供的标的物有质量瑕疵，买受人未就该质量瑕疵对出卖人表示异议的，此时买受人将承担标的物损毁、灭失的风险。买受人拒绝接受标的物或者解除合同的，标的物毁损、灭失的风险由出卖人承担。

3. 超越法定范围承担风险以及风险转移约定违反法律强制性规定。根据我国《民法典》第 607 条规定可知，法律规定的风险转移属于任意性规定，当事人在合同中可以重新约定风险转移。但是，法律也对某些情形的风险转移做了例外规定，如买卖在途货物的风险转移，自合同成立时起，由买受人承担；对需要运输的标的物，出卖人将标的物交付给第一承运人后，即发生风险转移；买受人不履行接受标的物义务的，标的物损毁、灭失的风险自违反约定之日起由买受人承担；标的物质量不合格，买受人拒绝接受标的物或要求解除合同的，标的物毁损的风险仍由出卖人承担。同时合同中约定的风险转移条款不得违反法律强制性规定，如当事人通过合同约定，对自己应当承担的责任进行限制或免除，法律为防止当事人利用自身的缔约优势排除自己的基本责任，规定了免责条款无效的情况。

（二）风险控制

1. 了解法律条文，仔细审查合同条款。法律中对风险转移有明确规定的，企业在签订合同时应认真审查相关合同条款，一是防止在使用对方合同文本时，己方需承担超越法定范围的风险，二是避免合同中约定的风险转移条款违反法律强制性规定，相关合同条款被认定无效，遭受经济损失或增加履约成本。

2. 合同风险转移条款约定明确。实践中合同类型纷繁，多数属于无名合同，这些合同的风险转移往往没有法律规定，然而实践中运用风险转移制度的概率较高，这些合同中风险转移约定不明是必须考虑的法律风险。为了避免因合同风险转移条款约定不明使己方承担不必要的责任，企业在签订合同时，应对风险转移约定适当，当企业为供方时，风险转移的约定以对方支付价款为宜；当企业为需方时，以标的物交付作为风险转移点为宜。除此之外，以交付作为风险转移的，合同中约定的标的物交付条款，应当包括标的物的交付时间、地点和方式，以免因相关事项的约定不明对标的物风险转移产生不利影响。

3. 质量不合格以及受领迟延时的妥善保管义务。标的物毁损、灭失的风险，原则上交付之前由出卖人承担，交付之后由买受人承担。但是在一些特殊情形下，比如一方提供的货物有质量问题或者一方受领迟延时，买受人对瑕疵货物以及出卖人对迟延受领的货物都有妥善保管的义务，否则即使法律规定在此特殊情形下由买受人自违反约定之日起承担标的物毁损灭失的风险，但出卖人仍须因自身的保管不善，就扩大损失承担相应的责任。

八、保证条款约定不明的法律风险

杨某因资金周转向吴某借款 20 万元，并于借款当日向原告出具了一张借条，双方在借条上约定了还款时间。保证人张某在该借条上签署"如果债务人不履行义务的，保证人愿意承担保证责任"的保证意见。还款期限届满后，杨某未能履行还款义务，后因此发生纠纷，张某被要求承担连带清偿责任。此案例中，张某因在合同中对保证方式未予以明确约定，导致在债务人未履行债务时承担一般保证责任。在众合同条款中，保证条款虽然是合同中次要条款，但是对其的约定不当，对债权人的请求权行使以及保证人的责任承担都将有较大影响，以下将分析保证合同条款中保证方式、期限约定不明的法律风险。

（一）风险识别

1. 保证方式不明确。依据我国《民法典》第686条规定，保证人的保证方式有两种，一般保证和连带保证。当事人对保证方式没有约定或者约定不明确的，按照一般保证承担保证责任。一般保证是当事人在保证合同中约定，债务人不能履行债务时，由保证人承担保证责任；连带保证是债务人在主合同规定的债务履行期届满没有履行债务的，债权人既可以要求债务人履行债务，也可以要求保证人在其保证范围内承担责任。实践中，很多企业在约定担保条款时都容易忽略对担保方式的约定。连带保证对于保证人而言是一种较重的责任，债务人和保证人的责任没有先后之别，只要债务人届期不履行债务，债权人就可以要求债务人或者保证人履行债务，或者要求共同承担债务，且保证人不能以债权人未先向债务人请求履行债务而拒绝履行其保证责任。故企业作为保证人时，应尽量避免对债务人的债务承担连带责任的风险。

2. 保证期限约定不明。担保期限直接决定着债务人承担保证责任的期间范围，根据《民法典》的相关规定，债权人与保证人可以约定保证期间，但是约定的保证期间早于主债务履行期间或与主债务履行期限同时届满的，视为没有约定；没有约定或约定不明确的，保证期间为主债务履行期届满之日起6个月。债权人与债务人对主债务履行期限没有约定或者约定不明确的，保证期间自债权人请求债务人履行债务的宽限期届满之日起计算。实务中，对于保证期限未约定或约定不明，很容易在债权人和保证人之间引发争议，此类纠纷一般很难友好协商解决，往往需向法院诉讼，这必然增加当事人双方的履约成本。除此之外，在保证期限约定不明的情形下，债权人若不及时行使权利，将面临因保证期间不明而未能及时要求保证人承担保证责任，最终导致保证人免除保证责任的风险。

（二）风险控制

1. 对一般保证或连带保证做出明确约定。根据一般保证或连带保证的责任承担不同，企业在签订合同时可依不同需要选择恰当的保证方式。相比而言，一般保证的责任较小，企业作为保证人时，往往会倾向于一般保证。但是，在保证条款中，保证人和债务人约定采用"一般保证"这种保证方式的，必须约定明确，即需要出现"一般保证"的字眼，以免因约定不明造成不必要的损失。

2. 对保证期限约定明确。为防止保证责任过重，当事人可以将保证范围约定为主债权及利息。除此之外，当事人还应对保证期限约定明确，避免保证合同的保证期间早于或等于主债务履行期限。

九、不可抗力免责条款的注意事项

不可抗力在实务中往往被作为合同的免责条款予以约定，因不可抗力发生在合同的履行过程中往往具有偶然性，这也导致实务中很多企业在订立合同时鲜有考虑不可抗力的情形，并就相关事宜做出约定。虽然我国法律对不可抗力的相关事宜进行了规定，但由于其比较笼统，当事人如简单地按照法律规定约定不可抗力条款，一旦就不可抗力条款发生争议，特别是在需要确定某一外部事件是否可以作为不可抗力，以及发生不可抗力后如何处理时，如果完全将分配风险、确定责任的权利交给法院，会给当事人的权利义务增加更多的不确定性。鉴于此，在把握不可抗力的内涵，并遵循《民法典》中关于不可抗力制度规定的基础上，在合同中约定完备的不可抗力条款相当重要。

（一）风险识别

1. 不可抗力种类约定不明。我国《民法典》第 180 条将不可抗力规定为"不能预见、不能避免且不能克服的客观情况"。一般不可抗力通常包括两种情况：一种是自然原因引起的，如水灾、旱灾、暴风雪、地震等；另一种是社会原因引起的，如战争、罢工、政府禁令等，但纵观各法律以及实务中对不可抗力的认定，似乎都缺乏统一、具体的标准。实践中，在合同中未约定不可抗力具体事项的，经常就某些意外事故是否应视作不可抗力事件发生争议，如果合同中并未对不可抗力的种类及认定规则做出约定，对方提出以不可抗力作为免责事由时，守约方将处于被动局面。

2. 未约定通知义务履行期限。我国《民法典》第 590 条规定当事人一方因不可抗力不能履行合同的，应当及时通知对方，以减轻可能给对方造成的损失。但从该条文看，法律并未对通知期限做出规定。而实践中对该期限的忽视，一是很可能因对方迟延履行增加己方的经济损失和相关费用，二是将增加诉讼中对对方未尽到通知义务的举证难度。

3. 减损规则及补救费用约定不明。按照法律的规定，不可抗力导致的损失由当事人自己承担，因此当事人应当采取必要的减损措施。然而，不可抗力的减损并非仅靠一方主力，往往需要对方协助，甚至主要依靠对方。这个时候就面临着费用的承担和减损获利之间的矛盾，如果在合同中未规定不可抗力减损规则以及补救费用的承担，一方当事人很难愿意承担费用为他方减少损失，双方也很可能因此产生纠纷。

（二）风险控制

1. 依合同性质，对不可抗力的范围做出约定。在实践中，不可抗力范围并没有一个确定的范围，对不可抗力的认定也非常严格，企业在签订合同对不可抗力的范围做出约定时，应将其与正常的商业风险区分开来。通常而言，企业可以采取如下几种形式来增加约定的确定性：①概括式，即对不可抗力事件作笼统的提示，如"由于不可抗力的原因，而不能履行合同或延迟履行合同的一方可不负有违约责任"。②列举式，即以逐项列举的方式对不可抗力事件的种类予以列明。③综合式，即综合概括式和列举式两种方式，在对不可抗力情形进行列举和排除不属于不可抗力的情形外，对不可抗力做一些兜底性的概括性约定。需要注意的是，不可抗力条款只是对法定的不可抗力事件的补充，但不能违反法律关于不可抗力的强制性规定。即使当事人在合同中约定不可抗力条款小于法定范围，当事人仍可援用法律规定主张免责；如大于法定范围，超出部分应视为另外成立了免责条款。

2. 明确不可抗力发生时的通知期限。为了避免因未尽到通知义务导致经济损失及损失的扩大，企业在签订合同时可以根据合同的性质以及对紧迫性的要求，约定不可抗力发生时的通知期限，不可抗力消除的通知期限以及证明不可抗力发生的材料提交期限。

3. 对不可抗力发生时的减损义务及减损费用承担做出约定。为了督促当事人在不可抗力发生时积极履行减损义务，当事人可以在合同中明确约定减损措施费用承担主体、措施采纳机制等事项，为企业未来可能遇到的不可抗力情况减少损失。

4. 对合同解除权行使进行系统约定。虽然我国《民法典》将不可抗力的发生作为合同法定解除的情形之一，但其前提是合同目的已不能实现。不可抗力并不必然导致合同全面解除，可部分解除，或者是在合同中约定待不可抗力消除后再履行。

十、违约责任条款的具体设置

很多企业在合同约定违约责任时常表述：一方违约，承担违约责任或按法律规定承担违约责任。这种既没有约定违约金的具体数额，又没有约定违约金计算方法的条款，只能按无约定处理，故一方违约后另一方只能根据损失情况要求对方赔偿其相应损失，而司法实务中却很难对损失情况提供充分、有利的证据，特别是对预期利益损失的证明。

（一）风险识别

1. 未约定违约金以及违约金计算方法约定不明。违约金是由当事人通过协商预先确定的，在违约发生后作出的独立于履行行为以外的给付。根据《民法典》第585条第1款规定："当事人可以约定一方违约时应当根据违约情况向对方支付一定数额的违约金，也可以约定因违约产生的损失赔偿额的计算方法。"

从原则上说，违约金的数额及其计算方法必须是当事人事先约定的。实务中，不少企业签订合同时未在合同中约定违约金条款，却在诉讼中主张对方支付违约金，为了充分表现当事人的意思自治，上述主张往往会因缺少约定不被支持。与此相类似的是，对违约金的计算方法缺少具体的约定，无法对违约金的数额进行计算，此种情形属于对违约金的约定不明，一般情形下将按无约定处理。因此，无论是存在违约金未约定还是约定不明的情形，另一方只能根据损失情况要求对方赔偿其经济损失，而一些合同义务违反带来的损失又很难确定，此时企业面临因举证不能而使其经济损失无法得到充分赔偿的风险。

2. 违约金数额约定不当。实务中有些企业在约定违约金数额时误以为越高越好，但是，根据我国相关法律的规定，"约定的违约金低于造成的损失的，人民法院或者仲裁机构可以根据当事人的请求予以增加；约定的违约金过分高于造成的损失的，人民法院或者仲裁机构可以根据当事人的请求予以适当减少"。实务中，如果当事人约定的违约金超过造成损失的30%，一般会被认定为法律规定的"过分高于造成的损失"，故对违约金数额约定的过高或过低都将产生一定的风险。

3. 未设定解除合同的权利。在设置违约条款时，企业往往容易忽视对违约责任的法律后果的约定。在合同履行过程中，如果当事人违反义务达到一定程度，继续履行合同已经没有什么意义，企业若没有在合同中保留解除合同的权利，企业将面临更大的经济损失。

（二）风险控制

1. 明确约定违约责任条款。企业在约定违约责任条款时应避免"依法承担违约责任"等类似条款，常见的违约责任条款约定方法有：一是约定专门的违约条款，约定在一方出现违约时需向另一方支付一定数额的违约金或参照一定标准将违约金按一定比例计算；二是违约责任约定散见在不同的条款中，如履行条款和质量条款，此种方式虽然比单独约定的方式更为隐蔽，但是也难以避免合同条款遗漏的情形，故采取此种方式约定违约责任的，最好在合同中约定兜底性条款。

2. 违约金数额适当。根据法律规定，企业对违约金额度的约定可以设置为具体数额，也可以设置为违约金的计算方法。但是不管采用哪种方法，都应该根据违约情况来确定。企业在约定违约金条款时，不宜将违约金约定得过低或过高，对违约金的最高限额原则上不宜超过合同标的额30%。

3. 在合同中保留解除合同的权利。当事人在签订合同时应在违约责任条款中对违约责任的法律后果明确约定，对违约达到某种程度的应保留解除合同的权利。以买卖合同为例，可以在合同中约定"一方不履行合同义务达到××天的，另一方可以解除合同"。

十一、争议处理条款的约定

A 公司与李某签订了一份买卖合同，并在合同的第 7 条"争议解决"中约定，"双方发生争议协商解决，如协商解决不成，双方一致同意一切关于本合同及其附件的争议，包括但不限于因合同的效力、解释、履行、变更、终止等产生之争议，均提交郑州市仲裁委员会，依该会之仲裁规则解决"。并在该合同第 8 条"其他"条款第 6 项约定，若 A 公司未按合同执行，除不可抗力事件外，李某有权向当地法院起诉 A 公司。后李某依此向约定的仲裁机构仲裁，A 公司以合同中或裁或诉的约定不符合法律规定为由，对仲裁协议的效力提出了异议。通过上述纠纷我们发现，争议解决条款的约定，虽是企业意思自治的体现，看似简单，但在总结大量实务案例后可知，当事人就争议解决条款产生的纠纷并不在少数。实务中如何运用好这项权利，订立适当的合同争议条款，应该引起高度的重视。

（一）风险识别

1. 合同中只约定协商解决。实务中有些企业在签订合同时为了在日后产生纠纷时减少诉讼成本，故在合同中将协商解决约定为争议解决的唯一方式，但这种约定并没有实质性法律意义。当事人约定此条款的本意应是为了纠纷能够及时解决，以及排除合同任何一方凭借地域优势获得诉讼管辖权的情形。但是企业在经营过程中一旦发生纠纷很难通过协商方式解决，再加上协商解决的约定实际上属于管辖权约定不明，在协商解决不成时，对原告而言对诉讼法院选择余地相对更大。

2. 仲裁条款的法律风险。仲裁相比于诉讼最大的优势在于能迅速高效地解决各方之间的意见分歧，并且能最大限度地维持友好合作关系。但是仲裁的特征在于一裁终局，除非仲裁程序违法，否则当事人很难再通过其他途径申请救济。同时，申请仲裁需要当事人之间达成仲裁协议，仲裁机构名称准确。在仲裁名称的约定上，通常会出现约定了仲裁地点，但没有约定仲裁机构，或虽然有约定，但约定的仲裁机构名称的方式、术语不规范等问题。如合同中约定"可向合同签订地仲裁委员会申请仲裁"，这并不能确定具体交由哪一个仲裁机构进行仲裁，这类约定在纠纷发生后，很可能被仲裁机构认定为约定不明确而不予受理仲裁申请。但例外的是，虽然仲裁协议约定的仲裁机构名称不准确，但能够确定具体的仲裁机构的，应当认定选定了仲裁机构。

3. 诉讼条款的法律风险。当企业与不属同一地区的当事人签订合同，并在争议解决条款中约定发生纠纷由对方所在地法院管辖时，这种约定将使企业面临应诉成本过高及其他不确定的风险，尤其是涉外纠纷；而且难以排除地方保护主义因素的干扰。除此之外，我国法律对协议管辖进行了一定的限制，即协议管辖不得违反级别管辖与专属管辖的规定，否则可能使争议解决条款无效。

4. 在合同中约定或诉或裁。《最高人民法院关于适用〈中华人民共和国仲裁法〉若干问题的解释》第7条规定："当事人约定争议可以向仲裁机构申请仲裁也可以向人民法院起诉的，仲裁协议无效。但一方向仲裁机构申请仲裁，另一方未在仲裁法第二十条第二款规定期间内提出异议的除外。"正如上述案例中所述，在合同中既约定了仲裁又约定了诉讼的行为，违反了仲裁终局性和唯一性原则，该仲裁协议面临被仲裁机构认定无效的风险。

（二）风险控制

1. 仲裁和诉讼的选择。企业在签订合同选择仲裁或诉讼作为争议解决方式时，应充分考虑合同标的额的大小以及法律关系的复杂程度。仲裁具有终局性特征，合同标的额较大以及法律关系复杂的，尽量不要选择以商事仲裁的方式解决纠纷，以免出现己方救济不能的情形。除此之外，法院审理以公开审理为原则，如果不主动申请不公开审理，商业秘密将面临被公开的风险，而仲裁一般不公开审理，在满足前述条件，又不愿公开审理的情形下，可以考虑选择仲裁。

2. 仲裁机构名称或管辖法院准确。企业在签订合同时，务必将选定的仲裁机构或管辖法院的名称准确写明。我国仲裁委员会设立在省、自治区和直辖市人民政府所在地的市以及设区的市，故为了避免因仲裁机构的名称不准确导致仲裁申请被拒绝的情形，仲裁机构的名称约定为"××市仲裁委员会"为宜。在合同文本中约定管辖法院时，应在法律允许的范围内，选择被告住所地、合同履行地、合同签订地、原告住所地、标的物所在地等与争议有实际联系的地点的人民法院管辖，并且为了避免争议，以合同签订地为例，可以在合同中对合同签订地进行约定。如果要明确到具体的法院名称，或具体的行政区所在法院，应当首先明确该法院对该合同争议是否有权管辖。同时，在约定管辖法院时，还有几个问题需要注意：①在审级上，只能对一审法院约定管辖；②不得违反级别管辖和专属管辖的规定；③约定管辖需采取书面的形式；④尽量避免约定对方所在地法院管辖。

十二、合同生效条款约定不当

王某与刘某共同签订了一个买卖合同，合同中约定该买卖合同经双方签字后生效。但是在合同中又约定，买方在预付定金后合同生效。合同签订后，王某向刘某预付了5万元定金，但是双方没有在合同上签字。后刘某因他人出价更高而将产品卖给了他人，未按约定向王某供应货物，王某要求刘某依照违约条款赔偿他的损失。刘某以合同未成立为由只同意返还5万元定金而拒绝赔偿。合同生效条款的约定常常被忽视，若生效条款的约定不当将会直接影响合同各方受合同权利义务约束，甚至，即使是在遭受经济损失的情形下，也无法依合同向对方主张合同责任。

（一）风险识别

一般而言，合同经双方签字盖章成立后即生效，但也存在不少合同需待一些条件成就、期限到达或履行相关程序后才能生效，以下将对合同生效条款未约定以及约定不当的法律风险进行分析。

1. 未约定生效条款的法律风险。我国《民法典》第 502 条规定依法成立的合同，自成立时生效。但实践中也存在不少合同成立与生效时间不一致的情形。我国《民法典》第 158、160 条有关于民事法律行为的附条件和附期限规定，以最低收购价委托收购合同为例，该合同的生效条件是委托收购物的当地市场价格低于最低收购价格，若该生效条件未在合同中明确约定，最低价收购的目的可能难以实现。

2. 生效条款约定不当的法律风险。

（1）生效条款相冲突时的风险。以前述合同生效条款相冲突的案例为例，定金是合同双方当事人为保证合同的履行而约定的，是债权的一种担保形式。一般情形下，书面合同中未附条件和期限的，合同自双方签字时生效。该案中，因双方没有在合同上签字，故该买卖合同尚未成立。而在作为主合同的买卖合同未成立的情况下，作为从合同的定金合同也不发生效力。由此，王某只能根据《民法典》第 500 条向刘某主张缔约过失责任。

（2）条件或期限约定不当的法律风险。在附生效条件和期限的合同中，若需己方或对方完成一定事项或具备某些资质合同方能生效，条件的约定若超出自身能力或资质，都将使企业面临合同难以生效的风险。同时，在附生效条件合同中，当事人为自己的利益不正当地阻止条件成就，或不正当地促成条件成就的，合同的效力都将与己方的预期相违背。

（3）合同未生效的风险。因生效条款约定不当导致合同未生效的，不能依据合同要求对方承担违约责任，只能要求对方承担因合同无效造成己方的实际损失。由于缔约过失责任是过错责任，实践中要证明对方对自己的损失有过错并且该过错与损害之间存在因果关系相当困难。

（二）风险控制

1. 一般情形下，合同对生效条款的约定以"双方签字或盖章后即生效"为宜，但对一些成立后需待一定条件成就或履行一定程序才生效的合同，如需自己创造一定的条件促使合同生效，在条件设置时，应确保己方对条件的成就有足够的能力。同时，在合同未生效的情形下，若需己方先行履行某些义务合同方能生效，如上述案例中定金的支付，此时应先行审查对方在己方交付定金后是否具有相应的履行能力。

2. 由于未生效合同和生效合同产生的法律效果的差异，故在因合同成立未生效而产生纠纷时，应尽量在向法院提交证据之前促成合同生效。在合同生效后，更能依己方所需主张权利，如有必要还可向对方主张继续履行合同，若已无履行必要或已履行不能，则可向对方主张违约责任。

十三、格式条款的效力瑕疵

A 公司开设一家实弹射击娱乐场所，场内贴有公示表明练习者因自己操作失误原因造成他人损害的 A 公司不承担相应责任。李某带领林某前往被告处练习射击，李某正欲举枪射击时，不巧林某操作有误，将子弹射向离李某不远处的水泥地面，弹壳反弹击伤李某的脸部，因林某无力承担赔偿责任，李某请求 A 公司赔偿其医药费。上述案例中，A 公司能否以格式条款中的约定免除其自身的责任？同时，企业作为格式合同的提供者或接受者时将如何规避风险？

（一）风险识别

1. 格式条款违反合同自由与公平原则。根据《民法典》第 496 条第 2 款规定："采用格式条款订立合同的，提供格式条款的一方应当遵循公平原则确定当事人之间的权利和义务……"在目前的司法实务中，如果一个合同条款由强势一方预先拟定并重复使用，不允许合同的另一方修改而只能选择接受与否的，该条款就会被认定为格式条款。由于格式合同限制了合同自由原则，并且在经济交往中，签订合同的双方往往是有强有弱，强势一方往往会利用格式合同的特点，通过拟定不公平的格式条款来达到自己的目的，但这很容易导致制定者过于强调保护自身利益而忽略了相对人的利益保护，违反公平原则从而影响合同效力。

2. 免责条款有违法律规定。《民法典》第 496 条规定，提供格式条款一方应采取合理的方式提请对方注意免除或者限制其责任的条款，按照对方的要求，对该条款予以说明。这里合理方式主要指格式合同提供方能以引起相对方注意、提醒的方式告知对方，并且该行为必须在合同签订前做出，否则，对相对人不产生约束力。除此之外，《民法典》第 506 条规定，合同中的下列免责条款无效：①造成对方人身损害的；②因故意或者重大过失造成对方财产损失的。同时《民法典》第 497 条规定，提供格式条款一方不合理免除其责任、加重对方责任、排除对方主要权利的，该条款无效。结合上述法律规定，以前述案例为例，实弹射击娱乐场所作为风险很大的行业，经营者完全可以预见到练习者会因为操作失误而造成自身或他人的人身伤害，保护练习者和他人的人身安全是被告应承担的主要责任，但被告却以张贴的方式，免除了其对练习者因操作失误造成人身伤害所产生的一切责任，这可以认定为法律所规定的免除了其应承担的主要责任，并且这种免除责任也符合上述"免除人身伤害的免责条款无效"的规定情形，故 A

公司张贴的"违反操作规则，责任自负"公告面临无效的风险。

3. 合同条款的解释不一。《民法典》第 498 条规定："……对格式条款有两种以上解释的，应当作出不利于提供格式条款一方的解释。格式条款和非格式条款不一致的，应当采用非格式条款。"根据格式合同的相关特征可知，为了保护接受格式合同一方的利益，在签订合同时如果提供格式合同一方未与相对人预先协商，出现双方对合同条款理解不一致的情形时，提供格式合同一方的主张将面临不被支持的风险。并且在格式合同制定者与接受人就格式合同的条款所约定的内容进行了协商并达成一致的情况下，若出现格式条款与非格式条款不一致的情形，特别条款的效力要优于格式合同条款。

(二) 风险控制

1. 践行合同自由原则与公平原则。作为格式合同的提供方的企业在与相对方签订格式合同时，必须坚持合同自由原则，尽管格式合同接受方只能对合同作出接受或不接受的决定，但是也应充分尊重对方的意思自治，在此基础上协商一致。同时，企业应当遵循公平原则确定当事人之间的权利义务，格式合同制定者应当公平合理地确定合同相对方与其之间的权利，不得利用自身优势地位，将意志强加于相对方，损害相对方的利益，否则在出现纠纷时，会增加该条款被认定无效的风险。若企业作为格式合同接受方签订合同，遇到格式条款明显对己方不利的情形，应在与对方进行充分协商的基础上，尽量修改，不能修改的，可以书面形式告知对方己方对该条款的异议，为日后纠纷出现的举证保留证据。

2. 格式条款提供方的说明、告知义务与接受方的仔细审阅。为了避免因免责条款的效力问题而加重己方责任或增加损失，作为格式合同提供方，在拟定免责条款时应符合法律的相关规定。同时，在签订合同时应采用合理的方式提请对方注意免除或者限制其责任的条款，并按照对方的要求，对该条款予以说明。作为格式合同提供方的企业，通常可采取要求对方在合同上签字，个别告知或对这些条款以更醒目字体、字号标明注意事项等方式提请相对人注意，并且该提示必须在合同签订前作出，否则，对相对人不产生约束力。而作为格式合同接受方的企业，应当仔细审阅合同文本，对合同中重点标注的，或者是免责条款等重要条款存疑的，可要求对方予以说明，可以协商修改的，可以添加非格式条款的形式予以变更。

3. 避免合同双方对格式条款理解不一。企业在制订与格式条款不一致的合同条款时，应充分重视其中的风险，特别是在特许经营合同中，各条款之间是一个相互联系的有机整体，合同条款一经制订，通常不能随便变更，如果就某一条款进行变更，应该在特许人内部履行审批程序，以防范上述风险。同时，不管是格式合同的提供方还是接受方，在格式合同条款存在变更的情形时，都应在双方协商一致的基础上对相应的条款予以补正，并对相关的书面文件保存，以免出现双方所持合同版本不一致的情形。

十四、缔约过失责任法律风险

A 公司与 B 公司签订了购房意向书，意向书对购房面积、单价和交付期都做了约定。其中，意向书第 7 条第 1 项约定"B 公司待上级主管部门批准后 5 日内根据本意向书与 A 公司签订正式购房合同"；第 3 项约定"若因 B 公司售房价格变动影响 A 公司签订正式合同，B 公司应按 A 公司购房总价的 5% 赔偿 A 公司损失"。后 B 公司已开始对外销售房屋却一直未与 A 公司签订正式购房合同，但 A 公司却为履行合同做了大量的准备，在签约无望的情形下，A 公司请求法院判令 B 公司继续履行签订正式购房合同的义务或赔偿 A 公司经济损失 899 625 元并承担诉讼费用。上述案例中，意向书的定性以及 B 公司的责任承担都是该案的争议焦点，双方虽然未签订正式合同，但根据现有法律的规定，从缔约磋商开始，就意味着双方当事人由缔约前的普通关系进入一种特殊的相互信赖关系，故即使是在缔约磋商阶段违反应遵守的注意义务，同样可能导致缔约过失责任。

（一）风险识别

1. 缔约过失责任是企业在合同订立过程中，一方因违背其依据的诚实信用原则所产生的先合同义务，致另一方信赖利益的损失所承担的相应的民事责任。缔约过失责任与当事人之间的合同是否有效成立无关，并以法定的缔约过程中的诚实信用义务为前提。这里的义务主要包括互相保护、通知、保密、协作及欺诈禁止等义务。我国《民法典》第 500 条对缔约过失的情形做出了规定，主要包括：①假借订立合同，恶意进行磋商；②故意隐瞒与订立合同有关的重要事实或者提供虚假情况；③有其他违背诚实信用原则的行为。以上述案例为例，A 公司与 B 公司在签订了购房意向书的情形下，A 公司与 B 公司已形成了一种特殊的信赖关系，若 B 公司未根据意向书的约定与 A 公司签订正式购房合同，那么 B 公司很可能会被认定为违反法定的诚实信用义务，构成缔约过失。

2. 恶意磋商行为。在合同签订过程中，很多经营者有这样的误区，认为只要合同未成立就不需受其约束，更不需承担法律责任。有些经营者甚至将恶意磋商作为贻误对方商机的竞争手段，在与对方没有真正缔约意图的情形下，向对方表达虚假订约意思，或者故意以更高的出价与对方协商，贻误对方与他人合作的机会，虽然最终未与对方建立合作关系，但该恶意磋商活动将使企业面临被追究缔约过失责任的法律风险。

3. 应当披露的信息未披露。为了交易的顺利达成，企业在对外签订合同时往往抱着这样的心理，对物品瑕疵或权利瑕疵，在对方没有询问的情形下就不需向对方说明。但是，故意隐瞒物品瑕疵或权利瑕疵，虽然能为促成交易提供一定的便利，但故意隐瞒与订立合同有关的重要事实或提供虚假情况的行为是法律所禁止的，并且这种行为将使企业面临合同无法成立或合同被认定无效的法律风险。

4. 泄露或者不正当使用对方商业秘密。我国《民法典》第 501 条规定，当事人在订立合同过程中知悉的商业秘密或者其他应当保密的信息，无论合同是否成立，不得泄露或者不正当地使用；泄露、不正当地使用该商业秘密或者信息，造成对方损失的，应当承担赔偿责任。在合同谈判过程中，虽然交易双方尚未签订合同，不存在违约责任却有可能涉及缔约过失责任，泄露、不正当使用在签约过程中知悉的商业秘密的行为，将可能被追究缔约过失责任。

（二）风险控制

1. 规范自己的合同前行为，避免承担缔约过失责任。《民法典》第 7 条规定，民事主体从事民事活动，应当遵循诚信原则，秉持诚实，恪守承诺。企业在签订合同时，要恪守诚实信用原则，严格履行法律规定的互相保护、通知、保密、协作及欺诈禁止等义务。同时，在合同签订前，企业要量力而行，确保自己具有履约能力再同意签订合同，并且一旦达成合意，就应按约履行先合同义务。

2. 企业也应对合同相对方的履约能力进行审查，以免因对方无法履约造成信赖利益的损失。从上述风险点可知，企业在对外签订合同时，不仅自身要履行相关的先合同义务，同时也应避免因对方违背诚实信用原则，导致信赖利益受损的情形。针对于此，可以从以下几个方面参考：①对恶意磋商的判断，这虽然有一定难度，但可以结合缔约人的言论、业务状况以及磋商的价格等方面来综合判断；②为了避免对方隐瞒物品瑕疵或权利瑕疵，企业在签订合同前应对合同所涉标的物进行盘查，或者是要求对方出具书面担保文件；③对合同相对方主体的相关资质要认真把关，特别是对一些从事特殊行业的企业，必须符合相关的专业标准，才能从事该领域的工作。

十五、合同效力瑕疵法律风险

合同效力，是指依法成立受法律保护的合同，对合同当事人产生的必须履行其合同的义务，不得擅自变更或解除合同的法律拘束力。根据《民法典》的规定，合同的有效要件包括当事人具备相应的缔约能力、意思表示真实、不违反法律和社会公共利益，不具备上述有效要件的合同，很可能会出现效力瑕疵，并根据不同情况按无效、可撤销、效力待定几种情况分别处理。然而，合同效力瑕疵将会使合同不能按当事人的合意赋予其法律效果，并且企业可能面临返还财产、折价补偿、赔偿损失等风险。

（一）风险识别

1. 合同无效的法律风险。无效合同是因欠缺一定生效要件而致当然不发生效力的合同,《民法典》第 144 条规定:"无民事行为能力人实施的民事法律行为无效。"第 153 条规定:"违反法律、行政法规的强制性规定的民事法律行为无效。但是,该强制性规定不导致该民事法律行为无效的除外。违背公序良俗的民事法律行为无效。"第 154 条规定:"行为人与相对人恶意串通,损害他人合法权益的民事法律行为无效。"第 155 条规定:"无效的或者被撤销的民事法律行为自始没有法律约束力。"第 157 条规定:"民事法律行为无效、被撤销或者确定不发生效力后,行为人因该行为取得的财产,应当予以返还;不能返还或者没有必要返还的,应当折价补偿。有过错的一方应当赔偿对方由此所受到的损失;各方都有过错的,应当各自承担相应的责任。法律另有规定的,依照其规定。"由相关法律条文可知,企业在签订合同过程中若存在上述合同无效情形,将面临返还财产、折价补偿等法律风险,有过错的一方还需赔偿另一方经济损失和承担其他非民事性不利后果。

2. 可撤销合同的法律风险。可撤销合同是当事人在订立合同时,法律允许当事人一方向人民法院或者仲裁机构申请撤销的合同。订立合同时存在一方基于重大误解、以欺诈手段实施、受第三人欺诈、胁迫等手段原因,受损害方有权请求人民法院或仲裁机构撤销合同。合同被撤销的,产生自始无效的法律后果。

3. 效力待定合同的法律风险。所谓效力待定合同,是指合同虽然已经成立,但因其不完全符合有关生效要件的规定,因此其效力能否发生尚未确定,一般须经有权人表示承认才能生效的合同。根据《民法典》的规定,效力待定合同分为四类:一是限制民事行为能力人订立的合同;二是行为人没有代理权、超越代理权或者代理权终止后实施代理行为,未经被代理人追认的合同;三是无处分权人处分他人财产而订立的合同;四是法律其他规定等。而效力待定合同对企业来说最大的风险主要在于权利人拒绝追认时使合同归于无效的风险。

(二) 风险控制

1. 企业在签订合同时,应当严格遵守法律、行政法规和其他法律的强制性规定,在不损害国家、集体和第三人利益的前提下以合法的手段订立合同,避免承担合同无效的法律后果。

2. 为了避免因缔约主体资格不具备,导致合同的效力不确定风险,企业在签订合同时,应对合同相对方是否具有签订合同的主体资格以及是否对合同所涉财产具有处分权进行审查。特别是与对方代理人或代表人签订合同时,要对被代理人的授权范围以及代表人的权限予以确认,以免发生因合同效力待定、对方不予追认的法律风险。

3. 企业在签订合同时,不仅需保证己方对合同内容明确,同时需保证对方对合同条款的明晰,特别是合同重要条款,应尽说明义务。除此之外,应保证合同的签订是出于双方的真实意思表示，不存在欺诈、胁迫等违法情形，以保证合同的有效性。

十六、合同内容涂改的法律风险

A 公司和李某签订了一份供货合同，整个合同系打印件，而在合同底部以手写方式添加了"货款于××日之前支付，否则加收 20% 的违约金"的内容。在李某向 A 公司主张债权之际，A 公司认为当初签订合同之时根本没有这个条款，此条款是李某未经其同意擅自对合同的修改，系伪造的，但由于其公司搬家，合同的原件已不慎丢失，故 A 公司无法对其主张提供证据。鉴于该案例，我们发现合同内容的涂改将使企业经营面临诸多风险，涂改内容的效力问题，对涂改内容的举证以及涂改后的风险防范等等，这些都是企业在经营中应注意的问题。

（一）风险识别

1. 单方涂改合同。在合同尾部不少合同都会写明"本合同一式两份，双方各持一份，具有同等法律效力"，这个条款的主要目的是保证合同双方当事人所持有的合同内容一致，避免任何持有合同一方涂改或篡改合同损害另一方的利益。我国《民法典》第 543 条规定，当事人协商一致，可以变更合同。从该条规定来看，合同签订之后，任何一方想进行合同修改的，必须告知对方，经双方协商一致同意，若合同一方单方面对合同进行修改，改变了原有合同约定的，改变的部分面临无效的风险。如果合同的内容确需涂改，只有口头答应但没有对合同做修改或者没有在任何一处有修改变动的地方盖章（手印），同样将视为无效。

2. 对对方篡改合同的主张举证不明。根据《最高人民法院关于民事诉讼证据的若干规定》第 95 条，一方当事人控制证据无正当理由拒不提交，对待证事实负有举证责任的当事人主张该证据的内容不利于控制人的，人民法院可以认定该主张成立。通常情况下，如果合同双方所持有的合同内容不一致，一方提供有涂改且对对方不利的合同，对方对此不予认可的，那么该条款很可能被认定为无效。但是在上述案例中，尽管 A 公司主张合同尾部条款的增加系李某篡改、伪造行为，但由于其原件的丢失，使得无法将对方提供的合同与自己持有的合同原件进行对照，又无法提供其他证据佐证。再加上合同各方都有妥善保管合同原件的义务，合同的丢失并不能构成不提供证据的法定正当理由，此时并不能因整个合同是打印稿，而个别字句是手写的，直接推论出合同系伪造或者篡改，在此情形下企业面临按对方提供的合同版本履行相关义务的风险。

（二）风险控制

1. 为了降低风险，在合同生效后，合同内容应尽量不涂改。如果双方确需对合同进行修改，合同条款修改较多的，可以另行签订新的合同，或者签订补充协议；如果没有条件重新签订合同或者签订补充协议的，应在修改地方重新盖章或者签名，并保持合同的清晰，以避免发生争议。当然如果是个别条款修改，也可以直接在合同上更改，但需保证各方持有合同在内容上保持一致，并且双方持有的合同均要做修改。涉及合同标的、价款或报酬、质量标准、履行期限、违约责任等重要条款修改的，建议重新打印或补签合同。当然如果不希望出现遗失合同后被对方篡改的，可以在合同中增加二次打印或手写涂改无效等条款。

2. 为了规避合同涂改纠纷中当事人举证不能的风险，需要注意的是，企业在签订合同后，应对合同进行归档，将企业在经营过程中所涉及的各类合同进行统一管理，避免出现两份合同相冲突而无法提供合同原件的情形。实践中如果出现上述案例中合同原件丢失的情形，为了规避风险，应尽快按最新版本重新签订合同。

第二节　合同履行中的法律风险

虽然说很多合同法律风险是在合同签订时留下的隐患，但绝大多数合同法律风险都在合同履行过程发生，或者在合同履行的过程中由隐性的风险演变为显性法律风险。签订一份好的合同是良好开端，但合同履行作为合同目的实现的必经阶段，合同的履行才是真正重要的环节。为保证合同的顺利履行，使现实效果与预期效果相统一，企业应做合同履行中的"风险掌舵者"，积极防范合同履行中的法律风险。

一、合同履行不能的法律风险

履行不能是在合同履行过程中，债务人由于某种原因，事实上已不可能履行债务的情形。然而，在合同履行过程中一旦一方出现履行不能的情形，不仅债权人的合同目的无法实现，若不存在免责情形，债务人也将面临承担损害赔偿责任的风险。实践中履行不能的原因主要有法律上的履行不能或事实上的履行不能，但导致履行不能的原因不同，其法律后果不同，企业将面临的风险也不一，以下将对不同情形下的履行不能法律风险进行分析。

（一）风险识别

1. 因可归责于债务人的事由导致的履行不能。在合同之债中，若经过合理期限未恢复履行能力，并且不提供担保的，债权人可因债务人的履行不能而主张解除合同，并要求损害赔偿。同时，由于履行不能的原因是由债务人造成，债务人应负因履行不能而产生的法律责任。在一部分履行不能时，债权人有权请求履行不能部分的违约金、损害赔偿金，对其他部分，债权人有权要求继续履行；但若对剩余部分的履行已无意义时，债权人有权拒绝接受该部分的履行，并要求债务人支付全部不履行的违约金、损害赔偿金。如果为全部不能，则债务人可全部免除义务。但需要注意的是，如果为一时不能，则除非以后的履行对债权人已无利益，债务人仍不能免除履行义务。

2. 因不可归责于债务人的事由导致的履行不能。在不可归责于债务人的事由导致履行不能时，债务人同样能免除原债务的履行，且不需承担债务违反的法律责任。在双务合同中，债权人免除对待给付的义务，对待给付已经完成的，可请求对方予以返还。但是，如果债务人未及时向债权人告知履行不能的事实，或未对事由的发生提供相关证明，债务人应对自身通知不及时导致债权人损失扩大承担赔偿责任。

3. 不管是因可归责或不可归责于债务人事由导致的履行不能，一旦出现合同相对方履行不能时，债权人都将面临合同无法继续履行、合同目的落空的风险，对合同的双方当事人而言，权益都可能受损，特别是对债务人来说，更是面临承担违约责任和损害赔偿责任的法律风险。

（二）风险控制

在实践中，合同签订后遭遇一方当事人履行不能时，另一方为防止利益受到损害，企业可以采取如下措施来维护自身的利益。

1. 一方出现履行不能或存在履行不能的可能时，另一方可行使不安抗辩权，中止履行。我国《民法典》第 527 条规定，先履行一方有确切证据证明对方有经营状况严重恶化；转移财产、抽逃资金以逃避债务；丧失商业信誉；有丧失或者可能丧失履行债务能力的其他情形等四类情况的，可以中止履行。当事人没有确切证据中止履行的，应当承担违约责任。行使不安抗辩权是防范合同履行不能风险的法律手段之一，但应确保：①必须有确切的证据证明对方已经丧失或者可能丧失履行债务的能力，否则中止履行的一方将承担违约责任；②当事人中止履行的，应及时书面通知对方；③在合同履行过程中，当履行不能一方提供担保时，中止履行的应恢复履行，否则将承担违约责任。

2. 按法定程序解除合同。依据《民法典》563 条的规定，在一方履行不能时，合同相对方可以行使合同解除权，从而使双方的法律关系归于消灭。如何行使解除权，将在"合同解除"部分分析。

3. 主张违约责任和损害赔偿责任。债务人因自身的原因导致合同履行不能的，债权人可向债务人主张违约责任或损害赔偿责任。

二、拒绝履行的法律风险

A 公司与 B 公司签订了一份布料买卖合同，双方约定：由 A 公司于 2018 年 2 月 20 日前提供真丝双绉面料 1000 米，B 公司支付价款 12 万元，该货款于 2018 年 7 月 20 日一次性全部支付。2018 年 1 月 20 日，B 公司通知 A 公司按合同约定的时间交货，A 公司回函：因设备老化，按时交付有一定困难，请求暂缓履行。B 公司因要抢在夏季到来之前上市销售该批真丝服装，没有同意 A 公司迟延履行的要求。2018 年 2 月 20 日，B 公司要求 A 公司最迟在 3 月 10 日前履行合同，否则解除合同。到期后 A 公司仍未履行合同，B 公司只好从别的渠道用每米 130 元的价格购买了真丝双绉面料 1000 米，总价款 13 万元，同时通知 A 公司解除合同，并要求 A 公司赔偿误工损失及购买布料多支付的 1 万元价款。该案例是因一方拒绝履行合同义务而引发的纠纷，在实践中，总是有些企业因各种原因借故不履行合同，这就要求在合同履行过程中守约方对违约方的行为做出准确判断，并对对方拒绝履行合同的行为积极应对，以维护自身的合法利益。

（一）风险识别

拒绝履行是指在合同履行期限到来以后，一方当事人无正当理由拒绝履行合同规定的全部义务。以上述案例为例，A 公司在合同期限到来前，以设备老化为由拒绝向 B 公司按时提供布料，但其所提出的"设备老化"根本不属于法律规定的"正当理由"，故其拒绝向 B 公司按时提供布料的行为很可能被认定为拒绝履行。同时，由于拒绝按时提供布料的行为也属于对合同主要义务的拒绝履行，按我国《民法典》第 577 条规定，当事人一方不履行合同义务或者履行合同义务不符合约定的，应当承担继续履行、采取补救措施或者赔偿损失等违约责任。除此之外，我国《民法典》第 563 条规定，当事人一方迟延履行债务或者有其他违约行为致使不能实现合同目的，当事人可以解除合同。故由此可知，企业在合同履行过程中无正当理由拒不履行合同的，将面临守约方主张合同解除以及承担违约责任的法律风险。

（二）风险控制

1. 主张先履行抗辩、同时履行抗辩或者解除合同。我国《民法典》第 525 条、526 条对同时履行抗辩权和先履行抗辩权做出了规定，在合同履行过程中如果负有先履行或同时履行合同义务的一方未予履行，则守约方可以行使同时履行抗辩权或先履行抗辩权，拒绝对方的履行要求，保护自己的合法权益。企业在行使抗辩权后，可以与对方再度就合同履行的相关事宜进行协商，在适当的期间内以恰当的方式对违约方进行催告，在合理期限内，对方仍拒绝履行的，守约方可以依《民法典》562、563 条的规定解除合同，解除权在性质上是一种形成权，合同自通知到达对方时解除。需要注意的是，企业应对上述所提到的催告文件予以保留，以作为日后诉讼时效证明的有力证据。

2. 追究对方的违约责任。一方拒绝履行合同的行为不仅会使双方的合同目的落空，往往还会给双方造成难以弥补的经济损失。故一旦对方在无正当理由拒绝履行合同时，另一方则应根据具体需要通过追究对方的违约责任以弥补经济损失。在建设工程合同中，采取补救措施是建设工程合同中施工单位承担违约责任常用的方法，由违反合同的一方依照法律规定或者约定采取修理、更换、重做、退货、减少价格或报酬等措施。最后需要注意的是，企业可主张赔偿的损失包括直接损失和可得利益损失两部分。

三、合同履行不当的法律风险

A 公司与 B 公司于 3 月签订了童装买卖合同，合同规定 5 月初交货。同年 4 月 30 日，A 公司向 B 公司询问货物，B 公司答复过完五一劳动节后送货上门。由于过了约定日期仍未交付货物，A 公司派人前往 B 公司处了解情况时发现所需货物只完成了部分，但所有工人正在赶制其他公司的订单。A 公司告知 B 公司由于其违约，只将已生产好的童装提走，剩余的童装不需要再生产。后经双方协商，最后 A 公司同意 B 公司在 5 月 20 日之前将货送到 A 公司处。到 5 月 20 号，B 公司仍未能将货送到，直到 5 月 30 号 B 公司称货已备齐，但由于展销会已进行 2 天，故 A 公司称合同已解除，拒绝收货，并要求退回 9.5 万元货款。在该案例中，B 公司未依约定期限履行合同的行为明显属于履行不适当。实务中不当履行合同的情形比比皆是，主要表现为迟延履行与部分履行。

（一）风险识别

1. 迟延履行的法律风险。迟延履行是指合同当事人的履行违反了期限的规定，包括债务人的给付迟延和债权人的受领迟延。根据《民法典》规定，在迟延履行的情况下，守约方有权要求违约方支付迟延履行的违约金，如果违约金不足以弥补所遭受的损失，守约方有权要求违约方赔偿经济损失。在一方迟延履行的情形下，违约方除了面临赔偿经济损失的风险外，还可能被要求解除合同。在上述案例中，B 公司未按期履行债务，经催告并经过一段合理的期间，仍未全面履行合同义务，B 公司未全面履行合同的行为若导致 A 公司订立合同的目的未能实现，A 公司可主张解除合同。但 B 公司确实已经部分按时履行了合同，此时还是否构成根本违约，似乎有待斟酌。

2. 部分履行的法律风险。在部分履行中，债务人虽然履行了合同中的部分义务，但履行不符合数量的规定，或者说在数量上存在不足。对于部分履行的债务人来说，其风险在于承担违约责任，对于债权人来说，要行使抗辩权，并追究违约方的违约责任，最大限度维护自身利益。

（二）风险控制

1. 合同双方当事人应积极履行合同，防止双方因迟延履行受到损失。在一方迟延履行全部债务时，首先，可与对方协商，催告其积极履行合同义务，并给予合理的履行期限，给己方造成损失的，可依《民法典》第 577 条的规定，要求对方承担违约责任。其次，导致己方合同目的不能实现的，可以通知对方解除合同。在债务人部分迟延履行的情形中，债权人可请求迟延部分的继续履行及因部分迟延履行所产生的损害进行赔偿。最后，在债权人受领迟延的情形中，债务人可以向有关机关提存债的标的物，消灭自己的履行义务，如果法律规定或当事人约定债权人有受领义务的，债务人还有权请求债权人支付违约金或赔偿损失以及因其受领迟延产生的保管费用。

2. 在合同履行过程中，出现部分履行的情形时，合同双方都要采取正确的措施。首先，双方对合同是否属于"部分履行"，应有清晰的认识；其次，要正确行使法律赋予的抗辩权。同时履行抗辩权只是在对方履行债务不符合约定时，暂时阻止对方当事人请求权的行使，并非永久性抗辩；最后，守约方可依约定或法律规定主张解除合同和承担违约责任。但是，在部分履行中一般不能解除合同，除非守约方能证明部分履行已构成根本违约，导致其订约目的不能实现。

四、合同履约证据保管不当

在 A 公司与 B 公司合同纠纷一案中，涉及 7 万元仓租，在合同履行过程中 B 公司已实际支付，但在诉讼中 A 公司反口不认，坚称该 7 万元是货款而非仓租，B 公司虽主张该 7 万元是仓租，但没有诸如发票或双方确认的书面材料予以证明，唯一能提供的只有一份内部审批文件，正是因缺乏有力的证据予以证明，法院未支持 B 公司的诉求，认定该 7 万元是货款而非仓租。实务中有不少合同纠纷，因合同履行过程中不注重对履行材料的保管，造成后期收款障碍或是诉讼中无法举证，最终直接影响合同债权的实现，而使公司的利益受损。以下将对合同履约证据保管不当将产生的法律风险以及如何进行防范进行分析。

（一）风险识别

1. 举证不能的风险。《最高人民法院关于民事诉讼证据的若干规定》中明确指出，当事人对合同是否履行发生争议的，由负有履行义务的当事人承担举证责任。故企业因合同履行发生纠纷，即使己方实际上确实全面依约履行合同，但是并不能对自己的主张提供有利证据的，将承担举证不能的不利后果。以上述案例为例，B 公司作为义务方，尽管事实上 B 公司已向 A 公司实际履行义务，但由于其提供的内部审批文件不足以证明其实际上支付的 7 万元款项是仓租而非货款，导致其主张不被支持，使公司的利益受损。当然，除了对己方履约证据保管不当易引发风险外，对义务方不履行合同的证据保管不当也容易使己方处于不利地位，特别是在对方未履行或未全面履行合同义务，己方行使抗辩权或者是向法院起诉时，未举证证明对方未按约履行合同，不仅主张得不到支持，如果被认定为相关权利行使不当，还可能面临向对方承担违约责任的法律风险。

2. 影响诉讼时效的判断。依《最高人民法院关于审理民事案件适用诉讼时效制度若干问题的规定》第 4 条规定，可以确定履行期限的合同，诉讼时效期间从履行期限届满之日起计算；不能确定履行期限的合同，诉讼时效期间从债权人要求债务人履行义务的宽限期届满之日起计算，但债务人在债权人第一次向其主张权利之时明确表示不履行义务的，诉讼时效期间从债务人明确表示不履行义务之日起计算。故在对方不履行合同义务的情形中，又未约定合同履行期限的，若不注重对对方不履行合同的证据以及己方对对方进行催告等书面文件予以保留，一定程度上将影响对诉讼时效的认定

3. 商业秘密泄露的风险。实践中很多合同都涉及企业的商业秘密或技术秘密，这类合同在履行过程中要予以特别管理，如果保管不善，将有可能会泄露企业的商业秘密，给企业造成难以估计的损失。

（二）风险控制

1. 保留己方履行义务的证据。在合同履行过程中，企业作为债权人或债务人都应妥善保管履约证据。特别是作为债务人一方时，要注意妥善保管好合同的原件以及双方在合同履行过程中接洽的各种书面记录以及履行义务的凭证。如在购销合同中，购销关系中是送货单、验收单、付款凭证或收条，服务关系中，则应对每一阶段的服务工作共同检查认定。除此之外，合同履行过程中的履行证明材料最好有对方的签字或盖章，以免在发生纠纷时对方对此不予认可。同时，考虑到诉讼时效的相关规定，在合同以及相关履约证据保管年限上，应根据我国诉讼时效的相关规定予以确定，如一般合同至少 2 年，但一些涉外合同应自履行完毕之日起保管 4 年以上。

2. 对方履行不当的证据保留。除了要保留己方履行凭证外，对方不履行义务的材料也需保留。如对方的迟延履行、部分履行、不适当履行的证据，都是守约方行使抗辩权以及主张违约责任的有力证据。履行不当凭证包括验收不合格证明、延迟交货时的定单和送货单、扣款凭证等对方履行义务存在瑕疵的证明。这些证据最好要求对方签字确认，对方不肯签字的应收集其他的间接证据予以佐证。

3. 电子证据的保留。涉及合同签订的电子合同以及往来的电子邮件等，应尽量长时间保存在安全的系统中，并及时进行备份。也可以将其打印出来，纸质版和电子版各保存一份。

五、合同的不当变更

A 公司（百货公司）与 B 公司（冰箱经销公司）签订了一份买卖合同，A 公司向 B 公司订购冰箱 200 台，合同约定交货期为该年的 5 月 30 日，由于天气原因，高温天气提前到来，A 公司向 B 公司发函提出要求交货期为 5 月 15 日。但是 B 公司回函表示自己货源也很紧张，经过双方反复协商，B 公司仅答应根据当时的货源情况，尽量提前交货。5 月 15 日，由于 A 公司没有收到 B 公司的货

品，催促 B 公司交货，B 公司表示目前货源依然紧张，不能如数交付空调，需待 5 月 30 日交货。正如前述情形，当事人在订立合同时，有时不可能对涉及合同的所有问题都做出明确约定，在合同履行过程中变更合同也属常态，但是在合同的变更过程中同样存在诸多法律风险，以下将对合同变更的法律风险及防范进行分析。

（一）风险识别

1. 未协商一致变更合同。合同变更是合同成立后，当事人在已经成立的合同的基础上对它的内容进行修改或者补充。我国《民法典》第 543 条规定，当事人协商一致，可以变更合同，合同是当事人协商一致的产物，任何一方不得采取欺诈、胁迫的方式来欺骗或强制他方当事人变更合同。即使出现合同基础发生变化的客观情况，任何一方不得擅自变更合同，擅自变更的合同无法律效力。

2. 合同变更内容约定不明。依据我国《民法典》第 544 条规定："当事人对合同变更的内容约定不明确的，推定为未变更"。由此可见，在变更合同时，如果当事人对合同内容变更约定不明确，则推定当事人并未达成变更合同的协议，当事人仍应按原合同履行，此时企业不仅面临承担违约责任的法律风险，同时，也可能导致企业的缔约目的难以实现。以上述案例为例，A 公司与 B 公司就合同履行期限的变更，并未确定一个具体的履约日期，属于合同内容变更约定不明的情形，此种情形下，即使 B 公司在 5 月 30 日履行合同，A 公司也无法向 B 公司主张违约责任。

（二）风险控制

为了避免在合同履行过程中因合同不当变更导致纠纷的发生，企业可以尝试从以下几方面进行风险控制。

1. 双方协商一致变更合同。合同的变更应贯彻协商原则，值得注意的是，法律规定在发生情势变更情况下，受不利影响的当事人享有请求法院或仲裁机构变更合同的权利，但是任何一方当事人即使享有请求变更的权利，也不得不经诉讼而单方面变更合同。

2. 合同变更内容约定明确。企业在变更合同时，应当在协商一致的基础上与合同相对方就变更内容明确约定，特别是对履行期限、履行方式、履行地点等重要内容的变更，必须予以明确规定。在变更形式上，对合同内容进行变更的，可以通过补充协议的方式另行约定。为利于证据的保留，企业在变更合同时应采取书面的形式。

六、合同权利转让

A 公司与 B 公司订立债权转让合同，并约定 A 公司将其对其他公司所享有五笔债权转让给 B 公司，作为 A 公司欠 B 公司债务的清偿。A 公司向 B 公司提供有关对账单复印件，并声明，自协议生效起 A 公司不再对 B 公司存在任何债权债务关系，也不承担 B 公司能否追索到上述欠款的责任。在协议生效后，B 公司只获得了两位债务人的清偿，在剩余的三位债务人中，其中两位债务人明确表示因未收到 A 公司的债权转让通知拒绝清偿，另一位债务人因公司面临破产已无力清偿。上述权利转让属于合同转让的一种，在合同权利转让中，该第三人即取代原债权人的地位而成为合同关系中的新债权人。然而，我国法律对合同权利转让的条件以及相关的程序做了规定，在转让合同权利的过程中对任何一方面的忽视，出让人、受让人和债务人三方均有可能面临法律风险。

（一）风险识别

1. 转让不得转让的合同权利。我国法律明确规定债权人可以将合同的权利全部或部分转让给第三人，但是根据合同性质、按照当事人约定以及依照法律规定不得转让的权利除外。根据合同性质不得让与的权利主要包括有如下四种情形：①根据个人信任关系而发生的债权；②以选定债权人为基础而发生的权利；③合同内容包括了针对特定当事人的不作为义务；④属于从权利的合同权利。除此之外，如果双方当事人在合同中明确约定合同权利不得转让以及法律对某项权利的转让做出了禁止性规定的，企业也不得擅自转让该合同权利，否则企业将面临违约以及权利转让无效的风险。

2. 合同权利转让未通知债务人。我国《民法典》第 546 条规定，债权人转让债权，未通知债务人的，该转让对债务人不发生效力。从该条文看，债权人转让权利时，只需将债权转让的情况及时通知债务人，并不须征得债务人的同意。一旦对债务人履行了通知义务，且债务人确实收到通知，则权利转让发生效力；未经通知，该转让行为对债务人不产生效力，此时债务人不仅仍然可以向原债权人履行义务，而且债务人可以未通知为由拒绝债权受让人的还款请求，债权人在权利转让过程中未履行通知义务的风险主要是针对债权人和权利受让人而言。以上述案例为例，由于 A 公司未向债务人履行通知义务，导致 B 公司的清偿主张被债务人拒绝，此时，B 公司仍需向 A 公司主张还款义务。

3. 合同权利转让不符合法定程序。我国《民法典》第 502 条规定，合同转让权利或者转移义务应当办理批准等手续。虽然债权人转让权利是当事人对自己权利的处分，但是有些涉及国家利益或国家经济发展的合同，如中外合作经营合同等，如果未向有关部门申请办理批准或登记等手续的，该债权转让行为将面临无效的风险。

4. 权利受让人接受瑕疵债权的法律风险。受让人在受让他人的权利时若忽视对受让债权的审查，将面临因债权瑕疵，而难以实现自身债权的法律风险。如债务人无还款能力、债权已过诉讼时效或债务人下落不明等情形的出现，都将对受让人的债权实现造成影响。

（二）风险控制

1. 审慎审查合同的性质。企业在转让权利时，无论作为转让方还是受让方，都不能忽视对转让权利的性质进行审查。须结合相关法律法规，判断其是否属于不得转让的合同权利的类型，避免合同权利转让行为因不符合法律规定被确认无效的法律风险。同时，对某些有特殊要求的合同，在合同成立时、权利转让前可以作出禁止让与的书面约定，避免日后发生纠纷面临举证不能的风险。

2. 及时通知债务人。债权转让的通知对出让人、受让人以及债务人三方主体合法权益能否顺利实现的影响较大。在债权转让情形中，当企业作为出让人时，在权利转让协议生效后，应积极向债务人履行通知义务；当企业作为受让人时，应积极督促债务人履行通知义务，对于债权人通知债务人的期限和形式，在转让合同中应做出明确约定，并在转让合同中要求债权人须于合同签订后×日内通知债务人，约定通知的形式，在受让人声称履行了通知义务后，要求其提供相关的有效证明；在企业作为债务人时，为了保证债务履行的恰当，应在得到出让人的有效证明后方能履行义务，同时对受让人的清偿请求也应认真审核，未经证实，切勿相信。

3. 权利转让应符合法定程序。对于涉及国家利益和国家经济发展等特殊合同，为了保证该类合同债权转让的合法性，在转让权利时，应当办理批准、登记等手续。

4. 受让人对转让债权的审慎审查。为防止受让瑕疵债权，受让人应要求转让人对转让的债权承担瑕疵担保责任。在合同中设立债权人保证条款，如：债权人明确声明合同项下的债权无任何第三人主张权利，且权利不受限制，即不存在被法院保全、查封或强制执行的情况或已设担保；在签订本合同之前，不存在债权二重让与的情形；同时，在合同条款中约定相应的违约责任。

七、合同义务转移

王某因生意资金周转需要，向林某借款 20 万元，并开具借条给林某。借款后不久，因王某经营不善导致严重亏损，借款到期后王某只偿还了 10 万元，并已无力偿还余款。王某在做生意期间与第三人潘某有生意往来，恰好潘某还欠王某 10 万元，于是两人商定由潘某直接将欠款还给林某，王某不再承担还款义务。之后潘某将同意由其偿还王某剩下 10 万元的债务的情况告知了林某，但林某对此未表示同意。此后林某多次向王某主张清偿剩余债务，但王某均以欠款由潘某偿还为由拒绝清偿债务，而此时潘某也并无还款能力。在此案中，由潘某偿还王某所欠债务的情形属于债务转移，债务转移是指债权人或者债务人通过与第三人订立转让债务的协议，将债务全部或者部分转移给第三人承担，原债务人脱离债务关系。由于债务转移涉及三方主体的利益，故实践中因债务转移引发的纠纷也不少见。

（一）风险识别

1. 债务转移未经债权人同意。在实务中，如果允许债务人随意转让债务给第三人，该第三人是否具有履约能力，以及是否会依诚实信用原则履行合同义务，这些情形的出现都将直接影响债权人债权的实现。我国《民法典》第551条有规定，债务人将合同的义务全部或者部分转移给第三人的，应当经债权人同意。如果债务人转移债务的行为未经债权人同意，该合同义务转移的行为无效，原债务人也并不因债务转移的行为而免除向债权人履行债务的义务。同时，债权人有权拒绝第三人向其作出的履行，也有权追究债务人迟延履行或不履行的责任。由此可见，在债务转移行为未征得债权人同意的情形中，不仅债务人面临债务转移无效带来的法律风险，债权人也将增加发生纠纷的可能性。

2. 债权人忽视对第三人履约能力审查的法律风险。在债务转移的情形中，第三人往往替代债务人成为新的债务人，故该第三人的履约能力直接关系到债权人利益能否实现。在新债务人欠缺履行能力，以及存在其他的无法履行债务的情形下，债权人很可能因第三人的履行能力瑕疵，而无法实现债权。

3. 不存在债务转移协议。实务中，很多企业在转让债务时忽视签订书面转让协议。通过对相关案例的整理发现，在债权人未以通知的方式作出同意债务转移的案例中，法院一般不会支持债务人已将债务转移给第三人的主张，故在没有债务转移协议予以证明的情形下，债务人很可能仍需承担原合同中的债务履行义务。

（二）风险控制

1. 债务人须就债务转移事项征得债权人的同意。为了保证合同义务转移的有效性，必须经得债权人同意。同时，为了防止日后纠纷的发生，债权人的同意应采取明示的方式，此明示方式可以通过债权人做出书面同意文件实现，也可由当事人就债务转移达成协议，该合同义务转移的协议可由债权人与第三人订立，也可由债务人与第三人订立，但为了避免风险，债权人与债务人、债务人与第三人应分别达成债务转移的协议。

2. 债权人应注重审查第三人的清偿能力。为了避免债务转移后因第三人履约能力不足导致债权无法实现而遭受经济损失，债权人在同意债务转移前应审核债务受让人的履行债务能力。除此之外，债权人为了保障债权的实现，可以在债务转移协议中要求原债务人对第三人债务的履行提供担保，在第三人不能履行义务的情形下，原债务人仍需履行债务。

第三节　合同终止的法律风险

合同终止是合同当事人双方在合同关系建立以后，因一定法律事实的出现，使合同确立的权利义务关系消灭的情形。根据法律的规定，导致合同权利义务终止的情形有依约履行债务、合同解除、债务抵销、免除等。即使在合同终止后，当事人仍应根据交易习惯履行通知、协助、保密等义务。同时，合同履行的终止并不消灭当事人因此所应承担的返还财产、赔偿损失等责任。实务中，无论因何种原因导致合同终止，都存在一定的风险，一旦处理不当，将与当事人终止合同的目的相违背，同时还可能承担相应的法律责任。

一、未履行履约终止的后合同义务

A 公司与 B 公司签订大型机械设备买卖合同，A 公司向 B 公司出卖一台大型机械设备，负责安装调试，交货验收投入使用后保留 5% 的货款作为质保金，1年内无质量问题全部付清。在质保期内，A 公司免费负责设备的修理保养，多次履行了相关义务。后 B 公司因新建厂房，该机械设备需要搬迁，在未通知 A 公司提供技术支持的情况下自行搬迁，搬迁后数据误差较大，未通知 A 公司要求校准检验，即自行投入使用，导致后期所生产产品不符合质量要求。B 公司为解决该问题，与案外人签订设备升级改造合同，对该设备所出现的问题进行修复，并升级设备功能。质保期结束后，A 公司要求 B 公司支付质保金，B 公司以 A 公司提供机械设备质量不合格为由，并出示与案外人签订设备升级改造合同所支出费用发票，要求 A 公司赔偿该损失。双方协商不成，因此成讼，诉至法院。A 公司要求 B 公司支付质保金，B 公司提起反诉，要求 A 公司赔偿因修复设备所支出的费用。

（一）风险识别

在合同关系终止以后，当事人仍应遵循诚实信用原则，根据交易习惯履行相关后合同义务，以维护给付效果，并协助对方处理合同终了的善后事务。合同履行终止后所伴随的后合同义务包括协助、通知、保密、注意、说明、照顾、忠实、减损义务等作为或不作为的义务，该义务不随合同履行的结束而结束，仍受相关时效、条件的制约，违反此约定义务仍需要承担违约责任或将导致要求合同相对方支付其他费用的主张得不到支持。以上述案例为例，虽然 B 公司在质保期内享有免费维修保养的权利，但该机械设备属于高精密设备，新建厂房需要搬迁应当履行通知义务，要求 A 公司予以配合，提供技术支持，而 B 公司在未通知 A 公司的情况下即自行搬迁，造成数据误差，未经重新检验调试即投入使用，导致生产产品不符合质量要求，亦未履行通知义务即与案外人签订设备升级改造合同，自身具有重大过错，A 公司对上述情况均不知晓，故不应当由 A 公司承担。

而自身作为权利享有方未行使该权利的，则可能导致权利的丧失，不得再主张该项权利。在履约终止后避免产生不利情形，最大程度保障自身权益，也是后合同义务所追求的。

（二）风险控制

1. 妥善履行后合同义务。后合同义务的确立根据是诚实信用原则。诚实信用原则要求民事主体在从事民事活动时，应当诚实守信，以善意的方式履行其义务，不得滥用权利及规避法律或合同规定的义务。后合同义务的范围还应当根据交易习惯来确定，当事人依合同的性质和某行业、某领域进行交易的习惯来具体把握后合同义务的范围。在买卖合同中，对于耐用性的货物，一般会约定质保义务，货物完成交付后，主合同义务即已履行完毕，买受人在使用过程中造成磨损，在质保期内可以要求出卖人免费进行维修保养。质保期结束后，由于出卖人具备专业知识，对货物的性能有充分了解，并且在质保期内履行了维修保养义务，仍然可以在合同条款中约定质保期后的服务条款，由出卖人提供专业服务，对货物进行维护，买受人以优惠价格支付人力费、材料费等。

2. 企业要注重合同管理。在合同签订过程中即应对履行完毕后的合同义务作出约定，尤其是大型贸易合同，长期使用的消耗物，不仅约定先合同义务保证不会产生权利瑕疵，在合同履行完毕后仍要求相对方履行后合同义务，以保障自身权利，在相对方未及时履行义务时，如果造成了损失，可以要求对方承担赔偿责任。

在保险合同中，会出现代位求偿权的问题，保险人应当首先保证被保险人的权利，预先支付保险金给被保险人，被保险人获得赔付后，保险人即从被保险人处获得了代位求偿权，被保险人配合保险人向第三者的代位求偿即是后合同义务的体现。

劳动合同中，企业往往会与劳动者签订保密协议、竞业禁止协议，劳动者不得将在履行劳动合同过程中所获取的商业、技术秘密泄露给外界。商业秘密一旦进入公共领域就会失去其商业价值，损害合同当事人的经济利益和竞争优势。因此，合同的权利义务终止后，当事人负有保守商业秘密的义务，泄露了商业秘密要承担民事责任。另外，当事人在合同中约定的保密事项，合同的权利义务终止后，当事人也不得泄露。而竞业禁止协议则约定劳动者在劳动合同履行完毕后在一定时间内不得从事同类竞争性的职业，违反协议约定的，同样要承担违约责任。

二、合同解除的法律风险

合同解除是指已生效合同尚未履行完毕的情况下，通过协议或一方行使解除权的形式导致合同效力提前消灭，双方权利义务关系终止。合同的履行包含订约方的信赖利益，合同解除是合同效力最严重的后果，所以对行使解除权的约束也是最严格的，不得任意行使，必须严格按照合同约定或达到一定法定条件方可行使。合同解除后往往伴随着违约责任、损害赔偿等法律后果，并成为民事责任诉讼争议的焦点。要防止合同解除后的风险，则应当通过合法合理的方式行使解除权，做好风险应对。

（一）风险识别

1. 合同解除分为协商解除、约定解除和法定解除，协商解除是合同各方对自身权利义务的处分，只要不违背法律、行政法规的强行性规定，不损害社会公共利益，并属于自身真实意思表示，可协商一致解除合同，使权利义务终止。订约方在合同成立后，合同尚未履行完毕时，由于出现某种情况，合同继续履行对订约方权利损害较大，或者由于各种原因不愿意继续履行，订约方可自由处分权利，协商一致解除。

2. 法定解除权包含的情形：①因不可抗力致使不能实现合同目的。不可抗力致使合同目的不能实现，该合同失去意义，应归于消灭。但不是只要遭遇不可抗力即导致合同解除，通过延期履行仍能够实现合同目的仍应当继续履行。②在履行期限届满之前，当事人一方明确表示或者以自己的行为表明不履行主要债务。订约一方不履行合同主要义务，无法实现合同目的，守约方可单方解除合同，并要求违约方赔偿损失。③当事人一方迟延履行主要债务，经催告后在合理期限内仍未履行。在发生迟延履行的情况后，守约方向违约方催告，给予合理期限后仍未履行，足以表明违约方不愿意履行或履行不能，合同目的无法实现，同样可予以解除。④当事人一方迟延履行债务或者有其他违约行为致使不能实现合同目的。对于时效性要求比较强的合同，发生迟延履行的情况很容易导致合同目的无法实现，而继续履行对守约方权利损害较大，也可以解除。⑤其他情形。如不安抗辩权的行使，合同相对方明显丧失履行能力，又没有提供相应担保，订约方继续履行明显不利，可解除合同。

3. 解除的后果。合同解除后，合同权利义务关系消灭。尚未履行的，终止履行，已经履行的，采取补救措施、恢复原状，并有权要求赔偿损失，但不影响清理和结算条款的效力，如保密、管辖、结算等条款独立存在有效。

（二）风险控制

1. 为防止出现合同被解除的情形，应当谨慎订立合同，对解除权条款做好事先预估，防止解除权的滥用，同样为维护自身权利，设置对自身有利的解除条款、行使方式，在出现影响合同目的时能有效选择维权方式。订约方协商一致解除时，对解除后的后果应当做出处理。

2. 重视合同履行时间节点的控制，尤其是时效性强的合同，明确约定履行时间，确定订约方的联系方式，在约定的履行期限内相对方没有履行即可通过邮件、传真、电话、短信等方式进行催告，在给予合理期限后仍未履行的，守约方即可行使解除权，要确保对方能及时收到，保留催告的证据。如农副产品销售，在大量上市之前会有价格优势，迟延履行则可能导致无法实现合同目的，对时间节点的控制与催告期限就显得极为重要。

3. 注意保留违约方的违约证据。违约分为一般违约和重大违约，只有在根本违约的情况下，合同目的无法实现，守约方才能行使解除权。根本违约则要根据标的物性质、行业特点、交易目的、交易习惯综合进行认定，而探究合同目的，订约方的磋商文件、联系函件都可以作为辅助证据。在商品房买卖合同中，房屋面积误差比绝对值超出 3%，房屋主体结构不合格，都可以作为根本违约的情形，买受人都有权要求解除合同。

4. 及时行使解除权，减少自身损失。解除权的性质是形成权，适用除斥期间，必须在合理的期限内行使，不能使权利义务关系长期处于不稳定状态。合同法对解除权的行使期限常散见于特别法中，如《保险法》规定投保人未履行如实告知义务，保险人知道有解除事由之日起，超过 30 日不行使而消灭。法律没有规定的，则可以根据订约方的约定，没有约定的，在催告后的合理期限仍未履行，则可以行使解除权，而合理期限则要根据实际情况具体分析，结合合同目的、交易习惯等进行认定。在商品房买卖中，出卖人迟延交付房屋或者买受人迟延支付购房款，解除权的行使期限为经催告后的 3 个月。对方当事人没有催告的，解除权应当在解除权发生之日起 1 年内行使；逾期不行使的，解除权消灭。

5. 若法律或行政法规规定解除合同应当办理批准、登记等手续的，需依照相关规定办理。

6. 合同解除的法律后果及权利主张。合同解除使权利义务消灭，往往伴随逾期履行等违约情形，就会涉及解除的后果与责任承担，法律保护守约方的利益，守约方可以向违约方主张赔偿损失，该损失可以包含可期待利益，以最大程度保护自身权利。

三、债务的抵销

A 公司是从事钢材加工的企业，客户李某送了一批钢材到 A 公司加工，因李某在之前与 A 公司的业务往来中，尚有欠款未支付给 A 公司，故 A 公司将该批钢材扣下。后 A 公司收到法院的传票和诉状，一家从未与 A 公司有业务往来的 B 公司以李某是该公司的员工，且送到 A 公司处加工的钢材是 B 公司所有为由起诉，要求 A 公司返还该批钢材，并承担因迟延履行的违约责任。从本案来看，该案是因合同债务抵销不当引起的法律纠纷，在符合法律规定的情况下，当事人可以行使抵销权，而使债务发生抵销。若债务抵销权行使不当，不仅不能产生抵销的法律后果，甚至可能承担违约的法律责任。

（一）风险识别

抵销依其产生的依据不同，可以分为法定抵销和协议抵销。以下将对不同种类抵销权行使过程中的相关风险予以分析。

1. 法定抵销的条件。我国《民法典》第 568 条第 1 款规定："当事人互负债务，该债务的标的物种类、品质相同的，任何一方可以将自己的债务与对方的到期债务抵销；但是，根据债务性质、按照当事人约定或者依照法律规定不得抵销的除外。"从以上法律条文看，法定抵销需同时满足一定的条件，具体包括：①当事人双方互负债务；②对方债务已到期；③债务的标的物种类、品质相同；④双方的债务都不属于不能抵销的情形。以上述案例为例，虽 A 公司和李某互负债务，但给付加工费和钢材加工这两类债务不管是标的物种类还是品质都不相同，最重要的是李某所运送的钢材并非李某所有，而属 B 公司，故 A 公司和 B 公司之间并未互负债务，因此 A 公司不能以债务抵销为由扣下 B 公司的钢材，否则 B 公司可以向 A 公司主张赔偿经济损失，同时，A 公司逾期未履行钢材加工义务的，还面临承担违约责任的风险。

2. 协议抵销。协议抵销是双方当事人通过订立抵销合同而使双方互负的债务发生抵销。我国《民法典》第 569 条规定："当事人互负债务，标的物种类、品质不相同的，经协商一致，也可以抵销。"与法定抵销不同的是，双方对抵销的条件可以意思自治，双方协商一致抵销的，虽不受法律规定的抵销条件的限制，但不能由单方决定抵销，更不能以欺诈、胁迫的手段，使对方在违背真实意思的情况下作出同意抵销的表示，否则不能产生债务抵销的法律效果。

（二）风险控制

1. 法定抵销应符合法律规定。我国《民法典》及相关法律对法定抵销的适用范围以及条件做出了明确的规定，如《民事诉讼法》中规定，当事人不得将债务人的生活必需费用用以抵销债务。而根据合同的性质不得抵销的情形主要是指必须履行的债务以及具有特定人身性质或者依赖特定技能完成的债务，故企业在进行债务抵销时应对被抵销的债务有清晰的认识，对不能抵销的债务不予抵销。除此之外，企业还应注意债务抵销的行使期限，只有对方履行期限届至时，才可以主张抵销，否则，对债务人来说是强制其提前履行债务。但在特殊情况下，未届清偿期的债权也可以视为到期债权，依法抵销。如我国《企业破产法》第 46 条规定，未到期的债权，在破产申请受理时视为到期。附利息的债权自破产申请受理时起停止计息。

2. 法定抵销权的行使方式。我国《民法典》第568条第2款规定："当事人主张抵销的，应当通知对方。通知自到达对方时生效。抵销不得附条件或者附期限。"据此可知，在法定抵销中，当事人必须履行通知义务，虽然法律对通知的方式以及应当何时作出通知未作规定，但原则上应使用书面形式为宜。

3. 协议抵销。实务中，企业可以在原合同成立后，当事人已经实际承担债务的情况下，双方可以根据公平、自由原则，另行约定债务抵销。一般情况下，约定抵销的方式有两种：一是双方在合同中约定一定的行使抵销权的条件，待条件成就时一方可以行使抵销权；二是当事人双方直接通过协议将双方的债务互相抵销。在约定抵销中，双方互负的债务即使没有到期，只要双方当事人协商一致，也可以抵销。

四、债务人提存标的物不当

债务提存是指由于债权人的原因，债务人无法向债权人清偿其到期债务，债务人将该标的物交付给特定的提存部门，从而完成债务的清偿，使合同关系消灭的制度。债务提存作为合同终止的一种，能产生债务消灭的法律效果。为了保障合同双方当事人的正当权利，法律对债务提存的适用条件和程序以及法律后果都予以了规范，提存不当的，双方当事人都将面临一定的风险。

（一）风险识别

1. 提存需符合法定条件。我国《民法典》第570条规定，在债权人无正当理由拒绝受领债务，债权人下落不明，债权人死亡未确定继承人、遗产管理人，或者丧失民事行为能力未确定监护人以及具有法律规定的其他情形，导致债务人难以履行债务的，债务人可以将标的物提存。关于债权人拒绝受领的正当理由一般是指债务人履行标的、履行地点、履行时间、履行方式等不符合合同约定。同时，债权人下落不明应当也包括债权人的代理人下落不明，否则也不能将标的物提存。提存虽是法律赋予债务人的一项权利，但企业在行使这项权利时，必须符合法律的规定，否则，债务人的提存行为不仅不能消灭债务关系，还将可能承担不能交付的违约责任风险。

2. 提存标的物适于提存。提存标的物是债务人依合同的规定应当交付的并且也适于提存机关保管的标的物。我国《提存公证规则》第7条对适于提存的标的物做了规定，从这些可提存的标的物来看，都属于适于长期保管并不损害其价值的商品。对于交易中不易保管、不宜提存的商品，如时蔬一类、某些比较廉价的商品都不宜采用提存的方式，上述物品提存的保管费往往高于商品本身的价值，这直接导致商品的目的无法实现。实务中，债务人如果将不能提存或不宜提存的物品提存的，不当提存的法律后果依然由债务人承担。

3. 债务人提存后未履行通知义务的法律风险。虽然以清偿为目的的提存公证具有债的消灭和债之标的物风险责任转移的法律效力，但标的物提存后，除债权人下落不明的以外，债务人应当及时通知债权人或者债权人的继承人、监护人、遗产管理人 。如果债务人怠于履行通知义务，难以避免其承担相应法律责任的风险。

（二）风险控制

1. 实务中，法定的提存原因必须是债务构成难以履行，即债权人不能受领的情形不能是短暂的和不能解决的，如果债权人只是迟延受领并且迟延的时间不长，则无法认定为债权人拒绝受领。在债权人下落不明以及死亡的情形中，如果能很快确定债权人的代理人、继承人、遗产管理人、监护人的，也不能认为是债务难以履行而提存。

2. 提存行为适当。在合同履行过程中，企业作为债务人需要将标的物提存的，首先应保证该标的物是合同规定应当给付的且适于保管机关保管的标的物。根据法律规定，对于标的物不适于提存或者提存费用过高的，债务人依法可以拍卖或者变卖标的物，提存所得的价款。

3. 提存后及时履行通知义务。债务人将标的物提存后，应当及时通知债权人，以便债权人早日知悉标的物被提存的事实从而领取提存物。然而，实务中债务人提存标的物往往由于债权人下落不明而做出，在此情形下债务人通知债权人会出现一定的困难，但即使债务人下落不明而无法向其做出通知时，债务人也应当以公告的方式予以通知，使债权人及时知道提存行为已经发生。

五、债务的免除

2018 年 6 月，张某与李某签订了书面协议，在协议中约定，对于李某欠张某的 80 万元借款，张某自愿减让 5 万元，即借款本金按 75 万元计算，但李某应当在 8 月底前归还全部借款，逾期未还的，李某应按同期银行贷款利率的 3 倍向张某支付借款利息。协议签订后，李某仅归还借款本金 40 万元。同年 10 月，张某向法院提起诉讼，请求法院判决李某归还剩余的借款本金 40 万元及相应利息。但李某抗辩称借款本金已减少至 75 万元，扣除已经归还的 40 万元，尚欠借款本金为 35 万元，张某无权要求其按剩余借款本金 40 万元归还本息。此案例中，双方就债务是否免除仍存在一定的争议，但债务免除作为一种单方行为，一旦债权人向债务人做出债务免除的意思表示，即可发生债务免除的效力。在债务免除的过程中，为了避免因债务不当免除发生纠纷，双方当事人都应在充分认识债务免除条件、程序和后果等方面存在的法律风险的基础上，采取相应的防范措施。

（一）风险识别

1. 不具备债务免除要件的法律风险。债务免除作为一种单方法律行为，应当符合法律行为的构成要件，否则企业将面临如下风险：①债务免除人对债权不享有处分权的，将构成无权处分；②无行为能力人或限制行为能力人未征得其法定代理人同意，不得为免除行为；③在按份之债中，债务人免除了某一债务人的债务，其他债务人的债务并没有当然地免除；④债务免除的意思表示未向债务人或其代理人明确作出的，不能产生免除的效果；⑤债务免除不得损害第三人的利益，如债权上已设定了质权等关涉到第三人的权利，此时债权人不得免除债务人的债务。

2. 债权人免除程序瑕疵法律风险。因债务免除是一种单方法律行为，故为了让债务人知晓债权人的该意思表示，债权人应当通知债务人或债务人的代理人。实务中债权人向债务人通知的一般方式为口头或书面，特定情况下为默示，默示也同样属于债务免除的一种形式，如果债权人并没有债务免除的意思，在诉讼时效内又不积极主张自己的权利，实际上也会产生债务免除的法律后果，从而使债权人丧失对债权的胜诉权。

3. 债务人忽视免除确认法律风险。虽然债务免除对债务人来说是利益的获得，但从实务中债务免除的纠纷来看，债权人与债务人就债务是否免除发生争议的案例也不在少数，被免除债务一方往往基于对债权人的信任，而忽视对债务免除的确认。现实中经常有债权人在免除债务后又反悔的情形，即使从法律上来讲，债务免除已生效，并不能撤回，但若该债务免除未生效或附条件、期限，以及在纠纷中缺乏有力的证据证明确实存在债务免除的事实，债务人非但不能免除债务，还有可能耽误了债务的履行。

（二）风险控制

1. 债权人债务免除风险控制。首先，债权人的债务免除行为应符合法律行为的构成要件：①债务免除人应当享有合法的债权；②债务免除人应当具有行为能力；③免除的对象必须是债务人的债务；④免除的意思表示应当向债务人明确作出；⑤免除不得损害第三人的利益。其次，为了避免债权人免除债务后本金仍无法收回的情形，建议债权人在免除债务时与债务人签订书面协议，并在协议中明确约定债务免除的条件或期限，条件成就或期限到来时，才发生债务免除。这样可以激励债务人努力成就约定条件，也可以保护债权不会意外缩水。最后，债权人在免除债务人的债务时，既可以全部免除也可以部分免除，需要注意的是，如果债权人免除了连带债务人中的部分债务，一般情形下将被认定为免除了全部债务人的债务，为了避免此情形的发生，债权人应当明确表示只免除部分债务人应负担的债务部分。

2. 债务人债务免除风险控制。在债务免除中债务人相比于债权人更为被动，但是为了避免纠纷的发生，债务人应积极与债权人就债务免除相关事宜进行书面确认，防止因债权人反悔，耽误债务的履行。在附条件或附期限的债务免除中，必须当条件成就或期限届至时免除才能生效，否则，免除并未生效，债务人仍需依约履行债务。

第四节　合同救济的法律风险

当合同发生争议或其他不能履行的情形时，当事人可以在法律规定的范围内寻求各种方式和途径对自身权益进行补救，避免损失的进一步扩大。但企业在采取救济措施时，若未及时以恰当的方式规范行使权利，或者没有取得有利证据，都将给企业带来难以弥补的法律风险。

一、抗辩权的行使及法律风险

在合同履行过程中，一方不依约履行合同的，另一方可根据对方履行合同的情况行使抗辩权进行救济。但抗辩权作为一种专业性很强的救济权利，法律为防止其滥用，针对不同的抗辩权规定了不同的行使条件，企业在救济过程中若行使不当，则可能因行为不当而构成违约行为，给自身造成法律风险。同时在他人行使抗辩权时，也需要准确衡量其抗辩权是否符合法定条款、程序，以有效维护自身权益。以下将对抗辩权的种类、构成要件及相应的法律风险稍作分析。

（一）风险识别

根据发生时间的先后进行分类，双务合同中抗辩权具体包括：同时履行抗辩权、先履行抗辩权、不安抗辩权。

1. 同时履行抗辩权。我国《民法典》第 525 条规定，一方行使同时履行抗辩权的，不仅要求双方当事人因同一双务合同互负已届清偿期的债务，同时须对方未履行或未适当履行债务，且双方的对待履行是可能的。如果双方当事人的债务基于两个甚至多个合同产生，即使双方在事实上具有密切联系，或者尽管双方所负的债务是存在的，但如果双方债务未同时到期，则不产生同时履行抗辩问题。

2. 先履行抗辩权。先履行抗辩权是指当事人互负债务，有先后履行顺序，先履行一方未履行的，后履行一方有权拒绝履行要求。依《民法典》第 526 条的规定，先履行抗辩权的行使必须符合如下条件：须因同一双务合同互负债务、须由一方当事人先为履行、应当先履行的一方不履行或不适当履行合同债务。而法条中所说的"不符合约定"应当包括不履行以外的各种违约行为，即迟延履行、不适当履行（包括瑕疵履行和加害给付）以及部分履行等。

3. 不安抗辩权。不安抗辩权是指在异时履行的合同中，应当先履行的一方有确切的证据证明对方在履行期限到来后，将不能或不会履行债务，则在对方没有履行或没有提供担保前，有权暂时中止债务的履行。但先履行的一方必须有确切的证据证明另一方不能或不会作出对待履行，同时我国《民法典》第 527 条具体列举了一方在履行后另一方将不能或不会作出对待履行的事由：①经营状况严重恶化；②转移财产、抽逃资金，以逃避债务；③丧失商业信誉；④有丧失或者可能丧失履行债务能力的其他情形。故企业在实务操作中如果未依法定条件行使抗辩权，很可能要承担相应的违约责任，如给对方造成损失的，还须承担损害赔偿责任。

（二）风险控制

1. 同时履行抗辩权的行使。在同时履行抗辩权中的没有"先后"履行顺序，包括合同没有约定或法律没有规定"先后"。同时对一方迟延履行的期限判断，首先必须考虑期限对当事人订约目的的意义。如果履行期限并不影响当事人的订约目的，则在一方迟延履行后，另一方应催告对方继续履行并给予合理的履行准备期限，在该期限到期后对方仍不履行的，另一方可以行使同时履行抗辩权拒绝自己的履行。

2. 先履行抗辩权的行使。先履行抗辩权作为一种一时抗辩权，能暂时阻止对方当事人请求权的行使，而不是导致对方请求权的消灭，在对方当事人完全履行了合同义务后，抗辩权行使条件已不存在，后履行一方应当及时履行自己的义务。

3. 不安抗辩权的行使。为了防止先履行一方滥用不安抗辩权，我国《民法典》规定了不安抗辩权行使人的两项法定义务，一是当事人的举证义务，即行使不安抗辩权的一方不能凭空推测或根据臆想推测对方不会履行，而何为有确切的证据，只能由法院和仲裁机构具体判断，但是发现对方可能存在不能或不会作出对待履行的事由时，己方应提前保留证据；二是通知的义务，当事人一方在行使不安抗辩权而中止合同的履行时，为了避免对方支出不必要的费用，应及时通知对方。同时，不安抗辩权同为一种一时抗辩权，权利的行使只能使合同债务暂时得不到履行，一旦另一方提供可适当的担保或恢复履行能力，合同应当继续履行。

二、代位权行使的法律风险

A 公司与 B 公司签订了一份购销合同，A 公司从 B 公司购买一批汽车零部件，货款总额为 12 万元。合同约定，A 公司收到货物后 2 个月内付款。B 公司按约履行了合同，货物验收合格。2 个月后，B 公司多次催要该笔货款，A 公司均以经营困难，无力清偿为由拒绝支付。后 B 公司在货款催讨过程中得知，C 公司尚欠 A 公司 14 万元货款未清还，其履行期已届满。于是，B 公司将 C 公司起诉至法院，要求 C 公司支付欠款 12 万元及诉讼费、律师代理费、差旅费等。本案主要涉及债权人代位权问题，法律为防止因债务人的财产不当减少或不当增加而给债权人的债权带来损害，允许债权人行使代位权，以保护其债权。但是代位权作为合同相对性规则例外，其权利的行使将会对第三人产生效力，法律对其行使条件及程序等都予以了明确规范，故为规避代位权行使不当带来的法律风险，实务中应按法定要求行使代位权。

（一）风险识别

1. 代位权的行使条件。为防止债务人不积极采取措施、违背诚信原则，故意实施各种不正当行为逃避债务，造成"讨债难"现象。我国《民法典》第 535 条规定："因债务人怠于行使其债权或者与该债权有关的从权利，影响债权人的到期债权实现的，债权人可以向人民法院请求以自己的名义代位行使债务人对相对人的权利，但是该权利专属于债务人自身的除外。代位权的行使范围以债权人的到期债权为限。债权人行使代位权的必要费用，由债务人负担。相对人对债务人的抗辩，可以向债权人主张。"根据该法律条文可知，代位权的行使具有以下条件：①债权人对债务人必须享有合法、确定债权，并且已届清偿期。如果债权债务关系并不成立或者债权债务关系已经被解除，或者债权人与债务人之间的债权是一种自然债权，则债权人并不应该享有代位权。②债务人怠于行使到期债权及其从权利。代位权针对的是债务人消极不行使权利的行为，如不履行其对债权人的到期债务，又不以诉讼方式或者仲裁方式向其债务人主张其享有的具有金钱给付内容的到期债权，致使债权人的到期债权未能实现。③债权人怠于行使权利的行为已经对债权人造成损害。这里主要指债权人对债务人的债权到期后，债务人没有及时清偿债务，仍然怠于行使其对第三人的到期债权，造成其没有财产或没有足够的财产用来清偿对债权人的债务。④债务人的债权不是专属于债务人自身的债权，对专属于债务人的权利，不得行使代位权。

2. 代位权行使的效力。债权人作为代位权行使的主体，代位权诉讼的成立将使债权人获得来自次债务人的清偿，但是若清偿的数额超过债权人对债务人享有的债权，债务人的其他债权人可能对债权人提起诉讼要求归还债务人的财产。对债务人而言，代位权行使的直接效果应归属于债务人，债权人代替债务人行使权利所获得的一切利益，在清偿完债务人所欠债务后，均应归属于债务人，但债权人行使代位权的必要费用，由债务人负担。而次债务人作为代位权诉讼中的被告，其对债务人的抗辩，可以向债权人主张，在代位权被认定为成立的情况下，由次债务人向债权人履行清偿义务。

（二）风险控制

关于代位权行使的风险控制，除了需满足上述代位权行使的条件外，主要涉及程序方面的问题。故债权人提起代位权诉讼时应符合相关法律要求，以免导致诉讼失败。

1. 代位权的行使方式。代位权作为债权人的一项实体权利，只能由债权人行使。债务人的各个债权人只要符合法律规定的条件，均可以独立行使代位权。在有多个债权人的情况下，多个债权人既可以分别对不同的次债务人行使代位权，也可以对同一次债务人行使代位权。同时，债权人只能通过向法院提起诉讼的方式来行使代位权，即使债权人与债务人在合同中约定以仲裁方式解决纠纷，但此约定对代位权的行使并不具有拘束力。

2. 代位权行使范围以债权人的债权为限。债权人行使代位权，只能以自身的债权为基础，不能以未行使代位权的全体债权人的债权为保全的范围。同时，根据法律的规定，如果债权人代位行使债务人一项债权或其中一项债权的一部分就可以获得清偿的，那么债权人只能行使一项债权或一项债权的一部分。但是，如果债权人代位行使债务人的一项债权并不足以清偿全部债务的，债权人可以代位行使债务人的数项权利。

3. 次债务人的风险防范。虽然次债务人在代位权诉讼中以被告的身份存在，但需要注意的是，次债务人对债务人享有的一切抗辩权，在债权人行使代位权时，次债务人均可以此对抗债权人。

三、撤销权行使的法律风险

债权人可以自由处分自己的债权，但是当该债权人另外又系其他债权人的债务人时，其放弃债权的行为使他的债权人权利无法实现，则他的债权人享有依法救济的权利。此救济权利在《民法典》上表现为债权人的撤销权，即因债务人实施减少其财产的行为对债权人造成损害的，债权人可以请求人民法院撤销该行为的权利。它与债权人代位权一样，突破了债的相对性原则以保全债权，体现了债的对外效力。撤销权虽然是法定权利，无需双方当事人在合同中约定，但撤销权的行使须具备相应的法定条件，企业若忽视相关程序，债权人的主张将不会获得法院支持，且会增加企业的守法和维权成本。

（一）风险识别

1. 债权人撤销权行使的条件。我国《民法典》第 538 条~第 540 条规定，债权人撤销权的行使须具备相应的客观要件和主观要件。从客观要件上说，必须是债务人实施了一定的有害于债权人的行为，具体包括：①债务人实施了处分财产的行为，如债务人放弃到期债权、无偿转让财产以及以明显不合理的低价转让财产，而对于"明显不合理低价"的判断，最高人民法院关于《全国法院贯彻实施民法典工作会议纪要》对此做出了详细规定。②债务人处分财产的行为已经发生法律效力。如果债务人的行为尚未成立或生效，或者属于法律上当然无效的行为，或者该行为已经被宣告无效等，都不必由债权人行使撤销权。当然，债务人的处分行为必须发生在债权发生之后，如果发生在债权成立之前，则谈不上损害债权的问题，债权人不能行使撤销权。③债权人处分财产的行为已经或将要严重损害债权。从主观要件说，是指债务人与第三人具有恶意，而对该恶意的判断，只要债权人能举证证明受让人知道债务人的转让行为是以明显不合理的低价转让，便可以认定受让人与债务人实施民事行为时具有恶意，但是实务中对该"主观恶意"的举证大多存在一定的难度。

2. 撤销权行使的效力。从法律上来说，在撤销债务人的行为以后，某一债权人取回的一定的财产或利益，应作为债务人全体债权人的共同担保，各债权人（不含已设定特别担保之债权人）对这些财产都应当平等受偿，行使撤销权的债权人对返还财产或利益无优先受偿权。但是，对其在诉讼上所支出之必要费用，应认为就追回之财产，债权人有优先取偿之权利。对债务人而言，行为一旦被撤销，债务人免除他人债务的行为、承担他人债务的行为、为他人设定担保的行为以及让与财产的行为等都自始无效。因其行为而已经占有财产或受益的相对人，负不当得利返还义务，撤销权人或债务人都有权要求受益人返还财产或收益给债务人，如果原物不能返还则应当折价赔偿。

（二）风险控制

债权人的撤销权作为公力救济，必须通过法院诉讼的方式行使权利。在撤销之诉中，必须由享有撤销权的债权人以自己的名义，向法院提起诉讼，如果债权人为多数人，可以共同享有并行使撤销权。与代位权诉讼主体相区别的是，撤销权诉讼是只以债务人为被告，另外，撤销权应自债权人知道或者应当知道撤销事由之日起1年内行使，此处的行使期限并不要求债权人和债务人之间的债务必须到期，但自债务人的行为发生之日起5年内没有行使撤销权的，该撤销权消灭。故企业在合同履行过程中应时刻关注对方的履行能力，在相对方的履行能力对债务履行造成威胁时，应积极行使保全措施维护自己的利益，以免因诉讼时效超过，失去向法院提起撤销之诉的权利。

四、和解与调解中的法律风险

和解与调解是众合同救济方式中最平和的救济方式，矛盾双方当事人无论是在平等自愿、相互协商的基础上达成和解协议，或者是借助有关组织、机关、机构、个人或法院等第三方的介入来解决争议，都可以使当事人快速、和平地化解争议和矛盾，提高经济效率。然而在几种协议中，除了仲裁调解协议和诉讼中的调解协议外，当事人之间达成的其他协议均不具有强制执行力，故当事人在选择救济方式时，如果缺乏正确的认识，将导致自身权益的损害。

（一）风险识别

1. 和解的法律风险。①缺乏时间规定。和解作为当事人合同救济中所采用的最广泛的方法，是双方当事人意思自治的表现，双方当事人在和解过程中，往往都会为了争取自身利益最大化而不愿意做出让步，导致和解双方难以就纠纷达成一致。同时法律也并未对和解的时间做出规定，实务中和解程序被拖延的现象也普遍存在，这样更不利于纠纷的及时解决，同时也不利于社会的稳定。②和解双方地位不平等。实务中合同双方的地位往往有强弱之分，若和解没有第三方的介入，很难避免强势的一方利用其优势地位损害弱势一方的利益，导致和解协议存在公平问题。③和解协议不被执行。由于和解协议不具有强制执行力，实践中又容易出现当事人反悔的情形，此时协议当事人面临着协议不被执行，合同权利无法得到救济的法律风险。

2. 调解的法律风险。调解是在有关组织、机关、机构、个人或法院的主持下，双方当事人就争议的问题，本着相互谅解的精神进行协商，最终对双方的权利义务问题达成一致意见的争议解决方式。根据介入第三方的不同，调解可以分为诉讼外调解和法院调解。诉讼外调解中除了仲裁机构调解的情形外，其他形式的调解与和解的注意事项具有相似性，不重复赘述。此处需要特别提醒的是，对于有强制执行力的调解仲裁书，其法律后果是能将纠纷当事人的权利义务关系予以确定，当事人不得再以同一事实和理由重新申请仲裁或向法院起诉，如果一方当事人不履行调解书所确定的义务，对方当事人有权根据调解书申请人民法院强制执行。与此相类似的是，法院在诉讼中做出的调解协议生效后，与生效判决具有同等的法律效力，当事人对此不得反悔。

（二）风险控制

1. 和解过程中的注意事项。和解虽然是高效、灵活解决纠纷的有效途径，但当事人在纠纷发生后，应根据诉讼标的的大小、案件的复杂程度等谨慎选择和解救济途径。一般情形下，标的数额较大且案情比较复杂的纠纷，不宜采用和解的方式。标的较小且案情较简单的纠纷，若选择和解作为救济方式的，首先，为了避免某一方过度拖延的情形，双方可以在和解之前协商约定和解时间，如果双方在一定的时间之内不能达成和解协议，应及时采用其他救济手段，避免因拖延带来经济损失。其次，双方在和解过程中必须遵守我国相关法律法规及其相关原则，双方当事人应在平等协商的基础上，自愿达成和解协议。最后，针对实务中出现的当事人一方反悔不履行和解协议的情形，另一方当事人应立刻寻求其他救济途径进行补救，以免出现合同损失进一步扩大的法律风险。

2. 调解过程中的注意事项。因调解与和解在风险防范中具有相似之处，此处主要针对有强制执行力的调解协议进行风险防范。当事人在法院的主持下进行调解时，应注意调解协议的生效时间。根据《民事诉讼法》的规定，调解书经双方当事人签收后，即具有法律效力，故一经签收，当事人不得反悔，否则另一方可以申请强制执行。另由于调解协议是当事人自愿协商的结果，故不存在对调解书不服的问题，当事人不能对调解书上诉。而在调解未达成协议或者调解书送达前一方反悔的，另一方应积极要求法院对案件继续进行审理。同时，为了保证执行顺利，调解未兑现前尽量不解除保全措施。

五、仲裁救济中的法律风险

法谚曰"无救济则无权利"，实践中广泛采用的权利救济途径有诉讼与仲裁，仲裁机构作为独立的社会团体，由于具备相关专业知识、日渐完善的仲裁规则、较高的客观公正性，仲裁方式逐渐成为民商事纠纷主要解决方式，仲裁所具有的独立性、灵活性、保密性、经济性、高效性是其他纠纷解决机制如和解、调解、诉讼等无法具备的，通过订立仲裁条款合理选择仲裁机构，争取及时有效解决纠纷，是合同风险防范的重要事项。

（一）风险识别

1. 仲裁条款的约定、仲裁机构选择不当。订立争议解决条款，选择仲裁机构必须确定且唯一，没有写明具体的仲裁委员会、仲裁与诉讼条款并存都会导致仲裁条款无效。由于在前述争议条款的约定部分已对此进行讨论，此处不予重复说明。

2. 仲裁范围限制。民商事仲裁所适用的范围包括平等主体的公民、法人和其他组织之间发生的合同纠纷和其他财产权益纠纷，但涉及当事人本人不能自由处分的身份关系不能适用仲裁，故就涉及身份关系的事项约定仲裁是无效的，只能提起诉讼。

3. 仲裁裁决不被执行。根据法律的规定，裁决书自作出之日起发生法律效力，对于仲裁机构作出的生效仲裁裁决，当事人应当履行，但由于仲裁机构的民间组织性质，导致仲裁机构对于不履行仲裁裁决的当事人不具有采取强制措施的权力，而只能依照《民事诉讼法》的有关规定向人民法院申请执行，故实践中仲裁裁决不被执行的现象经常出现。

4. 仲裁自身特点导致法律风险。仲裁实行一裁终局，裁决作出后，即产生法律效力，当事人对裁决不服，不能就同一案件再向法院起诉，对仲裁裁决结果不服的，只能申请法院撤销或不予执行。裁决被法院裁定撤销或不予执行后，可重新达成仲裁协议申请仲裁或直接提起诉讼。

（二）风险控制

1. 正确约定仲裁的事项。合同条款应对仲裁解决争议的事项范围进行确定，仲裁机构只能对约定的争议范围进行仲裁，超出约定范围的事项只能另行达成仲裁条款或提起诉讼解决，但与已裁决事项属于不可分的，有可能被撤销仲裁裁决。一旦选择仲裁，尽量约定与合同有关的一切事项皆有权提请仲裁，如仅概括约定仲裁事项为合同争议的，基于合同成立、效力、变更、转让、履行、违约责任、解释、解除等产生的纠纷都可申请仲裁。

2. 依法定程序申请执行仲裁裁决。我国《仲裁法》第 62 条规定："当事人应当履行裁决。一方当事人不履行的，另一方当事人可以依照民事诉讼法的有关规定向人民法院申请执行。受申请的人民法院应当执行。"虽然当事人可向法院申请执行，但是应当注意的是，法院只有在当事人提出申请的情形下，方可启动仲裁裁决执行程序，并且根据《民事诉讼法》的有关规定，一方当事人不履行仲裁裁决的，对方当事人可以向被申请人住所地或者财产所在地的中级人民法院申请执行，同时，申请执行的期间为 2 年，从法律文书规定履行期间的最后一日起计算。

3. 其他注意事项。仲裁一般不公开审理，涉及商业秘密的，建议约定采用仲裁方式解决争议，能有效保密。同时，对于选择仲裁或者诉讼涉及争议解决成本的问题，仲裁机构有具体的收费标准，仲裁费包括案件受理费和处理费，对于标的额较小的案件，采用诉讼方式解决，所缴纳的诉讼费比较低，对于大额的经济案件，则通过仲裁途径解决争议能减少争议解决成本。

六、诉讼救济中的法律风险

诉讼是国家专门机关依法定程序在当事人和其他诉讼参与人的参加下处理的专门活动。由于诉讼需依靠国家司法力量进行裁判，其裁判结果具有终局性和强制性，故其在众合同救济手段中属最为有效的救济途径。也正是因为诉讼需严格按法定程序进行，当事人对诉讼权利一旦行使不当或不能正确履行义务都可能影响案件的审理和执行，致使合法权益无法实现。从总体上看，诉讼大概分为三个阶段，即起诉阶段、审理阶段和执行阶段，在诉讼各阶段都不同程度地存在各种类型的法律风险，但由于篇幅限制，以下只能对诉讼不同阶段的法律风险进行简要说明。

（一）风险识别

1. 起诉阶段的法律风险。第一，不及时行使诉权。我国《民法典》《民事诉讼法》等法律都有诉讼时效的规定，如果民事权利受到侵害的权利人在法定的时效期间内不行使权利，当时效期间届满时，权利人将失去胜诉权利。在诉讼时效届满后，债务人因不知时效规定或者明知道时效规定而自愿履行债务的，不得又以时效已过为由请求返还。第二，起诉不符合条件。我国《民事诉讼法》第 122 条规定起诉须符合下列四个条件：①原告是与本案有直接利害关系的公民、法人和其他组织；②有明确的被告；③有具体的诉讼请求和事实、理由；④属于人民法院受理民事诉讼的范围和受诉人民法院管辖。如果当事人起诉不符合法律规定条件的，将面临不予受理、驳回起诉的法律风险。第三，对代理人授权不明。在民事诉讼中，委托权限分为一般代理和特别代理，一般代理可以代理被代理人进行一般诉讼的行为，而特别代理除了代理一般诉讼行为外，还包括处分民事实体权利的诉讼行为，如承认、放弃、变更诉讼请求等诉讼中的重大事项。故企业如果未在授权委托书中对特别事项予以特别授权，代理人就特别事项发表的观点将被认定为无效。

2. 审理程序中的法律风险。①证据提交的法律风险。在一般情形下，原告提起诉讼或反诉的，对自己提出的诉讼请求所依据的事实和理由，都有责任提供相关的证据予以证明，没有证据或证据不足的，可能面临承担不利的诉讼后果的法律风险。除此之外，我国法律对当事人的举证期限做了明确规定，超过举证期限提供证据的，人民法院可能会认定其放弃了举证的权利，当事人将面临诉讼请求无法证明的法律风险。②证据保全的法律风险。证据保全作为防止证据灭失而对证据预先加以收集和固定的制度，在诉讼中发挥着很重要的作用。根据相关规定，申请证据保全不得迟于举证期限届满前 7 日，同时，还应符合证据保全申请的条件。由此可见，对于符合条件而逾时未申请保全的，将发生保全不及时、证据灭失的法律风险。③财产保全的法律风险。为保障将来的生效判决能够得到执行或者避免财产遭受损失，债权人可以向法院申请财产保全。这之中的主要法律风险有申请财产保全不符合条件、财产保全申请的数额过大以及财产保全申请逾期，在申请财产保全的过程中，对上述任一风险的忽视，都难以避免因对方当事人恶意转移、隐匿、毁灭财产等行为，而致使自己陷入裁判无法执行的法律风险之中。

3. 执行过程中的法律风险。执行作为民事诉讼的最后阶段，直接关系着当事人合法权益能否实现。在申请强制执行的过程中，若不注意申请强制执行的期限、申请执行的法院以及出现对方无财产或无足够财产可供执行的情形，申请人将面临无法实现权利的法律风险。

（二）风险控制

1. 起诉阶段的法律风险防控。当事人选择诉讼作为救济途径的，起诉必须符合《民事诉讼法》规定的四个条件。同时，当事人起诉时诉讼请求一定要适当、完整，不仅不能遗漏诉讼请求，也不能毫无根据地任意扩大诉讼请求。另外，当事人在对诉讼代理人进行授权时，需明确委托诉讼代理人的代理权限，有特别授权的重要事项，一定要在授权委托书中特别注明。

2. 审理过程中的法律风险防控。在审理过程中，当事人应对自身提出的诉讼请求提供证据证明，尽量提供原件，特殊情况下才可以提供经人民法院核对无异的复制件或复制品。同时，当事人应在协商一致并经人民法院认可或者人民法院指定的期限内完成举证。另外，需要申请证据保全的，需符合《民事诉讼法》第九章中保全的相关条件及期限。对于申请财产保全，当事人更应慎重，诉讼请求需具有财产给付内容，且存在财产保全的必要时，方可向受诉法院书面提出财产保全的申请，并且在法院要求提供担保时，应积极配合，及时提供担保。

3. 申请执行过程中的风险防控。《民事诉讼法》第 246 条规定，申请执行的期间为 2 年，并从法律文书规定履行期间的最后一日起计算。同时 231 条规定："发生法律效力的民事判决、裁定，以及刑事判决、裁定中的财产部分，由第一审人民法院或者与第一审人民法院同级的被执行的财产所在地人民法院执行。法律规定由人民法院执行的其他法律文书，由被执行人住所地或者被执行的财产所在地人民法院执行。"因此，申请执行的当事人应当按照法律的规定选择正确的法院。

第五节　电子合同的法律风险

随着网络技术的发展，电子合同在商事活动中被运用地越来越广泛。与传统合同相比，电子合同具有方便、快捷的特点，对于减少企业的交易成本、提高交易效率具有重要意义。但同时，由于电子合同与传统的纸面合同有一定的差异，电子合同所适用的法律规范与传统纸面合同所适用的法律规范也有所不同，电子合同的生效时间、生效地点以及履行等都有其自身的特点。企业在重视运用电子合同的同时，也要注意防范由此所产生的法律风险。

一、电子合同缔约主体资格的确定

在网络日益发达的今天，企业可以通过电子手段签订合同，提高签约效率，但鉴于双方在签约时未当面协商，无法知道对方的实际情况，给企业带来较大风险。那么企业可以通过哪些有效途径来确定电子合同相对方的真实情况，降低企业的风险呢？

（一）风险识别

1. 对方履约能力的判断。相较于纸面合同的签订过程，企业可以通过查阅对方提供的资料、进行实地考察等方式鉴别对方的履约能力。由于电子合同"背对背"的缔约特征，企业对于缔约方的经营状况、资质状况、履约能力等实际情况难以判断，而这些因素是企业选择缔约方时的重要参考因素。对方如果在签订电子合同后，无法履行合同义务，将会给企业带来巨大的风险。

2. 对方有无民事行为能力的判断。从事民事活动的自然人、法人需要具备相应的民事行为能力，当事人民事行为能力将会影响到民事行为的效力。在电子合同缔约过程中，企业难以通过网络交流判断对方的年龄、精神状况，尤其是网络越来越低龄化的时代，未成年人也能熟练地操作计算机。企业一旦与无民事行为或限制民事行为人订立电子合同，即便其具有履行合同的能力，但未经其法定代理人代理或追认，也不产生法律效力，这无疑增加了企业的交易成本，给企业带来了较大的风险。

3. 对方有无代理权限的判断。在民商事领域，自然人或法人可以由其代理人作出一定的民事行为，代理人在代理权限范围内实施的民事行为，其法律后果由被代理人承担。相比传统纸面合同，电子合同在代理方面也存在着较大风险，企业在网络空间很难判断对方是否具备代理权限，对方若无代理权或超出代理权，就不能对被代理人产生效力。

（二）风险控制

在电子合同中，确定当事人的身份是至关重要的，它关系到电子商务的安全，认定不当的将制约电子商务的发展。具体而言，企业可通过以下方式降低对对方主体资格认定和履约能力确定的法律风险。

1. 电子签名。电子签名对于判断对方的真实情况具有重要作用。电子签名能对对方真实身份予以确认，防止欺诈情况的发生，降低企业在签订电子合同过程中的风险。

2. 设置责任条款。为了防止对方在签订电子合同时，提供虚假信息，隐瞒自己真实情况，损害企业利益，企业可以在电子合同中约定责任条款。这种责任条款受法律保护，一旦发生纠纷，在提起诉讼或仲裁时，可以向对方主张责任。

3. 注意信息收集。为防止在订立电子合同过程中，因不了解对方的实际情况，导致信息不对称，企业可以在法律允许的情况下，通过网络查询平台搜集对方当事人的信息。如向工商、社会保障、税收等政府部门申请公开对方资质状况、经营状况等实际情况。当然企业在搜集信息时，应当注意尊重对方的权利，不能搜集与对方商业秘密有关的信息，否则需要承担相应的法律责任。

二、使用电子签名存在的法律风险

实践中电子签名也有被滥用的情况，使得电子签名的效力得不到保证。那么，我国法律是否承认电子签名的效力？电子签名又有什么样的安全隐患呢？企业又当如何防范电子签名的法律风险呢？

（一）风险识别

1. 电子签名是否具有法律效力？根据我国《电子签名法》第 2 条规定，电子签名是指数据电文中以电子形式所含、所附用于识别签名人身份并表明签名人认可其中内容的数据。我国对电子签名的效力采取有条件的认可，《电子签名法》第 13 条规定，电子签名同时符合下列条件的，视为可靠的电子签名：①电子签名制作数据用于电子签名时，属于电子签名人专有；②签署时电子签名制作数据仅由电子签名人控制；③签名后对电子签名的任何改动能够发现；④签署后对数据电文内容和形式的任何改动都能够被发现。当事人也可以选择使用符合其约定的可靠条件的电子签名。因此在实务中只有可靠的电子签名才具有与手写签名或盖章同等的法律效力，为保证电子签名的效力，企业的电子签名应当符合《电子签名法》所规定的条件。

2. 电子签名使用不当的风险。《电子签名法》第 27 条规定，企业在运用电子签名时，要确保自己的电子签名制作数据的真实性、完整性、准确性，如果企业在明知电子签名数据失密或可能失密的情况下，仍然使用电子签名的，应对合同相对方或者其他单位或个人造成的损失承担赔偿责任。

（二）风险控制

企业在运用电子签名时，可以从以下方面防范风险：

1. 电子签名认证。是指特定机构（一般是第三方）对电子签名及其签名者身份真实性进行验证的具有法律效力的服务，其本质上属于"信用公证"。电子签名认证与传统的公证制度在功能上是相同的，都是为了确保内容的真实、有效、合法，保证电子签名依赖方的合法利益。我国已经建立了电子认证制度，《电子签名法》第 20 条规定，电子签名人在电子签名认证时，应当向电子认证服务机构提供真实、完整和准确的信息，若未按要求提供信息，需要承担相应的法律责任。

2. 妥善保管电子签名制作数据。电子签名制作数据一旦外泄，不法者就可以利用企业的数据进行电子签名，这会给企业造成重大损失。为确保电子签名数据的安全，企业应当采取一定的措施，妥善保管，防止泄密。若电子签名制作数据一旦失密或者可能失密时，应当及时告知有关各方，并终止使用该电子签名制作数据。

3. 签订确认书。为保证电子签名的真实、可靠，除进行电子签名认证外，合同双方还可以签订书面的确认书。签订书面的确认书，双方需要进行面对面的交流、沟通，这对于确保电子签名的真实性意义明显，但这种方法同时也会增加企业的交易成本，与电子合同的方便、快捷的特点不符。

三、电子合同生效时间、地点如何确定

由于电子合同是通过电子数据方式传递内容，由于网络的传输速度快，由一方发出的信息瞬间就能到达对方，要约、承诺撤回制度在电子合同中难以运用，故在电子合同中，电子合同成立、生效的时间以及地点更难把握，容易引发纠纷。

（一）风险识别

1. 电子合同生效时间的确定。电子合同的成立与传统合同的成立在时间点上存在着差别。在电子合同签约过程中，由于双方签约的方式是通过电子途径交换信息，因此合同成立的时间点更不容易把握。根据《民法典》第137条规定，企业在签订电子合同时，指定特定系统接收数据电文的，不管要约人是否知晓承诺人所发的数据内容，只要数据进入特定的系统，合同即成立并生效，未指定特定系统的，相对人知道或者应当知道该数据电文进入其系统时生效。要约人不能以不知要约内容为由而否定合同的成立。

2. 电子合同生效地点的确定。《民法典》第492条第2款规定："采用数据电文形式订立合同的，收件人的主营业地为合同成立的地点；没有主营业地的，其住所地为合同成立的地点。当事人另有约定的，按照其约定。"除此之外，还存在着一些特殊适用情况。对于电子实践合同，完成现实给付的地点即是合同成立的地点；对于某些要式的电子合同，完成要式行为的地点则为合同成立的地点；电子合同如果采用合同书的形式，双方签章的地点为合同成立的地点；当事人要求签订确认书的，签订确认书的地点为电子合同成立的地点。

（二）风险控制

1. 建立快速查收电子数据的制度。大多数情形下指定特定系统接收数据电文的，电子合同成立并不以收件人知晓内容为条件，只要发件人的电子数据进入收件人接收数据的信息系统，合同即宣告成立。由于收件人自身的原因，延误对进入的信息作出反应而产生的风险责任由收件人承担。因此，快速及时地查收电子数据并作出反应，对于降低企业在订立电子合同的风险具有重要意义。企业应有专门的人员负责企业电子数据的查收，并有相应信息提示措施。

2. 多运用要约邀请。合同生效地点对于确定案件管辖法院具有重大影响，关系到企业的利益，尤其是在国际贸易中。因此建议企业在开展电子商务时，可以通过要约邀请的形式，邀请对方向自己发出要约，从而使自己成为承诺方。这样在发生纠纷时，就可以使自己处于相对有利的地位。

四、电子合同在履行过程中的法律风险

（一）风险识别

电子合同双方可以通过传统的方式，即实物流通的方式履行合同义务，也可以通过电子传输的方式履行。以电子方式履行电子合同主要包括电子信息的交付、电子货币的支付等。

1. 电子信息交付的法律风险。通过电子传输的方式履行合同义务，标的物主要限于能够通过电子传输的图像、视频、软件、音频、文字等材料，这是由标的物的性质所决定的。但这些标的物又往往涉及交付方的知识产权，我国《著作权法》第10条规定了著作权人大量的权利。企业如果通过电子合同的方式许可他人使用这些作品，可以在合同中约定权利的种类、许可的地域范围、许可的期限等内容，被许可人一般只享有企业授予的部分权利，其余部分则受到法律的严格保护。由于网络技术日益发达，信息复制、传播也更加迅速、难以控制，被许可人很容易滥用许可权，超出许可范围，侵犯许可人的权利。因此电子信息在交付和使用的过程中存在较大的风险，需要企业注意。

2. 电子支付存在的法律风险。电子支付几乎可以适用于所有的电子商务合同，网络支付平台的安全性等都会对其产生影响。与传统支付方式相比，电子支付的安全性能较低。同时电子支付涉及多方主体，支付一旦出现问题，各方责任承担成为重要的法律问题。除此之外，电子支付中常常出现因指令人或银行的过失致使支付失误或者延迟，造成损失的情况。在这种情况下，法院一般会根据过错责任原则、公平责任原则来分配当事人的责任，而电子支付环境的特殊性，将使企业面临举证难的风险。

（二）风险控制

1. 电子控制。电子控制是电子信息开发商、供应商对信息利用所施加的限制。企业为防止通过电子合同授予他人的具有知识产权的信息被滥用，造成损失，可以通过一定的技术手段对合同相对方使用企业提供的信息服务加以控制，比如设置程序、代码、装置或者类似的电子或物理措施等方式。当然，电子控制同时也涉及被许可人或第三人的利益，企业在进行电子控制时，应坚持适度原则，不能为了保护自己的知识产权，而影响到被许可人的正常使用以及第三人的合理使用，保持企业与相对方利益平衡。

2. 电子自助。为防止企业通过电子传输方式交付信息导致知识产权被侵犯，除了通过电子控制外，还可以通过电子自助的方式。电子自助是指在被许可方侵权或者违约的情形下，许可方依法定条件采取相应控制措施而进行自我保护的行为。电子自助可以通过两种途径实现，一是占有权，一是阻止权。占有权是指在撤销合同时，许可方有权占有所有被许可方控制、占有的许可信息的副本和任何其他与该信息有关的，根据合同应由被许可方退还或支付给被许可方的材料。而阻止权是指许可方在撤销合同时，许可方有权阻止被许可方继续根据许可行使合同上或信息上的权利。电子自助本质上属于民法中的自助行为，是权利的一种救济方式。电子自助只有在对方发生违约或侵权的情况下采取，在正常情况下不能进行电子自助。

3. 审慎使用电子支付。电子支付因方便快捷，被广泛地应用。为了保证电子支付的安全，企业在进行电子支付时，应当审慎、认真核对收款人的基本信息、支付金额、对方账户，及时通知对方查收，选择安全的支付平台。

五、电子合同是否具有证据效力

在电子合同纠纷产生后，合同双方当事人可以将电子合同作为证据向法院提交。在证据种类中，电子合同属于电子数据，电子数据属于新型的证据种类。那么电子合同是否与传统书面证据具有同等的证明力？企业又可以通过哪些途径增强电子合同的证明力？

（一）风险识别

1. 关于电子合同的证据力。电子合同尽管是以一种电子的方式存储在相应的介质里，但它是客观存在的，能够借助一定的设备表现出来，符合客观性要求。当然电子合同的关联性、合法性则需在具体的案件中具体分析。在《民事诉讼法》中明确将电子数据列为法定证据种类，因此电子合同的证据力是确切无疑的。如果企业在电子合同签约及履行过程中，如果忽视对电子合同的保管，纠纷发生后将面临举证不能的风险。

2. 关于电子合同的证明力。电子合同以电子形式的方式存储于计算机之中，需要借助一定的设备表现出来，借助设备表现出来或通过下载的方式表现出来的电子合同在法律上可能不会被认定为证据"原件"。再者，网络技术发达给人们带来方便的同时，网络安全问题也日益突出，电子数据的安全性不能有效保障，作为以电子数据表现出来的电子合同容易被破坏、被毁灭，电子合同被篡改的风险也同时加大。因此电子合同存在着证明力不足的法律风险。

（二）风险控制

1. 对电子合同进行公证。公证是公证机构根据自然人、法人或者其他组织的申请，依照法定程序对民事法律行为、有法律意义的事实和文书的真实性、合法性予以证明的活动。公证既能对法律行为真实性、合法性予以确认，也能起到增强证据证明力的作用。因此对电子合同进行公证是增强电子合同证明力的有效途径，企业在订立电子合同后可以到相关的机构进行公证。

2. 进行电子签名。电子签名即意味着双方当事人对合同内容的确认，具有电子签名的电子合同的证明力要大于没有电子签名的电子合同的证明力，法院在证据认定时也更容易采信。电子签名有着多重功能，企业在签订电子合同时，不能忽视电子签名。

3. 注意保存电子合同。在网络安全严峻的背景下，企业在签订电子合同后，应当注意保存电子合同，采取相应的技术措施防止合同的灭失、篡改。电子合同灭失后，企业就无法向法院提交证据，电子合同的篡改也使电子合同丧失证明力。

4. 保持电子合同的完整性。企业不能自己单方改动电子合同的内容，对电子合同做增删，要保证电子合同的完整性，否则也会影响合同作为证据的证明力，对企业不利。

六、如何确定电子合同纠纷的管辖法院

因合同的成立、效力、履行等问题而引起的纷争在电子合同中同样存在。在我国现有法律对电子交易规范不甚完善甚至可以说薄弱的情况下，电子合同纠纷比传统贸易方式下的合同纠纷更加复杂，首先要面对的便是电子合同的管辖问题。确定电子合同的管辖法院与确定普通合同的管辖法院有什么不同？企业可以通过什么样的合法方式，确定对自己有利的法院管辖电子合同案件呢？

（一）风险识别

1. 电子合同的管辖法院。电子合同是合同的一种，我国《民事诉讼法》并没有对电子合同管辖问题作特别的规定，第 24 条规定合同纠纷案件由被告住所地或者合同履行地的人民法院管辖。但是，在电子合同案件中被告住所地及合同履行地的确定比一般合同更为复杂。

2. 被告住所地如何确定。在电子商务中，合同双方都是通过网络进行联系，并不一定有现实的固定经营场所，但是可以很直观地知道所交易网站唯一的 IP 地址，IP 地址的网址具有相对稳定性，网址存在于网络空间中，其位置是确定的，它的变动要通过互联网服务提供商（ISP）依照一定程序来进行。因此，我们可以通过网址来确定被告的身份从而确定被告的住所地。

3. 合同履行地如何确定。电子合同的履行可以有两种不同的方式，实物流通方式和电子方式履行。以实物流通的方式履行电子合同，存在具体的履行地点，可以根据《民法典》的 511 条第 3 项规定予以确定，但以电子方式履行电子合同，并不存在真实的履行地点，确定其履行地点相对困难。一般而言，数据电文发端人设立的营业地点视为其发出地点，而以收件人设有营业地的地点视为其收到地点。因此，以电子方式履行电子合同，其履行地以当事人双方发收文件的地点为合同履行地。

（二）风险控制

根据我国《民事诉讼法》第 35 条规定，当事人可以书面协议约定管辖，但不得违反本法对级别管辖和专属管辖的规定。由于电子合同在成立时间、生效地点上与纸面合同存在较大差别，为了避免事后管辖地确定的困难，电子合同当事人约定管辖是有必要的。企业在约定管辖时，可以约定对己方有利的管辖的法院，以减少诉讼成本，方便诉讼及应诉。

【课后作业】

1. 试论述地产行业中的受让债权风险控制。

2. 西方有句名言，财富的一半来自于合同。作为市场经济主体的企业，在开拓市场获取利润的同时，保证权益不被侵害才是企业得以发展的基础，试从企业在合同履行过程的角度分析论述这段话。

第八章　劳动法律风险管理

第一节　招聘录用过程中的法律风险

招聘是企业获得人力资源的重要途径，同时也是企业与劳动者之间劳动关系得以建立的前提和基础。员工招聘、录用是企业人力资源管理的第一个环节，也是最重要的环节。但是企业在大力引进人才的同时很容易忽视招聘环节的法律风险。对于企业管理者来说，只有正确把握企业招聘和录用法律风险，才能进行有效管理和控制。本节从招聘与录用条件设定，劳动者提供虚假证件、证明，招聘员工收取、扣押财物，未对员工进行入职前健康检查，招聘未与原单位解除或终止劳动合同的劳动者等五个方面分析企业招聘和录用环节的法律风险识别，并提出相应的防控措施，以期帮助企业把好劳动用工的第一道关。

一、招聘与录用条件设定的法律风险

许多用人单位都试图通过较低的成本获取更多的优秀人才，而忽视了招聘和录用条件设定的规范性与合法性。用人单位招聘录用条件设定不规范，一旦被认定为存在就业歧视，将面临民事赔偿责任，给企业造成无谓的损失。

（一）风险识别

1. 招聘歧视的法律风险。招聘歧视主要体现在性别歧视、地域歧视、健康歧视等，性别歧视是招聘过程中常见的焦点问题。个别用人单位也存在对年龄、民族、学历、工作经验、婚姻状况、生育状况、宗教信仰乃至血型、属相、星座等的歧视。用人单位在招聘时可以对应聘者的年龄、民族、学历、工作经验等设置一定门槛，并以此为标准筛选合适的劳动者。但应当注意的是，这个"门槛"的设置一定要合理，不能存在对特定劳动者的歧视。用人单位明知歧视性条件违法，仍然设置歧视性招聘条件，排除部分人员的录用机会，客观上就侵犯了公民的平等就业权。

2. 招聘与录用信息不实的法律风险。在招聘过程中，通常由用人单位人力资源部门发布招聘与录用信息，而一旦招聘与录用信息不实，可能存在后续引发纠纷的潜在风险，易给用人单位带来损失。用人单位应当将涉及劳动者切身利益

的事项告知劳动者，不得进行隐瞒。企业在招聘时的信息不对称，会使求职者作出错误判断。在招聘工作实践中，部分用人单位存在侥幸心理，尤其对于特定事项，采取隐瞒甚至欺骗行为，想着先把劳动者"骗进来"再说，继而埋下劳动纠纷的隐患。

3. 招聘与录用信息未约定劳动者违约责任的法律风险。从对大量招聘信息的分析来看，仍然有少数企业在招聘广告中对招聘岗位只做了简单的叙述。其中既缺乏对岗位的具体要求，同时对员工在招聘与录用过程中欺瞒企业的行为也未要求有责任承担。在试用期内，企业负有举证证明劳动者不符合录用条件的责任，提出解除劳动合同，否则就需承担无故解除劳动合同的法律责任。所以当招聘与录用信息未约定劳动者违约责任时，企业将面临未来可能与员工发生纠纷处于不利的法律风险。

（二）风险控制

1. 招聘歧视的法律风险控制。企业可以把相关的基本情况以书面形式提供给求职者，并要求其签字确认。除了如实告知劳动者工作内容、工作条件、工作地点、职业危害、安全生产状况，以及劳动者要求了解的其他情况的内容外，企业还可将主要规章制度加入告知事项中，以免在发生劳动者违纪时，因未能向劳动者如实说明规章制度内容，而陷入纠纷中。

2. 招聘与录用信息不实法律风险控制。用人单位招用劳动者时，应当如实告知劳动者相关工作信息以及劳动者要求了解的其他情况。绝对不能在欺诈、胁迫或者违背劳动者真实意愿的情况下与之订立劳动合同。

3. 招聘与录用信息不详法律风险控制。录用条件是相对于试用期而言的，主要是表明到底需要什么样经验、资质的人。而岗位职责是相对于试用期届满以后而言的，主要是说明员工到底需要做哪些工作、要达到什么样的目标。企业在发布录用信息、人力资源部门设定录用条件时，需要什么条件的候选人，应当具体、明确。例如符合岗位要求，应该把岗位要求是什么，如何判断是否符合岗位要求固定下来，其中对工作经验、学历学位、从业资质等方面的要求可以具体列举。

二、劳动者提供虚假证件、证明的法律风险

在签订劳动合同时，用人单位与劳动者都应遵循诚实信用原则，对于劳动者而言应提供真实身份信息，这不仅是法律规定的义务，也是为了保护劳动者个人的合法权益。很多公司在招聘、录用过程中容易忽视关于劳动者的如实告知义务。劳动者提供虚假证件、证明的情况并不在少数，企业如何才能有效防范此类法律风险？

（一）风险识别

1. 未对劳动者身份背景等信息进行审查的法律风险。劳动者的告知义务是附条件的，只有在用人单位要求了解劳动者与劳动合同直接相关的基本情况时，劳动者才有如实说明的义务。该些基本情况包括健康状况、知识技能、学历、职业资格、工作经历以及部分与工作有关的劳动者个人情况，如家庭住址、主要家庭成员构成等。但用人单位应对招聘过程中所了解的劳动者个人情况保密，不能侵害劳动者的隐私权。

2. 未对劳动者年龄进行审查的法律风险。我国《劳动法》规定了对非法招用未成年工的处罚，用人单位非法招用未满 16 周岁的未成年人的，由劳动行政部门责令改正，处以罚款；情节严重的，由市场监督管理部门吊销营业执照。另外，企业管理者也需要对劳动者的养老保险待遇、退休年龄进行了解，否则亦将面临劳动争议纠纷风险。

（二）风险控制

作为用人单位，在招聘过程中，应当根据《劳动合同法》等相关法律规定，充分利用用人单位的知情权，了解劳动者与劳动合同直接相关的基本情况，这样不仅可以保证企业招到合适的人选，而且还可以控制员工的入职成本。具体而言，企业可以从以下三个方面防范劳动者提供虚假证件、证明法律的风险。

1. 规范用人单位的规律制度。我国《劳动合同法》规定了用人单位应当依法建立与完善劳动规章制度。这是法律给予用人单位的权利，用人单位可以在各方面对劳动规章制度进行细化与具体化，使其具有可操作性。

2. 对劳动者身份、学历、资格、工作经历等信息进行审查。如果劳动者提供虚假学历等信息，使用人单位违背真实意思将其录用，很容易造成用人单位的招聘目的不能实现。所以用人单位应该通过多方渠道对劳动者学历、资格、工作经历等进行验证审查，要求劳动者对入职登记表中提供的信息的真实性作出承诺，并告知劳动者提供虚假信息应承担相应的法律责任，此外用人单位可以在劳动合同中明确规定，劳动者提供虚假信息可以作为用人单位随时解除合同的条款之一。

3. 对劳动者年龄进行审查。主要目的是确认求职者是否达到法定就业年龄（年满 16 周岁）、是否开始享受基本养老保险待遇或达到退休年龄等。禁止使用童工是国际社会的普遍规定，我国《劳动法》规定，单位擅自使用童工属于违法行为，要承担相应的行政责任，情节严重的还需要承担刑事责任。所以建议用人单位着重审查劳动者的年龄，可以查验身份证或驾驶证，并登录公安部网站进行核对。

三、招聘员工收取、扣押财物的法律风险

为了防止劳动者接受培训后跳槽，限制劳动者的合理流动，许多用人单位采取扣押劳动者居民身份证或者其他证件、要求劳动者提供担保或者向劳动者收取押金的方式，强迫劳动者履行劳动合同。事实上我国《劳动合同法》对上述做法予以了限制，当企业招聘员工收取、扣押其财物时，便给企业留下了较大的法律风险。

（一）风险识别

我国《劳动合同法》第9条规定，用人单位招用劳动者，不得扣押劳动者的居民身份证和其他证件，不得要求劳动者提供担保或者以其他名义向劳动者收取财物。

在实践中，有些用人单位利用自己的强势地位，在明知招用劳动者时要求劳动者提供担保或者向劳动者收取风险抵押金是违法行为的情况下，转而采取了一些变相的方法或手段，如收取服装费、电脑费、住宿费、培训费、集资款（股金）等，变相获取风险抵押金。对不交者不与其建立劳动关系，对交者在建立劳动关系后又与其解除劳动关系且不退还风险抵押金等项费用；或是建立劳动关系后全员收取风险抵押金等项费用，对不交者予以开除、辞退或者下岗。甚至有一些犯罪分子利用劳动者求职心切，收取高额抵押金后逃之夭夭，造成新的社会不安定因素。此外，我国《劳动合同法》第84条规定，用人单位不得扣押劳动者的居民身份证或者其他证件，否则将由劳动行政部门责令限期退还劳动者本人，并依照有关法律规定给予处罚。

（二）风险控制

在劳动者中确实有少数违法乱纪分子利用工作条件的便利，损害用人单位的利益。同时由于他们流动性较大，不易于管理和索赔，导致个别用人单位只能通过收取风险抵押金、抵押物或扣押身份证等方式来避免损失，但这样做是违法的。如果用人单位想要避免劳动者给单位造成损失，不承担赔偿责任就离职的风险，应当通过加强内部管理来解决，而不能简单地采用收取抵押金（物）的错误方式。

四、未对员工进行入职前健康检查的法律风险

员工身体状况不仅关系着劳动者的劳动能力，也关系着企业的用工成本。员工为企业贡献了体力、智力等，在履行劳动合同的过程中患上职业病的，企业应当承担相应的责任。但如果因为不重视入职前健康检查，这就给企业埋下了为潜在职业病员工或入职前就存在职业病的员工"买单"的法律风险。

（一）风险识别

根据我国《职业病防治法》第2条的规定，职业病，是指企业、事业单位和

个体经济组织等用人单位的劳动者在职业活动中，因接触粉尘、放射性物质和其他有毒、有害因素而引起的疾病。

员工入职后用人单位才发现员工入职前就存在职业病的情况并不少见。对于此类患职业病的劳动者，如果企业能证明职业病是以前用人单位造成，由以前的用人单位承担；不能证明是以前用人单位造成的，则要承担。

另外，根据我国《劳动合同法》第 40 条、第 42 条、第 46 条的规定，疑似职业病病人在诊断或者医学观察期间患病或者非因工负伤，在规定的医疗期，用人单位不能与劳动者解除劳动合同。在医疗期满后，不能从事原工作，也不能从事由用人单位另行安排的工作的，用人单位才可以提前 30 日以书面形式通知劳动者本人或者额外支付劳动者 1 个月工资后，解除劳动合同，同时用人单位还需要向劳动者支付经济补偿金。

（二）风险控制

在劳动合同签订之前，对拟录用的员工进行健康检查能够保证入职员工的身体状况适合从事拟录用岗位的工作。同时，也可以避免企业为员工入职前在其他单位工作时患上的职业病承担责任。把好体检关，企业可以从以下几个方面入手：

1. 从体检时间而言，应当安排在员工入职前。因为录用通知书发出后或者员工入职后，用人单位已经丧失了是否录用员工的主动权，如果此时才发现员工患有某些疾病，就无法简单地以此为由不予录用或解除劳动合同，否则不仅有就业歧视的嫌疑，还违反了相关的法律规定。在发出录用通知书之前或者员工入职前，用人单位掌握录用主动权，可以根据体检结果决定是否录用拟聘用人员。

2. 从体检内容而言，应当根据岗位特征和职位要求合理地确定体检项目。一些容易引发职业病或对身体条件有特殊要求的岗位，更应进行严格的体检。

3. 从体检机构而言，为避免日后出现不必要的纷争，企业可以联系公立医院的体检科室或者第三方体检机构对拟录用员工进行体检。

五、招用未与原单位解除或终止劳动合同劳动者的法律风险

2018 年 3 月，王某被 A 公司高薪聘请为技术员，合同期限为 3 年。王某进入公司后与同事合作研制出一种新产品，很快使 A 公司摆脱了生产经营困境，当年年底便实现了利润翻番。A 公司的竞争对手 B 公司发现了这一情况，立即向王某开出高价，王某来 B 公司上班，工资标准双倍计酬，同时再配一辆小汽车。于是王某在没有和 A 公司解除劳动合同的情况下，就不辞而别，"跳槽"到 B 公司。后 A 公司向法院起诉，要求王某和 B 公司承担因此给 A 公司造成的损失。法院经过审理判决 B 公司与王某对 A 公司承担连带赔偿责任。劳动者在其他单位任职期间已获得的劳动技能、工作经验、客户资源等在招聘时往往为企业所青昧。企业如果获得此类资源而故意招用，或者因疏于对劳动者工作经历的审查而招用未与其他单位终止或解除劳动合同的劳动者，给其他用人单位造成损失的，须与劳动者承担连带赔偿责任，这大大增加了企业的劳动用工风险。

（一）风险识别

根据我国《劳动合同法》第91条的规定，用人单位招用与其他用人单位尚未解除或者终止劳动合同的劳动者，给其他用人单位造成损失的，应当承担连带赔偿责任。

1. 企业承担责任的要件。我国《劳动合同法》规定的企业承担连带责任需要满足三个要件：①用人单位有招用与其他用人单位尚未解除或者终止劳动合同的劳动者的行为，即用人单位招用劳动者时，该劳动者与其他用人单位尚未解除或者终止劳动合同。②用人单位招用劳动者给原用人单位造成损失。③用人单位招用劳动者的行为与其原用人单位的损失之间存在因果关系。在前述案例中，B公司恶意挖人，在明知王某尚未与A公司解除劳动合同的情况下，还与其签订劳动合同，导致A公司投入大量资金的研究项目无法维系，也造成已售产品后期维护方面的一系列问题，给A公司造成了重大损失。因此B公司需与王某对A公司承担连带赔偿责任。

2. 企业承担责任的范围、比例。根据劳动部《违反〈劳动法〉有关劳动合同规定的赔偿办法》的规定，用人单位招用尚未与原单位解除或终止劳动合同的劳动者，对原用人单位造成经济损失的，需向原用人单位赔偿：①对生产、经营和工作造成的直接经济损失；②因获取商业秘密给用人单位造成的经济损失，并且企业承担连带赔偿的份额应不低于对原用人单位造成经济损失总额的70%。

3. 非全日制用工不受限制。我国《劳动法》及《劳动合同法》并未禁止劳动者的兼职行为。员工上班之余或者利用休假时间在本单位兼职，是员工的权利。企业招用员工在本单位兼职，如未损害其他用人单位的利益，原则不受限制。

（二）风险控制

企业可以从以下三个方面控制招用未与原单位解除劳动合同的劳动者的法律风险：

1. 要求员工提供真实的身份、工作经历等信息。企业在招聘时应当要求劳动者对入职登记表中所提供信息的真实性作出承诺，签订承诺书，明确提供虚假信息的责任。

2. 要求员工提供与原单位解除或终止劳动合同的凭证，比如终止、解除劳动合同通知书及其他与前单位的解除或终止劳动合同证明，并对其真实性进行仔细审核。必要时可通过电话、邮件等方式向原用人单位进行背景调查核实。

3. 对于劳动者的入职登记表、工作经历证明、与原单位解除或终止劳动合同的凭证等材料，企业应当妥善保存。一旦发生纠纷，企业可以此证明已尽到合理审查义务。如果能证明劳动者提供的是虚假的证明材料，而企业已经尽到合理审查义务，也能在一定程度上减轻企业赔偿责任。

第二节　劳动合同签订的法律风险

劳动合同订立是指劳动者和用人单位经过相互选择和平等协商，就劳动合同条款达成协议，从而确立劳动关系和明确相互权利义务的法律行为。劳动合同保护的不仅是劳动者的合法权益，对企业来说也是一个重要的保障。对于企业管理者来说，只有正确把握劳动合同签订中的法律风险，才能对其进行有效管理和控制。

一、未签订劳动合同法律风险

很多企业在招用员工时，不愿意与员工签订劳动合同或者用工协议，认为不签劳动合同法律就管不了，并担心签了劳动合同就要为员工缴纳各项社会保险；有的企业担心劳动合同有疏漏容易被员工抓住把柄，诉讼起来于企业不利等。总而言之，企业对签订劳动合同存在各种各样认识误区。

（一）风险识别

企业不在规定时间内与劳动者签订劳动合同将会面临以下法律风险：

1. 支付双倍劳动报酬的法律风险。根据我国《劳动合同法》的规定，用人单位自用工之日起超过 1 个月不满 1 年未与劳动者订立书面劳动合同的，应当向劳动者每月支付 2 倍的工资。此种情形下，企业从第 2 个月开始后的连续 11 个月要支付双倍工资。

2. 引起无固定期限劳动合同成立的法律风险。我国《劳动合同法》规定，用人单位自用工之日起满 1 年不与劳动者订立书面劳动合同的，视为用人单位与劳动者已订立无固定期限劳动合同。一旦未签订劳动合同引起无固定期限劳动合同成立，双方当事人就要继续履行劳动合同约定的义务。这对本来不打算签订无固定期限劳动合同的企业是极为不利的。

3. 员工可以随时解除劳动合同，且不承担任何违约责任或者赔偿。如果双方签订了劳动合同，员工要提前解除劳动合同，必须提前 30 日书面通知单位，否则就是违法解除劳动合同，造成单位损失的，应该依法承担赔偿责任。如果劳动合同约定了员工提前解除劳动合同的违约责任，单位可以要求员工承担违约责任（如违约金等）。但是，如果单位没有与员工签订劳动合同，员工可以随时解除劳动合同，而且不需要对单位承担违约责任或者赔偿责任。

4. 不签劳动合同造成员工损失的，单位要承担赔偿责任。如果因为单位故意拖延不订立劳动合同（包括劳动合同到期后不及时续订劳动合同），造成劳动者工资损失、工伤、医疗等待遇损失的，用人单位需依法承担赔偿责任。

5. 用人单位可能面临劳动行政部门的行政处罚。用人单位不签订劳动合同，员工可以向劳动监察部门投诉，一经查实，劳动行政部门可以责令单位改正，并可以给予用人单位罚款的处罚。

（二）风险控制

1. 企业应当在法定时间内与劳动者签订劳动合同。根据我国《劳动合同法》的规定，企业应当自用工之日起1个月内订立书面劳动合同，不能拖延或者根本不签订劳动合同。劳动合同应当采取书面形式，并具备以下条款：劳动合同期限、工作内容、劳动保护和劳动条件、劳动报酬、劳动纪律、劳动合同终止的条件、违反劳动合同的责任。除此之外，当事人可以协商约定其他内容。

2. 防止劳动者故意不签订劳动合同，以获取双倍工资的情形。在实践中可能出现劳动者为获取双倍工资故意不与企业签订劳动合同的情形。此时，企业可以向员工发出要求其签订劳动合同的书面通知。经企业书面通知后，劳动者不与用人单位订立书面劳动合同的，企业就可以书面通知劳动者终止劳动关系且无需向劳动者支付经济补偿。企业应当增强证据意识，妥善保存书面通知的送达回执或签收证据及其他可以证明书面通知的证据，以避免不必要的纷争。

二、签订无固定期限劳动合同法律风险

由于缺乏对无固定期限劳动合同制度的正确认识，不少用人单位认为无固定期限劳动合同一经签订就不能解除。因此，很多劳动者把无固定期限劳动合同视为"护身符"，用人单位则将无固定期限劳动合同看成了"终身包袱"，想方设法逃避签订无固定期限劳动合同。事实上，用人单位与劳动者签订无固定期限劳动合同，并不是百害而无一利的。那么签订无固定期限劳动合同有什么法律风险呢？如何控制此类法律风险？

（一）风险识别

无固定期限劳动合同，是指劳动合同的期限长短不能确定，但并不是没有终止时间，只要没有出现法律规定的条件或者双方约定的条件，双方当事人就要继续履行劳动合同规定的义务。无固定期限的劳动合同并非企业的"终身包袱"、不能变更的"死合同"，企业和员工仍可以依照《劳动合同法》的规定，对无固定期限的劳动合同进行变更与解除。

根据我国《劳动合同法》的规定，应当订立无期限劳动合同的情形有：①劳动者在该用人单位连续工资满10年的。与劳动者是否签订劳动合同、签订劳动合同的次数和期限长短没有关系。②用人单位初次实行劳动合同制度或者国有企业改制重新订立劳动合同时，劳动者在该用人单位连续工作满 10 年且距法定退休年龄不足 10 年的。③连续订立 2 次固定期限劳动合同，且劳动者没有《劳动合同法》第 39 条和第 40 条第 1、2 项规定的情形下，续订劳动合同的。如果用人单位与劳动者签订了一次固定期限劳动合同，在签订第二次固定期限劳动合同时，就意味着下一次很可能要签订无固定期限的劳动合同。④用人单位自用工之日起满 1 年不与劳动者订立书面劳动合同的，视为用人单位与劳动者已经订立无固定期限劳动合同。

根据我国《劳动合同法》第 82 条第 2 款的规定，用人单位违反法律规定不与劳动者订立无固定期限劳动合同的，自应当订立无固定期限劳动合同之日起向劳动者每月支付 2 倍的工资。此种情形下，企业需要支付劳动者较大的金额。

（二）风险控制

1. 企业应当自用工之日起 1 个月内与员工签订书面劳动合同。自用工之日起满 1 年不与劳动者订立书面劳动合同的，将被视为与员工已经订立无固定期限劳动合同。

2. 企业与员工续签劳动合同时，应当对员工在本企业的工作年限、工作时间是否连续、与本企业签订固定期限劳动合同的次数等进行审查，确定是否符合应当与员工签订无固定期限劳动合同的条件。符合条件的，应当签订无固定期限劳动合同，以免造成支付双倍工资的风险。企业通过注销原单位，设立新单位的方式，将员工重新招聘到新单位从事原工作，或者迫使员工辞职后重新与员工签订劳动合同，或者通过非法派遣的方式规避与员工签订无固定期限劳动合同的行为无效，企业应当避免。

3. 在符合签订无固定期限劳动合同的条件下，员工主动提出签订固定期限劳动合同的，企业应当注重保留相关证据。妥当的方式是在与此类员工的劳动合同中劳动合同期限项下加入，"经乙方（劳动者）提出，双方协商一致采取如下劳动合同方式……"的条款。

三、服务期、违约金条款的法律风险

我国《劳动合同法》规定，用人单位可以与劳动者约定违约金，但是同时对违约金条款进行了限制，其中包括用人单位为劳动者提供专项培训费用。那么，劳动合同中约定服务期、违约金条款存在怎样法律风险，企业应如何控制此类法律风险？

（一）风险识别

根据我国《劳动合同法》的规定，只有在用人单位对劳动者提供专业培训的情况下，才能约定服务期。服务期是指劳动者与用人单位约定的劳动者必须为

用人单位提供服务的期限。可以约定服务期的培训是有严格的条件的：

1. 对劳动者进行的必须是专业培训。根据我国《劳动法》第 68 条的规定，用人单位应当建立职业培训制度。对员工进行必要的岗前职业培训是企业的义务。

2. 用人单位提供专项培训费用。按照国家规定，用人单位必须按照本单位工资总额的一定比例提取培训费用，用于对劳动者的职业培训。这部分培训费用的使用不能作为与劳动者约定服务期的条件。专项培训费用是在国家规定提取的职工培训费用以外的专项培训费用。

3. 培训的形式，可以是脱产、半脱产，也可以是不脱产的。不管是否脱产，只要用人单位在国家规定提取的职工培训费用以外，专门花费较高数额的费用对劳动者进行定向专业培训的，就可以与该劳动者订立协议，约定服务期。

劳动合同中服务期条款的主要内容包括以下三个部分：

1. 服务期限，即劳动者应为用人单位提供的服务时间。服务期限的长短由劳动合同双方协商确定，对双方均有约束力。

2. 用人单位就服务期限应对劳动者提供培训及其他额外福利待遇。

3. 劳动者违反服务期约定应承担的违约责任。违约责任一般表现为违约金的形式。根据我国《劳动合同法》第 22 条的规定，用人单位要求劳动者支付的违约金不得超过服务期尚未履行部分所应分摊的培训费用。用人单位与劳动者约定服务期的，不影响按照正常的工资调整机制提高劳动者在服务期期间的劳动报酬。

(二) 风险控制

1. 企业与员工约定违约金条款应当符合《劳动合同法》规定的条件。故企业确为员工提供了专业培训，并约定了服务期的条件下，才能与员工约定违反服务期的违约金条款。服务期的年限由企业与员工协商确定，但是要遵循公平合理的原则。且约定服务期的，不影响按照正常的工资调整机制提高劳动者在服务期期间的劳动报酬。

2. 企业与员工约定的违约金数额亦应合法。员工违约时，所支付的违约金不得超过服务期"尚未履行部分"所应分摊的培训费用。

3. 企业对员工提供专项培训的，应当保留对员工进行专项培训的培训费、差旅费、住宿费等相应单据，以备发生纠纷之需。

四、劳动合同中签订竞业禁止条款法律风险

作为 A 公司的技术开发人员，王某与 A 公司的劳动合同中含有竞业禁止条款。条款约定，王某与 A 公司劳动期限为 2 年，王某与公司解除或者终止的劳动合同后 2 年期内，不得到与本公司生产或者经营同类产品、从事同类业务的有竞争关系的其他用人单位工作，或者自己生产或者经营同类产品、从事同类业务，A 公司每月向王某支付补偿金 2000 元。后王某从 A 公司离职，但是 A 公司拒绝支付补偿金。王某遂向劳动争议仲裁委员会提起劳动仲裁，要求 A 公司支付补偿金。劳动仲裁委员会作出 A 公司按月支付王某 2000 元的裁决。劳动合同中的竞业禁止条款有利于保护企业的商业秘密、增强企业的市场竞争力。但我国《劳动合同法》对劳动合同中的竞业禁止条款也进行了一定程度的限制，企业不能随意滥用，否则可能侵犯员工的合法权利，面临民事赔偿责任。

（一）风险识别

竞业禁止，是指企业为防止行业秘密泄露或者员工利用企业信息、资源跳槽到与其有竞争关系的企业从事工作，而与员工约定，在员工解除劳动关系后的一定时间内，不得到与其本单位生产或者经营同类产品、从事同类业务的有竞争关系的其他用人单位，或者自己生产或者经营同类产品、从事同类业务的竞业限制。

1. 竞业禁止的前提条件。竞业禁止的前提条件是有可以保守的商业秘密，并且这些行业秘密有可能被接触到。如果用人单位根本没有商业秘密，或者虽然有商业秘密，但员工根本就不可能接触到，就没有必要签订竞业禁止协议，以免增加企业的额外成本。

2. 竞业限制的对象。根据我国《劳动合同法》的规定，竞业限制的人员限于用人单位的高级管理人员、高级技术人员和其他负有保密义务的人员。究竟哪些人员属于高级管理人员、高级技术人员和其他负有保密义务的人员？法律并没有强制性的规定，可以由企业根据自己的实际情况自主判断。因此只要企业认为负有保密义务的劳动者，都可以在劳动合同中约定竞业禁止条款。

3. 竞业限制的期限、范围。我国《劳动合同法》规定，竞业禁止的期限最长不得超过 2 年。约定的期限在 2 年内的，依企业与劳动者的约定，超过 2 年的，超过部分无效。竞业禁止的范围包括禁止员工到与本单位生产或者经营同类产品、从事同类业务的有竞争关系的其他用人单位，或者自己开业生产或者经营同类产品。

4. 竞业限制的经济补偿数额。我国《劳动合同法》规定，企业必须对员工的竞业禁止做出经济补偿，并且作为竞业禁止协议生效的一个基本条件，否则该竞业禁止条款就是无效条款。

（二）风险控制

企业可以从以下两个方面对劳动合同中竞业禁止条款的法律风险进行管理和控制：

1. 企业须对员工做出经济补偿。竞业禁止条款由当事人约定，而非法律强制性规定。作为竞业禁止协议生效的一个基本条件，企业必须按照竞业禁止条款约定的内容向员工做出经济补偿。如果企业不支付经济补偿金，竞业禁止协议对劳动者就不具有约束力。竞业限制条款在劳动合同中为延迟生效条款，也就是劳动合同的其他条款法律约束力终结后，该条款开始生效。

2. 合理确定竞业禁止经济补偿金的数额。由于《劳动合同法》对于具体的补偿金数额并没有明确规定。通常来说，企业应当综合考量需要保守的商业秘密的范围、竞业限制的范围、地域、劳动者在企业中的地位、劳动者的收入情况、竞业限制的期限等因素确定违约金数额，与劳动者协商决定，既不能过高也不宜过低。

3. 劳动者违反竞业禁止约定时，企业应当按照约定要求劳动者承担相应的违约责任，支付违约金，维护自身合法权益。

五、劳动合同无效法律风险

劳动合同是劳动者与用工单位之间确立劳动关系，明确双方权利和义务的协议。那么当劳动合同被法院或者劳动仲裁确认无效时，企业将面临何种法律风险？企业应该如何管理和控制此类法律风险？

（一）风险识别

无效的劳动合同是指当事人所订立的劳动合同不符合法律、法规规定，或缺少有效要件，导致全部或部分不具有法律效力。导致劳动合同无效有以下几方面的原因：

1. 以欺诈、胁迫的手段或者乘人之危，使对方在违背真实意思的情况下订立或者变更劳动合同。欺诈表现形式有多种，包括：①在没有履行实力的情况下，签订合同。如根据《劳动法》的规定，从事特种作业的劳动者必须经过专门培训并取得特种作业资格。应聘的劳动者并没有这种资格，提供了假的资格证书。②行为人负有义务向他方如实告知某种真实情况而故意不告知的。如一家小型化工企业招聘三班倒的化工工人，所以不能招用孕妇。但有孕妇故意隐瞒其已怀孕的情况，应聘上岗后不久就提出已经怀孕不能倒班上岗。胁迫是指当事人以将要发生的损害或者以直接实施损害相威胁，一方迫使另一方处于恐怖或者其他被胁迫的状态而签订劳动合同，上述威胁可能涉及生命、身体、财产、名誉、自由、健康等方面。

2. 用人单位免除自己的法定责任、排除劳动者权利的劳动合同无效。比如"用人单位有权根据生产经营变化及劳动者的工作情况调整其工作岗位，劳动者必须服从单位的安排"等霸王条款。实践中出现较多的是造成劳动者身心和身体伤害的免责条款。例如，目前煤矿这种高危行业用工，劳动者在高工资的引诱下自愿在用人单位不负责生命安全的合同上签字，这种情况下，劳动者放弃劳动保护权的行为，即便出于自愿，亦应认定无效。

3. 劳动合同违反国家法律、行政法规的强制性规定。包括用人单位和劳动者中的一方或者双方不具备订立劳动合同的法定主体资格的，或者劳动合同的内容因损害国家利益和社会公共利益而无效。

（二）风险控制

劳动合同的订立应遵循用人单位和劳动者双方自愿的原则，用人单位绝不能以欺诈、胁迫的手段，使劳动者在违背真实意思的情况下订立劳动合同。

劳动合同应当以书面形式订立，并有下列内容：用人单位的名称、住所和法定代表人或者主要负责人；劳动者的姓名、住址和居民身份证或者其他有效身份证件号码；劳动合同期限；工作内容和工作地点；工作时间和休息休假；劳动报酬；社会保险；劳动保护、劳动条件和职业危害防护；法律、法规规定应当纳入劳动合同的其他事项。劳动合同条款绝不能有用人单位免除单方的法定责任、排除劳动者权利的内容。绝不能违反法律、行政法规强制性规定。建议用人单位将劳动合同交由律师或者其他专业人士进行审查，以有效避免劳动合同无效的法律风险。

六、劳动合同签订试用期条款法律风险

企业因未签订或签订的试用期条款不当而侵犯劳动者权益的现象并不少见，包括在什么劳动岗位需要约定试用期、约定多长的试用期、以什么作为参照设定试用期等，试用期条款的签订会给企业带来怎样的法律风险，如何约定试用期才能有效控制此类法律风险？

（一）风险识别

在劳动合同中规定试用期，既是订立劳动合同双方当事人的权利与义务，同时也为劳动合同其他条款的履行提供了保障。我国《劳动合同法》对试用期有较为明确的规定。

1. 试用期的期限。根据劳动合同期限的长短，将试用期细化：劳动合同期限 3 个月以上不满 1 年的，试用期不得超过 1 个月；劳动合同期限 1 年以上不满 3 年的，试用期不得超过 2 个月；3 年以上固定期限和无固定期限的劳动合同，试用期不得超过 6 个月。

2. 试用期的次数。《劳动合同法》禁止同一用人单位对同一劳动者约定 2 次及以上的试用期。同一单位之前已经进行过考察了解的，没有必要再与劳动者约定试用期。

3. 试用期的适用范围。以完成一定工作任务为期限的劳动合同或者劳动合同期限不满 3 个月的，不得约定试用期。

4. 试用期不能独立适用。我国《劳动合同法》规定，试用期包含在劳动合同期限内。劳动合同仅约定试用期的，试用期不成立，该期限为劳动合同期限。

5. 试用期的工资标准。我国《劳动合同法》规定劳动者在试用期的工资不得低于本单位相同岗位最低档工资或者劳动合同约定工资的80%，并不得低于用人单位所在地的最低工资标准。

（二）风险控制

为防范劳动合同中试用期条款的带来的法律风险，企业应注意以下几个方面：

1. 试用期必须是合法、自愿的。试用期的期限不能超过《劳动合同法》规定的最长期限。企业在法律规定的期限内，应当综合考量、合理确定。此外，企业应当与劳动者就试用期条款充分协商，取得一致，不得把自己的意志强加给劳动者，更不得以强迫、命令、胁迫等手段签订劳动合同试用期条款。

2. 保障员工在试用期间应当享有全部的劳动权利。这些权利包括取得劳动报酬、休息休假、获得劳动安全卫生保护、接受职业技能培训、享受社会保险和福利、提请劳动争议处理以及法律规定的其他劳动权利等。

3. 试用期不能独立适用。企业人力资源管理部门应该引起重视，切不可出现只有试用期，而无正式劳动合同期限条款的劳动合同。

4. 试用期工资应严格按照法律规定。试用期工资由用人单位综合考量确定。最低不得低于《劳动合同法》的规定。同时，也不宜过高，给企业带来经济压力。

第三节　劳动合同履行和变更中的法律风险

劳动合同的履行和变更是公司在员工日常管理过程中非常重要的一部分，哪些问题在履行时应当特别关注，而用人单位在变更劳动合同中更需要注意哪些问题，本节将对此进行法律风险分析以及提出防控建议。

一、工资支付的法律风险

（一）风险识别

1. 根据《工资支付暂行规定》的规定，工资支付的基本原则包括：①按时支付原则。根据《劳动合同法》的相关规定，公司应按照劳动合同或者工资集体协议约定的日期足额支付劳动者工资，不得克扣或者拖欠工资。工资支付日起遇到法定节假日或者休息日的，公司应当在节假日或者休息日前最近的工作日支付。公司应当每月至少支付给劳动者一次工资，但实行年薪制的，可以按照规定的比例和期限定期支付劳动者工资。对于从事临时性工作的劳动者，工作期间少于 1 个月的，企业应当在临时工作任务完成时立即支付劳动者工资；工作期间超过 1 个月的，公司应当按月支付劳动者工资。②以法定货币支付的原则。公司应当以货币形式支付劳动者工资，不得以实物或者有价证券等代替货币支付。③足额支付原则。用人单位应该按照劳动合同的约定给付工资，不得克扣劳动者的工资。④直接支付原则。即用人单位应当将工资支付给劳动者本人。

2. 工资支付的例外。①可以不按时支付的情形。用人单位遇到不可抗力的自然灾害、战争等原因；用人单位确因生产经营困难、资金周转受到影响，在征得本单位工会同意后，可暂时延期支付劳动者工资，延期时间的最长期限可由省、自治区、直辖市劳动行政部门根据各地情况确定。②可以不足额支付的情形。第一种情况是，用人单位可以代扣劳动者工资：用人单位代扣代缴的个人所得税；用人单位代扣代缴的应由劳动者个人负担的各项社会保险费用；法院判决、裁定中要求代扣的抚养费、赡养费；法律、法规规定可以从劳动者工资中扣除的其他费用，如社会保险费用等。第二种情况是，依法签订的劳动合同中有明确约定的。第三种情况是，用人单位依法制定并经职工代表大会批准的厂规、厂纪中有明确规定的。第四种情况是，公司工资总额与经济效益相联系，经济效益下浮时，工资是必须下浮的（但支付给劳动者的工资不得低于当地的最低工资标准）。第五种情况是，因劳动者请事假等相应减发工资等。③可以不直接支付的情形。在劳动者委托他人代领并且受托人在代领时提供有委托人签名盖章的委托书，以及劳动者因故不能领取工资由其亲属代领的情形下，用人单位可以不直接向劳动者支付工资。

3. 各类假期的工资支付情形。依《工资支付暂行规定》第 11 条规定，劳动者依法享受年休假、探亲假、婚假、丧假期间，用人单位应按劳动合同规定的标准支付劳动者工资。加班工资的计算方式：加班工资＝加班的时间＊加班工资的计算基数＊加班工资的计算比例。根据《劳动法》第 44 条有关规定，有下列情形之一的，用人单位应当按照下列标准支付高于劳动者正常工作时间工资的工资报酬：①安排劳动者延长工作时间的，支付不低于工资的 150% 的工资报酬；②休息日安排劳动者工作又不能安排补休的，支付不低于工资的 200% 的工资报酬；③法定休假日安排劳动者工作的，支付不低于工资的 300% 的工资报酬。用人单位在支付工资时，应当按照相应比例结算工资。公司在工资支付计算中，没有依照法律采纳统一的标准，长期如此很容易陷入劳动争议纠纷，带来不必要的诉累。

（二）风险控制

1. 公司应当按时支付工资。按时支付工资是尊重劳动者的表现，也能给予公司职工最基本的工作动力。应当按照劳动合同或工作集体协议约定的日期足额支付劳动者工资，不得克扣或者拖欠工资。

2. 不得以实物或有价证券代替工资。法律对工资的支付的形式是十分明确和肯定的，没有任何例外条件，因此，企业必须以货币形式支付劳动者工资，任何借口以实物或有价证券支付工资的做法都是违法的。即使企业因某种原因导致资金周转困难，也应当按相关文件妥善解决工资支付问题，在征得本单位工会同意后，可暂时延期支付劳动者工资，但不能按实物顶替工资。

3. 严格依照法律把握克扣。用人单位应当意识到拖欠或扣减员工工资的行为都是违反法律规定的，在特殊的情况下，法律允许用人单位在一定范围和一定时间限度内延期支付或扣减员工的工资。但是，这种拖欠或扣减的行为一定要有法律法规作为依据，拖欠或扣减的时间和标准不能随意超过规定的时间和标准。

二、公司调岗、调薪、调级的法律风险

公司调整员工的工作岗位、降低员工工资、调整员工级别必须符合法律规定，如果不符合法律规定，员工有权要求继续按照劳动合同的约定在原工作岗位履行劳动合同，或者主动要求与公司解除劳动合同，并要求公司支付经济补偿金。那么，在实务中公司如何进行"三调"（调岗、调薪、调级）？以及在"三调"过程中需要注意什么问题？

（一）风险识别

1. 公司随意进行"三调"。根据《劳动法》及《劳动合同法》的相关规定，因劳动合同订立时所依据的客观情况发现重大变化，致使原劳动合同无法履行而变更劳动合同，须经双方当事人协商一致，若不能达成协议，则可按法定程序解除劳动合同；因劳动者不能胜任工作而变更、调整职工工作岗位，则属于用人单位的自主权。对于因劳动者岗位变更引起的争议应依据上述规定谨慎处理。而根据《劳动合同法》第38条的规定，用人单位在不符合法律规定的情况下擅自调整劳动者的工作岗位，降低劳动者的报酬，属于未按照合同的约定提供劳动条件，未及时足额支付工资报酬，因此，面临劳动者解除劳动合同的法律风险。

2. 不与员工签订书面协议。调岗、调薪、调级属于劳动合同的变更，根据《劳动合同法》第35条的规定，变更劳动合同应当采取书面形式。如没有签订变更协议，则可能认定为用人单位在不符合法律规定的情形下擅自对员工进行"三调"。此时，如果劳动者不满用人单位的变更，则用人单位很可能面临支付双倍经济补偿金的风险。

3. 不支付经济补偿金的风险。用人单位在不符合法律规定的情形下，擅自对员工进行"三调"，员工因此不服从调整的，很多用人单位往往会与劳动者解除劳动合同并且不支付经济补偿金。而根据《劳动合同法》第85条的规定，用人单位解除或者终止劳动合同，未依法向劳动者支付经济补偿的，由劳动行政部门责令限期支付经济补偿；逾期不支付的，责令用人单位按应付金额50%以上100%以下的标准向劳动者加付赔偿金。因此，公司因"三调"理由不充足、不符合法律规定、员工不服从调整而解除劳动合同的，应当向员工支付双倍的经济补偿金，以避免不必要的双倍赔偿金。

（二）风险控制

调岗、调薪、调级一直是公司管理过程中最敏感的问题，也是员工与公司之间最容易产生纠纷的问题之一。公司在"三调"中应掌握哪些实操技巧呢？

1. 与员工协商一致处理。严格避免未经与员工协商一致，或未通过法定程序，公司单方作出"三调"处理的情形。根据《劳动合同法》的相关规定，用人单位原则上不享有单方变更工作岗位和工作地点的权利，调薪调级也应当协商一致。

2. 保留"三调"相关证据材料。进行"三调"时必须保证证据充分，程序合法。在"三调"过程当中，应尽量采取书面可保存的形式固定证据，必要时可采取录音录像措施，以避免在出现劳动争议时，无充分证据可提供。

3. 制定岗位职责说明。制定岗位职责制度，形成书面的岗位职责说明，明确每个工作岗位的职责及权限，并进行不定期的更新及完善。必要时，可要求员工在上岗前根据相关的岗位职责要求出具承诺书。

4. 制定绩效考核制度。通过绩效考核制度固定相关的调岗、调薪、调级执行标准，即明确员工的考核成绩不符合某个标准时，公司有权对其进行调岗、调薪、调级。

三、合同变更的法律风险

王某为A公司职员，2021年3月1日，A公司对全体员工的劳动合同期限进行了一次统一变更，为了管理方便，A公司决定在原劳动合同其他内容完全不变的条件下，将所有员工的合同期限变更到年底（即12月31日），A公司认为这种整齐划一的做法，便于人事部进行劳动合同管理。A公司总经理在会议上作出决定，人事部将每人留存在公司的劳动合同上做期限变更，并加盖公司印章，大家没有意见则无须每个员工挨个签字。2021年3月15日，王某才从B市出差回来，对此情况并不知情。2021年4月1日，王某认为自己与公司2年前签订的劳动合同到期了，刚巧又找的一份薪水更高的工作，于是准备离开公司，向公司发出了终止劳动合同的通知书。A公司认为，双方原签订的劳动合同期限已经作变更，变更后的合同要等到年底才能终止，而此时王某无权终止劳动合同。王某则认为，自己根本没有在变更协议上签字，所谓的合同期限变更根本不能成立。

（一）风险识别

劳动合同的变更是指劳动合同依法订立后，在合同尚未履行或者尚未履行完毕之前，经用人单位和劳动者双方当事人协商同意，对劳动合同内容作部分修改、补充或删减的法律行为。

1. 不符合条件变更劳动合同的法律风险。根据《劳动合同法》的相关规定，劳动合同的变更应符合以下条件：①变更前当事人双方之间已经存在有效的劳动合同，且该劳动合同未履行完毕；②变更必须遵循合法、公平、平等自愿、协商一致、诚实信用的原则。③劳动合同的变更应该是对于劳动合同的部分内容变更，而非劳动合同的全部，比如，工作岗位、工作地点、工作时间、劳动报酬等。如果合同变更前不满足应当符合的条件，公司变更劳动合同的行为则无效，必然带来潜藏的法律风险。

2. 不当变更劳动合同的法律风险。变更劳动合同，应当采取书面形式。即使在劳动合同订立时所依据的客观情况发生重大变化，致使劳动合同无法履行的情形，变更劳动合同内容也须与劳动者协商确定。同时，根据《劳动合同法》第40条的规定，劳动者患病或者非因工负伤，在规定的医疗期满后不能从事原工作，或者劳动者不能胜任工作的，用人单位可以单方调整工作岗位，但是其调整必须有相应的考核作为依据。实务中，企业在变更劳动合同时，如果未依法定程序任意变更劳动合同，将导致劳动合同变更无效以及产生法律纠纷的法律风险。

上述案例，即属于因用人单位未与劳动者协商一致而任意变更劳动合同产生的纠纷。由于王某没有在变更后的劳动合同文本上签字，该劳动合同就对王某不产生法律约束力。所以，王某完全可以根据原自己签署的劳动合同直接离开A公司，并且不需要承担违约责任。

（二）风险控制

企业在变更劳动合同时，应注意以下问题以防范法律风险：

1. 在法律规定的时间内变更。必须在劳动合同依法订立之后，在合同没有履行或者尚未履行完毕之前的有效时间内进行。如果劳动合同已经履行完毕则不存在劳动合同的变更问题。

2. 坚持自愿平等、协商一致原则。劳动合同的变更必须经用人单位和劳动者双方当事人平等自愿、协商一致，劳动合同允许变更，但不允许单方变更，任何单方变更劳动合同的行为都是无效的。

3. 不得违反强制性规定。劳动合同变更并非任意的，用人单位和劳动者约定的变更内容必须符合国家法律、法规的相关规定。

4. 变更必须采书面形式。劳动合同变更的书面协议应当指明对劳动合同变更的条款，并应写明劳动合同变更协议的生效日期，书面协议经用人单位和劳动者双方当事人签字盖章后生效，并由用人单位和劳动者各执一份。

四、续签劳动合同的法律风险

（一）风险识别

很多用人单位对于劳动合同的续签并不太重视，认为劳动合同续签并不影响公司的运营，只需将之前与劳动者签订的合同重新续签即程序完成。其实不然，劳动合同的续签是劳动合同日常管理中非常重要的一部分，一旦处理不好，将会面临很多的风险。

1. 事先缺少是否续签劳动合同的确认。企业很容易忽视对劳动合同期限的管理，在劳动合同到期后，往往因事先缺少劳动合同续签的确认，导致在是否续签上产生纠纷，从而遭受经济损失甚至人才的流失。

2. 用人单位未以书面形式续签劳动合同及通知劳动者的法律风险。不管是在首次签订还是续签劳动合同的情形下，用人单位都应以书面形式与劳动者签订劳动合同，否则，劳动关系得不到有效确认，且在纠纷发生时用人单位将面临因无法举证而处于被动的局面。而对于在劳动合同到期前，用人单位是否有书面通知劳动者的义务，在《劳动法》《劳动合同法》以及其他法律法规中并没有明确的规定。但在一些相关地方性法规中有规定，如《北京市劳动合同规定》第40条规定，劳动合同期限届满前，用人单位应当提前30日将终止或者续订劳动合同意向以书面形式通知劳动者，经协商办理终止或者续订劳动合同手续。故根据地域的不同，用人单位未以书面形式通知劳动者续签劳动的，将面临的风险不一。

3. 是否签订无固定期限的劳动合同。《劳动合同法》第14条规定了用人单位与劳动者协商订立无固定期限劳动合同的情形：①劳动者在该用人单位连续工作满10年的；②用人单位初次实行劳动合同制度或者国有企业改制重新订立劳动合同时，劳动者在该用人单位连续工作满10年且距法定退休年龄不足10年的；③连续订立2次固定期限劳动合同，且劳动者没有《劳动合同法》第39条和第40条第1项、第2项规定的情形，续订劳动合同的；④用人单位自用工之日起满1年不与劳动者订立书面劳动合同的，视为用人单位与劳动者已订立无固定期限劳动合同。

（二）风险控制

1. 提前与员工协商是否续签劳动合同。根据法律规定和相关经验，劳动合同到期前，用人单位应当提前考虑是否与员工续签劳动合同。如果公司决定与员工续签劳动合同，公司应当提前与劳动者就劳动合同续签的问题进行协商，征求员工的相关意见，如员工是否愿意续签劳动合同、员工对工资待遇的要求以及员工对工作休假的要求等。

2. 书面签订劳动合同及书面通知员工。公司如果继续留用员工，必须在劳动合同到期前就要书面签订劳动合同，以避免支付双倍的工资。如果公司不与劳动者续签劳动合同的，最好提前书面通知员工，并在到期日办理离职手续。

3. 确定是否需要签订无固定期限的劳动合同。公司与员工续签劳动合同时，应当确定是否应当与员工签订无固定期限的劳动合同。如果符合签订无固定期限的劳动合同情形，除非是劳动者要求签订固定期限的劳动合同，否则公司必须签订无固定期限的劳动合同。

第四节　劳动合同解除与终止的法律风险

根据我国《劳动合同法》，劳动合同解除与终止的原因并不相同，对于企业管理者来说，只有正确把握劳动合同终止与解除的法律风险，才能对其进行有效管理和控制。

一、协商一致解除劳动合同的法律风险

王某系 A 公司的业务员，双方的劳动合同于 2021 年到期。2020 年受新冠疫情影响，A 公司效益大大减少，决定裁员。王某平时工作不积极，做事粗心马虎，公司决定将其裁掉。人力资源部门没有直接解除与王某的劳动关系，而是找王某协商，并承诺补偿王某 3 个月工资，王某同意解除劳动合同。双方遂签订了解除劳动合同的协议。在协商一致解除劳动合同的情形下，企业会面临哪些法律风险？应当注意哪些问题？

（一）风险识别

我国《劳动合同法》充分尊重劳动合同双方当事人的意思自治。协商一致解除劳动合同的情况下，涉及一个关键问题是，企业是否应当向员工支付经济补偿金。这一问题需要从区别不同情形进行处理：

1. 根据我国《劳动合同法》第 46 条的规定，如果用人单位首先向劳动者提出解除劳动合同，双方在协商一致的基础上解除劳动合同的，用人单位应当向劳动者支付经济补偿。同时，根据我国《劳动合同法》第 47 条的规定，经济补偿按劳动者在本单位工作的年限，每满 1 年支付 1 个月工资的标准向劳动者支付。6 个月以上不满 1 年的，按 1 年计算；不满 6 个月的，向劳动者支付半个月工资的经济补偿。

2. 劳动者首先提出，并与用人单位协商一致解除劳动合同的，用人单位不需要支付经济补偿金的。

（二）风险控制

1. 与员工解除劳动合同应当签订《解除劳动合同协议书》，并保证协议书的内容条款不违反法律、行政法规的强制性规定。企业不能强迫员工签订《解除劳动合同协议书》；不能约定劳动者在用人单位不支付相关费用的情况下的竞业禁止。如果给劳动者造成损失，用人单位需要赔偿劳动者的损失。

2. 如果劳动者有辞职想法，用人单位应尽量让劳动者提出书面的辞职报告。然后在双方协商一致的基础上，签订《解除劳动合同协议书》。协议书中可以使用这样的表述：甲（用人单位）、乙（劳动者）双方于＊年＊月＊日签订为期＊年的无固定期限劳动合同，现乙方向甲方提出申请，要求提前解除双方之间的劳动合同，甲方同意与乙方解除劳动合同。经双方充分协商，就解除劳动合同的有关事项达成如下协议……

二、因用人单位过错劳动者解除劳动合同法律风险

（一）风险识别

1. 未按照劳动合同约定提供劳动保护或者劳动条件。保护劳动者在劳动过程中的生命健康安全等是用人单位的基本责任和义务。《劳动合同法》规定劳动保护、劳动条件和职业危害防护是劳动合同的必备条款，如果用人单位未按照国家规定的标准或劳动合同的规定提供劳动条件，致使劳动安全、劳动卫生条件恶劣，严重危害职工的身体健康，经国家劳动部门、卫生部门确认，劳动者可以与用人单位解除劳动合同。

2. 未及时足额支付劳动报酬。支付劳动报酬是劳动合同所规定的必备条款，用人单位未按照劳动合同约定及时足额支付劳动报酬，侵犯了劳动者合法权益，需承担违约责任。此时，劳动者有权随时告知用人单位解除劳动合同。为避免造成用人单位运营损失的风险，应当及时足额按约定支付劳动报酬。

3. 未依法为劳动者缴纳社会保险费。根据我国《劳动法》规定，用人单位和劳动者必须依法参加社会保险，缴纳社会保险费。对于拒不依法缴纳或延迟缴纳保险费的用人单位，劳动行政部门可以责令其限期缴纳；逾期不缴的，可以加收滞纳金。如果用人单位未依法为劳动者缴纳上述社会保险费，是对劳动者基本权利的侵害，劳动者可以与用人单位解除劳动合同。

4. 用人单位的规章制度违反法律、法规的规定，损害劳动者权益。用人单位规章制度的设置是为了保证企业的合法有序运营，当用人单位的规章制度违反了法律、法规的规定，损害劳动者权益时，劳动者可以解除劳动合同。同时，也违背了规章制度设立的初衷，规章制度违法必然不会增强企业的有序运营。

5. 劳动合同无效。劳动合同无效，即自订立时起就没有法律约束力，劳动者可以不予履行。此时，如果是企业己方的过错，企业要承担违约的法律责任；如果是劳动者的过错，企业也面临运营损失的法律风险。

6. 法律、行政法规规定劳动者可以解除劳动合同的其他情形。用人单位以暴力、威胁或者非法限制人身自由的手段强迫劳动者劳动的，或者用人单位违章指挥、强令冒险作业危及劳动者人身安全的，劳动者可以立即解除劳动合同，不需事先告知用人单位。

（二）风险控制

根据实践中劳动者可以解除劳动合同的具体情形，企业应该做到：

1. 根据劳动合同约定提供劳动保护或者劳动条件。用人单位应按照劳动合同的约定对劳动者所从事的劳动提供必要的生产、工作条件和劳动安全卫生保护措施，即用人单位必须保障劳动者完成劳动任务和劳动过程中安全健康保护的基本要求，包括劳动场所和设备、劳动安全卫生设施、劳动防护用品等。

2. 及时足额支付劳动报酬。在劳动者已履行劳动义务的情况下，用人单位应按劳动合同约定或国家法律、法规规定的数额、日期及时足额支付劳动报酬，禁止克扣和无故拖欠劳动者工资。

3. 依法为劳动者缴纳社会保险费。用人单位应当足额及时为劳动者缴纳社会保险费。

4. 制定合法有效的规章制度。规章制度的内容要合法，即其内容不得违反国家宪法、劳动法、劳动合同法及其他法律、法规的规定，也不得与劳动合同或集体合同的内容相冲突。当然，规章制度的制定和公布的程序也要合法。

5. 保证与劳动者签订的劳动合同合法有效。企业应当对劳动合同进行审查，避免出现劳动合同无效的情形。

三、用人单位过错性辞退的法律风险

王某于 2018 年与 A 公司签订了为期 3 年的劳动合同。工作不久后，B 公司由于业务繁忙，需临时聘用王某工作 10 天，王某见报酬丰厚，便一口答应。王某在 B 公司连续工作了 10 天，期间未去 A 公司上班，也未向 A 公司请假。因 A 公司《员工手册》中规定，无故旷工连续 5 天，一年内累计旷工超过 10 天的属于严重违反公司规章制度的行为，公司可解除劳动合同。A 公司据此解除了与王某的劳动合同。后王某不服，向劳动争议仲裁委员会提出申诉。劳动争议仲裁委经审理认为，王某的行为严重违反单位规章制度，A 公司可解除劳动合同。我国《劳动合同法》对企业单方解除劳动合同的情形有明确的规定，但在实际操作中，由于企业对法律规定不熟悉或者理解错误、企业的规章制度等方面存在缺陷等原因，导致企业在即时解除劳动合同时面临种种法律上的风险。

（一）风险识别

企业单方解除劳动合同，是指用人单位在劳动者存在严重违反用人单位规章制度、严重失职、与他人单位建立劳动关系，被依法追究刑事责任等情形时，单位可以单方解除与员工劳动合同，且不必支付经济补偿金。

根据我国《劳动法》《劳动合同法》及《劳动合同法实施条例》，企业单方解除劳动合同主要包括以下几种情形：

1. 劳动者在试用期间被证明不符合录用条件。"录用条件"是由用人单位在法律法规规定的基础上，结合岗位的需要，确定的知识文化、技术水平、身体状况、思想品德等条件。企业负有证明劳动者不符合录用条件的责任。

2. 劳动者严重违反劳动纪律或者用人单位规章制度，或有严重失职、营私舞弊情形，对用人单位利益造成重大损害。

3. 劳动者被依法追究刑事责任。根据劳动部的相关规定，"被依法追究刑事责任"是指劳动者被人民检察院免予起诉的、被人民法院判处刑罚的以及被人民法院依据《刑法》第37条免予刑事处罚的。

4. 劳动者同时与其他用人单位建立劳动关系，对完成本单位的工作任务造成严重影响，或者经用人单位提出，拒不改正的。劳动者享有自由劳动的权利，可以在不影响其本职工作的前提下进行兼职。如果用人单位对此进行干涉，与劳动者解除劳动合同则涉嫌违法。

企业单方解除其跟员工的劳动合同必须履行的法定程序。根据我国《劳动合同法》第43条的规定，用人单位单方解除劳动合同，应当事先将理由通知工会。用人单位违反法律、行政法规规定或者劳动合同约定的，工会有权要求用人单位纠正。用人单位应当研究工会的意见，并将处理结果书面通知工会。如果企业未履行相应的法律程序，也将引起一定的法律风险。

（二）风险控制

在因劳动者过错解除劳动合同的情形下，为了更好地行使解除权，企业应当注意以下几点：

1. 审慎设置岗位招聘录用条件。劳动者在试用期间被证明不符合录用条件是用人单位行使解除权的原因之一，用人单位应当尽量设置一些客观的硬性指标，并对招聘条件进行详细具体的描述。在具体操作中，企业应充分搜集劳动者不符合录用条件的证据，如劳动者不具备岗位要求的劳动技能、劳动者提供的资质证书、认定文件造假以及劳动者在工作中没有达到要求的具体表现等，切勿草率地作出决定。

2. 保证企业的规章制度程序内容合法性。企业的规章制度、劳动纪律中对"严重违反""重大损害"等制定具体量化标准，这样以劳动者严重违反劳动纪律或者用人单位规章制度，解除劳动合同时才具有可操作性，避免不必要的纠纷。

3. 劳动合同里应当明确劳动者的工作职责内容和范围，企业行使单方解除权时才能有所依据。

4. 企业应当对本单位劳动者的兼职情况进行管理，发现员工因兼职影响本单位工作的，应当及时提出纠正。同时，企业可以在单位规章制度中明确规定劳动者同时与其他用人单位建立劳动关系，对完成本单位的工作任务造成严重影响的，单位可即时解除与该员工的劳动合同。

四、用人单位经济性裁员的法律风险

为了保护用人单位在市场经济中的生存和竞争能力，改善生产经营状况，法律允许用人单位在出现生产经营困难等情形时一次性辞退部分劳动者。用人单位在进行经济性裁员的过程中将会面临哪些法律风险？

（一）风险识别

经济性裁员，是指企业由于生产经营不善发生严重困难，或者需要破产重整，或者客观情况发生重大变化等原因，解雇多个劳动者的情形。经济性裁员是用人单位出于经营方面考虑，单方解除劳动合同的方式，劳动者并没有过错。

我国《劳动合同法》规定一次性裁减人员 20 人或者裁减不足 20 人但占企业职工总人数 10% 以上的，才是经济性裁员。同时第 46 条规定用人单位需向无过错被裁减的劳动者支付经济补偿金。经济性裁员是用人单位出于经营方面考虑，单方解除劳动合同的方式。第 41 条第 1 款规定了经济性裁员的程序，用人单位提前 30 日向工会或者全体职工说明情况，听取工会或者职工的意见后，裁减人员方案经向劳动行政部门报告，可以裁减人员。

（二）风险控制

1. 用人单位进行经济性裁员应当符合《劳动合同法》规定的条件和程序。不能对患职业病或者因工负伤并被确认丧失或者部分丧失劳动能力员工、在孕期、产期、哺乳期内的女职工以及法律、行政法规规定的其他员工进行经济性裁员。

2. 保障被裁减人员应当享有的权利。应当优先留用与本单位订立较长期限固定或无固定期限劳动合同的、家庭无其他就业人员，有需要抚养的老人或者未成年人的被裁减人员；及时足额按照被裁减员工之前 12 个月的平均工资性收入计算支付经济补偿金；用人单位依照规定裁减人员，在 6 个月内重新招用人员的，应当通知被裁减的人员，并在同等条件下优先招用被裁减的人员。

五、用人单位非过错性辞退的法律风险

（一）风险识别

用人单位非过错性辞退，是指劳动者本人无过错，但由于主客观原因致使劳动合同无法履行，用人单位在符合法律规定的情形下，履行法律规定的程序后有权单方解除劳动合同。

根据我国《劳动合同法》第 40 条的规定，非过错性辞退适用于以下情形：

1. 劳动者患病或者非因工负伤，在规定的医疗期满后不能从事原工作也不能从事由用人单位另行安排的工作。医疗期是指企业职工因患病或非因公负伤停止工作治病休息不得解除劳动合同的时限，而不是劳动者实际需要治疗的期间。医疗期满后，如果劳动者因身体原因不能胜任工作，用人单位有义务对其进行培训或者为其调动岗位，选择他力所能及的岗位工作。如果劳动者对用人单位重新安排的工作也无法完成，说明劳动者不能继续履行合同。用人单位可以进行过错性辞退。

2. 劳动者不能胜任工作，经过培训或者调整工作岗位，仍不能胜任工作。这里所谓"不能胜任工作"，是指劳动者不能按要求完成劳动合同中约定的任务或者同工种、同岗位人员的工作量。劳动者没有具备从事某项工作的能力，不能完成某一岗位的工作任务，用人单位可以对其进行职业培训，提高其职业技能，也可以把其调换到能够胜任的工作岗位上，用人单位负有协助劳动者适应岗位的义务。如果单位尽了这些义务，劳动者仍然不能胜任工作的，用人单位可以行非过失性辞退。

3. 劳动合同订立时所依据的客观情况发生重大变化，致使劳动合同无法履行，经用人单位与劳动者协商，未能就变更劳动合同内容达成协议。本项规定是情势变更原则在劳动合同中的体现。这里的"客观情况"是指履行原劳动合同所必要的客观条件，如自然条件、企业迁移、被兼并、企业资产转移等。

（二）风险控制

针对用人单位非过错性辞退员工，应当从以下几个方面防范相应的法律风险：

1. 医疗期届满后，如果劳动者不能从事原工作，用人单位不能直接与劳动者解除劳动合同，应先培训或者调整工作岗位；如果劳动者仍然不能从事用人单位另行安排工作的，用人单位才可以依据法律规定的程序解除劳动合同。

2. 用人单位不能随意调动劳动者工作岗位或提高工作强度，而以劳动者不能胜任工作而解除劳动合同。

3. 客观情况变化时，应当根据变化后的客观情况，由双方当事人对合同变更进行协商，直到达成一致意见。如果劳动者不同意变更劳动合同，原劳动合同所确立的劳动关系就没有存续的必要，只能解除劳动合同。

4. 用人单位过错性辞退有两种途径可以选择：提前30日以书面形式通知劳动者本人或者额外支付劳动者1个月工资。事实上，这两种方式解除劳动合同的方式所付出的经济成本是相同的，由于30日内劳动者仍有患病、受伤、怀孕等风险，此类情形一旦出现，用人单位将不能与劳动者解除劳动合同，相比之下，额外支付劳动者1个月工资的方式风险就小得多。

六、用人单位单方解除劳动合同的例外情形

王某与 A 公司签订为期 2 年的劳动合同，从事仓库管理工作。后王某从公司离职，但公司并没有为王某进行离岗健康检查。后王某感觉身体不适，出现胸闷、气急、咳嗽加重等症状，经检查，鉴定为职业性急性轻度化学物中毒呼吸系统疾病，王某要求 A 公司赔偿，A 公司不予赔偿。王某遂向劳动争议仲裁委员会申请劳动仲裁，要求 A 公司承担责任。劳动争议仲裁委员会经过审理认为，根据我国《劳动合同法》规定，对从事接触职业病危害作业的劳动者，未进行离岗前职业健康检查的劳动者不得解除或者终止与其订立的劳动合同，因此裁决 A 公司承担全部责任。那么，究竟还有哪些情形属于用人单位解除劳动合同的例外，企业应该如何识别此类法律风险并且加以控制？

（一）风险识别

根据《劳动合同法》的规定，用人单位在法定情形下可以单方解除劳动合同。但为保护特定群体劳动者的合法权益，《劳动合同法》第 42 条又同时规定了用人单位单方解除劳动合同的例外情形，主要包括：

1. 从事接触职业病危害作业的劳动者未进行离岗前职业病健康检查，或者疑似职业病病人在诊断或者医学观察期间的。受到职业病威胁的劳动者以及职业病人是社会弱势群体，非常需要国家的关怀和法律的保障，因此《职业病防治法》的一个重要特点是以保护劳动者的合法权益为基本出发点，给予劳动者法律保障。

2. 在本单位患职业病或者因工负伤并被确认丧失或者部分丧失劳动能力的。无论是职业病还是因工负伤，都与用人单位有关工作条件、安全制度或者劳动保护制度不尽完善有关，发生职业病或者因工负伤，用人单位作为用工组织者和直接受益者理应承担相应责任。同时，一旦发生职业病或者因工负伤，都可能造成劳动者丧失或者部分丧失劳动能力，如果此时允许用人单位解除劳动合同，将会给劳动者的医疗、生活等带来困难，因此《劳动合同法》规定在本单位患职业病或者因工负伤并被确认丧失或者部分丧失劳动能力的，用人单位不得解除劳动合同。

3. 患病或者非因工负伤，在规定的医疗期内的。医疗期一般为 3 个月到 24 个月，以劳动者本人实际参加工作年限和在本单位工作年限为标准计算具体的医疗期。

4. 女职工在孕期、产期、哺乳期的。任何单位不得因结婚、怀孕、产假、哺乳等情形，降低女职工的工资，辞退女职工，单方解除劳动（聘用）合同或者服务协议。但是，女职工要求终止劳动（聘用）合同或者服务协议的除外。

5. 在本单位连续工作满 15 年，且距法定退休年龄不足 5 年的。考虑到老职

工对于企业的贡献较大，再就业能力较低，政府和社会都比较关注这部分弱势群体，因此《劳动合同法》加强了对老职工的保护，包括规定用人单位初次实行劳动合同制度或者国有企业改制重新订立劳动合同时，劳动者在该用人单位连续工作满 10 年且距法定退休年龄不足 10 年的，应订立无固定期限劳动合同；在本单位连续工作满 15 年，且距法定退休年龄不足 5 年的，用人单位不得根据《劳动合同法》第 40 条、第 41 条的规定单方解除劳动合同。

（二）风险控制

对用人单位不得解除劳动合同规定的理解需注意以下两个方面：一是本条禁止的是用人单位单方解除劳动合同，并不禁止劳动者与用人单位协商一致解除劳动合同；二是本条的前提是用人单位不得根据《劳动合同法》第 40 条、第 41 条解除劳动合同，针对该条法律规定的 6 种情形，企业应该注意：

1. 对从事接触职业病危险作业的劳动者进行离岗前职业健康检查。用人单位如果没有进行离职前的健康体检，员工离职后发现患有职业病的，极有可能就要由用人单位承担责任

2. 确认职工是否丧失或者部分丧失劳动能力。劳动者患职业病或者因工负伤，同时劳动者必须被确认丧失或者部分丧失劳动能力，才符合用人单位单方解除劳动合同的例外。

3. 注意保障妇女职工的权益。自女职工从怀孕开始至婴儿出生 1 年之内，用人单位不能在女职工在孕期、产期、哺乳期解除劳动合同。

七、劳动合同终止的法律风险

劳动合同终止是指劳动合同的法律效力依法被消灭，即劳动关系由于一定法律事实的出现而终结，劳动者与用人单位之间原有的权利义务消灭。

那么，何种事由会引起劳动合同的终止，又有哪些例外规定？

（一）风险识别

根据我国《劳动合同法》的规定，引起劳动合同终止的事由主要有以下几种：

1. 劳动合同期满。这主要适用于固定期限劳动合同和以完成一定工作任务为期限的劳动合同两种情形。劳动合同的终止时间，应当以劳动合同期限最后一日的 24 时为准。

2. 劳动者已开始依法享受基本养老保险待遇。劳动者已退休且个人缴费养老保险年限累计满 15 年或者个人缴费和视同缴费年限累计满 15 年的，开始依法享受基本养老保险待遇。

3. 劳动者死亡，或者被人民法院宣告死亡或者宣告失踪。公民死亡、被人民法院宣告失踪或者宣告死亡的，劳动合同一方主体消灭，劳动合同自然终止。

4. 用人单位被依法宣告破产。根据《企业破产法》的规定，用人单位一旦被依法宣告破产，就进入破产清算程序，意味着企业破产法作为劳动合同一方主体资格消灭，劳动合同归于终止。

5. 用人单位被吊销营业执照、责令关闭、撤销或者用人单位决定提前解散。上述情形由于公司解散将会导致公司法人归于消灭，劳动合同缺乏一方主体，而归于终止。

（二）风险控制

用人单位可以从以下方面管理和控制劳动合同终止的法律风险：

1. 用人单位应及时审查劳动合同期限，在劳动合同期限届满前做好与劳动者续签或者终止劳动合同的准备，预留时间与劳动者完成工作对接。对于劳动合同期满后，劳动者仍在原用人单位工作，原用人单位未表示异议的，应视为一个新劳动合同的成立。企业应当在前一劳动合同终止之日起 1 个月内与劳动者签订书面劳动合同，否则将可能因未及时与劳动者签订劳动合同而被要求支付双倍工资。

2. 在一些特殊情形下，劳动合同期满，并不当然的终止，用人单位与劳动者的劳动合同应当延缓到相应情形消失时终止，企业仍应按照劳动合同的约定以及《劳动合同法》第 42 条的六种情形规定履行义务。

八、经济补偿金法律风险

2018 年 1 月王某与 A 公司签订为期 3 年的劳动合同，成为 A 公司的销售人员。因王某业绩突出，劳动合同期限届满后，公司决定与王某续签劳动合同并将王某每月的固定工资 10 000 元提高至 20 000 元。由于王某不同意，双方没有续订劳动合同，王某遂要求 A 公司支付经济补偿金。在实践中，如果把握不好经济补偿金适用的条件和范围，将给企业带来不必要的经济损失和纠纷。

（一）风险识别

经济补偿金是指在劳动合同终止和解除时，用人单位依法支付给职工的一定数额的补偿金。根据我国《劳动合同法》的规定，企业应支付经济补偿金的情形包括以下几类：

1. 用人单位有违法、违约行为的，劳动者可以随时或者立即解除劳动合同，并有权取得经济补偿。常见的用人单位违约、违法行为有：①用人单位未依照劳动合同约定提供劳动保护或者劳动条件；②用人单位未及时足额支付劳动报酬；用人单位未依法为劳动者缴纳社会保险费；③用人单位的规章制度违反法律、法规的规定，损害劳动者权益；④用人单位欺诈、胁迫或者乘人之危等行为致使劳动合同无效或者部分无效；⑤用人单位以暴力、威胁或者非法限制人身自由的手段强迫劳动者劳动的；⑥用人单位违章指挥、强令冒险作业危及劳动者人身安全。

2. 用人单位没有过错，但在劳动者存在不足，采取补救措施后劳动者仍不符合工作要求的，允许用人单位解除劳动合同，但用人单位须支付经济补偿。根据我国《劳动合同法》规定，这些情形主要包括：①劳动者患病或者非因工负伤，在规定的医疗期满后不能从事原工作也不能从事由用人单位另行安排的工作；②劳动者不能胜任工作，经过培训或者调整工作岗位，仍不能胜任工作的；③劳动合同订立时所依据的客观情况发生重大变化，致使劳动合同无法履行，经用人单位与劳动者协商，未能就变更劳动合同内容达成协议的，用人单位可以在提前 30 日通知或者额外支付 1 个月工资后，解除劳动合同。

3. 劳动合同终止时，企业应当向劳动者支付经济补偿金。劳动合同期满时，用人单位同意续订劳动合同，且维持或者提高劳动合同约定条件，劳动者不同意续签劳动合同的，用人单位不支付经济补偿。

4. 在协商一致解除劳动合同的情况下，如果用人单位首先向劳动者提出解除劳动合同，用人单位应当向劳动者支付经济补偿金。此外，企业进行经济性裁员时，也应当向劳动者支付经济补偿金。

依据我国《劳动合同法》的规定，经济补偿金按劳动者在本单位工作的年限，每满 1 年支付 1 个月工资的标准向劳动者支付。6 个月以上不满 1 年的，按 1 年计算；不满 6 个月的，向劳动者支付半个月工资的经济补偿。劳动者月工资高于用人单位所在直辖市、设区的市级人民政府公布的本地区上年度职工月平均工资 3 倍的，向其支付经济补偿的标准按职工月平均工资 3 倍的数额支付，向其支付经济补偿的年限最高不超过 12 年。月工资是指劳动者在劳动合同解除或者终止前 12 个月的平均工资。

（二）风险控制

国家为了引导用人单位长期使用劳动者，谨慎行使解除权利和终止权利，从而达到稳定劳动关系的目的，建立了经济补偿金制度。企业人力资源部门应当按照《劳动合同法》的规定，按时足额向符合条件的劳动者支付经济补偿金，以避免陷入不必要的纠纷，增加企业的运营成本。

为了减少不必要的开支，企业在履行法定的支付经济补偿金义务的同时，也需要了解劳动合同解除不须支付经济补偿金的情形，如：劳动者首先提出，并与用人单位协商一致解除劳动合同的；劳动者在试用期内提出解除劳动合同的；企业行使单方解除权时也无需支付经济补偿金。

九、赔偿金法律风险

王某与 A 公司签订了为期 3 年的劳动合同，每月工资 5000 元。王某工作了 1 年 8 个月后，因为公司领导变动，强行与王某解除了劳动合同。王某不服，遂向劳动争议仲裁委员会申请劳动仲裁，要求 A 公司支付 4 个月的经济赔偿金。劳动争议仲裁委员会经过审理认为，A 公司非法解除劳动合同，应该支付双倍的赔偿金。为了保护劳动者的合法权益，我国《劳动合同法》对用人单位解除或者终止劳动合同作了明确的强制性规定，如果用人单位违反规定非法解除劳动关系，劳动者可以要求恢复劳动关系，如果劳动者不要求恢复劳动关系的，用人单位需要支付经济赔偿金。

（一）风险识别

1. 不明确支付经济赔偿金的情形。用人单位要保护劳动者的合法劳动权益，同时考虑其自身意愿。如果劳动者认为继续履行劳动合同实际困难太大，不要求继续履行劳动合同的，劳动合同可以解除或者终止，同时用人单位应当依法支付赔偿金。用人单位在解除、变更劳动合同时，应当明晰需要支付经济赔偿金的情形，以避免不必要的劳动纠纷或者加倍给付劳动赔偿金的风险。

2. 不及时向劳动者主张赔偿金。劳动者违法解除或者终止劳动合同，对用人单位造成损失的，应及时主张损失：一是用人单位招收录用其所支付的费用；二是用人单位为其支付的培训费用，双方另有规定的依规定；三是对生产、经营和工作造成的直接经济损失；四是劳动合同约定的其他赔偿费用。

3. 经济赔偿金标准不一。我国《劳动合同法》第 87 条规定，用人单位违反本法规定解除或者终止劳动合同的，应当依照该法第 47 条规定的经济补偿标准的 2 倍向劳动者支付赔偿金。已经支付了赔偿金的，不再支付经济补偿。赔偿金的计算年限自用工之日起计算。企业在支付经济赔偿金时应严格按照法律规定的标准，支付标准不一则容易引发员工对企业赔偿金处理不满，进而发生劳动纠纷。

（二）风险控制

1. 企业应制定合法、规范、操作性强的规章制度。避免出现违法解除或者终止劳动合同的情形，使企业处于被动地位。企业应当有一套行之有效的考核标准体系，并且应当事先制定相应的绩效标准并告知员工，否则令企业面临更多的法律风险，不利于劳动关系的长期和谐稳定。

2. 企业应当依法制定统一的经济补偿金标准。为避免在处理经济补偿金过程中，因标准不一样，而引起员工的不满，应当依照法律的规定以统一的标准进行补偿。

3. 用人单位对已经解除或者终止的劳动合同的文本，至少保存 2 年备查。辞退员工时，应当注意《劳动合同法》符合关于程序方面的一些规定，以防程序违法从而导致辞退决定无效的后果。

十、解除或终止劳动合同附随义务的法律风险

（一）风险识别

劳动合同终止或者解除后，用人单位未承担相应的附随义务，将面临一些如下法律风险，需要承担相应的责任。

1. 用人单位未出具离职证明。法律规定用人单位有出具解除或者终止劳动合同证明的义务，这包括用人单位依法解除劳动合同、劳动者依法解除劳动合同、用人单位和劳动者依法终止劳动合同等，主要是考虑便于劳动者办理失业登记。如用人单位没有及时出具离职证明，造成劳动者在再次就业过程中因此而产生问题，劳动者有权向用人单位主张相关权利。

2. 办理档案和社会保险关系转移手续。首先用人单位为劳动者办理档案和社会保险关系转移手续是用人单位的一项法定义务，用人单位必须依法履行。其次必须在依法解除或者终止劳动合同之日起 15 内办理完毕。最后根据《劳动合同法》规定，如企业扣留劳动者档案，不明确告知劳动者社会保险缴纳等，则面临责令返还、罚款等相关行政处罚。

3. 办理交接手续未及时向劳动者支付经济补偿。对劳动者的经济补偿金，由用人单位一次性发给。如果不及时发给经济补偿的，《劳动合同法》第85条规定用人单位解除或者终止劳动合同，未依照本法规定向劳动者支付经济补偿的，由劳动行政部门责令限期支付经济补偿；逾期不支付的，责令用人单位按应付金额50%以上100%以下的标准向劳动者加付赔偿金。

4. 企业不保存解除或者终止的劳动合同文本。实践中，发生在劳动合同解除或者终止之后的一些劳动争议，往往因为时过境迁，劳动合同文本灭失，导致劳动合同的约定内容无从查证，法院难以判明事实，有时对劳动者极其不利。

（二）风险控制

企业在解除或终止劳动合同时，如何减少附随义务带来的法律风险？

1. 加强人事部门履行附随义务的意识。鉴于用人单位对附随义务的忽视会带来更多的法律惩罚，建议用人单位加强履行劳动合同终止或者解除后附随义务的意识。

2. 及时出具离职证明、办理档案、社会保险关系转移手续并支付经济补偿金。上述附随义务有相关法律的具体规定，企业应当及时履行付随义务，不影响劳动者的再次就业，同时减少劳动纠纷争议的发生，减少接受处罚的法律风险。

3. 保存劳动合同文本及相关材料。为避免解除或终止劳动合同一段时间后，劳动者对附随义务的处理有疑问时没有充分证据予以证明，建议用人单位对已经解除或者终止的劳动合同文本进行扫描登记，并建立专门的数据库以便备查和保留证据，对已经解除或者终止的劳动文本应保存2年以上备查。

第五节　劳动者管理的法律风险

在《劳动合同法》时代，公司对劳动者的管理成为公司日常运行中至关重要的一部分。公司必须结合自身的要求，制定一套适合自身需要的规章制度，公司的规章制度将与劳动合同、集体合同、法律法规政策等共同组成劳动用工管理的主要依据。本节将梳理当下劳动者管理中最容易产生纠纷的情形，逐一进行法律风险分析并提出防范建议。

一、公司规章制度制定的风险

王某于 2018 年 9 月进入 A 快递公司分公司当快递取件员。2020 年 1 月 5 日，王某临时被安排收取三个国际快递，在联系公司调度、客户以及采取合理措施都没有结果的情形下，未取得快件并做了"无包裹可取"的扫描。A 公司认为王某的行为是不诚信行为属于虚假扫描，违反公司制定的《员工手册》规定，同时该《员工手册》已经过民主程序和公示程序，王某应知晓该内容并予以遵守。事后公司以严重违纪为由解除了与王某的劳动合同。王某以对指令理解错误，并不存在虚假扫描，公司系违法解除为由，向劳动人事争议仲裁委员会提出仲裁申请，要求公司支付违法解除劳动合同赔偿金并获得仲裁委的支持。后 A 公司对该裁决不服，诉至法院，法院认为公司的解除并不违法，不同意支付经济赔偿金。

（一）风险识别

公司规章制度的制定应当在确保公司利益不受损的同时保障劳动者的基本权益，公司在制定规章时，可能产生法律风险的原因有：

1. 制定主体不适格。有的公司以自己所设立的部门制定规章并以部门名义发布规章制度，存在较大的法律风险，缺乏法律效力，无法约束劳动者，在仲裁和诉讼中难以达到有效目的。

2. 公司制定的规章制度内容违法。在实践当中，很多公司滥用权利，想尽可能的通过规章制度的制定去限制劳动者的权利。比如"不准上班期间上厕所""本公司的员工不准谈恋爱、不准结婚"等。这样的规定侵犯了公司员工的基本权利，违反了法律法规。根据《劳动合同法》第 80 条的规定，用人单位制定涉及劳动者切身利益的规章制度违反法律、法规的，由劳动行政部门责令改正，给予警告；给劳动者造成损害的，应当承担赔偿责任。

3. 公司规章制度制定程序违法。主要表现在：①在规章制定的过程中，特别是在制定、修改或者决定直接涉及劳动者切身利益的规章制度或者重大事项时，没有经过职工代表大会或者全体员工讨论，未参考各方意见，未与工会或者职工代表平等协商确定；②需要公示和告知的规章制度和重大事项未公示、未告知公司员工，或者即使有公示或告知，但方法使用不当，不利于向仲裁庭或者法庭举证。公司在制定规章制度时出现上述程序违法问题时，将对规章制度的效力造成严重影响，待纠纷发生时，无法作为支撑公司对劳动者做出某项决定的合理依据。

（二）风险控制

公司规章制度的制定是否合法合理对公司长久运行有着至关重要的作用，公司在制定规章制度时应注意以下问题：

1. 确保主体合格。用人单位在制定规章时，其主体不仅只限于公司高管人员，特别是在制定、修改或者决定劳动报酬、工作时间、休息休假、劳动安全卫生、保险福利、职工培训、劳动纪律以及劳动定额管理等直接涉及劳动者切身利益的规章制度或者重大事项时，应当经职工代表大会或者全体职工讨论，提出方案和意见，与工会或者职工代表平等协商确定。同时，用人单位应当将直接涉及劳动者切身利益的规章制度和重大事项决定公示，或者告知劳动者，未经公示或未将重大事项告知劳动者的，对劳动者不产生效力。

2. 依法全面修订规章制度。公司在制定规章制度时，应当仔细研究所制定的规章制度内容有无违反法律、法规的情形，否则将承担行政处罚，民事赔偿责任，甚至刑事责任。

3. 规章制度应具备可操作性。《劳动法》及《劳动合同法》会出现如"严重违反规章制度""造成重大损失"等内容规定，那么此时需要在规章制度中加以具体化，明确化，使规章制度更具有可操作性，否则将会使规章制度形同虚设。

二、依公司规章对员工进行处罚

王某担任 A 公司会计，每月工资 3000 元。一次因王某个人的疏忽，导致公司损失了 30000 元。单位规章规定，由于员工个人的原因给公司造成损失的，公司有权扣除员工工资，直到全部扣完为止。因此，A 公司根据公司章程的规定，按每月扣除 3000 元对王某进行处罚。王某得知国家规定每月扣除的工资不得超过本人当月工资的 20%，于是王某向劳动监察部门反映情况。劳动监察部门经过调查，责令该 A 公司改正，最后 A 公司决定每月扣除王某工资 500 元。

（一）风险识别

处分违纪员工是公司管理制度中的重要内容，但是从公司规章纪律的制定、执行以及员工相关违纪行为的认定、评估，到最后的对违纪员工处罚乃至辞退，整个程序中每一个环节都至关重要，处理的不适宜，就有可能引发一场诉讼。

1. 处罚不得超过法律规定的必要限度。《工资支付暂行规定》第 16 条规定，因劳动者本人的原因给用人单位造成经济损失的，用人单位可按照劳动合同的约定要求其赔偿经济损失。经济损失的赔偿，可以从劳动者本人的工资中扣除，但每月扣除的部分不得超过劳动者当月工资的20%。所以，在上述的案例中，A公司规章制度中的处罚条款违反法律法规的强制性规定，存在效力瑕疵问题。

2. 公司对违纪员工处罚不当常见情形：①处罚员工程序不当。公司处罚违纪员工并未依法定程序，将面临处罚被撤销的风险。②公司制定的规章制度本身内容违法。③公司处罚员工的法律依据和证据不足。公司制定的规章制度对于处罚内容表述语意不明，未作相关解释，易产生歧义，导致员工对公司处罚不服，并引发仲裁和诉讼纠纷。④公司规章制度之间系统性不足。例如，规定了录用条件但没有配套的考核制度和执行监督措施，公司在员工犯错时，需要强行解除与新录用员工之间的劳动合同，这样的规定容易导致用人单位面临劳动纠纷。

（二）风险控制

公司要避免在处罚员工的过程中遭受仲裁或诉讼甚至败诉的风险，应当从以下方面进行风险防范：

1. 确保公司劳动纪律内容完备、程序有效。公司有完备的劳动纪律内容，合法有效的程序，必要时进行充分的法律评估，以保障劳动纪律的可行性。

2. 处罚不得超过必要的限度。公司在处罚时应当在合理的范围内行使权力，如果超过了必要的限度，则会被认定为无效。

三、如何进行工作时间管理

在实践中，很多公司通常没有对自己公司业务所需工作时间进行分类，容易造成工作时间管理的混乱。为了公司利益，在对公司员工时间管理上随心所欲，但实质上存在更大的法律风险。

（一）风险识别

1. 对工作时间分类不明晰。公司时间管理分类可以分为三种：①标准工作时间。一般职工每日工作不超过8小时，每周工作不超过40小时；劳动者每周至少要有1个休息日。②不定时工作制。没有固定工作时间的限制，采用集中工作、集中休息、轮休、调休、弹性工作时间等适当的方式，确保职工的休息休假权利和生产任务的完成。③综合计算工时工作制。法律允许实行相对集中工作、集中休息的工作制度，以保证生产的正常进行和劳动者的合法权益。

2. 工作时间方式设置不合法。公司在工作时间方式设置时，应当充分考虑工作任务需要和员工的意见。例如，在审批综合计算工时工作制过程中，公司应做到：①实行综合计算工时工作制以及在实行综合计算工时工作中采取何种工作方式，一定要与工会和劳动者协商。②对于第三级以上（含第三级）体力劳动强度的工作岗位，劳动者每日工作时间不得超过11小时，而且每周至少休息1

天。工作时间方式设置不合法，会受到《劳动法》相关规定的惩处。

3. 没有相应的绩效考核制度。公司若不对员工的工作时间进行记录和考核，在因时间管理出现争议时，因未设有统一的考核记录标准，在进入到仲裁或诉讼阶段则没有充分的证据可以证明时间管理符合法律的相关规定，公司则面临仲裁和败诉的风险，更增加了赔付经济补偿金的风险。

（二）风险控制

公司在日常管理中如何做好对员工的工作时间管理呢？

1. 制定适宜的时间管理制度。公司应当根据自身的实际情况，参照工作时间的类型分类，制定合适的时间管理制度。并不是所有的公司都必须使用标准工时，但不得超越法律规定的时间限度，更不能随意延长员工的工作时间，也不得强加无法完成的计件工作量。

2. 制定绩效考核制度。对于员工工作时长的管理，应当配备有相应适宜的绩效考核制度，便于记录员工的实际工作时间，工作完成程度。在需要调整工作时间时，可以以绩效考核作为参考。

3. 对人事管理人员进行培训。在实践当中，很多公司针对员工制定不适宜的管理制度，是因为从事人事管理人员对公司状况和法律不够了解，因而在对员工工作时间的管理制度上出问题。

4. 查清事实并及时搜集证据。员工违纪之后，公司应该查清楚违纪事实，及时进行证据搜集和固定，减少因时间过长而难搜集证据的难度。

5. 征求工会意见。有工会的公司，在对违纪员工进行处罚时，应当征求工会意见，以减少在处罚过程中对员工做出的不公平行为。

6. 总结经验并完善规定。公司规章制度的制定不是一蹴而就的，需要在实践当中不断总结经验教训，针对实践当中新出现的问题进行完善和推广，对规章制度中没有涉及或者规定不合理的地方及时予以改进，安排公司的人事进行跟进和修订。

四、休息休假制度的制定

2019年3月，A市劳动监察部门接到市民投诉（举报）事件督办通知，王某反映A市B公司要求公司员工每天加班加点进行工作，严重违反了法律的规定，并且给公司员工身心健康带来了损害，恳请政府有关部门处理。后经劳动监察部门核实，B公司安排其员工工作时间每月最高可达290小时，远远超过了标准工时制月工作时间（166.66小时）。劳动监察部门当即责令B公司时予以整改，并将情况报给了相关上级部门。

（一）风险识别

休息休假是劳动者的一项基本权利，用人单位若违背劳动法中对此有关的法律规定，将会承担相应的法律责任。休息时间是劳动者在工作时间以外获得的，可以由自己自由支配的时间，休假则侧重于劳动者业余时间的利用。劳动者的假期包括了双休日、法定节假日、年休假、事假、病假、婚假、丧假、产假、陪产假等，用人单位必须予以保障，员工请假，必须根据法律规定依法支付假期工资。

全国公民放假的节日具体安排由国务院办公厅于上年年底公布，遇双休日补假，法定休假日的工资按正常工资支付。年休假分为法定年休假和公司福利年休假，国务院《职工带薪年休假条例》第3条规定，职工累计工作已满1年不满10年的，年休假5天；已满10年不满20年的，年休假10天；已满20年的，年休假15天。公司福利年休假一般根据公司的规章制度执行，但无论年休假的执行如何执行，不得导致员工的年休假的天数低于法定年休假的天数。除上述劳动者休息、休假的主要种类外，劳动者根据自己的具体情况还可享受婚假、丧假和产假等。职工本人结婚或职工的直系亲属（父母、配偶、子女）死亡时，可以根据具体情况，由本单位领导批准，酌情给予1天~3天的婚、丧假。根据国务院发布的《女职工劳动保护规定》第7条、第8条、第9条规定，怀孕的女职工根据医生的要求，在劳动时间内进行产前检查，应算作劳动时间；女职工产假为90天，其中产前假15天，产后假75天，难产的增加15天；女职工生育后哺乳期为1年，单位应在每班劳动时间内给予其两次哺乳时间，每次30分钟；女职工在"三期"内，单位不得降低其基本工资等。

在法定节假日和法定年休假日，如果公司安排员工工作，需要按照职工正常工作时间日工资标准的300%支付加班费。在公司的休息休假管理制度当中，除非员工有重大违法违纪行为，公司不得在员工请病假医疗期间和女职工的产假期和哺乳期内与员工解除劳动关系，否则员工可以选择恢复劳动关系或支付劳动关系解除经济补偿金2倍的赔偿金

（二）风险控制

1. 建立企业休息、休假规章制度。①制定明确的工作休息规章制度：明确职工上下班作息时间；明确职工迟到、旷工的处罚规定；明确加班、调休等的补偿办法；明确事假、病假的请假手续及工资扣发规定等。②履行"民主程序"进行讨论：即在制定关乎职工权利方面的事项时，由职工大会或职工代表大会通过，建立工会的用人单位可选择工会的参与制定，如客观原因无法召开职工代表大会或未建立工会参与的，可以适当方式征询职工意见和建议，并将相关民主程序的履行体现在规章制度当中。③除对于法定带薪休假规定之外，对于事假、病假进行严格把关，制作统一的请假申请单，列明请假事由，与工资扣减制度相结合。完善扣发工资的相关手续凭证。

2. 建立员工考勤制度。目前，不少大中型企业已实施科学考勤制度，如登记、早晚打卡、办公系统登录显示等各种形式，结合工作业绩实施"动态"考核，对员工迟到早退和旷工现象起到较好的约束和监督作用，同时将业绩考核直接与工资、奖金相挂钩，这在一定程度上体现了用工程序的公平性。实务中，在中小民营企业中运用先进科技手段进行考勤的还相对较少，为了避免因考勤制度不完善造成不必要的损失，企业应借鉴相关经验对考勤制度予以完善。

五、企业未依法缴纳社会保险的法律风险

企业依法为员工缴纳社会保险费用是我国法律规定的强制性义务，非因法定事由不得减免。实务中很多企业为了节省用工成本，未及时足额缴纳相关社会保险费用，并尝试各种方式拖延、逃避缴纳社会保险费用的情形大量存在。此时企业将面临大量劳动用工、行政处罚等方面的法律风险。

（一）风险识别

1. 企业未依法缴纳社会保险费用将面临的劳动用工风险。根据《劳动合同法》的规定，企业未依法为员工缴纳社会保险费用的，员工有权随时单方解除劳动合同，并要求企业向其支付经济补偿。如企业拒绝支付经济补偿，员工有权请求劳动行政部门责令支付，逾期不支付的，企业还应按应付金额百分之五十以上百分之一百以下的标准向员工加付赔偿金。同时，在未依法为员工缴纳社会保险费，且无法补缴的情形下，员工有权向企业要求赔偿损失，在员工发生工伤时，企业面临按照工伤保险待遇项目和标准向员工支付赔偿费用的法律风险。

2. 企业未依法缴纳社会保险费用将面临被加收滞纳金、处以罚款等法律风险。我国《社会保险法》第86条规定，用人单位未按时足额缴纳社会保险费的，由社会保险费征收机构责令限期缴纳或者补足，并自欠缴之日起，按日加收万分之五的滞纳金；逾期仍不缴纳的，由有关行政部门处欠缴数额一倍以上三倍以下的罚款。

3. 企业未依法缴纳社会保险费用将面临直接划拨、扣押、查封、拍卖等法律风险。实务中，企业未按时足额缴纳社会保险费的，社会保险征收机构将责令其限期缴纳或补足。但是逾期仍未缴纳或者补足的，社会保险费征收机构可以向银行和其他金融机构查询企业存款账户，并可以申请县级以上有关行政部门作出划拨社会保险费的决定，书面通知其开户银行或者其他金融机构划拨社会保险费。企业账户余额少于应当缴纳的社会保险费的，社会保险费征收机构可以要求该企业提供担保，签订延期缴费协议。企业未足额缴纳社会保险费且未提供担保的，社会保险费征收机构可以申请人民法院扣押、查封、拍卖其价值相当于应当缴纳社会保险费的财产，以拍卖所得抵缴社会保险费。

（二）风险控制

为了规避上述风险，企业在实务中应注意以下几点：

1. 依法为职工缴纳社会保险。根据《劳动合同法》的相关规定，企业有为其员工缴纳社会保险的义务。依法为企业员工缴纳社会保险能够保障员工在企业工作的相关福利提高其工作的积极性，也避免企业面对因此而产生的劳动仲裁或者诉讼，避免支付额外的经济补偿金。

2. 完善企业内部申诉机制。企业在制定章程或者与劳动者签订劳动合同时，难免会出现失误或漏洞，此时公司应该配有完善的申诉途径，使得劳动者在申请劳动仲裁或者诉讼前能够先在公司内部进行相关有效申请。

3. 强化公司管理者意识。社会保险的拖欠大多数情况下是因为公司管理层法律意识淡薄，误认为因此可以减少公司支出成本，但事实上并非如此，公司管理者应当依法树立良好的法律意识。

六、竞业限制的法律风险

2019 年 7 月，王某与 A 公司签订了一份劳动合同，约定自本月 20 日至 2021 年 12 月 30 日，王某在 A 公司专职从事化妆品销售工作。同时，双方签订了一份补充合同，约定王某在与 A 公司终止或解除劳动合同之日起 36 个月内，不得自营或为他人经营与该公司有竞争的业务；王某不得在与 A 公司存在直接或间接竞争关系的公司工作或者拥有相关权益。同时合同约定由 A 公司每月支付王某补偿金 1000 元。如果王某违反上述规定，应一次性付给 A 公司 20 万违约金。2021 年 12 月合同到期，王某从 A 公司离职。2022 年 1 月，A 公司得知王某在 B 市成立了自己的公司——某化妆品公司。因此，A 公司向 A 市仲裁委提起劳动仲裁申请，请求王某向 A 公司支付违约金 20 万，最终仲裁裁决由王某向 A 公司给付 20 万违约金。

（一）风险识别

竞业限制，是指公司为防止商业秘密泄露或员工利用公司原有的信息、资源带到与其有竞争关系的公司中从事工作，而与员工约定，在解除劳动关系之后的一定时间内不得从事与本公司相竞争业务的一种法律制度。

我国《劳动合同法》第 23 条规定，用人单位可以在劳动合同中约定保守用人单位的商业秘密和与知识产权相关的保密事项。对负有保密义务的劳动者，用人单位可以在劳动合同或者保密协议中与劳动者约定竞业限制条款，并约定在解除或者终止劳动合同后，在竞业限制期限内按月给予劳动者经济补偿。劳动者违反竞业限制约定的，应当按照约定向用人单位支付违约金。竞业限制的义务是基于当事人的合同约定而产生，竞业限制的期限、行业及区域等均可由当事人在合同中自主协商确定。同时，我国《劳动合同法》第 24 条对竞业限制的对象和期限进行了规定，竞业限制的人员限于用人单位的高级管理人员、高级技术人员和其他负有保密义务的人员。在解除或者终止劳动合同后，前款规定的人员到与本单位生产或者经营同类产品、从事同类业务的有竞争关系的其他用人单位，或者自己开业生产或者经营同类产品、从事同类业务的竞业限制期限，不得超过2年。

案例中，A 公司与王某在补充合同中约定了王某的竞业限制义务，即王某在与 A 公司终止或解除劳动合同之日起 36 个月内不得自营或为他人经营与原告有竞争的业务。这一条款很显然违反了《劳动合同法》第 24 条第 2 款关于劳动合同终止后竞业限制人员的竞业限制期限不得超过 2 年的规定。尽管如此，该条约定并不影响竞业限制合同的整体效力，王某在 2 年期限内违反了约定义务，成立了与 A 公司相竞争的某化妆品公司，同样构成违约，因此，仲裁机构最终裁决由王某向 A 公司赔偿违约金 20 万。

（二）风险控制

1. 签订竞业限制协议应准确界定竞业限制协议的对象。公司可以根据自己的实际情况判断，尽量与高级管理人员或者高级技术人员签订竞业限制协议，避免付出过高代价。当然，如果公司认为有必要与某个员工签订竞业限制协议，即使该员工不属于高级管理人员或者高级技术人员，也仍然可以考虑签订。

2. 竞业限制协议的签订应当遵循平等自愿原则。竞业限制协议属于合同的一种，公司必须遵循平等自愿原则与员工协商一致，对协议的内容进行约定，采取胁迫、欺诈手段订立的合同可能会被撤销。实务中，建议公司在签订劳动合同时就签订竞业限制协议，以避免公司商业秘密外泄或员工利用公司原有的信息、资源跳槽到与其有竞争关系的公司中从事工作。

3. 在竞业限制协议中明确竞业限制的期限、地域、范围。《劳动合同法》第24 条第 2 款规定，竞业限制的期限最长为 2 年，超过的期间无效。实务中，公司超过竞业限制期限的情形屡见不鲜，建议公司仔细解读法条，避免支付额外的补偿金。在竞业限制协议中明确竞业限制的地域、范围，比如，如果公司有比较明确的竞争对象，可以在竞争限制协议中列明该员工不得到某些公司任职，同时对于哪些属于竞争关系的企业，做好明确的界定。

第六节 劳务派遣的法律风险

劳务派遣，是指依照国家相关法律法规以及地方法规成立的，具有经营资质的劳动用工派遣服务机构（俗称人力资源公司）与劳动者个人建立劳动关系从而拥有人才的劳动力使用权并承担雇主责任，将签约人员外派至使用单位提供的工作场所从事相关工作，并向被外派的单位收取相关费用的营利性经营行为。在实务中，很多公司因情况特别或公司利益需要时，会选择劳务派遣用工方式用工。但因为劳务派遣用工方式涉及劳动者、劳务派遣机构及用工单位三方，且关系处理较为复杂，所以在运作过程中需要特别注意可能存在的法律风险。本节将重点阐述可能出现的几种法律风险。

一、逆向派遣的法律风险分析

王某于 2009 年 12 月 19 日被招聘进入 A 房地产开发有限公司工作，并与公司订立了为期 10 年的劳动合同，岗位为技术员，月工资为 3600 元。2019 年 12 月 10 日，A 公司通知王某，称为理顺劳动关系和提高生产效率，由 B 劳务派遣公司与其订立劳动合同，但岗位、薪资福利等均不变，并要求王某必须于 12 月 19 日前和 B 劳务派遣公司订立劳动合同，否则公司将为其办理离职手续。王某认为，自己一直兢兢业业，没犯什么错误，公司将自己转为劳务派遣工是不当的，故拒绝公司要求，于 2019 年 12 月 24 日向劳动争议仲裁委员会申请仲裁，要求 A 公司与自己订立无固定期限劳动合同。而 A 公司则辩称，上级部门要求单位必须理顺劳动关系，但单位并没有简单地将王某直接推向社会，而是专程找到 B 劳务派遣公司，由其与王某订立劳动合同，这也体现了单位"以人为本"的原则和为劳动者负责的立场。因此，A 公司请求仲裁委裁决由 B 劳务派遣公司与王某订立劳动合同。在此情况下，A 公司的请求是否合理？而王某的请求又是否能得到支持呢？

（一）风险识别

实践中，A 公司的这种行为，被称为"逆向派遣"，即用人单位对于本单位劳动者，采取各种方式不与其签订或续签劳动合同，而是要求他们与劳务派遣公司签订劳动合同，然后由劳务派遣公司将这些劳动者以派遣工的名义派回原单位从事劳动的行为。实际上，这是一种借用劳动力派遣名义、逃避法律责任的"假派遣"。劳动者系用人单位招聘，用人单位本应依照法律，与劳动者订立或续签劳动合同，但用人单位却进行"逆向派遣"。这往往导致被派遣的劳动者不能享受正常的福利待遇，而造成劳动者权益受损。

前述案例中，仲裁委经审理后认为，该公司与王某 2009 年 12 月 19 日即建立劳动关系，至申请仲裁时王某已在该公司连续工作满 10 年，符合《劳动合同法》第 14 条第 2 款规定的应当订立无固定期限劳动合同的情形，遂裁决该公司与王某订立无固定期限劳动合同。

显然，A 公司大费周折的实施"逆向派遣"，最终赔了夫人又折兵。可见，公司实施"逆向派遣"，存在诸多风险。除上述裁决所体现的风险外，公司还可能面临依法解除、终止劳动合同并向劳动者支付经济补偿金等法律风险。

（二）风险控制

劳务派遣作为灵活就业的一种方式，在促进就业中有推动作用。但一旦用人单位为规避雇主责任而选择"逆向派遣"时，一系列的社会矛盾就将被诱发。公司对此应当做到以下几点：

1. 严格规范管理。由于公司中存在两种员工：派遣劳动者与一般劳动者，其二者与公司的法律关系又不一致，故可能导致各自的工作态度等多方面存在差别，如公司在工资待遇、休息休假、职业升迁等方面区别对待，公司内部必然产生两个割裂的阶层，从而导致公司的凝聚力和向心力下降，故公司应当严格建立和执行管理规范。

2. 避免逆向派遣。逆向派遣实质上会损害员工的利益，不利于员工专心投入工作，也不利于公司的管理。同时根据《劳动合同法》的规定，以辞退等方式胁迫员工签订劳务派遣合同的，合同无效。故公司不得盲目运用这样的方式进行劳务派遣，否则将引发纠纷不断。

二、与不具备劳务派遣资质的单位签订劳务派遣协议之法律风险

A 公司系一家依法登记成立的有限责任公司，王某、李某等 35 名外来从业人员一直在 A 公司工作。2021 年 8 月，市人社局接到王某、李某等人的举报，反映 A 公司未为其雇用的外来从业人员缴纳综合保险费用。市人社局经调查后发现，2019 年至 2021 年期间，A 公司未按规定缴纳 35 名员工的外来从业人员综合保险费，遂向 A 公司送达《责令改正通知书》，要求 A 公司于 2021 年 11 月 16 日前补缴所欠缴的外来从业人员综合保险费。

A 公司得知此事后，因未实施整改而被处罚。A 公司不服该处罚，遂将人社局诉至法院，其主张该 35 名外来从业人员系案外人 B 公司依据双方协议向 A 公司派遣过来的，不属于 A 公司的员工，并出示了 A 公司与 B 公司之间的协议。

后经调查，该协议表面上符合法律规定，也约定由 B 公司缴纳被派遣劳动者的社会保险费用，但 B 公司既没有经过工商登记注册成立，也没有在社保系统中登记开户，更不曾有为任何劳动者缴纳社会保险费用的记录。据此可知，B 公司实际上并不具备合法的劳务派遣资质，那么，这对于 A 公司而言，会存在怎样的法律风险呢？

（一）风险识别

劳务派遣机构若不符合相关法律关于资质规定的要求，企业将面临诸多法律风险：

1. 合作机构主体资质不符合要求。有些公司将一般人事代理机构、职业介绍所等不符合规定的机构视为劳务派遣单位，而这些机构甚至没有经过工商登记注册成立。一旦用工单位与这些不符合主体资质的机构签订劳务派遣协议，最终，劳务派遣协议将归于无效，会认定实际用工单位与派遣人员形成事实劳动关系，用工单位也将承担原本属于劳务派遣单位所应当承担的责任。

2. 劳务派遣单位缺乏支付能力。因劳务派遣单位的员工数量多，如被派遣员工请求赔偿的情况不断出现，劳务派遣单位可能逐步丧失支付能力。为了防止劳动者的权益被侵害后，劳务派遣单位和用工单位互相推诿或者劳务派遣单位没有能力承担赔偿责任，《劳动合同法》规定，被派遣劳动者的权益受到损害的，劳务派遣单位与用工单位承担连带赔偿责任。如派遣单位缺乏支付能力，用工单位的负担显然更重。

（二）风险控制

为了避免上述风险，在选择劳务派遣用工方式时，应当注意如下几点：

1. 审查派遣单位的主体资质。可以采取以下方式进行考察：①审查营业执照等资质证书来确认派遣公司是否有合法资质；②侧面了解劳务派遣单位是否实力强、信誉好，是否有足够能力为用工企业提供服务，承受较大风险；③考察劳务派遣单位是否具有丰富的行业服务经验，能否有效预防和处理可能出现的问题或纠纷。

2. 全面考察派遣单位的支付能力。在实践中，劳务派遣单位仅仅具备合法的主体资质还不能全面降低劳务派遣中存在的法律风险。公司在选择劳务派遣机构时，应当全面考察派遣单位的支付能力，必要时，可以聘请专业团队进行考察。如此，以避免类似工伤赔偿等情况发生时，派遣单位无偿债能力而需用工单位承担赔偿责任的情况发生。

三、劳务派遣用工比例过高的法律风险

劳务派遣确实是用工单位可以采取的一种提高用工灵活性、适当降低用工成本的用工方式，但用工单位不可盲目运用。人社部发出的《劳务派遣暂行规定》也明确用工单位应严格控制劳务派遣用工数量，并指出劳务派遣只适用于临时性、辅助性、替代性这三类岗位等等。由此，"同工同酬"将得到一定程度的保障，用工单位滥用劳务派遣也将受到重罚。而在实践过程中，用工单位在采用劳务派遣方式用工时，究竟应当将派遣用工的比例作何安排呢？这是用工单位值得深入思考的一个问题。

（一）风险识别

《劳务派遣暂行规定》第 4 条规定："用工单位应当严格控制劳务派遣用工数量，使用的被派遣劳动者数量不得超过其用工总量的10%。前款所称用工总量是指用工单位订立劳动合同人数与使用的被派遣劳动者人数之和。计算劳务派遣用工比例的用工单位是指依照劳动合同法和劳动合同法实施条例可以与劳动者订立劳动合同的用人单位。"由此可知，用工单位应当将被派遣劳动者的数量限定在用工总量的10%以内。

考虑到我国劳务派遣的实际状况，为使得部分劳务派遣数量多的用工单位能顺利平稳地将劳务派遣用工比例降至法定比例，最大程度地减少因降低劳务派遣比例而对用工单位带来的生产经营、劳动就业和劳动关系的影响，《劳务派遣暂行规定》第28条给予用工单位2年的过渡期，即规定不符合要求的用工单位于《劳务派遣暂行规定》施行之日（2014年3月1日）起2年内将被派遣劳动者数量降至规定比例。例外的是，《全国人民代表大会常务委员会关于修改〈中华人民共和国劳动合同法〉的决定》公布前已依法订立的劳动合同和劳务派遣协议期限届满日期在本规定施行之日起2年后的，可以依法继续履行至期限届满。同时，用工单位应当将制定的调整用工方案报当地人力资源社会保障行政部门备案。用工单位未将《劳务派遣暂行规定》施行前使用的被派遣劳动者数量降至符合规定比例之前，不得新用被派遣劳动者。

根据《劳动合同法》第92条第2款的规定，劳务派遣单位、用工单位违反本法有关劳务派遣规定的，由劳动行政部门责令限期改正；逾期不改正的，以每人5000元以上10 000元以下的标准处以罚款，对劳务派遣单位，吊销其劳务派遣业务经营许可证；如给被派遣劳动者造成损害的，用工单位与劳务派遣单位也将承担连带赔偿责任。

（二）风险控制

1. 不超额增加劳务派遣用工。《劳务派遣暂行规定》明确用工单位未将本规定施行前使用的被派遣劳动者数量降至符合规定比例之前，不得新用被派遣劳动者。因此，公司应当依据该条款严格把控劳务派遣用工的比例。

2. 采取竞聘上岗将部分优秀劳务派遣员工转为劳动合同制员工。公司经过多年的发展，累积了部分业务能力强、技能水平高的劳务派遣员工，而公司也需要这样的员工。此时，公司可以开展岗位竞聘，将达到竞岗要求的优秀劳务派遣员工转为劳动合同制员工，与员工签订劳动合同，既可以降低劳动派遣用工人数，同时也减少了对新员工招募、培训等支出。

3. 依法设置辅助性岗位。《劳动合同法》和《劳务派遣暂行规定》均明文规定了劳务派遣只能在临时性 、辅助性或者替代性的工作岗位上实施，并对"三性"岗位进行了明确定义。公司可以根据设定辅助性岗位调整用工方案，在规定比例范围内聘用劳务派遣员工，并实行同工同酬。

四、劳务派遣协议中内容约定不明的法律风险

A公司意外承揽到一批服装加工业务，由于人力不足，便与B派遣公司联系，决定从派遣公司雇用一些人员来补充人力。A公司经理与派遣公司经理就派遣员工一事，匆匆在电话里进行沟通后，就各事项口头达成了一致意见，随后双方派人签订了劳务派遣协议。派遣协议就派遣期限、派遣人数及派遣服务的履行做了明确约定，但其他内容都未明确。派遣一事实施 3 个月后，某员工发现 3 个月来派遣公司未给自己缴纳养老保险，于是，其找到派遣公司人事部，要求 B 公司补缴养老保险。B 公司则推辞认为，员工实际上在 A 公司工作，故应当由 A 公司缴纳养老保险；而 A 公司则认为派遣员工的用人关系实际属于 B 公司，故应当由 B 公司为其缴纳养老保险，双方就此僵持不下。事实上，诸如此类的事情在现实生活中频繁发生，颇值得公司关注。

（一）风险识别

《劳动合同法》第 59 条规定，劳务派遣单位派遣劳动者应当与接受以劳务派遣形式用工的单位订立劳务派遣协议。但用工单位在签订劳务派遣协议时容易忽略或者将必要内容约定得不够明确，以下就具体约定不明的事项进行介绍：

1. 派遣岗位、人数、期限、报酬约定不明。在实务中，用人单位往往因临时情况需要增加人手，从而选择劳务派遣用工，但对劳务派遣用工的岗位和人数没有明确约定，而仅仅通过口头达成模糊的协议，或与劳务派遣单位订立数个短期劳务派遣协议，将连续用工期限分割。如此一来，劳务派遣用工在工作过程中出现问题或者受到损害，用人单位都不可避免的因约定不明而要承担相应责任。

2. 社会保险约定不明。根据《劳动法》和《劳动合同法》的相关规定，用人单位应为被派遣劳工购买社会保险，从而保障其基本权益。而在劳务派遣协议的签订过程中，很多用人单位会忽略这一点或者约定不明确，最终引发在实际用工中被派遣劳工提起仲裁或诉讼的法律风险。

3. 支付方式和违约责任约定不明。许多劳务派遣协议，除规定某些原则性条款外，并未具体涉及劳动者利益或协议双方当事人权利义务的内容。例如，劳动者生病，病假工资如何？由谁偿付？劳动者被用工单位退回后，经济补偿金由谁承担？不承担又如何？等等。因劳务派遣协议结合了双方的意思表示，因此在签订劳务派遣协议时，应当明确双方的权利义务和责任，越详细越好，从而避免可能发生的劳动纠纷。

（二）风险控制

1. 依法制定劳务派遣协议。依法制定劳务派遣协议是开展劳务派遣业务的基础和前提，只有通过制定既合法又可操作的劳务派遣协议，用人单位才能保障劳务派遣工作的顺利进行。

2. 明确权责。劳务派遣协议的作用主要是规范劳务派遣双方当事人的行为，因此，用人单位应当尽可能的明确详细各自权责，细化量化具体内容，杜绝"假、大、空"的规定，将派遣岗位、人员数量、派遣期限、劳动报酬、社会保险的数额和支付方式以及违反协议的责任等在派遣协议中具体明确。

第七节　企业工伤责任的法律风险

在法治社会，职工因工作原因受到事故伤害或患职业病所产生的责任，要由用人单位承担。为职工购买工伤保险、及时向社会保险行政部门提出工伤认定、进行安全生产等都是降低企业工伤风险的有效途径。

一、工伤责任主体及责任范围之解析

自 2019 年 11 月 1 日起，王某就将其货车挂靠于 A 公司经营，同时聘用李某为该车驾驶员，并由其向李某支付工资。后李某驾驶货车前往无锡送货到达目的地后，李某帮助客户卸载时不小心砸伤左小腿，而后，李某向社会保险行政部门申请工伤认定。在此情况下，李某是否构成工伤，我国法律对工伤又是如何认定的呢？A 公司是否要承担工伤责任？关于工伤责任，我国法律又是如何规定？

（一）风险识别

保障职工安全是企业的一项重要义务，职工在履行职务过程中受到的损害由企业承担：

1. 工伤责任的承担主体。《社会保险法》第 41 条第 1 款规定："职工所在用人单位未依法缴纳工伤保险费，发生工伤事故的，由用人单位支付工伤保险待遇……"因此，职工因执行公务造成伤害的责任由用人单位承担。

2. 工伤的范围。判断工伤的标准主要是看职工是否是因职务行为而遭受伤害。根据《工伤保险条例》的规定，工伤包括：①在工作时间和工作场所内，因工作原因受到事故伤害的；②工作时间前后在工作场所内，从事与工作有关的预备性或者收尾性工作受到事故伤害的；③在工作时间和工作场所内，因履行工作职责受到暴力等意外伤害的；④患职业病的；⑤因工外出期间，由于工作原因受到伤害或者发生事故下落不明的；⑥在上下班途中，受到非本人主要责任的交通事故或者城市轨道交通、客运轮渡、火车事故伤害的；⑦法律、行政法规规定应当认定为工伤的其他情形。还有一些情形视为工伤：①在工作时间和工作岗位，突发疾病死亡或者在 48 小时之内经抢救无效死亡的；②在抢险救灾等维护国家利益、公共利益活动中受到伤害的；③职工原在军队服役，因战、因公负伤致残，已取得革命伤残军人证，到用人单位后旧伤复发的。

3. 企业承担责任的范围。我国法律没有直接规定用人单位的责任范围，但根据《工伤保险条例》的规定，在职工应参保而未参保的情况下，用人单位承担的工伤保险责任范围与参保后职工从社会保险行政部门得到的工伤保险待遇一致。我国《社会保险法》及《工伤保险条例》规定，在职工参保的情况下，以下九类费用按照国家规定从工伤保险基金中支付：①治疗工伤的医疗费用和康复费用；②住院伙食补助费；③到统筹地区以外就医的交通食宿费；④安装配置伤残辅助器具所需费用；⑤生活不能自理的，经劳动能力鉴定委员会确认的生活护理费；⑥一次性伤残补助金和一至四级伤残职工按月领取的伤残津贴；⑦终止或者解除劳动合同时，应当享受的一次性医疗补助金；⑧因工死亡的，其遗属领取的丧葬补助金、供养亲属抚恤金和因工死亡补助金；⑨劳动能力鉴定费。故若企业未给职工参保，其将自行承担以上九类费用。

（二）风险控制

企业有义务保障职工安全，而不能逃避职工工伤的责任，其可以通过以下途径降低职工工伤所引发的风险：

1. 给职工购买工伤保险。工伤保险是我国工伤伤害保障的基础制度，也是社会主义公平劳动关系的重要组成部分。工伤保险将由企业单独承担的风险分散给社会承担，降低个体承担责任的风险。我国《社会保险法》《工伤保险条例》都明确规定了用人单位为职工购买工伤保险的义务。因此企业应当积极地为职工购买工伤保险。

2. 采取必要措施防范工伤事故。企业在生产过程中，要坚持"以人为本"的原则，将安全放在第一位，防范工伤事故的发生，及时发现、消除安全隐患。企业平时应当强化安全意识、加强安全宣传，采取相应的措施，将安全事故发生的可能性降到最低。

二、未定期缴纳工伤保险费的法律风险

企业应当定期向社会保险行政部门缴纳工伤保险费，与基本养老、医疗、失业保险费不同的是，工伤保险费由用人单位单独承担，职工不分担工伤保险费。而如果企业没有定期缴纳工伤保险费，会有哪些法律后果？关于工伤保险费，我国法律又是如何规定的呢？

（一）风险识别

1. 工伤保险费的缴纳主体。职工享有"五险一金"待遇，"五险一金"是指基本养老保险、基本医疗保险、工伤保险、失业保险、生育保险及住房公积金，但"五险一金"保险费的承担主体不完全一样。仅有工伤保险费、生育保险费两项完全由用人单位缴纳，另外几项是由用人单位和职工共同缴纳。故根据《社会保险法》第33条规定，企业应当积极主动地缴纳职工工伤保险费，承担企业应尽的责任。

2. 未缴纳工伤保险费的法律后果。民事方面的责任，我国《社会保险法》第41条明确规定："职工所在用人单位未依法缴纳工伤保险费，发生工伤事故的，由用人单位支付工伤保险待遇。用人单位不支付的，从工伤保险基金中先行支付。从工伤保险基金中先行支付的工伤保险待遇应当由用人单位偿还。用人单位不偿还的，社会保险经办机构可以依照本法第六十三条的规定追偿。"行政方面的责任，《工伤保险条例》第62条第1款规定："用人单位依照本条例规定应当参加工伤保险而未参加的，由社会保险行政部门责令限期参加，补缴应当缴纳的工伤保险费，并自欠缴之日起，按日加收万分之五的滞纳金；逾期仍不缴纳的，处欠缴数额1倍以上3倍以下的罚款。"

3. 工伤保险费率。不同的行业，用人单位缴纳的保险费不一样。我国根据不同行业工伤风险程度的不同，将保险费率分为三个等级，第一个等级是风险较小行业，工伤保险基准费率控制在用人单位职工工资的0.5%左右；第二个等级是中等风险行业，工伤保险基准费率为用人单位职工工资的1.0%左右；第三个等级是风险较大行业，这类行业基准费率为用人单位职工工资的2.0%左右。第一类行业的工伤保险基准费率是固定不变的，但第二类、第三类行业的保险基准费用会根据用人单位保险费使用、工伤发生率、职业病危害程度等因素上下浮动，1年~3年浮动一次。实行费率的浮动制度，主要是为了促使用人单位采取措施预防工伤的发生，保证安全生产。

（二）风险控制

企业要严格按照法律的规定按期足额缴纳工伤保险费，工伤保险本身具有分散企业风险的作用，既能保障职工权益、体现企业责任，也是减低企业风险的需要。如果用人单位发生分立、合并、转让等情况的，承继单位需要承担原单位的工伤保险责任，缴纳工伤保险费。

三、工伤认定过程中实施骗保行为的法律风险

A公司是一家建筑工程公司，承包了某一大型工程，并将部分工程分包给一承包队，王某是承包队的职工。王某在施工时，不小心被重物砸伤。王某因治疗而花费了30万元，并构成5级伤残。由于A公司未给王某购买工伤保险，A公司以公司职工李某的工伤保险向社会保险行政部门申请工伤保险待遇，后被社会保险行政部门发现。从法律角度分析，A公司的行为属于什么样的行为？又需要承担什么样的法律风险呢？

（一）风险识别

《工伤保险条例》第60条规定："用人单位、工伤职工或者其近亲属骗取工伤保险待遇，医疗机构、辅助器具配置机构骗取工伤保险基金支出的，由社会保险行政部门责令退还，处骗取金额2倍以上5倍以下的罚款；情节严重，构成犯罪的，依法追究刑事责任。"因此，在前述案例中，A公司用其他职工的工伤保险为王某申请工伤保险待遇的行为，即属于骗保行为。此时不仅需要承担退还全部工伤保险待遇的民事责任；同时还需承担被罚款的行政责任；情节严重的，还可能构成犯罪。

（二）风险控制

职工发生工伤事故后，企业应当杜绝骗保行为，并做到以下几点：

1. 了解工伤认定及申请工伤认定的主体、期限。工伤认定是划分用人单位与职工之间责任的行为，一般要由社会保险行政部门来进行。根据属地管辖原则，工伤认定的机关是用人单位所在地设区的市级社会保险行政部门。根据《工伤保险条例》的规定，申请工伤认定的主体有用人单位、工伤职工或者其近亲属、工会组织，但这几类主体申请工伤认定的期限以及责任大小有所不同。《工伤保险条例》第 17 条规定，职工发生事故伤害或者按照职业病防治法规定被诊断、鉴定为职业病，所在单位应当自事故发生之日或者被诊断、鉴定为职业病之日起 30 日内，向统筹地区社会保险行政部门提出工伤认定申请；用人单位在未按规定提出工伤认定申请的，工伤职工或者其近亲属、工会组织在事故伤害发生之日或者被诊断、鉴定为职业病之日起 1 年内，可以直接向用人单位所在地统筹地区社会保险行政部门提出工伤认定申请。因此用人单位是申请认定工伤的主要责任主体。用人单位若未在规定的期限内提出工伤认定申请，在此期间发生符合工伤待遇等有关费用由该用人单位负担。

2. 注意权利的救济。《工伤保险条例》第 55 条规定："有下列情形之一的，有关单位或者个人可以依法申请行政复议，也可以依法向人民法院提起行政诉讼：……用人单位对经办机构确定的单位缴费费率不服的……"因此，企业如果对上述情况不服的，可以申请复议或提起行政诉讼，以保护自己的权益。

【课后作业】

1. 试论新形势下中小微企业使用劳务派遣员工的法律风险防范。

2. 请谈谈企业如何优化设计关于试用期员工的管理制度。

3. 建筑工程施工过程中劳动用工存在的问题及法律风险防范。

第九章　知识产权法律风险管理

第一节　著作权的相关法律风险

互联网时代，企业和作品著作权紧密相连，每个企业都离不开作品使用，包括产品设计、产品包装、宣传广告都涉及作品使用，都会涉及著作权问题。而对于企业使用的作品权属是否明确、作品来源是否明确、作品使用是否有授权、被许可使用或受让的作品权利是否明确等各个方面均是企业经营中著作权法律风险所在。企业在经营过程中，应对上述风险进行严格审核管理，否则将会使公司陷入纠纷。以下将对特殊作品著作权归属风险，著作权使用法律风险，著作权侵权法律风险和著作权保护法律风险四个方面进行分析，并提出防范建议。

一、特殊作品著作权归属法律风险

2020年9月，A公司在某日报刊登了"广告语有奖征集活动"启示，向社会公开征集公司广告标语，王某应征，后A公司在某日报上宣布王某创造的广告语为公司广告用语，同时在该公告中刊有"获奖作品版权归公司所有"字样。2021年3月王某发现A公司在广播、电视、报刊、商品包装袋上使用了其创作的广告词，遂向法院提起诉讼，要求确认其创作的广告用语著作权归属。在上述案例中，王某是否享有该作品的著作权？

我国《著作权法》规定著作权采取自动取得原则，即作品一经完成即可获得著作权并受到法律保护，从理论上来看企业在著作权取得过程中不会存在过多风险，但若企业不能正确把握以下特殊作品的归属问题，很有可能对企业的生产经营和未来的发展留下隐患，企业如何控制才能有效避免此类法律风险？

（一）风险识别

1. 职务作品。我国《著作权法》规定，公民为完成法人或者其他组织工作任务所创作的作品是职务作品。一般职务作品的著作权归作者享有，但法人或者其他组织有权在其业务范围内优先使用。由法律规定的某些特殊职务作品，作者只享有署名权，著作权的其他权利由法人或其他组织享有，法人或其他组织可给予作者奖励。实践中，企业很容易混淆职务作品和非职务作品，将非职务作品视为职务作品时，就有可能侵犯到员工的著作权，反之，将职务作品视为非职务作品时，便疏于对该职务作品进行管理，结果任由企业员工肆意使用作品，从而引发泄露企业商业秘密和著作权权属难以确认等严重的法律后果。

2. 委托作品。委托作品是指委托人向作者支付约定的创作报酬，由受托人按照委托人的意志和具体要求而创作的特定作品。与职务作品不同，委托作品是作者履行法律或劳动合同所规定的义务的结果，往往与作者本职工作相关。受委托创作的作品，著作权的归属由委托人和受托人通过合同约定，合同未明确约定或没有订立合同的，著作权属于受托人。委托人在约定的使用范围内享有使用作品的权利。双方没有约定使用范围的，委托人可以在委托创作的特定目的范围内免费使用该作品。在上述案例中，王某与 A 公司两者事实上形成委托创作的合同关系，因此著作权应属于受托人王某所有。可见，若公司对外委托作品没有订立合同或者合同未明确规定，则该作品的归属为受托人，那么公司势必要承担增加不必要费用甚至失去该作品的法律风险。

3. 合作作品。我国《著作权法》规定，两人以上合作创作的作品，著作权由合作作者共同享有。合作作品中的合作作者必须有共同的创作愿望且都参加了共同的创作劳动。需要企业管理者特别注意的是，如果只是提供了客观材料、专业咨询或者理论指导，而没有真正参与到创作劳动中，则无法主张该作品的所有权。另外，根据《著作权法》的规定，对于可以分割使用的合作作品，作者对各自创作的部分可以单独享有著作权，但行使时不得侵犯合作作品整体的著作权。对于不能分割使用的合作作品，其著作权由各合作作者共同享有，通过协商一致行使，不能协商一致的又无正当理由的，任何一方不能阻止他方行使除转让外其他权利，但所得收益应合理分配给所有合作作者。也即对企业来说，当合作一方对作品行使除转让以外的其他权利有不同意见时，另一方并无权干涉，由此便会出现其他人也使用这一合作作品的风险。

（二）风险控制

特殊作品著作权归属风险主要来源于企业管理等方面的诸多不确定性因素，企业可以参考下列建议：

1. 职务作品归属的风险控制。企业可以在内部规章制度中与员工约定员工创作的与工作领域有关的作品，应经企业审查确认，出具非职务证明，方可对外发表和使用。类似这样的规定，既能提高企业管理者的著作权意识，也能同时提高员工的著作权意识。

2. 委托作品归属的风险控制。企业将作品委托给其他机构或个人时，签订书面的确定著作权归属的合同是确有必要的。当然考虑到委托费用等其他问题，并不是所有的委托作品都要一概约定著作权归企业所有，这有赖于企业根据自己的实际情况进行综合考量。

3. 合作作品归属的风险控制。首先，企业管理者需要考虑到企业创作作品的最初目的，由于合作作品的使用具有不受控制的可能性，所以当著作权对企业的发展至关重要，需要独立享有著作权的时候，企业应尽可能地避免采用合作创作作品的方式。其次，在合作创作作品时，签订书面的有具体分工和合作作品使用方式的合作协议也能有效防控风险。

二、著作权使用法律风险

A 公司在制作公司的产品宣传手册和网页宣传资料时，通过在网上搜寻图片，未经王某同意使用了王某在网上上传的图片，并印在 A 公司的产品宣传手册上，同时在 A 公司的网站上也使用了王某的图片。后王某发现，要求 A 公司停止使用其图片并赔偿其经济损失。类似 A 公司上述行为在一定程度上忽视了对使用网络图片的著作权保护，这样极其容易埋下侵权的隐患及相关的法律风险。

（一）风险识别

对于著作权的利用，广义上包括其出资、使用、质押、许可使用及转让。而实践中，企业面临的著作权使用法律风险中主要集中在著作权转让法律风险和著作权许可使用法律风险这两方面。

1. 著作权转让中的法律风险。

（1）不具有公示性。由于著作权具有无形性、非物质性的特殊特点，著作权人不能通过外在具体的方式来表征自己的权利主体地位，因此，外人往往无法知晓著作权是否已经转让给他人所有。同时，由于著作权的取得和使用不需要进行登记也不用公示公告，对企业来说很可能会面临一个著作权被转让给多个人的法律风险。

（2）转让客体不明确。依据我国《著作权法》中对于著作权分类规定，除发表权、署名权、修改权、保护作品完整权四项为人身权，不得转让以外，其余为财产权，可以转让。因为每一项著作权权利对应的权利各不相同，所以在著作权转让中当转让的权利范围不明确时将会给企业的发展埋下巨大的隐患。

2. 著作权许可使用中的法律风险。

（1）权属认定不明。由于著作权不需要申请或者备案等具有外在表征性的相关程序，著作权主体的合并、变化，作品产生方式的不同，著作权客体的多样化往往使著作权出现归属不清的状况，故企业应意识到在著作权许可使用中著作权权属认定不清对企业来说是一个较大的法律风险。

（2）使用限制属性。著作权许可的方式直接决定了被许可方享有的限制性的权利。企业应注意的是，著作权使用是受到限制的，不能随意对著作权进行使用，否则将引发侵害许可方著作权的法律风险。

（二）风险控制

经过多年来市场竞争的历练，越来越多的企业逐步提高了著作权保护意识，在逐步完善企业著作权保护制度的同时，也逐步建立起应对著作权使用纠纷风险的机制。

1. 著作权转让中的法律风险控制。企业应当注意对软件、文字、图片、图案、花型等作品著作权的保护，作品受让后应及时到版权部门进行著作权登记。并且在签订转让合同时，以登记作为合同的生效要件，同时确认其他转让行为无效，从而更大限度地降低法律风险。企业在签订合同时应慎重审查转让客体类型，区分著作权中具有人身权与财产权的权利，避免无效合同的出现。同时，在著作权转让合同中明确规定转让权利的范围也能有效规避此类风险。

2. 著作权许可使用中的法律风险控制。企业应依法确定著作权权属。作为被许可方企业应审查许可方的权属是否真实有效，为了防止许可方的欺诈行为，应当要求许可方提供包括电子数据等形式的资料，作为归属权的证据。签署著作权许可或者转让合同，审核作品权属资料，包括合法的作品来源及权利使用的说明，并附有著作权人的权利许可使用的申明材料，并附有著作权人的权利许可使用的申明材料，同时注意规范管理各类作品原件。对于许可方的企业而言，在著作权许可合同中明确规定许可方对著作权进行使用的时间、地点及方式，能有效控制著作权使用限制法律风险。

三、著作权侵权法律风险

A 影音电器有限公司是歌曲《我爱祖国》的著作权人及录音制作者权人。2018 年 10 月，该公司在某商场购买了两部 B 牌手机，在使用过程中发现，两部手机中都预装有未经其授权许可的歌曲《我爱祖国》，后 A 公司将 B 牌手机的生产商 B 电子公司告上法庭。法院判令被告 B 公司消除歌曲，并向原告 A 公司赔偿人民币 10 万元。在实践中，如上述 B 公司在不经意间侵犯他人著作权的企业并不少见，这样的著作权侵权法律风险为企业的经营生产和发展埋下巨大的隐患。而在实践中我们应对著作权侵权法律风险进行识别的基础上，避免此类风险。

（一）风险识别

1. 著作权侵权具体表现形式。我国《著作权法》规定下列行为构成著作权侵权：未经著作权人或合作作者许可发表其作品的；以非法形式表演、播放、展览、发行、摄制电影、电视、录像或者改编、翻译、注释、编辑等方式使用作品的；在他人作品上署名的；歪曲、篡改他人作品的；剽窃、抄袭他人作品的；使用他人作品，未按照规定支付报酬的；未经表演者许可，从现场直播或公开传送其现场表演或录制其表演的；未经著作权人许可，复制发行其制作的录音录像、广播、电视节目的；制作、出售假冒他人署名的作品的。

2. 著作权侵权的法律责任。我国《著作权法》规定，根据不同的侵权行为类型分别需要承担不同的责任：一般侵权的，企业需要承担停止侵害、消除影响、赔礼道歉、赔偿损失等民事责任；同时损害公共利益的，可以由著作权行政管理部门责令停止侵权行为，没收违法所得，没收、销毁侵权复制品，并可处以罚款；侵权行为情节严重的，著作权行政管理部门还可以没收其主要用于制作侵权复制品的材料、工具、设备等。

（二）风险控制

从风险管理的角度出发，很多企业正因未能意识到经营活动中著作权的管理问题，对著作权的具体内容缺乏了解，而忽视对他人造成的侵权和他人对自己造成的侵权。因此，企业管理者需要对著作权侵权法律风险进行专项识别。企业管理者提高著作权意识，同时提高员工的著作权意识，在所有的需要利用的例如外包装的图案、色彩、文字等涉及著作权权属纠纷的作品，都尽量使用原创或者自己拥有权属的作品。

四、著作权维权法律风险

实践中，企业在发现侵权行为后，如何理智地制定维权方案，选择恰当的维权时机，确定维权的对象和步骤，确定采用的维权手段等都是企业需要重视防范的风险。

（一）风险识别

1. 维权对象认定错误。著作权的保护不是完全没有限制的，《著作权法》规定了属于合理使用范围的情形，而一旦企业对维权对象认定错误，将会对后续的全部环节产生影响。

2. 维权手段选择难。①自行协商调解。该种方式适于侵权情节一般，造成损失和影响不大的纠纷。但该种方式对当事人的约束力有限，一旦侵权方拒不履行或者拒不承认调解，企业将面临重新解决纠纷的法律风险。②寻求行政保护。其渠道主要是寻求国家版权局和地方著作权行政管理部门对著作权进行管理，但该方式呈现出低发现概率、低严厉责任的特征。③寻求司法保护。司法保护即通过司法途径对著作权进行保护，相比于前述两种维权方式，具有更强的强制性，但是也面临着成本较高以及周期较长的法律风险。

（二）风险控制

1. 著作权维权对象认定错误的风险防控。我国《著作权法》第 24 条以列举的方式规定了著作权人以外的人"合理使用"的情形，在某些情况下使用他人的作品，也就是行使依法本属于著作权人有权行使的权利，可以不经著作权人许可，不向其支付报酬，但应当指明作者姓名、作品名称，并且不得侵犯著作权人依照本法享有的其他权利，故企业需明晰上述情形，合理合法确定侵权对象。

2. 著作权维权手段法律风险防控。自行协商调解作为企业著作权纠纷最普遍采用的方式，可以先向侵权人发出律师函或公函，指出其侵权事实，要求其停止侵权。在侵权人承认侵权并表示愿意获得许可的情况下，可与对方协商、谈判，签署著作权许可合同，则侵权人不仅可以合法使用，并且企业也将获得相应的许可收益，实现"双赢"。

第二节　专利权的相关法律风险

在知识经济背景下，专利作为构建企业的核心竞争力，不仅是企业在创新经济时代的重要竞争工具，也是企业的重要资产构成。但该项资产的运营管理较之其他资产有其特殊性，企业在专利权申请及专利技术研发阶段、专利权运用阶段和专利维权阶段都面临不同的风险，应该有针对性地加以管理控制，同时企业应结合自身具体情况开展专利权风险管控工作。

一、专利申请过程中的法律风险

专利申请是企业专利技术研究、开发与利用专利的基础，对企业来说，专利申请并不是一个简单独立的程序问题，当企业选择申请专利时，其背后必然与一系列复杂的决策分析相联系，当企业在专利申请过程中管理或决策出现失误，很有可能造成专利申请失败的严重后果，从而严重影响企业的生产经营和发展。

（一）风险识别

1. 申请专利权的客体。我国《专利法》第 2 条对于专利权的客体作出了具体阐释，包括发明，实用新型和外观设计。同时第 5 条和第 25 条明确了不授予专利权的情形。一旦企业对以上不符合法律规定的作品进行申请专利，很可能面临专利申请受阻的风险，只会严重浪费企业的时间、人力和物力，甚至影响企业的战略发展。

2. 申请专利时机。①申请专利时间太早的法律风险。我国《专利法》第 26 条规定了，申请专利需符合的一定的程序条件。这意味着当企业在专利技术还不是特别稳定的情况下申请专利技术，可能会让竞争对手察觉到企业的研究方向甚至对企业专利申请过程中的公开信息加以利用，从而打压企业。②申请专利时间太晚的法律风险。我国《专利法》第 9 条规定，两个以上的申请人分别就同样的发明创造申请专利的，专利权授予最先申请的人。这意味着，如果企业申请专利权的时间太晚，很有可能被其他企业抢先申请，企业将会面临失去该项专利的严重后果。

（二）风险控制

1. 申请专利客体的风险控制。专利客体的选择，与企业领导层战略决策有很大的关系，也与企业的重视程度有关。企业管理者要加强专利意识，同时在申请过程中聘请专业的技术团队对专利进行评估，就能有效避免此类法律风险。实际上，企业申请专利的优点是多方面的，如有效地保护企业技术优势，提高企业市场竞争力，通过许可、转让、入股投资等形式开展专利资本运营活动，为企业带来经济效益，企业也应认识到专利申请对企业发展的战略意义。

2. 申请专利时机的风险控制。申请专利的时机既不宜太早，也不宜太晚。这需要企业根据自身实际情况进行斟酌考虑。这里需要提醒企业管理者的是，在对申请时间的把握上，应综合考虑公司整个战略布局和专业的专利人员的建议，不要轻易妄断。

二、企业技术研发过程中的专利权法律风险

研发活动是企业推出新产品获取市场竞争优势的基础环节，在研发项目的立项、研发路线的确定、研究成果的保护等不同阶段皆会涉及不同的知识产权风险，需要企业尽早识别并采取措施有效防控。

（一）风险识别

1. 重复研发的法律风险。如果在研发立项阶段，企业管理者未对研发项目进行专利信息的详细检索，而一旦在研究过程中发现或者研发结束后发现研究开发的技术已有在先专利申请或者已有在先专利，企业可能面临整个研发过程都付诸东流的法律风险。

2. 研发过程中管理不善的法律风险。在研究开发过程中，对正在开发或者已经开发的新技术或产品不进行有效保护，很有可能导致技术内容公开，使得后续的专利申请无法进行。

3. 在研发过程中确定专利归属的法律风险。

（1）职务作品。我国《专利法》第 6 条对职务作品的专利归属进行了详细规定，如果企业管理者不能依据该规定对职务作品有效识别专利归属，可能导致研究开发技术资料、档案缺失，造成职务技术成果成为非职务技术成果，从而导致企业错失成为该技术成果的专利权人的机会。

（2）委托发明及合作开发作品。根据我国《专利法》第 8 条内容，若企业的产品开发属于多方努力的结果，各方在这个成果中可能都拥有一定比例的知识产权。若企业管理者对合作中企业的知识产权权属未能明确规范，在研发合同中也未对知识产权权属和风险进行明确约定，往往将导致形成的知识产权的归属和使用范围等都存在潜在的法律隐患。当合作的成果为多个权利人共有，且各个权利人均有实施能力，就该专利权的实施各权利人之间便不可避免地存在竞争关系，很有可能出现恶性竞争的情况。

（二）风险控制

1. 重复研发的法律风险控制。为避免企业辛辛苦苦投入大量经费，自主开发获得的研发成果不能使用的情况出现，企业应该建立技术研究开发立项前的可行性分析和国内外专利检索机制，弄清拟研究开发的项目的国内外专利状况，同时，在研发过程中还要不断跟进国内外技术进展，这样才能有效规避重复研发的法律风险，避免浪费企业资源。

2. 研发过程中管理不善的法律风险控制。管理不善的法律风险主要是由于研究开发的技术因管理不善导致对开发的产品的保护不足，建议公司防患于未然，及时加强管理，及时申请专利并及时进行保密管理。

3. 在研发过程中确定专利归属的法律风险控制。健全技术研究开发立项、审批、资料、文档管理等规章制度，妥善保存资料，同时与职务发明人或者委托合作的单位或个人签订书面的合同，确定专利申请人。

三、专利权使用过程中法律风险

随着经济竞争的不断加剧，经济的竞争演变为技术上的竞争。有竞争就会有风险，如何做好我国公司专利权资本运营的法律风险防范是值得思考的问题。实践中公司专利权的权益纠纷问题越来越多，而公司专利权资本运营的法律风险主要表现在专利转让、专利许可和专利管理三个方面。

（一）风险识别

1. 专利转让的法律风险。

（1）在专利交易过程中，一些专利权人恶意利用专利授权程序，将明知不应获得专利权的专利进行申请，或者在申请过程中采取不正当手段获得了专利权，在获得授权后故意隐瞒事实真相，并出于营利的目的将其专利进行交易的行为。受让人在专利交易前应澄清对专利的模糊认识，防范专利权人的欺诈行为，全面评估以规避风险。

（2）在专利权转让过程中，还应注意专利转让无效情形，需按照我国《专利法》第 10 条规定严格履行专利权转让程序。如果企业未按上述规定擅自转让专利权，则其转让行为会被认定为无效，从而给企业造成损失。同时，专利申请转让合同约定条款过于粗糙和不确定，容易发生专利转让合同纠纷。

2. 专利许可的法律风险。

（1）许可期限。专利许可必不可缺的是签订书面的专利许可合同。而在签订专利许可合同中，首先需要查明的是专利许可的期限问题，一旦企业签订的许可期限高于专利有效期限时，企业可能会付出更多的许可费。

（2）许可方式。包括普通许可、排他性许可和独占许可三种。普通许可，又称一般许可或非独占许可，指许可方允许被许可方在规定的期限和地区内使用其专利技术，同时还可以继续允许第三方使用其专利，并且许可方仍保留着自己使用该专利技术的权利。独占许可，是指被许可方在规定的期限和地区内对许可方的专利享有独占的使用权，即被许可方是该专利的唯一许可使用者，许可方和任何第三方均不得在该地域和期限内使用该专利。排他许可，是指许可方除允许被许可方在规定的期限和地区使用其专利技术外，不再与第三方签订该项专利技术的许可合同，但许可方仍有权使用该专利技术。这三种许可的许可模式各有特点，根据许可方式的不同企业享有的权利义务不同，专利许可方式的选择不同，未来需承担的法律风险也不同，企业管理者应慎重考量。

（3）许可内容。若不明晰许可内容中是包括许可制造、许可使用、许可销售还是全部，还是其中的混合，或者许可的地域、时间、主体和是否允许转许可等等，未来都会引发极大争议。

（二）风险控制

1. 专利转让的法律风险控制。在专利转让时进行风险调查有助于预防侵权争议、控制合同风险、防止专利欺诈、避免投资浪费、降低交易费用、提高交易质量等。同时建议企业建立科学的专利权法律风险防范流程和制度。

2. 专利许可的法律风险控制。企业应在签订合同前到专利许可部门进行专利权查询，根据自己的未来发展进行战略布局，综合考量选定一个合适的专利许可时间，避免出现许可期限高于专利有效期限的情况。同时根据许可方式各自的特点选择适合自身的一种许可方式，一方面普通许可有利于新技术的推广使用，但另一方面又可能造成生产的产品过剩、滞销，对许可人带来很大的损害，另外其费用也并不高。独占许可不利于新技术的推广使用，且转让费较高，因而实际生活中，很少使用此许可。而排他许可时介于两者之间也是利弊各有，企业管理者可以根据自己的实际经营状况，综合考虑进行选择，从而避免许可方式不当造成的法律隐患。为了避免可能出现的在许可内容上的法律纠纷，企业应尽可能的明确专利许可合同的内容，同时参考律师团队的风险评估意见。

四、专利权侵权与维权法律风险

实践中存在许多企业"贴牌生产"的现象，侵权与维权企业对其中涉及的知识产权未进行明确规范，权利和责任都是一笔糊涂账，一旦产生侵权纠纷就相互推诿，最终都难辞其咎。在专利权维权中究竟存在哪些法律风险？企业又该如何防控？

（一）风险识别

1. 专利权侵权法律风险识别。对新技术、新产品的使用，尤其是企业独家定制的原料和设备等事宜，由于专利权意识淡薄，企业一般都未明确供方的保密和知识产权保护责任。同时可能由于面临强大的市场竞争压力，企业一般都难以对厂商提出知识产权保护要求，导致企业知识产权不能得到有效的保护。这些往往为企业埋下了侵权的"炸弹"，极易陷入侵权诉讼而遭受损失。

2. 专利权维权法律风险识别。

（1）维权对象认定错误。我国《专利法》第 75 条规定列举了几种特殊情形不视为侵犯专利权的行为，企业管理者对不属于专利权保护范围的行为需要有一个大概的认识，避免将法律上不视为侵权的行为当成侵权行为。

（2）纠纷解决方式选择错误。协商解决、诉讼解决或请求专门部门介入处理，这些纠纷解决方式很难有一个优劣之分，也很难武断地说选择哪一个更好，但是，专利纠纷解决手段的选择不当，将会影响企业的整个战略维权布局。

（二）风险控制

1. 专利权侵权法律风险控制。企业在制造、使用、许诺销售、销售、进口等涉及专利产品时，都应该特别注意行为可能会侵犯到他人专利权，给企业带来不必要的麻烦。除了提高自我专利权意识以外，企业管理者可以寻求专业的律师团队，获得帮助。

2. 专利权维权法律风险控制。

（1）专利权维权对象认定错误风险控制。企业获得专利权之后，应在该专业领域内进行侵权产品或者侵权行为的跟踪，及时发现被侵权的事实，保留相关证据以便及时制止侵权、索赔；企业在实施某项产品生产、投放市场前，应检索有关专利文献，了解自己的产品是否侵犯了他人的专利。

（2）专利纠纷解决方式选择错误的风险控制。面对他人侵权，提起侵权之诉是企业最为常见的处理方法。在专利侵权诉讼之前，也可以采取相应的非诉讼手段来应对专利风险，如发律师函提醒。另外当企业管理者对专利权牢固程度并无十分把握时，不应轻易提起诉讼。此外，诉讼维权时间相对较长，也是一个值得考量的因素。相比较而言，在正式提起诉讼之前，先与侵权人进行调解协商，若是双方可以达成调解，并签订调解协议，可以有效快速地解决纠纷，且从经济效益来说，更符合企业的盈利目的。在特殊情况下，由专利管理机关处理专利侵权纠纷，也是一个快速有效的维权方法。

第三节　商标权的相关法律风险

商标是商品的生产者、经营者在其生产、制造、加工、拣选或者经销的商品上或者服务的提供者在其提供的服务上采用的，用于区别商品或服务来源的，由文字、图形、字母、数字、三维标志、声音、颜色以及上述要素的组合组成等，具有显著特征的标志，是现代经济的产物。作为管理者正确把握商标权法律风险，并了解和识别这些法律风险，才能对其进行有效管理和控制。

一、商标设计法律风险

商标设计对企业而言至关重要，企业需要正确把握商标设计中的法律风险并加以控制。

（一）风险识别

1. 禁用标志的法律风险识别。我国《商标法》第10条规定了禁止作为商标使用的情形，实务中，若企业设计的标志属于该条规定禁止作为商标使用的标志，其设计并无实际意义，同时也面临着不能注册的风险。

2. 禁注标志的法律风险识别。禁注标志，是指不得作为商标注册，但是可以作为商标使用的标志。我国《商标法》第11条规定，下列标志不得作为商标注册：仅有本商品的通用名称、图形、型号的；仅直接表示商品的质量、主要原料、功能、用途、重量、数量及其他特点的；其他缺乏显著特征的。当企业设计的标志缺乏显著特征时，尽管可以使用，但是却无法申请注册商标，将面临无法对商标进行有效保护的法律风险。

3. 商标构成要素的选择风险识别。实践中，有些企业在设计商标时，可能会借鉴知名商标的商标设计甚至刻意设计与知名商标相类似的商标。从短期来看，设计这样的商标可能会带来不错的经济收益，但从长远来看，涉及此类商标对企业的发展很是不利，一旦企业发展到一定规模，这种设计具有很大的风险，企业很可能无法对设计的商标进行注册，甚至恶意注册后仍有被撤销的风险。

4. 委托他人设计商标的法律风险识别。随着企业对商标的越来越重视，越来越多的公司会把商标设计委托给专门的设计公司，既方便又有保障，但是如果在设计过程中未能与被委托人达成商标归属约定，将会给企业带来巨大的法律风险，而这种隐性风险的显现与企业的发展状况成正比，企业发展得越好，风险爆发出来的可能性就越大。

（二）风险控制

1. 禁用标志的法律风险控制。禁止使用标志可以概括为四大类：特定标志、违反公序良俗的标志、特殊地名、恶意注册。企业管理者在商标设计中应严格审查，绝对不允许此类禁用标志出现在企业商标里。

2. 禁注标志的法律风险控制。禁止注册商标的禁止注册的原因可以概括为"标志缺乏显著特征"。尽管我国《商标法》规定缺乏显著特征的商标经过使用取得显著特征，并便于识别的，可以作为商标注册。但是，企业在设计商标时，应当避免设计的商标出现此类缺乏显著特征的情况，毕竟无法注册的商标并不能得到我国法律的有效保护。

3. 商标构成要素的选择的法律风险控制。在选择商标构成要素时，绝不能与他人权利相冲突，杜绝借鉴或者做出与他人相类似商标的行为。在设计商标时，同时应注意对国内外已有的商标进行检索，避免无意中侵犯他人权利，从而给企业带来纠纷。

4. 委托他人设计商标的法律风险控制。委托他人设计公司商标时，应订立清楚、明确的书面合同。包括权属、使用商标的范围、违约责任等，这些都应该详细而具体的在书面合同中予以约定，以最大程度地避免后续的纠纷。

二、商标注册法律风险

我国商标保护采用注册原则，一旦有他人抢先注册商标后，企业还可能面临着不能继续使用该商标或标识的风险。该法律风险造成的损害很可能使企业投入的各种品牌建设费用付之东流，而企业重新树立品牌又需要大量的费用投入。可见商标注册对企业的重要性。

（一）风险识别

1. 注册商标时间安排的法律风险。不少企业创立品牌时，往往采取先投放市场，后根据实际市场效果再决定是否注册商标。但需要注意的是，随着企业品牌知名度的上升，被他人抢注的法律风险日益增强。同时，由于商标注册周期较长，企业从申请注册再到获得注册商标过程中，商标在社会中的实际使用，很可能被他人仿冒、恶意注册类似商标等。而此时因企业仍不具有商标专用权，无法禁止他人行为，商标被恶意行为淡化的法律风险显而易见。

2. 缺乏防御性商标注册的法律风险。

（1）近似或类似商标被他人抢注的法律风险。在同一类别的商品中，存在多个近似或类似的商标，将直接导致商标权淡化。虽然法律规定不得注册与他人注册商标相混淆的商标，但法律规定的混淆比通常理解的类似或近似更为狭窄，这使商标淡化的法律风险客观存在。

（2）相同商标在不同类别被抢注的法律风险。《商标法》里，只有驰名商标能够跨类别限制他人的商标注册。而驰名商标的认定是复杂的，多数商标在获得驰名商标认定前，已经具有较高的知名度。他人在其他类别注册相同名称商标，会导致企业商标权淡化，不仅影响企业形象，而且还限制了企业跨行业发展。另外商标在不同类别归属多个法律主体，该商标则很难再获得驰名商标认定。在缺乏防御性商标注册的法律风险中，该风险比类似或近似商标的法律风险更为严重，甚至可能直接导致企业整个品牌战略的失败。

3. 共有商标的法律风险。根据我国《商标法》第 5 条规定，商标的所有人可以是两个也可以是两个以上的多数，可以是自然人、法人、其他组织以及他们的组合。申请共有商标主要是为了共同使用商标，提高企业规模和知名度，但是共有商标的法律风险也很明显，在重视商业信誉的今天，一旦其中一个所有人声誉出现危机，也会影响其他企业的声誉，造成"一损俱损"的严重后果。此外，当共有商标的某个主体发生变动时，该商标权的所有人也可能发生变化，这对企业的未来发展很不利。

（二）风险控制

1. 注册商标时间安排的法律风险控制。在商标注册时间的选择上，企业既不宜过早，也不宜过晚。值得企业引起注意的是，在将产品正式投入市场前就对商标进行注册，能有效减少日后被他人抢注的风险。

2. 缺乏防御性商标注册的法律风险。企业在申请注册时应注意，在同一类别商品的近似或类似商标或不同类别商品的相同或近似商标被他人抢注，企业应该尽可能的对这些有可能被他人注册的商标进行商标注册，事实上多数商标并不实际使用，而仅仅是限制他人注册类似商标。

3. 共有商标的法律风险。企业为了实现战略联盟等的目标上而选择共有商标时，一定要小心谨慎，并且在企业的商标归属，以及使用限制和共有主体发生变化时，共有商标的权属和使用等未来可能引发纠纷的方面及时订立书面合同，合同内容应当尽量清楚详实。

三、商标使用法律风险

我国《商标法》规定商标的使用是指将商标用于商品、商品包装或者容器以及商品交易文书上，或者将商标用于广告宣传、展览以及其他商业活动中，用于识别商品来源的行为。注册商标的有效期是 10 年，自核准注册之日起计算。在实践中，企业最常遇到的有关商标的使用纠纷是商标转让和商标许可两个方面。

（一）风险识别

1. 商标转让的法律风险。商标转让所涉及的商标多数属于实际使用且有一定知名度的商标，多数受让人因缺乏对防御性商标的关注，极易导致混淆或者淡化转让的商标，一旦出让人启用原注册的防御性商标，将给受让人造成严重损害。我国《商标法》第 42 条规定了转让注册商标的程序，一旦违反规定，将导致转让无效。商标转让合同同样存在法律风险，企业应对商标转让合同法律风险进行评估。

2. 商标许可的法律风险。注册商标的使用许可是指商标注册人通过签订商标使用许可合同，许可他人使用其注册商标。被许可人只能在一定的条件下使用该注册商标，注册商标的所有权仍然属于注册人。

（1）商标许可形式。商标许可基本形式包括独占使用、独家使用和普通使用三种形式。独占使用许可形式，是指许可人将注册商标的使用权授予一家被许可人，在商标使用许可合同的存续期间，许可人放弃自己依法享有的商标使用权。独家使用许可形式，是指在商标使用许可人存续期间，除商标许可人自己使用外，只授予一家许可人使用其注册商标。普通使用许可形式，是指许可人可以将被许可商标许可多家使用，同时商标权人自己也可以使用该商标，这种形式较为普遍。

（2）商标使用许可合同的法律风险。按照我国《商标法》第 43 条规定，经许可使用他人注册商标的，必须在使用该注册商标的商品上标明被许可人的名称和商品产地。并且被许可人使用许可商标的商品或服务应当与该商标被商标局核准使用的商品或服务相一致，不得超出商标局核准使用的商品或服务的范围。一些被许可人为避免商品被认为是贴牌产品，而隐瞒实际的生产人名称和产地，这种对商标的不当使用，隐藏着巨大的法律风险。另外，许可人应当将其商标使用许可报商标局备案，由商标局公告。商标使用许可未经备案不得对抗善意第三人。

（二）风险控制

1. 商标转让的法律风险控制。企业在受让商标时，应警惕应对防御性商标问题，对防御性商标的数量、归属、有效期限等都应审慎核查，及时采取法律风险防范措施，避免卷入纷争。

2. 商标许可的法律风险控制。

（1）商标许可形式及法律风险控制。选择商标许可形式上，需要根据自身的实际情况进行选择。即使是普通使用许可，被许可方同样需要在一定区域、一定时间、一定领域内排除竞争，若商标权人在同一区域同时许可多家使用商标，必然影响被许可人的利益。被许可方企业应与许可方对许可进行必要的限制，包括商标权人不得在特定区域、时间、领域许可第三方使用商标，商标权人在特定区域、时间、领域自营的限制等。

（2）商标使用许可合同及法律风险控制。企业作为被许可人，应避免超范围使用商标，侵犯他人的商标权，而被他人追究侵权责任；作为许可方，应当特别注意审查被许可方的使用范围。注意对商标许可合同进行备案，虽然合同备案并不是商标使用许可合同生效的条件，但若出现侵权情形，则不能产生对抗第三人的效力。因此，企业应当及时去商标局将许可合同备案。

四、商标维权法律风险

随着市场经济的发展，商标侵权行为也不断出现，从近年来的商标侵权情况看，商标侵权表现形式多样，而且具有愈演愈烈的趋势。在此情形下，侵权人通常需承担相应的侵权责任，侵权行为人明知或应知侵权行为仍实施的，侵权行为人还要承担赔偿责任，情节严重的，还要承担刑事责任。

（一）风险识别

1. 侵权行为的构成要件。从我国《商标法》规定来看，商标侵权行为的构成通常包括以下要件：①违法性。即行为人未经许可，也没有其他法律依据而客观上行使商标权人依法所享有的权利。②损害后果。造成损害后果或即将发生损害后果，即侵权行为给商标权人已经造成损害或者即将造成损害，可表现为产品销量下降、利益的减少或者商标信誉降低等。③因果关系。损害后果与违法行为有因果关系，即损害后果是由违法行为直接造成的。④过错。包括有过错和无过错两种。一般情况下，行为人非法使用与注册商标相同或者近似的商标的，伪造、擅自制造他人注册商标标识的，反向假冒注册商标的行为，在认定是否侵权时以行为人主观上有过错为要件；而对于销售假冒注册商标的商品的行为，认定是否侵权时不以行为人主观上是否具有过错为要件，即使行为人无过错，仍然构成商标侵权，只是不承担赔偿责任而已，但还需承担其他相应的民事责任。

2. 商标侵权的表现形式。我国《商标法》第 57 条规定了侵犯商标权的行为，实务中，企业若实施法律规定的商标侵权的行为，将面临赔偿经济损失的法律风险。

（二）风险控制

实务中，企业应根据《商标法》《商标法实施条例》等规定制定监测机制，通过商标管理部门进行监测，并同商标代理机构结合，对商标时效进行监控，使商标续展等工作得以顺利进行，避免类似于商标连续 3 年不使用导致权利丧失等情况的发生。并通过一线销售队伍对市场进行监测，及时反馈市场中可能出现的侵权行为。同时，通过商标代理机构对于商标公告进行监测，及时发现在相同或近似类别注册的同企业在先权利相同或近似的商标。对于商标纠纷发生后，及时保全证据，采取应急措施等都是企业在管理制度中应考虑的问题。

企业在法律风险评估时，需要有效保证这些活动顺利完成的机制都已纳入法律风险进行管理，不能认为企业个别处理方案能够长效地确保无误。商标数量越多、商标关系越复杂的企业，越需要这样的管理制度。

第四节　商业秘密的相关法律风险

近年来，在我国日渐成熟与复杂的市场经济环境下，商业秘密的利用和保护越来越受关注。对商业秘密的把控不当将给企业造成不可估量的直接损失和间接损失，同时也将严重扰乱市场竞争秩序。那么究竟商业秘密有哪些法律风险？企业如何管理控制商业秘密才能减少法律风险？

一、商业秘密使用法律风险

（一）风险识别

1. 商业秘密权属法律风险。

（1）与员工约定不明的商业秘密权属法律风险。企业通过经营、管理和自主研发获取商业秘密，实质是依靠企业员工进行的。而往往会发生权属纠纷的原因是，员工的行为究竟是代表个人意志的个人行为还是为了企业从事的职务行为，这是一个比较难判断的问题。内部职工对商业秘密的权属缺乏认识，很有可能将企业商业秘密当成个人所得，由于保密意识不强，很容易疏忽大意导致企业商业秘密泄露。

（2）企业合作商业秘密的归属法律风险。企业与其他企业合作过程中，在进行经营活动或者业务往来时，往往会有一些共享的商业秘密，而这些商业秘密的归属，也是企业经常会遇到的问题，比如，合作企业很可能会认为商业秘密归属于己方，故在他们的意愿范围内随意使用商业秘密，给企业带来严重的后果。

2. 商业秘密许可使用范围约定不当的法律风险。商业秘密的许可使用与专利及商标许可使用相同，可以分为独占许可使用、全权许可使用、普通许可使用。但由于商业秘密的秘密性特征，使得行政机关及社会公众很难了解商业秘密的具体使用权限，实践中，商业秘密的提供方在独占许可他人使用商业秘密后仍使用该商业秘密或需求方违反许可使用的范围使用商业秘密的情形大量存在。

（二）风险控制

1. 商业秘密权属法律风险控制。

（1）与员工商业秘密权属约定不明的法律风险控制。我国《促进科技成果转化法》规定企业、事业单位应当建立健全技术秘密保护制度，保护本单位的技术秘密。职工应当遵守本单位的技术秘密保护制度。对企业来说，尤其是高新技术企业内部保密制度的健全能够有效避免商业秘密泄露的法律风险。从企业管理者的角度来说，企业应该与员工明确约定商业秘密归属权问题，同时在订立合同时，注意合同被宣告无效或者撤销的情形，以避免合同本身问题的纠纷。当事人可以在合同中约定，因履行技术开发合同产生的技术秘密的使用权、转让权的归属以及利益的分配办法。

（2）企业合作商业秘密的归属法律风险控制。为了不增加商业秘密泄露法律风险，企业在合作前需要与合作企业签订详细的合作合同，双方可以就哪些属于双方认可的商业秘密、哪些属于可公开的技术、哪些属于共有商业秘密和属于企业自有商业秘密以及如何对商业秘密进行保护等达成协议，同时列明不履行合同约定的违约责任。

2. 商业秘密许可方式法律风险控制。在选择商标许可形式上，需要根据自身的实际情况进行选择。在使用许可合同中应有对商标权人的必要限制。必要的限制包括商标权人不得在特定区域、时间、领域许可第三方使用商标，商标权人在特定区域、时间、领域自营的限制等。被许可人使用许可商标的商品或服务应当特别注意不能超过范围许可使用，被许可人超范围使用商标，可能侵犯他人的商标权，被他人追究侵权责任。

二、商业秘密泄露法律风险

商业秘密的保护贯穿于企业发展的各阶段，尤其是在研究开发期、业务稳定发展期和风险融资阶段。在信息传输无限制的网络时代，能否保证这些技术和信息不被公开或被竞争对手所掌握，是企业生死存亡的关键。因此，在商业秘密的保护中企业面临的最大风险就是商业秘密泄露的法律风险。

（一）风险识别

商业秘密泄露的途径主要是企业内部管理过程中和外部交往活动中的泄露。主要表现为以下几个方面：

1. 研发阶段商业秘密泄露的法律风险。在技术开发阶段，对技术情报、资料、试验数据、设计方案、技术程序、电子文档，开发计划和进度等信息缺少保护，尤其是对核心技术员工掌握的技术数据和成果缺少有效监控，有的技术开发人员甚至为了晋升高级职称擅自发表论文，把整个技术研制的过程、主要理论依据、主要的技术参数都通过论文不经意地公开了，致使技术成果价值流失。同时，还需注意的是，如果企业商业秘密过于集中，使个别员工或几个员工就可以掌握企业整套能够投放市场的商业秘密，那么一旦员工离职则导致商业秘密泄露，以致企业将面临几个员工就可以带走公司的整套完整技术的局面。

2. 申请专利权过程中商业秘密泄露的法律风险。对于获取专利权而言，其不利的代价就是在申请的过程中要公开技术秘密，容易被他人通过专利申请检索获取关键信息，进行模仿或利用，往往发生申请者尚未取得专利权，而市场上已出现同类产品的情况，由此产生复杂的法律风险。如果一个企业缺少保护意识，就有可能将全部技术秘密或核心技术成果通过法定的公布程序公开（专利申请初步审查合格后，满18月后即行公布），其后果可想而知。

3. 业务往来中商业秘密泄露的法律风险。企业在从事外部商业合作时，也是最容易泄露商业秘密的时候，关键在于保密意识不强以及保密制度不健全。实务中，企业商业秘密泄露主要通过以下途径：合作伙伴考察、参观过程中商业秘密泄露的法律风险；企业在做自身经验介绍以及接待来访时将商业秘密泄露；在缔约时，企业双方在商业计划书或者合作合同中，很有可能涉及本企业商业秘密。

4. 员工流动中商业秘密泄露的法律风险。核心员工跳槽带走技术秘密和客户资源将对高新技术企业带来难以估量的损失。核心技术员工是指承担研发任务，掌握关键技术秘密的专业技术人员，但许多企业对核心技术员工监管不力，这主要表现为未针对其签订竞业限制和保密条款，造成核心技术员工通过跳槽泄露原企业的商业秘密的结果。

（二）风险控制

1. 为了规避在研发阶段企业员工擅自对企业商业秘密进行泄露的法律风险，需要提高企业各级管理人员的保密意识，同时也需要企业管理者对商业秘密的类型、重要性、泄露方式等有一个系统地了解，甚至请专业的律师对员工进行培训。

2. 在专利申请过程中，公开范围的大小、是否涉及核心技术秘密、是否容易被模仿等，都应是企业在申请专利的过程中必须考虑的问题。同时，企业还需要认识到申请专利和商业秘密各有利弊，企业有时选择通过申请专利对企业技术进行保护更为有利，有时以商业秘密形式对其进行保护更佳，这些都有赖于企业的综合评估分析和参考专业人士的意见。

3. 企业往往只重视商业合作本身，而对业务往来中相关的商业秘密缺少保护手段或措施，除了供应商和客户，企业遇到的业务往来还有可能是企业竞争对手或者潜在的竞争对手，所以企业此时切不可粗心大意，一定要小心谨慎，尤其是接待企业参观过程中，应签订清楚细致的保密协议，在合作过程中，有关商业秘密也要告知对方，同时，告知对方泄露需承担相应的责任。

4. 人才流动是企业中的正常现象，员工流动过程中商业秘密泄露的主要表现是核心技术员工跳槽泄露商业秘密，此外，在职职工兼职、退休员工为他人提供服务等也是泄露的常见途径，同样需要竞业限制条款的约束。从控制风险的角度看，主要是加强人员管理制度，加强对员工进行有效的商业秘密教育和管理，同时对监控手段予以完善。

三、商业秘密保护法律风险

（一）风险识别

1. 对商业秘密保护范围认识不全面的法律风险。企业尤其是高新技术企业在保护自己利用某些独有的、先进的信息或者技术取得竞争优势时，往往存在困难，特别是在对商业秘密的范围约定不明确的情况下，很容易导致企业无法保护自己的合法权益。如果保护的范围过大将增加保密成本，而保护的范围过小将造成商业秘密的泄露，权利人无法进行具体的保护，致使处在高新技术企业生命线地位的商业秘密处于被泄露的风险之中。

2. 不符合商业秘密的构成要件的法律风险。商业秘密有以下四个构成要件：

（1）不为公众所知悉（秘密性），根据法律和国际条约的规定，受到法律保护的技术信息和经营信息等商业秘密，该项信息必须具有秘密性。商业秘密首要的构成要件就是该项信息应当具有的秘密性，既没有被任何人公开，也不为公众所知悉。

（2）能为权利人带来经济利益（经济性），如果不具有商业利益性，一项信息并不能被认定为商业秘密。只要一项信息是有价值的信息，就能够满足这一条件的要求。没有价值的信息，既然不能为权利人带来经济利益，也就不具有保护价值。

（3）具有实用性（实用性），所谓具有实用性，是指该信息能够被权利人实际用于生产或者经营。一项信息具有实用性，并不意味着必须能够直接用于生产经营。如果该项信息能够为权利人的生产经营活动提供间接的、有益的帮助，该项信息仍然应当认定为具有实用性。

（4）经权利人采取保密措施（保护性）。保护性是指权利人就其商业秘密主动采取了适当的保密措施使其处于秘密状态，从而使一般人不能从公开渠道直接获取。采取保密措施是商业秘密维持其秘密性的客观要求。权利人应尽合理地努力去维持它始终处于不为公众所知悉的状态。不采取保密措施，商业秘密不受保护。如果权利人对一项信息没有采取保护措施，采取放任其公开的态度，则该项信息不能构成商业秘密。

3. 证明责任的法律风险。根据我国《民事诉讼法》的有关规定，商业秘密侵权诉讼适用"谁主张谁举证"的原则。商业秘密拥有人或者支配人向人民法院提起商业秘密侵权诉讼时，负有举证责任。在电子商务环境下，商业秘密侵权具有高技术性，行为人大多是具有相当高的计算机技能的人员，电子证据的科技含量很高，且多数企业是在侵权事件发生后才开始着手收集证据，这种做法不仅无法全面收集证据还会延误时机，造成权利人很难举证证明自己的主张的后果。

（二）风险控制

1. 对商业秘密范围的认识不全面的法律风险控制。商业秘密涉及范围十分广泛，主要包括有：经营秘密、交易秘密、技术秘密和管理秘密。其他方面信息符合商业秘密本质特征的，也应当受到法律的保护。其内容具体包括：技术水平、技术潜力、新技术前景预测、替代技术的预测、专利动向，新技术影响的预测等。企业管理者应清楚而全面地了解商业秘密的范围，这样既不会扩大商业秘密保护范围，也不会缩小商业秘密保护范围，避免其带来的法律风险。

2. 不符合商业秘密的构成要件的法律风险控制。高新技术企业内部应当建立健全商业秘密保护的相关制度，避免因企业内部没有保密制度或者保密制度不健全，造成保护商业秘密的主张不被支持。

3. 证明责任的法律风险控制。在采取法律手段保护商业秘密的过程中，证据的作用是巨大的。如果企业在商业秘密管理和保护中，时刻注意证据地收集，一旦发生诉讼，企业就可以有充足的时间和全面的证据来证明企业商业秘密受到侵犯的事实，降低证明责任带来的法律风险。

【课后作业】

1. 浅析企业知识产权风险管理中对外委托业务合同管理的重要性。

2. 探讨科技型中小企业知识产权质押融资风险管理。

3. 试论跨境电子商务企业海外知识产权风险管理。

第十章　企业刑事法律风险管理

为避免因企业或企业员工相关行为给企业带来的刑事责任，规避因刑事责任风险导致企业倒闭破产，我国近年来通过刑事政策上的激励和规范，推动企业预防刑事责任风险，因此企业刑事责任风险的管理重要凸显，本章就对企业常见的一些刑事责任风险及其控制进行介绍。

第一节　企业设立过程中的刑事风险

我国对公司、企业的设立实行登记制度，只有经登记主管部门审核登记，取得营业执照，公司、企业才合法成立。由股东出资构成的公司资本在公司运营和发展的过程中扮演着极其重要的角色。它是公司获得独立人格的必备要件，是公司对外承担责任的物质基础，是债权人实现债权的重要保障。在企业申请登记的过程中，申报注册资本及出资是重中之重，也是最容易引发刑事风险的地带。本节着眼于企业设立过程中频发的虚报注册资本及虚假出资、抽逃出资行为的刑事风险，并有针对性地提出了相应的防范措施，以助力公司合法成立。

一、虚报注册资本罪

（一）风险识别

虚报注册资本罪，是指申请公司登记使用虚假证明文件或者采取其他欺诈手段虚报注册资本，欺骗公司登记主管部门，取得公司登记，虚报注册资本数额巨大、后果严重或者有其他严重情节的行为。虚报注册资本使得公司的实际偿债能力与注册资本不符，侵害了未来债权人的利益。虚报注册资本罪妨害了国家对公司的登记管理制度，本罪的客观方面包括手段行为与目的行为。其中手段行为是行为人使用虚假证明文件或采取其他欺诈手段，虚报注册资本。常见的欺诈手段如：①向登记主管部门提供虚假的、伪造的证明文件；②使用虚假的股东姓名、虚构公司住所；③以注册代办机构垫资的方式取得公司登记，等企业注册完成之后，由中介机构抽走资金等。目的行为是向登记主管部门提出申请，骗取公司登记的行为。如果欺诈登记的行为被登记主管部门发现，并未取得公司登记的，将不构成本罪。但欺诈登记的行为由于违反了法律、行政法规的规定，相关单位和个人将会面临行政处罚。虚报注册资本罪是结果犯，必须达到虚报注册资本数额巨大、造成后果严重或者有其他严重情节的才能构成。本罪的犯罪主体是申请公司登记的人或单位。有限责任公司"申请公司登记的人"是由全体股东指定的代表或者共同委托的代理人。股份有限公司"申请公司登记的人"是董事会。

根据我国《刑法》第 158 条的规定，构成虚报注册资本罪的，处 3 年以下有期徒刑或者拘役，并处或者单处虚报注册资本金额 1% 以上 5% 以下罚金。单位犯虚报注册资本罪的，实行双罚制，对单位判处罚金，并对其直接负责的主管人员和其他直接责任人员，处 3 年以下有期徒刑或者拘役。

（二）风险控制

1. 确定合理的注册资本金额。公司在进行注册登记之前，应当明确法律、法规对于注册资本最低限额、出资比例、出资方式、出资期限的规定。在此基础上综合考虑公司规模、现有及将有出资能力，合理确定注册资本金额。

2. 依照法定条件和程序提出登记申请。向工商行政部门提出申请登记时，应当严格按照我国《民法典》《公司登记管理条例》《保险法》《商业银行法》等法律、行政法规的规定，依照法定程序和步骤向登记主管部门提出申请，并保证提供的资产评估报告、验资报告、银行账户信息等证明文件的真实性和合法性，杜绝弄虚作假行为。

3. 注重对注册代办机构的审核。通过注册代办机构代办公司登记相关手续的，应当审查代办机构的资质和规范性。

4. 及时缴纳出资。在认缴出资额后，应当按照法律、行政法规及公司章程规定的时间、方式，及时缴纳出资，办理验资手续。

二、虚假出资、抽逃出资罪

（一）风险识别

2013 年《公司法》修改后，普通公司由注册资本"实缴登记制"改为"认缴登记制"，相应的虚假出资、抽逃出资罪的适用范围有所缩小。但对于仍实行注册资本实缴制的公司，如商业银行、外资银行、证券公司、信托公司、基金管理公司等仍必须如实履行法定出资义务，否则仍有可能构成虚假出资罪；在公司发起人、股东缴纳出资以后，以注资方式投入公司的货币、实物等资产已经独立于公司的发起人、股东，成为公司的财产，若故意抽逃或者将个人财产与公司财产混同，随意支配，也会触碰刑法的红线，构成抽逃出资罪。

虚假出资、抽逃出资罪，是指公司发起人、股东违反公司法的规定未交付货币、实物或者未转移财产权，虚假出资，或者在公司成立后又抽逃其出资，数额巨大、后果严重或者有其他严重情节的行为。

　　虚假出资罪与抽逃出资罪是并列同条的选择性罪名，其保护的法益也是共通的。侵犯的客体是国家对公司的管理制度以及公司其他股东的利益。本罪的客观行为表现为公司发起人、股东违反公司法的规定未交付货币、实物或者未转移财产权或者在公司成立后又抽逃其出资。其中，"未交付货币"是指以货币出资的股东未在法定期限内将货币出资足额存入准备设立的公司在银行开设的临时账户。"未交付实物或者未转移财产权"是指以实物、工业产权、非专利技术或者土地使用权出资的，未依法办理财产权的转移手续。"公司成立后又抽逃其出资"一般包括两种情况：一种是为达到设立公司的目的，通过向其他企业借款或者向银行贷款等手段取得资金，作为自己出资，待公司登记成立后，又抽回这些资金，造成虚假出资；另一种是在公司设立时，依法缴纳了自己的出资，但当公司成立后，又将其出资撤回。本罪是结果犯，虚假出资、抽逃出资数额巨大、后果严重或者有其他严重情节的才构成犯罪。行为人虚假出资或者抽逃出资如果数额不大、后果不严重，也没有其他严重情节的，不会被认定为犯罪行为，但是也违反了相关法律、行政法规的规定，将面临一定的处行政罚。本罪的犯罪主体是公司发起人、股东。

　　根据我国《刑法》第159条的规定，构成虚假出资、抽逃出资罪的，处5年以下有期徒刑或者拘役，并处或者单处虚假出资金额或者抽逃出资金额2%以上10%以下罚金。单位犯虚假出资、抽逃出资罪的，实行双罚制，对单位判处罚金，并对其直接负责的主管人员和其他直接责任人员，处5年以下有期徒刑或者拘役。

　　（二）风险控制

　　仍实行注册资本实缴制的公司、企业，控制与防范虚假出资、抽逃出资的刑事风险，可以从以下几个方面着手：

　　1. 公司在设立时应当如实履行法定出资义务。货币出资应当在法定期限内存入公司专门账户；实物、工业产权、非专利技术或者土地使用权出资应及时办理财产权转移手续。

　　2. 严格区分公司财产与个人财产。公司注册成立以后，公司发起人、股东应当明确公司是独立的法人，要将个人财产与公司财产严格区分开来，不能随意支配。

　　3. 建立严格的内部管理制度。在公司管理上，应当建立严格的公司内部管理制度，要设立专门的账户保障公司资金安全，并且严格监督资金的流向，防止股东抽逃资金。

第二节　企业融资过程中的刑事风险

公司、企业在经济活动中面临着巨大的资金需求。为获得运营和发展所需资金，公司、企业可以通过银行或非银行金融机构融资，也可以在资本市场上通过发行股票、债券等获得资金。对于中小企业来说，正规融资的门槛较高、程序也更繁琐，民间融资成为其重要选择。近年来，公司、企业因融资问题引发的刑事犯罪层出不穷，也给企业敲响了警钟。本节对企业在融资过程中可能面临的刑事风险进行提示，并针对不同刑事风险提出了行之有效的控制措施，以帮助企业合法募集资金，扩大生产经营，避免踏入刑事犯罪的雷区。

一、非法吸收公众存款罪

（一）风险识别

非法吸收公众存款罪，是指非法吸收公众存款或者变相吸收公众存款，扰乱金融秩序的行为。非法吸收公众存款罪侵犯的客体是国家金融管理秩序。本罪的客观行为表现为"非法吸收公众存款或者变相吸收公众存款"。根据最高人民法院《关于审理非法集资刑事案件具体应用法律若干问题的解释》第1条的规定，非法吸收公众存款或者变相吸收公众存款必须同时具备下列四个条件：①未经有关部门依法许可或者借用合法经营的形式吸收资金；②通过网络、媒体、推介会、传单、手机信息等途径向社会公开宣传；③承诺在一定期限内以货币、实物、股权等方式还本付息或者给付回报；④向社会公众即社会不特定对象吸收资金。

司法实践中，下列行为通常被认定为非法吸收公众存款或者变相吸收公众存款：①不具有房产销售的真实内容或者不以房产销售为主要目的，以返本销售、售后包租、约定回购、销售房产份额等方式非法吸收资金；②以转让林权并代为管护等方式非法吸收资金；③以代种植（养殖）、租种植（养殖）、联合种植（养殖）等方式非法吸收资金；④不具有销售商品、提供服务的真实内容或者不以销售商品、提供服务为主要目的，以商品回购、寄存代售等方式非法吸收资金；⑤不具有发行股票、债券的真实内容，以虚假转让股权、发售虚构债券等方式非法吸收资金；⑥不具有募集基金的真实内容，以假借境外基金、发售虚构基金等方式非法吸收资金；⑦不具有销售保险的真实内容，以假冒保险公司、伪造保险单据等方式非法吸收资金；⑧以投资入股的方式非法吸收资金；⑨以委托理财的方式非法吸收资金；⑩利用民间"会""社"等组织非法吸收资金。非法吸收公众存款数额及对象人数对于本罪的定罪和量刑具有十分重要的意义。但本罪的成立并不以行为人实际上吸收了多少人的存款为条件。只要行为人主观上具有向多数人吸收存款的故意，客观上采取的手段可能从多数人处吸收存款即构成本罪。本罪既可以由自然人构成，也可以由单位构成。

根据我国《刑法》第176条的规定，犯非法吸收公众存款罪的，处3年以下有期徒刑或者拘役，并处或者单处罚金；非法吸收公众存款数额巨大或者有其他严重情节的，处3年以上10年以下有期徒刑，并处罚金；数额特别巨大或者有其他特别严重情节的，处10年以上有期徒刑，并处罚金。单位犯本罪的，对单位判处罚金，并对其直接负责的主管人员和其他直接责任人员，依照上述规定处罚。

（二）风险控制

企业在民间融资实际操作中必须把握好合法民间融资与非法吸收公众存款罪的界限，防范民间融资跨越刑法的底线，构成非法吸收公众存款罪。具体而言，企业应当做到以下几点：

1. 融资方式。企业进行民间融资时应注意避免通过网络、媒体、推介会、传单、手机信息等公开宣传、推介的方式，而应当采用非公开的方式募集资金。

2. 融资对象。企业进行民间融资应注意避免向"不特定对象"融资，可以主要向有合作关系的业务伙伴、确定范围的家庭成员、亲戚朋友融资。

3. 资金用途。企业民间融资的用途影响融资行为的定性，企业应当将筹集的资金及时投入生产经营活动中，而不能用于转贷或者违法犯罪活动。

4. 对于已经涉嫌非法吸收公众存款的企业，应当立即停止非法吸收存款活动。在不影响企业正常生产经营的前提下，按期、按比例退还部分集资款，或约定延展一定的还款期，与集资人签订还款协议。

二、集资诈骗罪

《刑法修正案（九）》删除了关于集资诈骗罪死刑的规定，但从总体上讲其严重程度和法定刑都高于非法吸收公众存款罪。企业及高管一旦卷入集资诈骗罪，不仅面临巨额罚金，还将面临牢狱之灾。

（一）风险识别

集资诈骗罪，是指以非法占有为目的，违反有关金融法律、法规的规定，使用诈骗方法进行非法集资，扰乱国家正常金融秩序，侵犯公私财产所有权，且数额较大的行为。

集资诈骗罪侵犯了双重客体，既侵犯了国家金融管理秩序，又侵犯了公私财产所有权。本罪在客观方面表现为以非法占有为目的，使用诈骗方法，实施集资行为。集资诈骗中所使用的欺骗手段通常为夸大自身业绩、虚构投资项目、使用虚假证明文件、隐瞒亏损、虚假承诺高额资金回报等。本罪的主观方面是故意，且要求行为人具有非法占有的目的，也即具有不归还集资款的意思。主观上非法占有的目的需要通过客观行为进行推定，司法实践中以下行为通常被认定为具有"以非法占有为目的"：①集资后不用于生产经营活动或者用于生产经营活动与筹集资金规模明显不成比例，致使集资款不能返还；②肆意挥霍集资款，致使集资款不能返还；③携带集资款逃匿；④将集资款用于违法犯罪活动；⑤抽逃、转移资金、隐匿财产，逃避返还资金；⑥隐匿、销毁账目，或者搞假破产、假倒闭，逃避返还资金；⑦拒不交代资金去向，逃避返还资金。本罪的犯罪主体既可以是自然人也可以是单位，但自然人与单位犯罪的追诉标准不同。个人集资诈骗追诉的法定数额是 10 万元，单位集资诈骗追诉的法定数额是 50 万元。

根据我国《刑法》第 192 条的规定，构成集资诈骗罪的，处 3 年以上 7 年以下有期徒刑或者拘役，并处罚金；数额巨大或者有其他严重情节的，处 7 年以上有期徒刑或者无期徒刑，并处罚金或者没收财产。单位犯本罪的，对单位判处罚金，并对其直接负责的主管人员和其他直接责任人员，依照上述规定处罚。

（二）风险控制

集资诈骗罪与非法吸收公众存款罪的构成均要求单位或个人实施了非法向社会公众吸收、募集资金的行为。不同之处在于，集资诈骗罪的构成要求单位或个人具有非法占有的目的，并使用了欺骗手段。所以，企业在集资时除了注意避免采用公开方式向社会大众募集资金外，为了降低被认定为集资诈骗罪的风险，应当做到：

1. 保证集资项目真实存在。企业在拓展公司业务、扩大生产经营过程中遇到资金困难，需要进行集资时，一定要制定详细的目标和规划，而不能编造子虚乌有的项目，向投资人或借款人传递虚假资讯。

2. 确定适当的融资回报率。企业在集资之前应当对融资成本进行合理测算，依据实际经营状况和还款能力确定适当的融资回报率。承诺的融资回报过高增加了日后无法偿付而演变为犯罪的风险。

3. 合理使用集资资金。企业应当将筹集的资金按照集资项目的计划用于拓展公司业务、扩大生产经营中，并对每一笔资金进行详细、完备的财务记录。

4. 诚信履行融资合同。企业应当按照与投资人或借款人的约定，履行融资合同，按时给当事人回报或利息。如果在企业实际运营中融资项目出现问题，可以与投资人或借款人进行协商，请求给予宽限期，或者先偿还部分本息，采取积极稳妥的方式解决，而不能消极地携款逃匿、隐匿财产等。

三、贷款诈骗罪

2015 年 7 月，周某注册成立了 A 有限责任公司，经营木材生意。2021 年 1 月，周某提供虚假的购销合同、财务报表和会计审计报告等贷款资料，在中国建设银行某支行骗取贷款 150 万元。取得贷款后周某未按照规定将贷款用于公司实际经营活动，而是直接将款项转入自己的个人账户，并挥霍一空。贷款到期后，经银行多次催要，周某拒不偿还贷款，并于 2014 年 5 月伙同杨某伪造欠款手续，采取做虚假公证的方式，将 A 公司财产全部隐匿到其亲戚赵某的名下，逃避偿还银行贷款。企业经营管理者在利益驱动和诱惑下将自身推向了贷款诈骗罪的深渊。那么，对于贷款诈骗罪的刑事犯罪风险应当如何识别与控制？

（一）风险识别

贷款诈骗罪，是指以非法占有为目的，使用欺诈方法，诈骗银行或者其他金融机构的贷款，数额较大的行为。

贷款诈骗罪侵犯的客体是国家的金融管理秩序，指向金融资金的所有权。在客观上表现为使用欺诈方法，诈骗银行或者其他金融机构的贷款，数额较大的行为。常见的贷款诈骗的方式有：①编造引进资金、项目等虚假理由；②使用虚假的经济合同；③使用虚假的证明文件；④使用虚假的产权证明作担保或者超出抵押物价值重复担保。本罪的主观方面是故意，并且要求行为人具有非法占有的目的，而非法占有的目的通常从贷款人的客观行为来判断：取得贷款后携款潜逃的；取得贷款后挥霍资金致使贷款无法偿还的；使用贷款进行违法犯罪活动的；为谋取不正当利益，改变贷款用途造成重大经济损失，导致贷款无法偿还的；抽逃、转移资金隐匿财产，隐匿、销毁账目，或者搞假破产、假倒闭，逃避返还贷款或拒不返还贷款的等行为都将成为认定"非法占有目的"的线索和证据。

我国《刑法》没有将单位规定为贷款诈骗罪的行为主体，本罪只能由自然人构成。但是，这并不意味着单位贷款诈骗时，直接负责的主管人员与直接责任人员没有任何刑事风险。单位贷款诈骗时，决策者和直接责任者实施了以欺诈手段骗取金融机构数额较大贷款的行为，也达到了法定年龄且具有刑事责任能力，在主观上同样具有故意，非法占有的目的表现为使单位非法占有贷款。因此，单位贷款诈骗时，决策者与直接责任者构成贷款诈骗罪，应当追究刑事责任。

根据我国《刑法》第 193 条的规定，犯贷款诈骗罪的，处 5 年以下有期徒刑或者拘役，并处 2 万元以上 20 万元以下罚金；数额巨大或者有其他严重情节的，处 5 年以上 10 年以下有期徒刑，并处 5 万元以上 50 万元以下罚金；数额特别巨大或者有其他特别严重情节的，处 10 年以上有期徒刑或者无期徒刑，并处 5 万元以上 50 万元以下罚金或者没收财产。

（二）风险控制

企业经营管理者在实际经济活动中面临着诸多刑事法律风险，其中一些是由于刑事立法上的模糊、市场经济环境不成熟导致的，而有一些却是因为企业或者其经营管理者为谋取企业或少部分人的利益，采取了刑法所禁止的行为方式。为避免贷款诈骗罪的刑事法律风险，经营管理者应当从以下方面着手：

1. 申请贷款时，应当对经营状况、还款能力、项目风险等进行综合评估，确定贷款数额。企业在向银行或其他金融机构申请贷款时，应保证所提供的信息、证明材料的真实性，不能有不实陈述、提供虚假资料、编造不存在的贷款用途等做法。

2. 取得贷款后，应当按照贷款合同约定的用途使用贷款。即使因客观条件变化需改变资金用途，也应当对新项目的经营风险进行评估。将贷款用于高风险的经营活动，如炒股、炒期货等，有被认定为"具有非法占有目的"的可能。

3. 贷款到期时，应当积极筹措资金还本付息。如确实因市场风险、经营不善等客观原因导致经济状况恶化或资金周转困难，没有能力偿还贷款的，应当及时与金融机构协商，办理贷款展期手续，而不能抽逃、转移资金隐匿财产，隐匿、销毁账目，或者搞假破产、假倒闭，逃避返还贷款或拒不返还贷款。

四、高利转贷罪

（一）风险识别

高利转贷罪，是指以转贷牟利为目的，套取金融机构信贷资金高利转贷给他人，违法所得数额较大的行为。

高利转贷罪侵犯的客体是国家金融管理秩序，指向金融机构贷款的使用权。本罪在客观上表现为两种行为：套取行为和转贷行为。具体而言，即行为人采取虚构事实、隐瞒真相的手段套取金融机构信贷资金（既包括担保贷款也包括信用贷款），然后将该资金高利转贷给他人。所谓"套取"手段与贷款诈骗罪中的欺诈方法并无实质差异，主要包括：①编造引进资金、项目等虚假理由；②使用虚假的经济合同；③使用虚假的证明文件；④使用虚假的产权证明作担保或者超出抵押物价值重复担保等。所谓"高利转贷"是指把从金融机构套取的信贷资金以高于金融机构贷款利率的利率转贷款给他人，包括转贷给个人或单位。本罪属于结果犯，只有在转贷行为取得违法所得数额较大的情形下，才构成犯罪。根据《最高人民检察院、公安部关于公安机关管辖的刑事案件立案追诉标准的规定（二）》，"违法所得数额较大"是指违法所得数额在50万元以上。本罪在主观上只能由故意构成，而且要求以转贷牟利为目的。本罪的犯罪主体既可以个人也可以是单位。

根据我国《刑法》第175条的规定，犯高利转贷罪的，处3年以下有期徒刑或者拘役，并处违法所得1倍以上5倍以下罚金；违法所得数额巨大的，处3年以上7年以下有期徒刑，并处违法所得1倍以上5倍以下罚金。单位犯本罪的，对单位判处罚金，并对其直接负责的主管人员和其他直接责任人员，处3年以下有期徒刑或者拘役。

（二）风险控制

经济活动中，企业之间拆借资金能够缓解企业"融资难""融资贵"等顽疾，满足企业自身经营的需要，因此较为普遍。企业不满足于将自有闲余资金借贷给其他企业，而从银行借贷转而高利转贷给他方的行为是为刑法所禁止的。此外，对于企业及其经营管理人员以转贷牟利为目的套取金融机构信贷资金，表面上将该部分资金用于生产经营，但将自有资金高利借贷给他方，违法所得数额较大的，也存在构成高利转贷罪的风险。企业及经营管理人员在经济活动中应当避免此类行为。

五、骗取贷款罪

（一）风险识别

骗取贷款罪，是指以虚构事实或者隐瞒真相的方法，骗取银行或者其他金融机构贷款，给银行或者其他金融机构造成重大损失或者有其他严重情节的行为。

我国 1997 年《刑法》仅规定了以非法占有为目的的贷款诈骗罪。在经济社会发展中，许多企业或个人通过欺骗手段获取银行或其他金融机构的贷款后，肆意滥用，导致贷款不能归还，给金融机构造成了重大损失，也严重损害了国家金融管理秩序。由于"非法占有的目的"很难被证明，此类行为只能被认为无罪，显然与其严重的社会危害性不相适应。为了规制此类行为，2006 年《刑法修正案（六）》中增设了骗取贷款罪，这就要求企业向金融机构的贷款活动更加谨慎、规范，稍有不慎就将触碰骗取贷款罪的红线。

骗取贷款罪侵犯的客体是国家的金融管理秩序，指向金融资金的使用权。本罪的客观方面表现为，行为人在申请贷款时，虚构事实、隐瞒真相，故意作虚假陈述或提供与客观事实不相符的材料，骗取银行或者其他金融机构的信任，导致银行或者其他金融机构在借款人是否符合取得借款的条件上产生错误认识，把不符合取得金融机构贷款条件的行为人误认为符合条件，因而对其发放贷款，从而使行为人取得贷款，给银行或其他金融机构造成重大损失或者有其他严重情节。常见的骗取金融机构贷款的行为与高利转贷罪类似。

本罪是结果犯，构成本罪要求骗取贷款的行为给银行或者其他金融机构造成重大损失或者有其他严重情节。根据《最高人民检察院、公安部关于公安机关管辖的刑事案件立案追诉标准的规定（二）》的规定，骗取贷款给银行或者其他金融机构造成直接经济损失数额在 50 万元以上的，属于"给银行或者其他金融机构造成重大损失"。本罪的犯罪主体既可以是自然人也可以是单位。本罪的主观方面是故意，并要求行为人不能有非法占有的目的。

根据我国《刑法》第 175 条之一的规定，犯骗取贷款罪的，处 3 年以下有期徒刑或者拘役，并处或者单处罚金；给银行或者其他金融机构造成特别重大损失或者有其他特别严重情节的，处 3 年以上 7 年以下有期徒刑，并处罚金。单位犯本罪的，对单位判处罚金，并对其直接负责的主管人员和其他直接责任人员，依照上述规定处罚。

（二）风险控制

企业向银行或者其他金融机构贷款不同于民间借贷，在贷款条件及贷款程序上都有着更严格的要求。企业在向银行或者其他金融机构贷款时，必须本着诚实信用的态度，克服侥幸心理，规范自身行为。详言之，企业应当做到：

1. 根据企业的实际情况确定贷款金额。企业在确定贷款数额时应量力而行，根据企业自身经营状况、贷款项目的资金需求、担保财产的价值等确定贷款数额。

2. 保证所提信息、证明材料的真实性。企业在向银行或者其他金融机构申请贷款时，应当安排企业法务人员及财务人员对贷款材料进行审核与分析，不能采用提供虚假资料、编造贷款项目等做法。

3. 严格按照法定程序签订借款合同并办理相关手续。企业向银行或者其他金融机构贷款，应当与之签订规范的借款合同。贷款担保应当按照相关法律法规的规定进行登记或备案。

4. 诚信履行借款合同。企业在获得银行贷款后应当按照借款合同约定的用途有计划地合理使用贷款资金，并做好详细的财务记录。按照合同约定的期限和方式还本付息，不要肆意挥霍贷款以致贷款无法按期偿还。

六、欺诈发行证券罪

A 公司计划投资一个创新项目，为解决资金短缺的难题，遂决定通过发行股票上市融资。A 公司董事长黄某召集副董事长、总经理、副总经理集体决定通过调整账目、隐瞒亏损、增加利润的方式保证公司股票上市交易。A 公司向社会公布的招股说明书中，隐瞒了 4000 万余元的亏损，虚增公司利润 5000 万余元，使得公司顺利上市。A 公司在发行股票时在招股说明书中弄虚作假，违反了法律、行政法规的规定，严重的将面临刑事处罚。

（一）风险识别

欺诈发行证券罪，是指在招股说明书、认股书、公司、企业债券等发行文件募集办法中隐瞒重要事实或者编造重大虚假内容，发行股票或者公司、企业债券、存托凭证或者国务院依法认定的其他证券，数额巨大、后果严重或者有其他严重情节的行为。

欺诈发行证券罪，侵犯了国家对证券市场的管理制度以及投资者、股东和债权人的利益。本罪在客观方面分为手段行为和目的行为。其中手段行为是制作虚假的招股说明书、认股书、公司、企业债券等发行文件募集办法的行为；目的行为是欺诈发行证券的行为。构成欺诈发行证券罪，欺诈发行证券要达到"数额巨大、后果严重或者有其他严重情节"的严重程度。根据《最高人民检察院、公安部关于公安机关管辖的刑事案件立案追诉标准的规定（二）》第5条〔欺诈发行证券案（刑法第160条）〕，在招股说明书、认股书、公司、企业债券募集办法等发行文件中隐瞒重要事实或者编造重大虚假内容，发行股票或者公司、企业债券、存托凭证或者国务院依法认定的其他证券，涉嫌下列情形之一的，应予立案追诉：①非法募集资金金额在1000万元以上的；②虚增或者虚减资产达到当期资产总额30%以上的；③虚增或者虚减营业收入达到当期营业收入总额30%以上的；④虚增或者虚减利润达到当期利润总额30%以上的；⑤隐瞒或者编造的重大诉讼、仲裁、担保、关联交易或者其他重大事项所涉及的数额或者连续12个月的累计数额达到最近一期披露的净资产50%以上的；⑥造成投资者直接经济损失数额累计在100万元以上的；⑦为欺诈发行证券而伪造、变造国家机关公文、有效证明文件或者相关凭证、单据的；⑧为欺诈发行证券向负有金融监督管理职责的单位或者人员行贿的；⑨募集的资金全部或者主要用于违法犯罪活动的；⑩其他后果严重或者有其他严重情节的情形。本罪的主观方面是故意，本罪的犯罪主体，既可以是个人，也可以是单位，主要是公司发起人、股份有限公司或者有限责任公司。

根据我国《刑法》第160条的规定，构成欺诈发行证券罪的，处5年以下有期徒刑或者拘役，并处或者单处罚金；数额特别巨大、后果特别严重或者有其他特别严重情节的，处五年以上有期徒刑，并处罚金。如果是单位犯本罪，对单位判处非法募集资金金额20%以上1倍以下罚金，并对其直接负责的主管人员和其他直接责任人员依照上述规定处罚。

（二）风险控制

1. 公司、企业在发行证券时，必须遵守我国法律法规的规定。招股说明书、认股书、企业债权募集办法等书面文件应当真实反映公司企业的经营状况以及股票、债券发行的真实情况。向社会公开发行股票债券之前应当再三审核上述文件，保证文件的真实性、准确性和完整性。

2. 公司、企业在发行证券过程中，伪造、变造国家机关公文、有效证明文件或者相关凭证、单据的行为也应当杜绝，这些行为可能触犯伪造国家机关公文、证件、印章罪以及伪造、变造金融票证罪。

3. 通过发行证券筹得资金以后，应当保证将资金用于公司、企业合法的经营活动中，而不能利用募集的资金进行违法活动或者转移或者隐瞒所募集资金。

第三节　企业运营过程中的刑事风险

公司、企业的生产经营涉及产品质量、物资采购、财务管理、纳税、与客户及政府部门的交往等方面面。本节重点选取了公司、企业在生产经营过程中最易触犯的生产销售伪劣产品罪、侵占罪与挪用资金罪、涉税犯罪、商业贿赂犯罪等进行分析，针对不同罪名提出了相应的刑事风险防范策略，以实现未雨绸缪，帮助企业稳步发展。

一、生产、销售伪劣产品罪

陈某是 A 企业的运营主管，为增加销售额，陈某将本公司生产的低价白酒贴上"五粮液""泸州老窖""剑南春"等知名白酒品牌的标签，高价销售。被查获时，陈某包装制作的假冒白酒销售额达 25 万元。陈某将低价酒包装成高价酒进行销售，销售金额达 25 万元，其行为已构成生产、销售伪劣产品罪。产品生产者和销售者，为谋取暴利而生产、销售伪劣产品的行为违反了《产品质量法》《工业产品质量责任条例》等法律、行政法规的规定，扰乱了正常的市场秩序，损害了消费者的合法权益，将因此遭受民事赔偿与行政处罚，更为严重的是，企业将可能触犯刑法，受到刑事制裁。

（一）风险识别

生产、销售伪劣产品罪，是指生产者、销售者在产品中掺杂、掺假，以假充真，以次充好或者以不合格产品冒充合格产品，销售金额较大的行为。

生产、销售伪劣产品罪侵犯了国家对产品的质量管理制度。本罪的客观方面表现为生产、销售伪劣产品的行为。根据《最高人民法院、最高人民检察院关于办理生产、销售伪劣商品刑事案件具体应用法律若干问题的解释》第 1 条的规定，生产、销售伪劣产品包括以下四种情况：①在产品中掺杂、掺假。指在产品中掺入杂质或者异物，致使产品质量不符合国家法律、法规或者产品明示质量标准规定的质量要求，降低、失去应有使用性能的行为。②以假充真。指以不具有某种使用性能的产品冒充具有该种使用性能的产品的行为。③以次充好。指以低等级、低档次产品冒充高等级、高档次产品，或者以残次、废旧零配件组合、拼装后冒充正品或者新产品的行为。④以不合格产品冒充合格产品。"不合格产品"指不符合《产品质量法》第 26 条第 2 款规定的质量要求的产品。生产、销售伪劣产品罪中的产品，主要是指除《刑法》另有规定的食品、药品、医用器材、农药、化肥、种子、化妆品之外的普通产品。但是，生产销售上述特殊产品，因未造成身体伤害等原因不构成刑法规定的相应罪名，但是销售金额在 5 万元以上的，按照生产、销售伪劣产品罪定罪处罚。生产、销售《刑法》规定的特殊产品，构成《刑法》规定的相应罪名，同时又构成生产销售伪劣产品罪的，依照处罚较重的规定定罪处罚。本罪的犯罪主体既可以是个人，也可以是单位，表现为产品的生产者和销售者。本罪的主观方面是故意，通常具有非法牟利的目的。

生产、销售伪劣产品罪，根据销售金额的多少判处刑罚。"销售金额"，是指生产者、销售者出售伪劣产品后所得和应得的全部违法收入。伪劣产品尚未销售，货值金额达到《刑法》第140条规定的销售金额3倍以上的，以生产、销售伪劣产品罪（未遂）定罪处罚。多次实施生产、销售伪劣产品行为，未经处理的，伪劣产品的销售金额或者货值金额累计计算。根据我国《刑法》第140条、第150条的规定，销售金额5万元以上不满20万元的，处2年以下有期徒刑或者拘役，并处或者单处销售金额50%以上2倍以下罚金；销售金额20万元以上不满50万元的，处2年以上7年以下有期徒刑，并处销售金额50%以上2倍以下罚金；销售金额50万元以上不满200万元的，处7年以上有期徒刑，并处销售金额50%以上2倍以下罚金；销售金额200万元以上的，处15年有期徒刑或者无期徒刑，并处销售金额50%以上2倍以下罚金或者没收财产。单位犯本罪的，对单位判处罚金，并对其直接负责的主管人员和其他直接责任人员，依照上述规定处罚。

（二）风险控制

为避免生产、销售伪劣产品罪的刑事风险，生产者和销售者应当增强法律意识，树立诚信经营的理念，杜绝生产、销售伪劣产品的行为。具体来讲：

1. 生产者在生产过程中应当遵循我国《产品质量法》《工业产品质量责任条例》以及省、自治区、直辖市关于产品质量的地方性法规、规章等规定，加强产品质量的监督，严把质量关，确保产品质量符合国家标准、地区标准及行业标准。

2. 对于销售者来讲，明知是伪劣产品而予以销售或者在所销售的产品中掺杂、掺假的行为构成生产、销售伪劣产品罪的风险极高，销售者在销售产品的过程中应当杜绝和抵制上述行为。

3. 生产者、销售者发现所生产、销售的产品存在质量问题时，应当召回并及时采取措施防止危害后果的扩大，减轻民事赔偿责任的同时也降低刑事犯罪的风险。

二、非法经营罪

钱某为获取非法利益，在无烟草专卖许可证的情况下，从上海购进卷烟欲销售。钱某通过汽车托运该批卷烟欲销售至福建等地，在途经高速公路收费站时被查获，共查获卷烟 1088 条，共计 217 600 支，属情节严重，其行为已构成非法经营罪。为了保证市场正常秩序，国家对一些关乎国计民生、人民生命健康以及公共利益的物品实行限制经营，没有经过批准而擅自予以经营的，就属非法经营，存在构成刑事犯罪的风险。

（一）风险识别

非法经营罪，是指自然人或者单位，违反国家规定，故意从事非法经营活动，扰乱市场秩序，情节严重的行为。

非法经营罪侵犯的客体是市场经济秩序，国家对特定物品实行经营许可制度主要是为了保护限制买卖物品和进出口物品市场。非法经营主要表现为以下几类行为：①未经许可经营法律、行政法规规定的专营、专卖物品或者其他限制买卖的物品；②买卖进出口许可证、进出口原产地证明以及其他法律、行政法规规定的经营许可证或者批准文件；③未经国家有关主管部门批准非法经营证券、期货、保险业务的，或者非法从事资金支付结算业务；④其他严重扰乱市场秩序的非法经营行为，如非法买卖外汇、非法经营出版物、电信业务、互联网业务等。构成本罪，要求非法经营活动达到"情节严重"的程度，"情节特别严重"是本罪的加重处罚情节。司法实践中通常根据行为人非法经营额及违法所得的数额、实施非法经营行为的次数及时间的长短、是否经行政处罚后仍继续非法经营等来认定非法经营行为的严重程度。本罪的主观方面是故意。自然人和单位均可以构成本罪。

根据我国《刑法》第 225 条、第 231 条的规定，犯非法经营罪的，处 5 年以下有期徒刑或者拘役，并处或者单处违法所得 1 倍以上 5 倍以下罚金；情节特别严重的，处 5 年以上有期徒刑，并处违法所得 1 倍以上 5 倍以下罚金或者没收财产。单位犯本罪的，对单位判处罚金，并对其直接负责的主管人员和其他直接责任人员，依照上述规定定罪处罚。

（二）风险控制

1. 公司、企业应当在工商行政管理机关核准的经营范围内从事经营活动。经营国家专营、专卖及其他限制买卖物品的公司、企业应履行相应的审批程序，经过行政主管部门的审批，获得批准文件或经营许可证。

2. 除应在核准的经营范围内从事经营活动外，公司、企业所获得的进出口许可证、进出口原产地证明以及其他法律、行政法规规定的经营许可证或者批准文件也禁止买卖。

3. 非法经营罪中存在着一个兜底性的规定"其他严重扰乱市场秩序的非法经营行为"，这使得非法经营罪成为一个极富适用弹性的罪名。公司、企业在进行经营模式的创新时，应当深入研究和把握国家的法律法规和政策，格外警惕非法经营罪的刑事风险。

三、合同诈骗罪

A 公司为一家钢材销售公司，后因经营状况恶化，资金周转困难，A 公司总经理彭某在明知公司库存不足的情况下，伪造了钢铁公司的质检单、配货单、产品出库单等单据以及 A 进货单库存列表。彭某利用上述虚假凭证骗取了 B 公司采购人员的信任，与 B 公司签订了 3000 吨的钢材销售合同。合同签订以后，B 公司向 A 公司预付货款 50 万元。款项到账后，彭某将大部分款项用于偿还公司债务及个人消费。以合同之名骗取钱财的行为，轻则民事违法，重则涉嫌合同诈骗罪。

（一）风险识别

合同诈骗罪，是指以非法占有为目的，在签订、履行合同过程中，采取虚构事实或者隐瞒真相等欺诈手段，骗取对方当事人的财物，数额较大的行为。

合同诈骗罪所保护的是国家对市场的管理秩序以及合同相对方的财产权利。合同诈骗罪的行为表现为，在签订、履行合同过程中，采取虚构事实或者隐瞒真相等欺诈手段，骗取对方数额较大的财物。常见的欺诈手段有：①以虚构的单位或者冒用他人名义签订合同；②以伪造、变造、作废的票据或者其他虚假的产权证明作担保；③没有实际履行能力，以先履行小额合同或者部分履行合同的方法，诱骗对方当事人继续签订和履行合同；④收受对方当事人给付的货物、货款、预付款或者担保财产后逃匿；⑤以其他方法骗取对方当事人财物。本罪在主观方面表现为直接故意，而且行为人具有非法占有对方当事人财物的目的。在司法实践中，非法占有的目的通常通过客观方面的行为进行推定。从原则上来讲，在签订、履行合同的过程中，只要使用了刑法上规定的欺诈手段，就可能被认定为具有非法占有的目的。具体而言，①合同签订后携带对方当事人交付的货物、货款、预付款或者定金、保证金等担保合同履行的财产逃跑的；②挥霍对方当事人交付的货物、货款、预付款或者定金、保证金等担保合同履行的财产，致使上述款物无法返还的；③使用对方当事人交付的货物、货款、预付款或者定金、保证金等担保合同履行的财产进行违法犯罪活动，致使上述款物无法返还的；④隐匿合同货物、货款、预付款或者定金、保证金等担保合同履行的财产，拒不返还的；⑤合同签订后，以支付部分货款，开始履行合同为诱饵，骗取全部货物后，在合同规定的期限内或者双方另行约定的付款期限内，无正当理由拒不支付其余货款的，均可能被认定为"具有非法占有目的"的情形。本罪的犯罪主体为一般主体，包括自然人和单位。

根据我国《刑法》第 224 条的规定，犯合同诈骗罪的，处 3 年以下有期徒刑或者拘役，并处或者单处罚金；数额巨大或者有其他严重情节的，处 3 年以上 10

年以下有期徒刑，并处罚金；数额特别巨大或者有其他特别严重情节的，处 10 年以上有期徒刑或者无期徒刑，并处罚金或者没收财产。

（二）风险控制

合同诈骗罪是故意犯罪。公司、企业在市场交易中实施合同诈骗行为主要是由于诚信经营的理念尚未树立，为了谋取不正当经济利益而不择手段。公司、企业应树立良好的商业道德，规范自身行为。具体来讲：

1. 公司、企业在签订合同时，应当衡量自身履行合同的能力，量力而行。不实施虚构单位、伪造证明文件、提供虚假担保等欺诈行为。明知自己没有合同履行能力而夸大合同履行能力，最终导致合同履行不能的也有被认定为合同诈骗罪的风险。

2. 签订合同后，应当积极创造条件履行全部合同义务。即使因为市场风险导致合同无法履行，也应当积极承担违约责任，而不能携带对方交付的钱款逃逸，逃避承担民事责任。

四、侵犯商业秘密罪

A 公司是一家电子产品公司，在《A 公司规章制度》中专门规定了公司保密制度，规定公司秘密事项包括客户资料、合作渠道、产品报价等经营信息。陈某在担任 A 公司业务员期间，违反 A 公司上述保守商业秘密的规定，私自设立 B 公司，从事与 A 公司相同的电子产品业务生意。陈某利用工作中掌握的 A 公司客户信息、产品信息等，转移 A 公司客户，致使原 A 公司客户向陈某经营的 B 公司下订单。通过从事上述业务，陈某所获取的利润总额达 90 余万元。公司、企业在经营过程中存在侵犯其他公司、企业的商业秘密而构成犯罪的风险，也可能因本单位的商业秘密被侵犯，成为侵犯商业秘密罪的受害方。上述任何一种风险，给企业造成的损害都是不可估量的。

（一）风险识别

侵犯商业秘密罪，是指以盗窃、贿赂、欺诈、胁迫、电子侵入或者其他不正当手段获取权利人的商业秘密，给商业秘密的权利人造成重大损失的行为。

本罪的法益是国家对商业秘密的管理制度，以及商业秘密的权利人享有的合法权利。本罪在客观方面表现侵犯商业秘密，给商业秘密的权利人造成重大损失的行为。商业秘密，是指不为公众所知悉，能为权利人带来经济利益，具有实用性并经权利人采取保密措施的技术信息和经营信息。技术信息与经营信息通常包括产品配方、技术诀窍、设计图纸、营销策略、经营决策、客户名单等。侵犯商业秘密的行为主要表现为：①以盗窃、贿赂、欺诈、胁迫、电子侵入或者其他不正当手段获取权利人的商业秘密；②披露、使用或者允许他人使用以上述手段获取的权利人的商业秘密；③违反保密义务或者违反权利人有关保守商业秘密的要求，披露、使用或者允许他人使用其所掌握的商业秘密。④明知或者应知上述行为，获取、披露、使用或者允许他人使用该商业秘密。构成侵犯商业秘密罪，要求侵犯商业秘密的行为给商业秘密的权利人造成重大损失。根据《最高人民法院、最高人民检察院关于办理侵犯知识产权刑事案件具体应用法律若干问题的解释（三）》第4条，实施刑法第219条规定的行为，具有下列情形之一的，应当认定为"给商业秘密的权利人造成重大损失"：①给商业秘密的权利人造成损失数额或者因侵犯商业秘密违法所得数额在30万元以上的；②直接导致商业秘密的权利人因重大经营困难而破产、倒闭的；③造成商业秘密的权利人其他重大损失的。给商业秘密的权利人造成损失数额或者因侵犯商业秘密违法所得数额在250万元以上的，应当认定为刑法第219条规定的"造成特别严重后果"。

根据我国《刑法》第219条、第220条的规定，犯侵犯商业秘密罪的，处3年以下有期徒刑，并处或者单处罚金；情节特别严重的，处3年以上10年以下有期徒刑，并处罚金。单位犯本罪的，对单位判处罚金，并对其直接负责的主管人员和其他直接责任人员，依照上述规定处罚。

（二）风险控制

商业秘密是企业的无形财富，关系到企业的生存和发展。企业一旦牵涉进侵犯商业秘密罪，不仅会遭受巨大的经济损失，还可能面临牢狱之灾。因此，企业应当采取预防和控制措施，在保护自身商业秘密不受侵害的同时也避免侵犯其他公司、企业的商业秘密。

1. 在公司、企业的内部管理中，应当建立和完善保护商业秘密的规章制度。在劳动合同中约定保密条款和竞业禁止的内容或者单独与员工签订保密合同及竞业禁止合同，明确公司、企业员工的保密义务与责任。

2. 通过对单位员工进行培训，明确泄露商业秘密的民事及刑事责任，增强员工的道德观念、法制观念和责任感，使掌握企业商业秘密的技术人员、营销人员等形成保护商业秘密的自觉性。降低上述人员因受利益驱动出卖本企业的商业秘密，或者以不正当手段获取其他企业的商业秘密的可能。

3. 在外部，与供应商、客户及政府部门交往的过程中也应当注意商业秘密的保护，涉及商业秘密时，也可以协商签订保密协议。

五、虚假广告罪

为了获得良好的宣传效果，广告主、广告经营者或广告发布者经常对广告内容进行夸大，消费者通常也能认识到广告的夸大性。但如果广告夸大的程度超过了一定限度，被认定为虚假广告，广告主、广告经营者或广告发布者轻则面临行政处罚，重则将可能构成虚假广告罪，承担刑事责任。

（一）风险识别

虚假广告罪，是指广告主、广告经营者、广告发布者违反国家规定，利用广告对商品或者服务作虚假宣传，情节严重的行为。

虚假广告罪危害了国家对广告经营的管理秩序，也侵犯了消费者及其他商品生产经营者、服务提供者的利益。本罪在客观方面表现为，违反国家规定，利用广告对商品或者服务进行虚假宣传。在实践中，广告有下列情形之一的，为虚假广告：①商品或者服务不存在的；②商品的性能、功能、产地、用途、质量、规格、成分、价格、生产者、有效期限、销售状况、曾获荣誉等信息，或者服务的内容、提供者、形式、质量、价格、销售状况、曾获荣誉等信息，以及与商品或者服务有关的允诺等信息与实际情况不符，对购买行为有实质性影响的；③使用虚构、伪造或者无法验证的科研成果、统计资料、调查结果、文摘、引用语等信息作证明材料的；④虚构使用商品或者接受服务的效果的；⑤以虚假或者引人误解的内容欺骗、误导消费者的其他情形。构成本罪，要求利用广告对商品或者服务进行虚假宣传达到情节严重。根据《最高人民检察院、公安部关于公安机关管辖的刑事案件立案追诉标准的规定（二）》第 67 条规定，"情节严重"的情形包括：①违法所得数额在 10 万元以上；②假借预防、控制突发事件、传染病防治的名义，利用广告作虚假宣传，致使多人上当受骗，违法所得数额在 3 万元以上；③利用广告对食品、药品作虚假宣传。违法所得数额在 3 万元以上的；④虽未达到上述数额标准，但 2 年内因利用广告作虚假宣传受过 2 次以上行政处罚，又利用广告作虚假宣传；⑤造成严重危害后果或者恶劣社会影响的；⑥其他情节严重的情形。本罪的犯罪主体既可以是个人也可以是单位，通常是广告主、广告经营者、广告发布者。本罪的主观方面是故意。

根据我国《刑法》第 222 条、第 231 条的规定，对于虚假广告罪，处 2 年以下有期徒刑或者拘役，并处或者单处罚金。单位犯本罪的，对单位判处罚金，并对其直接负责的主管人员和其他直接责任人员，处 2 年以下有期徒刑或者拘役，并处或者单处罚金。

（二）风险控制

广告主、广告经营者或广告发布者应当在事前进行防范与控制，避免因虚假广告造成的民事赔偿、行政处罚甚至刑事责任。

1. 广告主（通常是商品生产者或服务提供者）应把握好广告宣传的尺度。对广告内容可以进行一定程度的夸大，但对商品或服务的夸大宣传足以使一般人陷入认识错误时，将被认定为"虚假广告"。为了避免刑事风险，广告宣传夸大程度的标准应当从严把握。

2. 商品生产者或服务提供者可以通过广告宣传自己的产品或服务，也可能通过广告诋毁竞争对手的产品或服务。虽然对自己商品或服务的宣传内容是真实的，但不排除该行为同时构成虚假广告罪与损害商业信誉、商品声誉罪。

3. 广告经营者或广告发布者在承办的广告业务中应当根据广告管理法律法规的规定，在广告发布之前对广告内容、表现广告内容的语言文字、画面、声音等广告表现形式进行审查，以保证广告表现形式与广告内容相符且真实。

六、逃税罪

税收是我国财政收入的主要来源，依法纳税是每个市场经营主体的义务。采取欺骗、隐瞒的手段进行虚假纳税申报或者不申报，逃避缴纳税款的行为，轻则面临行政处罚，重则构成刑事犯罪。逃税罪有哪些入罪标准？公司、企业应当如何规范自身行为，防范逃税罪的刑事风险？

（一）风险识别

逃税罪，是指纳税人采取欺骗、隐瞒手段进行虚假纳税申报或者不申报，逃避缴纳税款，或者缴纳税款后，以假报出口或者其他欺骗手段，骗取所缴纳税款的行为，以及扣缴义务人采取欺骗、隐瞒等手段，不缴或者少缴已扣、已收税款，数额较大的行为。

逃税罪侵害了国家税收征管秩序。本罪的客观方面表现为，采取欺骗、隐瞒手段进行虚假纳税申报或者不申报，逃避缴纳税款的行为。通常的欺骗、隐瞒手段包括：①伪造、变造、隐匿、擅自销毁账簿、记账凭证；②在账簿上多列支出或者不列、少列收入；③报送虚假的纳税申报表、财务报表、代扣代缴、代收代缴税款报告表或者其他纳税申报材料等。经税务机关通知申报而不进行纳税申报，逃避缴纳税款的行为也可能构成逃税罪。因不申报而成立逃税罪的，不需要采取欺骗、隐瞒的手段。扣缴义务人采取欺骗、隐瞒等手段，不缴或者少缴已扣、已收税款也是逃税罪的客观表现之一。逃税罪的入罪标准是纳税人逃避缴纳税款数额较大并且占应纳税额10%以上。根据《最高人民检察院、公安部关于公安机关管辖的刑事案件立案追诉标准的规定（二）》的规定，数额较大的起点是10万元。本罪的犯罪主体是纳税人与扣缴义务人。纳税人是指法律、行政法规规定的，负有纳税义务的单位或者个人；扣缴义务人是指法律、行政法规规定的负有代扣代缴、代收代缴税款义务的单位或者个人。本罪的主观方面是故意。

根据我国《刑法》第201条的规定，犯逃税罪的，处3年以下有期徒刑或者拘役，并处罚金；逃避缴纳税款数额巨大并且占应纳税额30%以上的，处3年以上7年以下有期徒刑，并处罚金。

此外，为了给逃避缴纳税款者一个改过自新的机会，落实"宽严相济"的刑事政策，本条规定了不追究逃税人刑事责任的特别条款：经税务机关依法下达追缴通知后，补缴应纳税款，缴纳滞纳金，并且已受行政处罚。但是，5年内因逃避缴纳税款受过刑事处罚或者被税务机关给予 2 次以上行政处罚的除外。

（二）风险控制

公司、企业利用税法中的漏洞或者模糊之处，通过对经营及财务活动进行安排，合理避税是可行的。但如果试图挑战刑法的底线，实施逃税行为，将面临更严厉的行政处罚与刑事处罚。为防范逃税罪的刑事风险，企业可以从以下几个方面着手：

1. 增强依法纳税的意识，规范纳税申报和缴纳税款的行为。会计凭证、会计账簿是公司、企业进行核算和缴税的重要依据。公司、企业应当依法保存和管理，保证凭证的完整、科学，杜绝伪造、变造、隐匿、擅自销毁账簿、记账凭证的行为。确保在纳税申报过程中提供真实的纳税申报材料，并足额缴纳税款。

2. 定期进行税务检查，及时发现涉税问题。公司、企业应当根据实际生产经营状况和财务资料，定期进行税务检查，发现有少列收入、多列支出，虚增抵扣税额等情况，及时纠正。

3. 对于已经因逃税行为受到行政处罚的公司、企业来说，应当利用好刑法上不追究逃税人刑事责任的特别条款，防止行政责任演化成刑事责任。在税务机关依法下达追缴通知后，应及时补缴应纳税款，缴纳滞纳金，接受行政处罚。

七、虚开增值税专用发票、用于骗取出口退税、抵扣税款发票罪与虚开发票罪

2016 年 5 月 1 日起，我国全面实施营业税改增值税，营改增后，增值税发票用量大大增加，虚开案件数量随之上升。实践中企业交易形式多样，货物流、现金流、发票流经常不一致，加之《刑法》及相关司法解释对此类犯罪规定的起刑点低、处罚范围广、刑罚较重，企业面临巨大的刑事风险。

（一）风险识别

虚开增值税专用发票、用于骗取出口退税、抵扣税款发票罪，是指个人或者单位故意虚开增值税专用发票或者虚开用于骗取出口退税、抵扣税款的其他发票的行为。虚开发票罪，是指虚开除增值税专用发票、用于骗取出口退税、抵扣税款的其他发票以外的发票，情节严重的行为。（下文仅以虚开增值税专用发票为例进行分析。）

虚开增值税专用发票罪侵犯了国家对发票的管理制度，造成国家税款流失，严重破坏了社会主义市场经济秩序。本罪在客观方面表现为：①没有货物购销或者没有提供或者接受应税劳务，而为他人、为自己、让他人为自己、介绍他人开具增值税专用发票；②有货物销售或者提供或接受了应税劳务但为他人、为自己、让他人、介绍他人开具数量或者金额不实的增值税专用发票；③进行了实际经营活动，但让他人为自己代开增值税专用发票。尤其要注意的是，在进行了实际经营活动但让他人为自己代开增值税专用发票的情形下，对于开票人来说，并没有实际业务发生，请求代开者与开票人均构成虚开增值税专用发票罪。本罪的犯罪主体为一般主体，个人及单位均可成立本罪。本罪的主观方面是故意，因过失而错开、误开增值税专用发票的，不成立本罪。

根据我国《刑法》第205条的规定，犯虚开增值税专用发票、用于骗取出口退税、抵扣税款发票罪的，处3年以下有期徒刑或者拘役，并处2万元以上20万元以下罚金；虚开的税款数额较大或者有其他严重情节的，处3年以上10年以下有期徒刑，并处5万元以上50万元以下罚金；虚开的税款数额巨大或者有其他特别严重情节的，处10年以上有期徒刑或者无期徒刑，并处5万元以上50万元以下罚金或者没收财产。根据《最高人民检察院、公安部关于公安机关管辖的刑事案件立案追诉标准的规定（二）》，数额较大的标准是10万元。《刑法》第205条之一规定，犯虚开发票罪的，处2年以下有期徒刑、拘役或者管制，并处罚金；情节特别严重的，处2年以上7年以下有期徒刑，并处罚金。单位成立虚开相关犯罪时，实行双罚制，对单位判处罚金，并追究直接负责的主管人员和其他直接责任人员的刑事责任。在执行罚金、没收财产之前，先由税务机关追缴税款和所骗取的税款。

（二）风险控制

为防范和化解虚开发票类犯罪的风险，公司、企业可以从以下几个方面入手：

1. 完善公司、企业的发票管理制度。公司、企业财务人员应当按照国家发票管理及公司相关制度的规定，对于发票、合同及其他交易凭证明确责任、加强管理、严格控制，并在相关人员之间建立起制约和监督机制。

2. 加强对企业内部人员的业务及法律培训。通过对财务人员、采购人员等进行专业的税法培训，使其全面了解发票相关知识，明确虚开发票、虚开增值税专用发票的法律责任。

3. 涉及增值税专用发票及其他发票的具体业务中要增强防范意识，规范业务行为。在销售和采购过程中要确保实物流、现金流、发票流的一致性。关联方之间因关系密切，违法开票的现象更加严重，更要注意实物流、现金流、发票流合法合规，规避风险。

八、职务侵占罪

近年来，非国有公司、企业中的职务经济犯罪频繁发生，职务侵占罪是其中最常见的罪名。在公司经营过程中，股东侵占自己出资企业的财产，公司、企业人员将交付管理、经手、使用的财物据为己有等行为均有触犯职务侵占罪的刑事风险，企公司、企业或者其他单位的人员必须高度警惕。

（一）风险识别

职务侵占罪，是指公司、企业或者其他单位的人员，利用职务上的便利，将本单位财物非法占为己有，数额较大的行为。

职务侵占罪侵犯了公司、企业或者其他单位的财产所有权。本罪在客观方面表现为利用职务上的便利，将本单位财物非法占为己有。常见的职务侵占行为方式包括侵吞、窃取、骗取以及其他方式，通常表现为：①利用合法主管、管理、经手、使用公司、企业财物的便利，将财物非法占为己有。例如，收入不入账，据为己有；涂改账目，加大支出，缩小收入，从中侵吞；伪造付款凭证套现等。②将自己合法主管、经手、管理的公司财物秘密占为己有。一般通过做假账、伪造现场、谎称被盗、丢失等方法。③利用职务之便，采取虚构事实或隐瞒真相的方法，将公司财务占为己有。④内外勾结、白条抵库等。本罪的犯罪主体是非国有公司、企业或者单位中工作的人员，以及国有公司、企业或者其他国有单位中从事非公务活动的人员。国有公司、企业或者其他国有单位中从事公务的人员和国有公司、企业或者其他国有单位委派到非国有公司、企业以及其他单位从事公务的人员实施上述行为的，将可能构成贪污罪。本罪的主观方面是故意，且要求具有非法占有的目的。根据《最高人民检察院、公安部关于公安机关管辖的刑事案件立案追诉标准的规定（二）》的规定，公司、企业或者其他单位的人员，利用职务上的便利，将本单位财物非法占为己有，数额在 3 万元以上的，应予立案追诉。

根据我国《刑法》第 271 条的规定，构成职务侵占罪的，处 3 年以下有期徒刑或者拘役，并处罚金；数额巨大的，处 3 年以上 10 年以下有期徒刑，并处罚金；数额特别巨大的，处 10 年以上有期徒刑或者无期徒刑，并处罚金。

（二）风险控制

公司、企业的财物是保障企业良好运转的物质基础，一旦被侵占将严重影响公司、企业运营，应当引起足够重视。为了防范职务侵占犯罪的发生，可以从以下几个方面着手：

1. 加强公司、企业的财务制度建设。公司企业应当对财务管理、货物流转、合同签订等重要环节制定完善的规章制度，规范财务流程，严格执行审批程序，确保财务流通的各个环节有章可循。加大与业务单位核对账目的力度，及时发现和处理违规账目，并尽量使用银行结算。

2. 加强对公司、企业人员的培训。公司、企业应当定期开展对管理人员、员工的业务能力、法律知识及职业道德的培训，使公司企业人员明确自身职责、诚信履职。

3. 对于公司董事、监事、高级管理人员等，应当强化公司财产独立的意识，严格按照《民法典》等法律法规以及公司章程的规定开展经营活动。杜绝将个人财产与公司财产混同，用公司资金支付个人支出。

4. 对企业人员的职务侵占行为应当按照公司、企业的规章制度严肃处理。其中情节严重、涉嫌犯罪的，应当及时向公安机关报案。

九、挪用资金罪

企业在经营过程中，资金的调配、流动十分频繁，资金是企业生存和发展的基石，挪用资金罪侵害了公司、企业对资金占有、使用及收益的权利，危及企业正常运营及发展壮大。那么应当如何把握资金正常调配与挪用资金罪之间的界限，才能不触碰挪用资金罪的雷区？

（一）风险识别

挪用资金罪，是指公司、企业或者其他单位的人员，利用职务上的便利，挪用本单位资金归个人使用或者借贷给他人，数额较大、超过 3 个月未还，或者虽未超过 3 个月，但数额较大、进行营利活动的，或者进行非法活动的行为。

挪用资金通常表现为：①利用职务上的便利，挪用本单位资金归个人使用或者借贷给他人，数额较大、超过 3 个月未还；②利用职务上的便利，挪用本单位资金归个人使用或者借贷给他人，虽未超过 3 个月，但数额较大、进行营利活动；③利用职务上的便利，挪用本单位资金进行非法活动。利用职务上的便利，是指利用职务上主管、管理或经手本单位资金的方便条件。根据《最高人民检察院、公安部关于公安机关管辖的刑事案件立案追诉标准的规定（二）》第 77 条规定，挪用资金罪中的"归个人使用"是指，将本单位资金供本人、亲友或者其他自然人使用，或者以个人名义将本单位资金供其他单位使用，或者个人决定以单位名义将本单位资金供其他单位使用，谋取个人利益。挪用单位资金对进行营利性活动的，对挪用的资金的时间没有限制，只要求数额较大。挪用资金进行违法活动的，对挪用资金的时间和数额均无限制。本罪的犯罪主体是非国有公司、企业或者单位中工作的人员，以及国有公司、企业或者其他国有单位中从事非公务活动的人员。国有公司、企业或者其他国有单位中从事公务的人员和国有公司、企业或者其他国有单位委派到非国有公司、企业以及其他单位从事公务的人员实施上述行为的，将可能构成挪用公款罪。本罪的主观方面是故意，要求行为人必须明知是单位的资金而非法占有和使用。

根据我国《刑法》第 272 条的规定，犯挪用资金罪的，处 3 年以下有期徒刑或者拘役；挪用本单位资金数额巨大的，处 3 年以上 7 年以下有期徒刑；数额特别巨大的处 7 年以上有期徒刑。

（二）风险控制

公司、企业人员，尤其是企业高管及财务人员掌握着公司企业资金的调配、使用，挪用资金罪像他们头顶的"达摩克利斯之剑"，始终高悬。公司、企业为了防范挪用资金罪的刑事风险，可以从以下几个方面着手：

1. 健全和完善公司资金管理制度，规范资金使用流程，保证资金流通的各个环节都有相应的责任人及监督机制。

2. 加强对公司、企业人员的培训。通过业务、法律、职业道德的培训，使公司、企业人员明确挪用单位资金的法律责任，严格遵循业务规范。

3. 公司、企业高管尤其是公司、企业的初始投资者，应当树立企业法人的理念，增强法律意识，严格区分个人与企业财产。需要动用公司资金时，应当按照《民法典》以及公司章程的规定，执行相应程序，不能擅自决定。

4. 公司、企业人员已经实施了挪用公司资金行为的，应当及时回收资金，归还单位，防止民事责任向刑事责任转化。

十、对非国家工作人员行贿罪、对单位行贿罪、行贿罪与单位行贿罪

刘某系 A 医药公司销售业务员。在向 B 医院销售药品的过程中，刘某为谋取不正当经济利益，先后多次给予 B 医院药品采购员张某回扣款和好处费共计人民币 6 万元。刘某为谋取不正当利益，给予其他单位的工作人员以财物且数额较大，其行为已构成对非国家工作人员行贿罪。公司、企业在运营中需要与业务单位、政府部门打交道，如果把握不好人情往来与行受贿犯罪的界限，构成刑事犯罪的风险也极大。

（一）风险识别

对非国家工作人员行贿罪，是指为谋取不正当利益，给予公司、企业或者其他单位的工作人员以财物，数额较大的行为。对非国家工作人员行贿罪侵犯了公司、企业或者其他单位的管理制度以及公司、企业或者其他单位人员职务的廉洁性。本罪的客观行为是给予公司、企业或者其他单位的工作人员以财物，数额较大的行为。实践中，财物涵盖的范围很广，包括金钱，房子、车子等实物以及提供房屋维修、购物卡、免费旅游、虚设股权、减免债务等财产性利益。根据司法实践，个人和单位对非国家工作人员行贿，"数额较大"的标准分别为 3 万元、20万元。本罪的主观方面是故意，并且必须具有谋取不正当利益的目的，至于实际上是否谋取到不正当利益，不影响本罪的成立。本罪的犯罪主体是个人和单位。

对单位行贿罪，是指个人或单位为谋取不正当利益，给予国家机关、国有公司、企业、事业单位、人民团体以财物，或者在经济往来中，违反国家规定，给予各种名义的回扣、手续费的行为。行贿罪，是指为谋取不正当利益，给予国家工作人员以财物的行为。单位行贿罪是指单位为谋取不正当利益，给予国家工作人员以财物，或者违反国家规定，给予国家工作人员各种名义的回扣、手续费的行为。

这些行贿类犯罪在客观上的表现并无二致，均表现为谋取不正当利益，给予财物，区别主要在于行贿主体与行贿对象。对单位行贿罪的主体是个人或单位，行贿对象是国有单位；行贿罪的主体是个人，行贿对象是国家工作人员；单位行贿罪的行贿主体是单位，行贿对象是国家工作人员。

（二）风险控制

公司、企业为防范行贿类犯罪的风险，需要注意以下几点：

1. 公司、企业都是以营利为目的的，但应当在公平、公正、公开的市场环境中，通过诚实信用、合法经营，谋取合法利益，而不能罔顾法律，为谋取不正当利益进行钱权交易。

2. 当人情往来与工作交织的时候，应当格外慎重。发生财物往来的背景，往来财物的价值，财物往来的缘由、时机和方式，提供财物方对于接受方有无职务上的请托，接受方是否利用职务上的便利为提供方谋取利益这些因素都是认定行贿行为时考虑的因素。

十一、非国家工作人员受贿罪

公司、企业或者其他单位的工作人员，自身利益与所在单位的利益休戚相关。为公司繁荣与个人发展，公司、企业或者其他单位的工作人员在工作中应当忠实、勤勉。利用职务上的便利索取或者非法收受他人财物，为他人谋取利益的行为损害了公司的利益，也将自身置于刑事犯罪的巨大风险之下。

（一）风险识别

非国家工作人员受贿罪，是指公司、企业或者其他单位的工作人员利用职务上的便利，索取他人财物或者非法收受他人财物，为他人谋取利益，数额较大的行为。

非国家工作人员受贿罪既侵犯了公司、企业或者其他单位的正常管理制度，也侵犯了公司、企业或者其他单位工作人员职务的廉洁性。本罪在客观方面表现为利用职务上的便利，索取他人财物或者非法收受他人财物，为他人谋取利益，数额较大的行为，其中包含四个方面的要素：①利用职务上的便利。指利用自己在单位的职权或者同职务相关的便利条件，包括人事权、财权或者了解公司资金、生产经营状况等权利。②索取或者非法收受他人财物。主动强索硬要或者在他人有所请托而主动给予财物时予以接受。③为他人谋取利益。为他人谋取利益的最低要求是承诺为他人谋取利益，不管是合法的还是非法的、物质性利益还是非物质性利益。④数额较大。根据司法实践，索取或者非法收受他人财物在 3 万元以上的即为数额较大。此外，公司、企业或者其他单位的工作人员在经济往来中，利用职务上的便利，违反国家规定，收受各种名义的回扣、手续费，归个人所有的也成立本罪。本罪的犯罪主体是公司、企业或者其他单位的工作人员，包括股份有限公司、有限责任公司的董事、监事、经理、会计、销售员等以及公司以外的企业或者其他单位的经理会计、业务员、推销员等。（国有公司、企业或者其他国有单位中从事公务的人员和国有公司、企业或者其他国有单位委派到非国有公司、企业以及其他单位从事公务的人员实施上述行为的，以受贿罪论处。）本罪的主观方面是故意。

根据我国《刑法》第 163 条的规定，犯非国家工作人员受贿罪的，处 3 年以下有期徒刑或者拘役，并处罚金；数额巨大的或者有其他严重情节，处 3 年以上 10 年以下有期徒刑，并处罚金；数额特别巨大或者有其他特别严重情节的，处 10 年以上有期徒刑或者无期徒刑，并处罚金。根据《最高人民检察院、公安部关于公安机关管辖的刑事案件立案追诉标准的规定（二）》，非国家工作人员受贿罪，数额较大的起点是 3 万元。

（二）风险控制

1. 在进行采购时，要注意将回扣与折扣、佣金等合法收入区别开来。公司、企业人员在采购时，要杜绝收取回扣、好处费等《刑法》禁止的行为。

2. 交易相对方给予折扣、佣金的，应当在依法设立的，反映单位生产经营活动或者行政事业经费收支的财务账上，按照财务会计制度规定明确如实记载。

3. 在其他业务活动中，公司、企业或者其他单位的人员应当杜绝利用职务上的便利，索取或者收受任何形式的好处费。

第四节　企业终止过程中的刑事风险

在市场规律的支配下，企业终止也是较为常见的经济现象，而清算是企业终止的必经程序。企业的清算不仅涉及企业自身，更涉及其投资者、债权债务人、企业职工等利益相关者的切身经济利益。从更深远意义上讲，企业清算还关系到社会经济秩序的稳定。因此国家通过民商事及刑事立法对企业破产清算及非破产清算做出了严格的规范。由于经济利益驱动、法律意识薄弱、对企业终止过程中的刑事风险认识不清，公司、企业转移隐匿财产等虚假破产、妨害清算的行为屡见不鲜。本节对妨害清算罪及虚假破产罪进行了剖析，并提出了有针对性的预防措施，使公司企业合法消灭，以降低企业终止过程中的犯罪风险。

一、妨害清算罪

部分公司在申请破产、清算资产过程中，为达到逃避公司、企业债务目的，采取弄虚作假、隐匿转移企业资产、虚增债务等手段，严重损害债权人的合法权益，妨害了正常的清算活动，其行为已构成妨害清算罪。

（一）风险识别

妨害清算罪，是指公司、企业进行清算时，隐匿财产、对资产负债表或者财产清单作虚伪记载或者在未清偿债务前分配公司、企业财产、严重损害债权人或者其他人合法权益的行为。

妨害清算罪侵犯的客体是国家对公司、企业的清算秩序，也损害了债权人和其他相关人的利益。司法实践中常见的妨害清算的行为有：①全部或者部分转移、隐匿公司、企业的资金、设备、产品、原材料等各种财产，使公司、企业没有财产或者无足够的财产清偿债务；②对资产负债表或财产清单作虚伪记载，如夸大负债数额，作实际上并不存在的负债记载，对特定债权人作不符合事实的负债记载，减少公司、企业的收入，降低固定资产的价格等；③故意隐藏、毁损公司账册、财务会计报告及其他重要资料，导致无法清算或无法依法全面清算；④在清偿债务前分配公司、企业财产等。本罪的犯罪主体公司、企业。考虑到对债权人利益的保护，我国《刑法》对妨害清算罪实行单罚制，即只处罚直接负责的主管人员和其他直接责任人员。若对企业判处罚金，则企业的清偿能力会进一步削弱，与妨害清算罪保护债权人利益的目的背道而驰。本罪的主观方面表现为故意。

根据我国《刑法》第162条的规定，犯妨害清算罪的，对其直接负责的主管人员和其他直接责任人员，处5年以下有期徒刑或者拘役，并处或者单处2万元以上20万元以下罚金。

（二）风险控制

清算是公司企业走向消亡的重要一环。组成清算组成员的公司、企业董事、经理、财务会计人员由于对被清算公司、企业的财产拥有处分权或一定管理权，一般会被认定为是对清算活动直接负责的主管人员和其他直接责任人员，构成妨害清算罪的风险也最大。此类人员在公司、企业的清算中应当增强法律意识，按照相关法律、行政法规的规定，遵循清算活动的运作流程，杜绝蓄意妨害公司、企业清算的行为发生。虽然妨害清算罪发生在公司、企业进行清算时，但是在公司、企业清算程序开始之前的一段时间内，实施上述行为，进而持续到企业清算程序中的，也有被刑事立案的风险。

二、虚假破产罪

A公司是一家电器生产公司。为扩大生产经营，A公司以生产设备、原材料、半成品、产品等动产设定抵押，向中国建设银行某支行贷款100万元，贷款期限为4年。期限届至A公司决定通过破产逃避公司债，决定将其生产设备、原材料、产品等隐匿，放弃到期债权，并与原材料供应商串通签订虚假购销合同，造成A公司资不抵债的假象。2013年10月A公司通过股东会决议后向法院递交了破产申请书，在其提交的虚假申请材料中称，公司已经不能清偿到期债务。最终 A 公司通过破产程序将公司注销，且其除了支付清算费用外，银行及其他债权人的债权都未清偿。A 公司通过转移财产、放弃债权、虚构债务的方式造成资不抵债的假象，进而向法院申请宣告破产，使公司进入破产程序的行为已构成虚假破产罪。

（一）风险识别

虚假破产罪，是指公司、企业通过隐匿财产、承担虚构的债务或者以其他方法转移、处分财产，实施虚假破产，严重损害债权人或者其他人利益的行为。

虚假破产罪侵犯的是复杂客体，既侵犯了国家对公司、企业的破产管理秩序又侵害了债权人或者其他人的合法权益。本罪的客观方面包括手段行为和目的行为。常见的虚假破产的手段行为有：①将公司、企业的资金、设备、产品、货物等财产全部或部分予以隐瞒、转移、藏匿；②捏造、承认不真实或不存在的债务；③私分或者无偿转让财产；④非正常压价出售财产；⑤对原来没有财产担保的债务提供财产担保；⑥对未到期的债务提前清偿；⑦放弃自己的债权等。虚假破产罪的目的行为是实施虚假破产，即公司、企业本不符合破产条件，而通过上述转移、处分财产的手段行为，制造自己不能清偿债务或者资不抵债的假象，从而申请宣告破产或者被债权人申请宣告破产，致使公司、企业进入破产程序的行为。虚假破产罪是结果犯，虚假破产行为只有严重损害了债权人和其他人的利益才构成本罪。此处的"其他人"指公司、企业的职工、其他股东、国家税收部门等。本罪是单位犯罪，犯罪主体是公司、企业，即隐匿财产等虚假破产行为必须是以公司、企业的名义实施的。如果公司、企业的主管人员在破产程序开始前实施隐匿公司财产的行为，虽然也会损害债权人或者其他人的利益，不构成虚假破产罪，而应构成职务侵占罪或者贪污罪。

根据我国《刑法》第 162 条之二的规定，公司、企业犯虚假破产罪的，对其直接负责的主管人员和其他直接责任人员，处 5 年以下有期徒刑或者拘役，并处或者单处 2 万元以上 20 万元以下的罚金。

（二）风险控制

正常的经营失败是难以避免的，破产是市场经济优胜劣汰的必然结果。破产制度在保护债权人和债务人的合法权益、维护正常的市场经济秩序方面发挥着越来越重要的作用。公司、企业应当诚信经营，不能铤而走险，通过虚假破产的方式逃避债务。虚假破产的行为在损害债权人或者其他人利益的同时，也使企业自身陷入虚假破产罪的刑事风险。公司、企业只有在确实发生经营困难、资不抵债或者明显缺乏清偿能力的情况下才能向法院提出宣告破产的申请，按照《企业破产法》等相关法律法规的规定清算财产、偿还债务，最大限度地避免虚假破产罪与妨害清算罪的刑事风险。

【课后作业】

1. 请从互联网企业在众筹融资的角度谈谈企业可能遇及的刑事法律风险及防范对策。

2. 请谈谈新时代背景下企业合规机制实施的重要性。

参考文献

［1］Douglas, M. and Wildavsky, A. , *Risk And Culture*, University of California Press, 1983.

［2］Dombrowski, W. R. , *Critical Theory in Sociological Disaster Research*, In R. R. Dynes, B. de Marchi, and C. Pelanda eds. , *Sociology of Disasters*, Franco Angeli, 1987.

［3］Klandermanns, B. , *Moblization and Participation：Social Psychological Expansion of Resource Moblization Theory*, American Socieological Review, No. 49. , 1984.

［4］Luhmann, N. "Technology, Environment, and Social Risk：A Systems Perspective", *Industrial Crisis Quarterly*, Vol. 4, No. 4, 1990.

［5］Knight, Frank H. *Risk, Uncertainty, and Profit* , Hart, Schaffner, and Marx Prize Essays, Houghton Mifflin, No. 31, 1921.

［6］Evers, A. , and H. Nowotny, *Überden Umgang mit Unsicherheit. Die Entdeckung der Gestaltbarkeit von Gesellschaft*, Suhrkamp, 1987.

［7］Fischhoff, B. , S. , Watson, and C. Hope, "Defining Risk", *Policy sciences*, 1984. Also see Luhmann, N. Technology, "Environment, and social Risk：A Systems Perspective", *Industrial Crisis Quarterly*, No. 4. 1990.

［8］Kelman, S. , "Cost - Benefit Analysis：An Ethical Critique", *Regulation*. Vol. 5. No. 1. 1981.

［9］Smith, V. K. A, *Conceptual Overview of the Foundations of Benefit—Cost Analysis* , In J. D. Bentkover, V. T. Covello, and J. Mumpower, eds. *Benefits Assessment：The State of the Art*, Reidel, 1986.

［10］Machina, M. J. , and D. Schmeidler, "A More Robust Definition of Subjective Probability", *Econometrica* 60, No. 4, 1992.

［11］Stephen Breyer, *Breaking the Vicions Circle：Toward Effective Risk Regulation* , Harvard University Press, 1993.

［12］Mowbray, A. H. , R. H. Blanchard, and C. A. Williams, *Jr. Insurance*.

6th ed ［M］，Mc Graw-Hill Book Company，1967.

［13］Jr. C. A. Williams，R. M. Heins，*Risk management and insurance*，McGraw Hill，1981.

［14］M. W. Tillet，et a1. ，*Essentials of risk financing*，IIA，1986.

［15］Gallagher，R. B. ，"Risk Management-new phase of cost control"，*Harward business review*，Vol. 24，No. 5，1956.

［16］D. Dwonczyk，et a1. ，"The corporate balance sheet-acritical financial risk management programme indicator"，*Capive in surance company review*，No. 11，1989.

［17］C. W. Smithson，etc. ，*Managing financial risk - a guide to derivative products*，*financial engineering*，*and value maximization*，Irwin，1995.

［18］Kenneth A. Froot，Jeremy C. Stein，"Risk management，capital budgeting，and capital structure policy for financial institutions：an integrated approach"，*Journal of financial economies*，No. 47，1998.

［19］J. P. Morgan，*Arthur Andersen*，*Corporate Risk Management*，NY，1997.

［20］Philippe Jorion，*Value at Risk*：*The New Benchmark for Controlling Derivatives Risk*，The McGraw—Hill companies，Inc. ，1997.

［21］A. Waring，A. I. ，*Glendon Managing risk*，International Thomson Business Press，1998.

［22］Y. H. Kwak，J. Stoddard，"Project risk management：lessons learned from soft'ware development environment"，*Technovation*，No. 24，2004.

［23］J. V. Michaels，*Technical risk management*，Prentice-Hall，1996.

［24］C. Arthur Williams，Michael Smith. *Risk management and Insurance*，McGraw Hill，2004.

［25］［美］阿普加：《风险智慧——学会管理未知项》，郭为译，商务印书馆 2009 年版。

［26］［英］谢尔顿·克里姆斯基、多米尼克·戈尔丁编著：《风险的社会理论学说》，徐元玲等译，北京出版社 2005 年版。

［27］Cass R. Sunstein，*Risk and Reason*：*Safety*，*Law*，*and the Environment*，The Press Syndicate of The University of Cambridge，2002.

［28］Doherty，HeilA，*Intemted Risk Management*，MeGraw—Hill，2000.

［29］Lo A W，"The Three P's of Total Risk Management"，*Finaeial Analysys Journal*，No. 55，1999.

［30］Terence Harvey，et a1，"Holistic risk assessment：an emerging process for environment decisions", Regulatory Toxicology and Pharmacology, No. 22, 1995.

［31］The CAS Enterprise Risk Management Committee, *Overview of Enterprise Risk Management Committee Report*, Casualty ActuarialSociety Forum, 2003.

［32］Basel Committee, *International Convergence of Capital Measurement and Capital Standard: A Revised Framework*, Updated Nov, 2005.

［33］COSO. *Enterprise Risk Management—Intergrated Framework*, Committee of Sponsoring Organizations of the Three—way Commission, 2004.

［34］［美］米歇尔·科罗赫、丹·加莱、罗伯特·马克：《风险管理》，曾刚、罗晓军、卢爽译，中国财政经济出版社 2005 年版。

［35］［美］詹姆斯·林：《企业全面风险管理：从激励到控制》，黄长全译，中国金融出版社 2006 年版。

［36］［美］托马斯·L. 巴顿、威廉·G. 申克、保罗·L. 沃克：《企业风险管理》，王剑锋、寇国龙译，中国人民大学出版社 2004 年版。

［37］［美］约翰·C. 肖：《公司治理与风险：一种系统方法》，张先治主译，东北财经大学出版社 2009 年版。

［38］Adrian J Slywotzky, *The 7 Strategies for Turning Big Threats into Growth Breakthroughs*, Crown Business, 2007.

［39］Johnathan Mun, *Modeling Risk*, John Wiley & Sons, Inc. , 2009.

［40］Beaver, W. H. , "Financial Ratios as Predictors of Failure", *Empirical Research in Accounting Supplement to Journal of Accounting Research*, No. 4, 1966.

［41］Altman, E. I. , "Financial Ratios, Discriminant Analysis and Prediction of Corporate Bankruptcy", Journal of Finance, No. 9, 1968.

［42］Baird T. , "Toward a contingency model of strategic risk taking", *Academy of Management Review*, Vol. 10. , No. 2, 1985.

［43］Basak S, Shapiro A. , "Value-at-Risk-based risk management: optimal policies and asset prices", *The Review of Financial Studies*, 2001, No. 2.

［44］Jochen Zschau, Andreas N. Kuppers, *Early Warning system for National Disaster Reduction*, Springer-Verlag, 2003.

［45］［美］COSO：《内部控制——整合框架》，方红星主译，东北财经大学出版社 2008 年版。

［46］华小宁、梁文昭、陈昊编著：《整合进行时——企业全面风险管理路线图》，复旦大学出版社 2007 年版。

［47］吕立山："法律风险加大'国际化'硬币的另一面——中国 100 强企业法律风险环境分析报告"，载《中国企业家》2005 第 7 期。

［48］江山："中国 100 强企业法律风险报告"，载《法人杂志》2005 年第4 期。

［49］Kailin Tuan，"Risk management for joint ventures in China"，*Japan insurance new*，No. 3，1993.

［50］张晓珊："试论现阶段保险企业的风险管理"，载《保险研究》1997 年第 3 期。

［51］赵志宏主编：《银行全面风险管理体系》，中国金融出版社 2005 年版。

［52］张利飞、曾德明、陈世平："软件企业 R & D 人力资本投资风险预警与控制模型"，载《系统工程理论与实践》2005 年第 5 期。

［53］董青马：《开放条件下银行系统性风险生成机制研究》，中国金融出版社 2010 年版。

［54］王恒：《商业银行授信风险管理——以中小企业为视角的实证分析》，社会科学文献出版社 2009 年版。

［55］徐振东：《银行家的全面风险管理——基于巴塞尔 II 追求银行价值增值》，北京大学出版社 2010 年版。

［56］陈德胜等：《商业银行全面风险管理》，清华大学出版社 2009 年版。

［57］张纪康主编：《企业经营风险管理》，立信会计出版社 1999 年版。

［58］杨乃定、庄宇、张金锁："高新技术企业关键人物风险防范"，载《工业工程与管理》2000 年第 3 期。

［59］张元萍主编：《风险投资与风险管理》，中国城市出版社 2004 年版。

［60］麻晓艳："税收筹划的风险与控制"，载《福建税务》2001 年第 12 期。

［61］何加明、胡国强："纳税筹划成本的分析与决策"，载《四川会计》2003 年第 9 期。

［62］杨绮："'风险熵'量度税务筹划风险研究"，载《财会通讯（学术版）》2005 年第 2 期。

［63］周宪昌："税收筹划及其风险"，载《税收科技》2003 年第 12 期。

［64］李淑萍、孙莉："建立健全规避税务风险的管理体系"，载《税务研究》，2005 年第 2 期。

［65］李红侠："如何控制税务筹划风险"，载《对外经贸财会》2005 年第 8 期。

［66］孟庆福：《信用风险管理》，经济科学出版社 2006 年版。

［67］金晓彤主编：《经营理财与风险防范实务》，中国审计出版社 1999 年版。

［68］王海林：《价值链内部控制》，经济科学出版社 2007 年版。

［69］夏汉平编著：《财务报表分析识别与信贷风险防范》，中国社会出版社2008年版。

［70］曲绍强：《我国商业银行操作风险管理——基于管理框架设计的视角》，中国财政经济出版社2009年版。

［71］刘明彦：《商业银行操作风险管理》，中国经济出版社2008年版。

［72］李洪斌：《商业银行流动性风险管理》，湖南人民出版社2007年版。

［73］孔艳杰：《中国商业银行信贷风险全过程控制研究》，中国金融出版社2006年版。

［74］张继德：《集团企业财务风险管理》，经济科学出版社2008年版。

［75］杨小舟：《中国企业的财务风险管理》，经济科学出版社2010年版。

［76］朱岩、肖盛金："一种ERP风险评估法——企业资源功能展开法EFD"，载《清华大学学报（自然科学版）》2006年第S1期。

［77］戴毅、霍佳震、张倩："基于模糊层次综合方法的企业内部风险评价"，载《同济大学学报（自然科学版）》2008年第6期。

［78］姜继娇、杨乃定："基于实物期权的企业战略风险动态测度"，载《控制与决策》2005年第7期。

［79］翟因华、李海棠："析企业自保与商业保险合作"，载《保险研究》2002年第10期。

［80］丁义明、方福康："风险概念分析"，载《系统工程学报》2001年第5期。

［81］于义彬等："具有不确定信息的风险型多目标决策理论及应用"，载《中国管理科学》2003年第6期。

［82］叶家聪："企业经营风险度的测定及其运用"，载《商业经济与管理》1994年第5期。

［83］马超群等："风险价值方法及其实证研究"，载《中国管理科学》2001年第5期。

［84］李天庚："企业风险管理及控制模型研究"，载《郑州大学学报（哲学社会科学版）》2004第1期。

［85］冯蔚东、陈剑、赵纯均："虚拟企业中的风险管理与控制研究"，载《管理科学学报》2001年第3期。

［86］王新宇：《分位数回归理论及其在金融风险测量中的应用》，科学出版社2010年版。

［87］HUANG Min, YANG Hong-Mei, WANG Xing-Wei, "Genetic Algorithm and Fuzzy Synthetic Evaluation Based Risk Programming for Virtual Enterprise", *ACTA*

AUTOMATICA SINICA，No. 3，2004.

　　[88] 卢福强、黄敏、王兴伟："基于随机规划和遗传算法的虚拟企业风险管理"，载《东北大学学报（自然科学版）》2009 年第 9 期。

　　[89] 郭仲伟编著：《风险分析与决策》，机械工业出版社 1987 年版。

　　[90] 杨梅英主编：《风险管理与保险原理》，北京航天航空大学出版社 1999 年版。

　　[91] 宋明哲编著：《现代风险管理》，五南图书出版股份有限公司 2001 年版。

　　[92] 李志辉："国际金融业风险管理发展的新趋势：综合风险管理"，载《南开经济研究》2002 年第 1 期。

　　[93] 龚兴隆： "企业风险管理策略"，载《兰州商学院学报》1999 年第 4 期。

　　[94] 李社环："企业风险管理的国际新趋势——整体风险管理"，载《当代财经》2003 第 11 期。

　　[95] 杨乃定、Rolf Mirus："企业集成风险管理——企业风险管理发展新方向"，载《工业工程与管理》2002 年第 5 期。

　　[96] 中天恒 3C 框架风险管理课题组编：《全面风险管理理论与实务》，中国时代经济出版社 2008 年版。

　　[97] 高寒松、韩复龄主编：《全面风险管理规范解析及案例分析》，中国时代经济出版社 2008 年版。

　　[98] 许谨良主编：《风险管理》，中国金融出版社 2006 年版。

　　[99] 郑子云、司徒永富：《企业风险管理》，商务印书馆 2002 年版。

　　[100] 李中斌：《风险管理解读》，石油工业出版社 2000 年版。

　　[101] 陈秉正编著：《公司整体化风险管理》，清华大学出版社 2003 年版。

　　[102] 黄益建编著：《企业风险管理：制度与流程设计》，机械工业出版社 2011 年版。

　　[103] 谢科范："预警系统：一种新的管理方法"，载《机械工业企业管理》1992 年第 1 期。

　　[104] 邱胜利编著：《内部控制与操作风险管理——操作实务指南》，中国金融出版社 2009 年版。

　　[105] 庞皓、黎实、贾彦东：《金融安全的预警机制与风险控制研究》，科学出版社 2009 年版。

　　[106] 闻岳春： 《金融业综合经营的风险预警与控制》，化学工业出版社 2010 年版。

[107] 刘永胜：《供应链风险预警机制》，中国物资出版社 2007 年版。

[108] 赵伟：《农村信用社风险监测与预警研究》，经济科学出版社 2008 年版。

[109] 刘红霞、孙宝文：《国有企业内部治理风险预警研究：中央财经大学学术著作基金资助出版》，中国财政经济出版社 2007 年版。

[110] 王林：《不确定性与企业预警研究》，中国社会科学出版社 2007 年版。

[111] 袁康来、李继志：《财务危机预警实证研究：来自农业上市公司的经验证据》，社会科学文献出版社 2009 年版。

[112] 朱德武：《危机管理：面对突发事件的抉择》，广东经济出版社 2002 年版。

[113] 程涛："企业财务预警系统研究"，载《财会月刊》2003 年第 21 期。

[114] 张传明、毛志忠："试论企业财务预警系统"，载《财贸经济》1997 年第 12 期。

[115] 顾晓安："公司财务预警系统的构建"，载《财经论丛（浙江财经学院学报）》2000 年第 4 期。

[116] 王洪波、宋国良：《风险预警机制：在躁动和阵痛下风险创业投资机构必备的生存工具》，经济管理出版社 2002 年版。

[117] 张鸣、张艳、程涛：《企业财务预警研究前沿》，中国财政经济出版社 2004 年版。

[118] 杨友振等：《中国商业银行风险预警体系的构建》，经济科学出版社 2006 年版。

[119] 唐葆君、刘小龙、邱菀华："基于极大熵聚类的工程项目风险预警模型"，载《北京航空航天大学学报》2008 年第 7 期。

[120] 王凯："论当前我国保险企业法律风险成因和管理"，载《社会科学家》2005 年第 6 期。

[121] 聂明：《商业银行合规风险管理》，中国金融出版社 2007 年版。

[122] 刘红林：《商业银行合规风险管理实践》，经济科学出版社 2008 年版。

[123] 邵平：《商业银行合规风险管理》，中国金融出版社 2010 年版。

[124] 熊玉莲："金融衍生工具的法律风险及其监管的国际比较"，载《政治与法律》2006 年第 3 期。

[125] 宁敏：《国际金融衍生交易法律问题研究》，中国政法大学出版社 2002 年版。

[126] 黄华："中国农产品出口的有关法律风险及其对策"，载《湖南农业大学学报（社会科学版）》2006 年第 2 期。

［127］卜龙章、赵庆华："施工企业法律风险的防范"，载《建筑管理现代化》2000 年第 4 期。

［128］吕立山："法律风险加大'国际化'硬币的另一面——中国 100 强企业法律风险环境分析报告"，载《中国企业家》2005 年第 7 期。

［129］刘胜题："国际银团贷款法律风险分析及控制"，华东政法学院 2005 年博士学位论文。

［130］赵燕："商业银行法律风险的防范与控制"，载《现代金融》2007 年第 8 期。

［131］郝秀凤、周旭东："民营企业存在的法律风险与防范对策"，载《中国民营科技与经济》2006 年第 12 期。

［132］王延明："试论国有企业法律风险及其管理"，载《社科纵横》2006 年第 7 期。

［133］颜培英、马瑞："中小企业的法律风险防范"，载《中国有色金属》2006 年第 3 期。

［134］黄正："基于价值链理论的企业法律风险管理体系研究"，南京理工大学 2007 年博士学位论文。

［135］向飞、陈友春：《企业法律风险评估》，法律出版社 2006 年版。

［136］吴江水：《完美的防范：法律风险管理中的识别、评估与解决方案》，北京大学出版社 2010 年版。

［137］陈丽洁主编：《企业法律风险管理的创新与实践——用管理的方法解决法律问题》，法律出版社 2009 年版。

［138］［美］麦茨、诺伊编著：《流动性风险计量与管理——通向全球最佳实践的从业指南》，中国金融出版社 2010 年版。

［139］［美］达菲、辛格尔顿：《信用风险：定价、度量和管理》，许勤、魏嶷、杜鹃译，上海财经大学出版社 2009 年版。

［140］Vanessa Blackmore，Esther Jeapes，"The global financial crisis—one global financial regulator or multiple regulators"，*Capital Markets Law Journal*，Vol. No. 1.，2009.

［141］张雯：《中国房地产信贷风险度量与控制》，中国金融出版社 2010 年版。

［142］刘树枫、袁海林："我国个人住房抵押贷款的信用风险与保险防范"，载《西安石油大学学报（自然科学版）》2010 年第 6 期。

［143］郭燕、闫洪升：《金融衍生交易法律规制及法律风险管理》，中国人民公安大学出版社 2010 年版。

［144］宾爱琪:《商业银行信贷法律风险精析》，中国金融出版社 2009 年版。

［145］G. C. Christie. T. Hobbes, Leviathan, *From Jurisprudence – Text and Readings on the philosophy of Law* , West Publishing Company, 1973.

［146］L. Fuller, *The morality of Law*, Yale University Press, 1969.

［147］H. L. A. Hart. *The Concept of Law*, Oxford University Press, 1981.

［148］Dawes, R. M. *Rational Choice in an Uncertain World* , Harcourt Brace Jovanovich, 1988.

［149］Dombrowski, W. R. , "Critical Theory in Sociological Disaster Research", In R. R. Dynes, B. de Marchi, and C. Pelanda eds. , *Sociology of Disasters*, Franco Angeli, 1987.

［150］Adams, J. *Risk*, UCL Press, 1995.

［151］Paul Slovic, *The Perception of Risk*, Earthscan, 2000.

［152］Gamson, W. A. , and A. Modigliani, "Media Discourse and Public Opinion on Nuclear Power: A Constructionist Approach", *American Journal of Sociology*, No. 1. , 1989.

［153］Bradbury, J. A. , "The Policy Implications of Differing Concepts of Risk", *Science, Technology, and Human Values*, No. 4. , 1989.

［154］Douglas, M. and Wildavsky, A. *Risk And Culture*, University of California Press, 1983.

［155］Luhmann, N. , "Technology, Environment, and Social Risk: A Systems Perspective", *Industrial Crisis Quarterly*, No. 4, 1990.

［156］Barbara Adam, Ulrich Beck, Joost Van Loon, *The Risk Society and Beyond: Critical Issues for Social Theory*, Sage, 2000.

［157］John Locke, *The Second Treatise of Government*, The Macmillan Co. , 1956.

［158］Beck, U. , " Risk Society and the Provident State ", In S. Lash, B. Szerszynski, and B. Wynme. *Risk, Environment and Modernity: Towards a New Ecology*, Sage, 1996.

［159］Whittaker, A. M. , "Lawers as risk managers", *J. of Int'l B. & Fin. L.* , No. 1, 2003.

［160］Amidon, D. M. , "The Challenge of Fifth Generation R&D", *Technology Management*, No. 4, 1996.

［161］Henry Maine, *Ancient Law* , Transaction Publishers, 2001.

［162］Beck, U. , *Risk Society : Towards a New Modernity*, Sage, 1992.

［163］Beck，U.，*Ecological Polities in an Age of Risk*，Polity，1995.

［164］Fernand Bruaudel，*Civilization and Capitalism*，15th—18th *Century*，*trnas*，Sian Reynold，1979.

［165］中共中央马克思恩格斯列宁斯大林著作编译局译：《马克思恩格斯全集（第三十卷）》，人民出版社 1995 年版。

［166］M. R. Westcott，*Toward a Contemporary Psychology of Intuition*，Holt，Rinehart and Winston，1968.

［167］唐腾祥、唐向：《税收筹划》，中国财政经济出版社 1994 年版。

［168］Kooiman，J.，*Modern Governance*，Sage，1993.

［169］俞可平主编：《治理与善治》，社会科学文献出版社 2000 年版。

［170］李一智主编：《商务决策数量方法》，经济科学出版社 2003 年版。

［171］李子奈、潘文卿编著：《计量经济学》，高等教育出版社 2005 年版。

［172］蒋云贵：《企业法律风险管理论》，光明日报出版社 2012 年版。

［173］蒋云贵：《法律风险理论与法学、风险学范式及其实证研究》，中国政法大学出版社 2015 年版。

［174］陈宏义主编：《完美的风险防范：企业常见法律风险识别与控制》，法律出版社 2017 年版。